本书系“科际法学”首届年会论文集
本书由复旦大学“双一流”学科重点项目“智慧司法的理论与实践”（项目编号：XM06180363）资助出版

数字化时代的科际法学

孙笑侠　杨 尧畅　主编

法律出版社
LAW PRESS · CHINA

作 者 简 介

孙笑侠 复旦大学法学院教授、博士生导师，教育部“长江学者”特聘教授、中国法理学研究会副会长、中国法学教育研究会副会长、教育部法学教育指导委员会委员、全国法律硕士专业学位教育指导委员会委员。从事法理学、当代中国法治、公法一般理论、法律职业、法律程序、法律方法和法学教育等研究。

杨晓畅 法学博士、政治学博士后，复旦大学法学院副教授、硕士生导师。主要研究领域为法哲学和政治哲学，专注于罗尔斯思想研究。目前，已出版专著 2 部、编著 1 部，发表学术论文 30 余篇。

序

2019年11月9日至10日,“全国科际法学2019年论坛暨‘法律·人文·科技’研讨会”在上海召开。该论坛由中国法学会法理学研究会主办,发起单位包括复旦大学、清华大学、中国政法大学、北京航空航天大学、南开大学、厦门大学、浙江大学、杭州师范大学、上海交通大学、华东师范大学、齐鲁工业大学等,首届论坛由复旦大学法学院承办。来自全国人大常委会以及数十所知名高校的50位有代表性的学者参加了研讨。论坛初步讨论了法律与科际的问题以及对未来“新法科”的认识,凝聚了法学与其他学科交叉研究的共识。

华夏文化经历数千年人文传承。国人在经历近代觉醒后发现,我们是个有人文传统而缺乏科学理性和法治传统的国度。效仿和追赶型发展成为百年主题。近40年,技术随着经济增长获得快速发展和应用。当代新科技在增长人类能力,造福人类,我们的法学理应以开放的态度,张开双臂迎接新科技!

但是,当代新科技广泛、深入的应用,已经贴近或紧逼每个人的肉身。技术正在尝试着对个人的身体完整、行动自由、身心健康、人格尊严进行奴役和侵害。这是一个严峻的事实,并且正在向广度和深度上蔓延。人们为什么判断说当今技术在野蛮生长?野蛮生长的机制表现为两个方面:一是技术具有市场和利润的动力;二是技术具有权力和管理的助推。利润市场与管理权力,有着一拍即合的默契。技术也可能摧毁人类自身所独有的不可替代的珍贵财富,包括身体、健康、生命、自由、尊严和智慧。如果不慎防、不驱除那种现代性神话,人类的技术创造会使人类自己陷入各种“自作孽,不可逭”(《尚书·商书·太甲》)的困境,人类自身的珍贵财富可能在技术滥用中走向毁灭!显然,人类不应当只享用技术带来的物质的低级幸福感,还应有高级的幸福感。因此反思与正名很重要,如果不从以人为本的人文关怀来反思,不从人文主义的法律价值来正名，则技术与人类的关系、法律与人权的关系、权力与权利的关系会走向更紧张的明天。

法律是人的制度安排，具有鲜明的主体性。科技有市场和利润作动力：法律虽然能有限地促进科技，但重点是规制科技；归根结底需要人文来规制科技。这不只是科技法的问题，也不只是传统民法和刑法的问题，还是整体私法和公法的问题，是法理学—法哲学问题，是跨学科的科际法学问题。

我们为本届论坛编辑出版了这本论文集。其中的论文有的是从专门为本次论坛撰写的相关研究成果中精心遴选的，有的是近年发表的。借此机会，再次向所有的参会代表和论文作者表示衷心的感谢！

孙笑侠

2020 年 10 月

目录

法与人文

法律与科技

人文与科技视野中的法哲学

法与人文

人文主义法学的发展脉络与知识谱系

人文主义和人文主义法学出现的时间界限并不重合。大约在意大利人文主义盛期过后将近一个世纪，人文主义法学才姗姗来迟，加入人文主义思潮之中。在人文主义影响较大的地方，比如法国，法学家逐渐成为人文主义运动的承担者，进而形成一个声势渐浓的学派。按照学界通行的说法，人文主义法学大体上开始于1500年[1]，延续至18世纪，其兴盛期在16世纪，盛期的中心在法国，尤其是在长期具有引领地位的宗教改革（新教）大学——布尔日大学（Université de Bourges，法国国王路易十一在布尔日诞生，他于1463年捐助建立大学），此外尼德兰（包括荷兰、比利时、卢森堡等）也形成了一个副中心（Nebenzentrum），即创建于1425/1426年的鲁汶大学（Katholieke Universiteit Leuven，KUL，一译"卢万公教大学"）。[2] 从16世纪末17世纪初开始，由于特殊的历史原因，人文主义法学的中心又发生了改变（下文详述）。

一、人文主义法学形成的阶段（第一阶段）

在16世纪的早期，人文主义作为一种思想方式和思想风格开始真正进

---

[1] 在时间上，1500年被有些学者视为"中世纪"与"现代"（modern times）之时代分期的年份。不过，这种区分只是相对的，事实上，中世纪的许多特征在1500年以后仍长期存在。See R. C. van Caenegem, *An Historical Introduction to Private Law*, translated by D. E. L. Johnston, Cambridge University Press, 1992, p. 31 – 32.

[2] Hans Erich Troje, Die Literatur des Gemeinen Rechts unter dem Einfluss des Humanismus, Helmut Coing（Hsg.），Handbook der Quellen und Literatur der Neueren Europaischen Privaterechtsgeschichte, Zweiter Band（1500—1800），C. H. Beck'sche Verlagsbuchhandlung, München, 1977, S. 615; Peter Stein, *Roman Law in European History*, Cambridge University Press, 1999, p. 76; Peter Raisch, Juristische Methodenlehre: vom antiken Rom bis zur Gegenwart, C. F. Müller Verlag, 1995, S. 41, N. 1；［瑞士］瓦尔特·吕埃格总主编：《欧洲大学史》，载［比利时］希尔德·德·里德－西蒙斯：《近代早期的欧洲大学》（第2卷），屈书杰译，河北大学出版社2008年版，第36页；《简明不列颠百科全书》编辑部译编：《简明不列颠百科全书》（2），中国大百科全书出版社1985年版，第92页。

入法学领域,变得日益重要,事实上,16世纪的法学主要被人文主义法学派的成就所主宰。[1] 当然,人文主义并不是这个时期法律史上唯一重要的智识运动,人文主义法学也并非此一阶段唯一的法学思潮。在16世纪,有影响的法学思潮还有"西班牙后经院哲学"或"萨拉曼卡学派"、意大利的"实践法学"(practical jurisprudence)[2]以及德国的"《学说汇纂》之现代应用"(usus modernus pandectarum)运动[3],尽管如此,作为"欧洲文艺复兴"产儿及构成

---

[1] R. C. van Caenegem, *An Historical Introduction to Private Law*, Cambridge University Press, 1992, p. 55.

[2] 宽泛地讲,"实践法学"既可以指意大利14—15世纪评注法学派,也可以用来指意大利评注法学派之后(主要是16—17世纪)强调在实践中遵循巴尔多鲁派学说、引证《国法大全》或《教会法大全》支持自己的论证和判决的法学。这个时期,在意大利,"实践法学"的集大成者是乔凡·巴迪萨·德·卢卡(GiovanBattisa De Luca, 1613—1683),其著有意大利文著作《平民博士》(Il Dottor Volgare, 1673),旨在用意大利语阐释当时的有效法。在这本书中,他提出了两个基本的指导原则:一是必须总是要做"有良知的人";二是人不仅要倾听"理性的声音",而且也必须倾听"合理的声音"。See Manlio Bellomo, *Common Legal Past of Europe: 1000 – 1800*, trans. by Lydia G. Cochrane, Catholic University of America Press, 1995, p. 211, 220 – 221.

[3] "《学说汇纂》之现代应用"是指德国在1495年"继受"罗马法之后出现的旨在推进罗马法(尤其是《学说汇纂》)在德国法院适用的运动。在德国,这项运动一直持续到18世纪,前后经历一个多世纪,其代表人物有卡普佐夫(Benedikt Carpzow, 1595—1666)、康林(Hermann Conring, 1606—1681)、施特鲁韦(Georg Adam Struve, 1619—1692)、施特里克(Samuel Stryk, 1640—1710)、海因内克(Johann Gottlieb Heinneccius, 也写作 Heinecke, 1681—1741)、伯默(Justus Henning Böhmer, 1674—1749)、莱泽尔(Augustin Leyser, 1683—1752)等(参见[葡]叶士朋:《欧洲法学史导论》,吕平义、苏健译,中国政法大学出版社1998年版,第14 – 144页;[英]梅特兰等:《欧陆法律史概览》,屈文生等译,上海人民出版社2009年版,第122 – 123、127页)。顺便说一句,"《学说汇纂》之现代应用"(usus modernus pandectarum,其大意是:根据时代需要进行的罗马派实践)一语,来源于施特里克1690年开始撰写的四卷本的同名著作,他把德国16世纪中叶到18世纪中叶的德国法学做如此称呼,认为它持守"意大利方式"传统并部分地吸收了欧洲大陆学者法的共同点[Alfred Söllner, Zu den Liteaturtypen des deutschen Usus modernus, Ius Commune, Bd. II. (1969), S. 167, 173; Manlio Bellomo, *Common Legal Past of Europe: 1000 – 1800*, trans. by Lydia G. Cochrane, Catholic University of America Press, 1995, p. 222; Gerd Kleinheyer, Jan Schröder, Deutsche Juristen aus fünf Jahrhunderten: eine biographische Einführung in die Geschichte der Rechtswissenschaft, Verlag, Heidelberg, 1996, S. 404ff(中译见[德]格尔德·克莱因海尔、[德]扬·施罗德主编:《九百年来德意志及欧洲法学家》,许兰译,法律出版社2005年版,第410 – 415页)],其致力于将德国的法律现实插进评注法学派的思想框架之中,重铸并完成了"评注学派所建构的法律体系"([葡]叶士朋:《欧洲法学史导论》,吕平义、苏健译,中国政法大学出版社1998年版,第134页)。尽管"《学说汇纂》之现代应用"在欧洲法学史上也具有不可忽视的地位(比如,其在"继受罗马法"上强调"共同法"或"罗马法"之符合时代的实际应用以及对这种实用进行理论奠基和理论渗透,巩固了德国的法律实践,并

部分的人文主义法学[尤其是“高卢(法国)方式”[1]]对欧洲法学的影响都是其他几种法学思潮无法比拟的。

第一批人文主义法学家像法学外的人文主义学者一样,把注意力集中在解开让注释法学派和评注法学派身陷其中的罗马法学文本(主要是优士丁尼《国法大全》)之流传及其舛误之谜,尤其是解决几个世纪以来所使用的《学说汇纂》之“流行本”(波伦亚手抄本)的诸多矛盾和荒谬之处。[2]于是,法学家逐渐成为人文主义运动的主力军。在这个阶段,最有代表性的法学家是被称为人文主义法学“三巨头”(Triumvirat)或“火枪手”(Musketéers)的比代、阿尔恰托和查修斯,他们的名字标志着人文主义法学的开端。[3]

纪尧姆·比代(Guillaume Budé,也写作 Budaeus,1467—1540)乃 16 世纪法国古典学者、外交家和法学家,著名的高等学术研究机构——法兰西学院

对这种实践予以教义学提炼,建立一种“针对德意志法律生活需要与经验”的坚实的法学,使德国的法律实践成为一种私法秩序),但在 16 世纪,它与同时代的人文主义法学派的贡献尚不可相提并论。事实上,在 16 世纪,德国法学还不是很发达,17 世纪之后,由于受荷兰学派的影响,德国法学才有较大的进展,并在 19 世纪独占鳌头(德国历史法学派)。关于这一部分内容,参见 Jan Schröder, Recht als Wissenschaft: Geschichte der juristischen Methode vom Humanismus bis zur historischen Schule (1500—1850), Verlag C. H. Beck, München, 2001, S. 2.; Alfred Söllner, Die Literatur zum Gemeinen und Partikularen Recht in Deutschland, Österreich, Den Niederlanden und Der Schweiz, in Helmut Coing (Hrsg.), Handbook der Quellen und Literatur der Neueren Europaischen Privaterechtsgeschichte, Zweiter Band (1500—1800), C. H. Beck'sche Verlagsbuchhandlung, München, 1977, S. 501ff。

[1] “高卢方式”(mos gallicus)的全称是“高卢(法国)讲授法律的方式”(mos gallicus iura docendi),与此相对称的是评注法学派的“意大利方式”(mos italicus),后者指“意大利讲授法律的方式”(mos italicus iura docendi)。

[2] Peter Stein, *Roman Law in European History*, Cambridge University Press, 1999, p. 76; Peter Raisch, Juristische Methodenlehre: vom antiken Rom bis zur Gegenwart, C. F. Müller Verlag, 1995, S. 42.

[3] Peter Raisch, Juristische Methodenlehre: vom antiken Rom bis zur Gegenwart, C. F. Müller Verlag, 1995, S. 42; Hans Erich Troje, Die Literatur des Gemeinen Rechts unter dem Einfluss des Humanismus, Helmut Coing (Hsg.), Handbook der Quellen und Literatur der Neueren Europaischen Privaterechtsgeschichte, Zweiter Band (1500—1800), C. H. Beck'sche Verlagsbuchhandlung, München, 1977, S. 632; Ernst Andersen, *The Renaissance of Legal Science after the Middle Ages*, Copen Hager, 1974, p. 32. “三巨头”这一赞语,最早是 16 世纪人文主义法学家、瑞士巴塞尔大学法学教授克劳迪乌斯·坎修恩库拉(Claudius Cantiuncula, 1490—1549)提出来的[Gerd Kleinheyer, Jan Schröder, Deutsche Juristen aus fünf Jahrhunderten: eine biographische Einführung in die Geschichte der Rechtswissenschaft, 3., neu bearbeitete und erw., C. F. Müller Verlag, Heidelberg, 1996, S. 18(中译见[德]格尔德·克莱因海尔、[德]扬·施罗德主编:《九百年来德意志及欧洲法学家》,许兰译,法律出版社 2005 年版,第 20 页)]。

(Collège de France)的创建人。比代出生于法国巴黎,早年接受父命在奥尔良大学学习法律,对此并不特别感兴趣,因而转向学习希腊文(15 世纪末,在法国还没有多少人学习希腊文),兼及哲学、神学和医学。[1] 其曾任法国国王路易十二(Louis XII,1462—1515))派往教皇利奥十世(Pope Leo X,1475—1521)教廷的使节,后来在国王弗朗西斯一世(Francis I,1494—1547)时代(1515—1547 年在位),任枫丹白露(Fontainebleau)皇家图书馆(法国国家图书馆的前身)馆长一职,与法国文艺复兴运动的骁将、著名作家拉伯雷有私人交往,被同一时代的另一人文主义巨擘伊拉斯谟称为“法兰西奇迹”(Marvel of France)。1530 年,比代受弗朗西斯一世之命,创建法兰西学院。该学院重点研究希腊文、拉丁文和希伯来文,后来成为法国高等学术机构的一个中心,在复兴古典语言文学方面厥功至伟。比代的著述主要有《希腊语言评注》(Commentarii linguae Graecae,1529),在法学方面的代表作为《〈学说汇纂〉第 24 卷注解》(Annotationes in XXIV. libros Pandectarum,1508)。后一本书以安格罗·波利齐亚诺对“佛罗伦萨手抄本”的注解和评释作为自己方法的基础(当时“佛罗伦萨手抄本”的完整版本尚未出版,对此参见上文),关注《学说汇纂》中所发现的别异的字词,对《学说汇纂》流行本中缺失的希腊文本或拉丁文翻译的希腊文本予以重构,试图复原原始文本[2];而且对当时的评注法学派[包括被视为正统的“阿库修斯注释”(Glossa Accursiana)]所导致的一系列错误的观念提出批判[3],指责他们的评注“过分忽略法律文献的历史背景去理解规则的含义”,“抹黑了《学说汇纂》的清晰性”,是必须切除掉的“恶性肿瘤”(malignant cancer),由此引导法学家把自我的兴趣转向“前优士丁尼的罗马法”(the antejustinian Roman law)——罗马法史

---

[1] Ernst Andersen, *The Renaissance of Legal Science after the Middle Ages*, Copen Hager, 1974, p. 34 - 35.

[2] Hans Erich Troje, Graeca leguntur: die Aneignung des byzantinischen Rechts und die Entstehung eines humanistischen Corpus iuris civilis in der Jurisprudenz des 16. Jahrhunderts, Böhlau Verlag, Köln, 1971, S. 13; Olivia F Robinson, T David Fergus and William M Gordon, *European legal history: Sources and institutions*, Oxford University Press, 2000, p. 171.

[3] 评注法学派的进路使人文主义者把《国法大全》看作其特定时间和地点的一种历史现象,它是人类的成就,而不是“天上掉下来的馅饼”(gift fallen from heaven)。比代用此种反讽的口气批评注释法学、评注法学天真地对待《国法大全》的方式。See R. C. van Caenegem, *An Historical Introduction to Private Law*, Cambridge University Press, 1993, p. 56.

的研究。[1] 此书被德国19世纪法学史家罗德里希·冯·施廷琴(Roderich von Stintzing,1825—1883)誉为"带有语言学—古典学渊博知识之注释的典范"[2]。

安德雷亚斯·阿尔恰托(Andreas Alciatus,意大利文写作 Andrea Alciato,英文写成 Andreas Alciat,1492—1550)系意大利法学家和作家,生于意大利的米兰而成名于法国的布尔日,被认为是人文主义法学之第一阶段"最有影响力的法学家"[3]。其身逢欧洲法学从评注法学派向人文主义法学派过渡的时期,早年深受人文主义学问之感染,学习过希腊—罗马古典文学,精通拉丁文和希腊语,尤其对历史文献情有独钟,研究颇有心得,曾著有《米兰史四卷》(Rerum Patriae, seu Historiae Mediolanensis, Libri Ⅳ,1504—1505,学生时代的作品,殁后整理出版)。1507年起在帕维亚大学拜巴尔多鲁学派的两位老师——迈诺的耶逊(Jason de Mayno,1435—1519)和菲利普斯·德西乌斯(Philippus Decius,约1454—1535)为师学习法学[据说从1513年后,阿尔恰托曾在著述中借鉴过安格罗·波利齐亚诺和吕奇·博洛尼尼的校勘成果,但他在著作中没有披露这一来源;不过,他最终于1516年在费拉拉大学获得"两法(罗马法及教会法)博士"],故此深谙意大利评注法学之道。[4] 但由于受人文主义熏陶,他并不满足于评注法学的注释,甚至对巴尔多鲁学派的传统径路(偏向实用法学的"意大利方式")提出批判,认为法学研究必须借重文法学、历史学和古代文献的知识,对素材进行自由的探讨,因而尝试利用

---

〔1〕《简明不列颠百科全书》编辑部译编:《简明不列颠百科全书》(1),中国大百科全书出版社1985年版,第678页。另见 Ernst Andersen, *The Renaissance of Legal Science after the Middle Ages*, Cambridge University Press, 1992, p. 32, 35; Peter Raisch, Juristische Methodenlehre: vom antiken Rom bis zur Gegenwart, C. F. Müller Verlag, 1995, S. 42; Peter Stein, *Roman Law in European History*, Cambridge University Press, 1999, p. 76。

〔2〕Roderich von Stintzing, Ernst Landsberg, Geschichte der deutschen Rechtswissenschaft Abteilung 1: Bis zum Jahre 1650, Verlag von R. Oldenbourg, München, 1880, S. 367.

〔3〕Peter Stein, *Roman Law in European History*, Cambridge University Press, 1999, p. 77.

〔4〕Norbert Horn, Die legistische Literatur der Kommentatoren und der Ausbreitung des Gelehrten Rechts, in Helmut Coing (Hrsg.), Handbook der Quellen und Literatur der Neueren Europaischen Privaterechtsgeschichte, Erster Band (1100—1500), C. H. Beck'sche Verlagsbuchhandlung, München, 1973, S. 270; [英]梅特兰等:《欧陆法律史概览》屈文生等译,上海人民出版社2015年版,第118页; Gerd Kleinheyer, Jan Schröder, Deutsche Juristen aus fünf Jahrhunderten: eine biographische Einführung in die Geschichte der Rechtswissenschaft, Verlag, Heidelberg, 1996, S. 16ff(中译见[德]格尔德·克莱因海尔、[德]扬·施罗德主编:《九百年来德意志及欧洲法学家》,许兰译,法律出版社2005年版,第18-21页)。

其丰富的意大利文和希腊文的语言知识以及深厚的古代文化功底，将法律与人文研究结合起来，从历史和法学的角度重构罗马的政治法律制度，校勘罗马法文献，部分地复原罗马法律渊源的原貌。[1] 阿尔恰托的法学著作颇丰，主要有《〈优士丁尼法典〉后三卷注解》（Annotationes in tres posteriors Codicis Iustiniani libros，1515，该书写作于求学阶段，系其成名作）、《民法之悖论》（Paradoxa iuris civilis，1518）、《勘校集》（Dispunctiones，1518）、《疏漏集》（Praetemissa，1518）等。此外，其亦著有《论罗马帝国的程式》（De formula Romani Imperii，1559 年殁后出版）、《费拉吉鲁斯》（Philargyrus）和《寓意画集》（Emblemata 或 Andreae Alciati Emblematum Libellus，1531）[2] 等历史学和文学作品，在法国和意大利的多所大学任教（1518—1522 年、1527—1529 年两度在法国阿维尼翁大学讲授法律；1529 年受法国国王弗朗西斯一世聘请在法国的布尔日大学任教；1537 年后又回到意大利，先后担任帕维亚、波伦亚、费拉拉等大学法学教授），与 16 世纪意大利艺术家、米开朗基罗的学生、被誉为"西方艺术史鼻祖"的基奥乔·瓦萨里（Giorgio Vassari，1511—

---

〔1〕 Peter Stein, *Roman Law in European History*, Cambridge University Press, 1999, p. 77; Gerd Kleinheyer, Jan Schröder, Deutsche Juristen aus fünf Jahrhunderten: eine biographische Einführung in die Geschichte der Rechtswissenschaft, Verlag, Heidelberg, 1996, S. 17f（中译见［德］格尔德·克莱因海尔、［德］扬·施罗德主编：《九百年来德意志及欧洲法学家》，许兰译，法律出版社 2005 年版，第 18－19 页）. 除了研究文献史外，阿尔恰托还注意到《学说汇纂》的"题引"（inscriptions）作为罗马人生活与罗马法之证据的重要性（有关《学说汇纂》的"题引"，参见下文所论述的"再生"方法），故此，特奥尔多·蒙森称赞他奠定了"题铭学"（the science of epigraphy）的基础（Olivia F. Robinson, T. David Fergus and William M. Gordon, *European Legal History: Sources and Institutions*, Oxford University Press, 2000, p. 171）。

〔2〕 "寓意画"（emblemata/emblem book）是一种象征性画集，通常附有格言和以韵文写的讲解或散文体解说词，源于中世纪的寓言和动物寓言故事。阿尔恰托 1531 年出版的《寓意画集》内容包含一些短篇的拉丁韵文并配有一些木刻画，开创了"寓意画"这样一种图文并茂的典型作品，该书刊行达 150 版，影响甚为广泛。17 世纪之后，"寓意画"之文学作品形式风行全西欧［参见《简明不列颠百科全书》编辑部译编：《简明不列颠百科全书》（9），中国大百科全书出版社 1986 年版，第 249 页］。

1574)以及纪尧姆·比代有学问上的交流或通信来往。[1] 学术界公认,阿尔恰托之学术事业的辉煌时期是在布尔日任教期间(1529—1537)。他把人文主义法学的火种,尤其是其在《〈优士丁尼法典〉后三卷注解》《民法之悖论》《勘校集》等著作中所运用的研究方法(注释古代文献时的简朴和纯正的风格,力主对法律原则问题的自由推论和"开放的形式",强调系统地阐述法律观点)带到了布尔日大学,受到追捧[据说,法国16世纪著名神学家、加尔文教派的创始人约翰·加尔文(John Calvin,1509—1564)、弗朗西斯一世都曾慕名专程赴布尔日聆听过他的课程][2],呈燎原之势,由此而形成与"意大利方式"相抗衡的一种新的方法论和法学风格(相形之下,阿尔恰托的思想和方法在当时的意大利则影响甚微[3])。因为这种法学风格的代表人物主要是法国学者,故而被称为"高卢(法国)方式"或"高卢学派",但阿尔恰托乃该

[1] 有资料显示,阿尔恰托在法国阿维尼翁大学任教期间(1518—1522年,1527—1529年)结识了纪尧姆·比代,而且他还在后来的著述中剽窃过比代于1508年所写的《〈学说汇纂〉第24卷注解》一书成果(Olivia F. Robinson,T. David Fergus and William M. Gordon,*European Legal History:Sources and Institutions*,Oxford University Press,2000,p. 171)。此外,阿尔恰托与比代有过通信交往,阿尔恰托崇拜比代,比代也没有忽略阿尔恰托的工作,但他们还谈不上是朋友,主要原因是他们年龄相差较大(比代1508年写作《〈学说汇纂〉第24卷注解》的时候,阿尔恰托还只是帕维亚大学法学院的学生),比代忙于自己的工作,无暇回信给阿尔恰托(参见Ernst Andersen,*The Renaissance of Legal Science after the Middle Ages*,Cambridge University Press, 1992,p. 32 –33)。但说比代是阿尔恰托的学生(Franz Wieacker,Privatrechtsgeschichte der Neuzeit unter besonderer Berücksichtigung der deutschen Entwicklung,Vandenhoeck & Ruprecht, Gottingen, 1996,S. 90. 中译见[德]弗朗茨·维亚克尔:《近代私法史》(上),陈爱娥、黄建辉译,上海三联书店2006年版,第72页),可能有些离谱,甚至完全是一种虚构或"胡说"(Ernst Andersen,*The Renaissance of Legal Science after the Middle Ages*,Cambridge University Press, 1992,p. 32 –33)。

[2] 《简明不列颠百科全书》编辑部译编:《简明不列颠百科全书》(4),中国大百科全书出版社1985年版,第248页;Gerd Kleinheyer, Jan Schröder, Deutsche Juristen aus fünf Jahrhunderten:eine biographische Einführung in die Geschichte der Rechtswissenschaft, Verlag, Heidelberg, 1996,S. 18(中译见[德]格尔德·克莱因海尔、[德]扬·施罗德主编:《九百年来德意志及欧洲法学家》,许兰译,法律出版社2005年版,第20页)。

[3] Olivia F. Robinson, T. David Fergus and William M. Gordon, *European Legal History: Sources and Institutions*,Oxford University Press, 2000,p. 172. 在意大利,16—18世纪的大学法学教育仍然沿袭巴尔多鲁派的路线和方法,但这种方法已经丧失了其在科学上的严谨性,其企图心仅在于训练法律实务人(Mauro Cappelletti, John Henry Merryman, Joseph M. Perillo,*The Italian Legal System:An Introduction*,Stanford University Press,1967,p. 38)。

学派公认的奠基人[1],布尔日也因此而成为法国人文主义法学的大本营。[2]

乌尔里希·查修斯(Ulrich Zasius,1461—1535)系"德国文艺复兴时期的法学家"(Jurist in the German Renaissance),其虽年长于阿尔恰托,甚至出生比比代早6年,但成名却晚于他们两位。[3] 其出生地在德国的康斯坦茨,1481年在图宾根学习,1489年和1493年先后担任巴登市和弗莱堡市的书记官,1496年担任弗莱堡一所拉丁语学校的负责人,1499年在弗莱堡大学法学院学习法律,1501年在其40岁时获得法学博士学位,1506年任该校修辞学与法学教授,直至1535年在弗莱堡去世,享年74岁。查修斯的法学作品大多发表于晚年或殁后出版,主要有《午夜拾零:对〈学说汇纂〉中有关法之形成、不当得利和债法关系等问题的探讨》(Lucubrationes,1518)和《民法问题

[1] 也有学者说,阿尔恰托和比代于16世纪30年代末共同创建了布尔日人文主义学派。Vgl. Guido Kisch, Humanismus und Jurisprudenz: Der Kampf zwischen mos italicus und mos gallicus an der Universität Basel, Basel, 1955, S. 18.

[2] Norbert Horn, Die legistische Literatur der Kommentatoren und der Ausbreitung des Gelehrten Rechts, Verlag, Heidelberg, 1996, S. 270;[英]梅特兰等:《欧陆法律史概览》,屈文生等译,上海人民出版社2009年版,第118页;[瑞士]瓦尔特·吕埃格总主编:《欧洲大学史第2卷——近代早期的欧洲大学》([比利时]希尔德·德·里德－西蒙斯编),屈书杰译,河北大学出版社2008年版,第633页。萨维尼于1802—1803学年冬季学期在德国马尔堡大学开设的"法学方法论"(Juristische Methodologie/Juristische Methodenlehre)中比较早地明确提及"法国人文主义学派"。他在"解释的历史"这个部分,把中世纪到18世纪末的法学派分为5大学派,即(1)注释学派(Glossatoren);(2)评注学派(Kommentatoren);(3)法国人文主义学派(Französische Humanisten);(4)荷兰学派(Holländer);(5)德国学派(Deutsche Schule)。Vgl. Friedrich Carl von Savigny, Vorlesungen über juristische Methodologie und Nachschrift Jacob Grimm, in Aldo Mazzacane (Hg), Friedrich Carl von Savigny, Vorlesungen über juristische Methodologie, Vittorio Klostermann, Frarkfurt, 2004, S. 152－154ff. 中译见[德]萨维尼、[德]格林:《萨维尼法学方法论讲义与格林笔记》,杨代雄译,法律出版社2008年版,第92－95页。

[3] Steven W. Rowan, *Ulrich Zasius: A Jurist in the German Renaissance, 1461—1535*, *Vittorio Klostermann*, Frankfurt am Main, 1987, p. 13. 有资料说,查修斯是"阿尔恰托的朋友和崇拜者"(Guido Kisch, Humanismus und Jurisprudenz: Der Kampf zwischen mos italicus und mos gallicus an der Universität Basel, Basel, 1955, S. 29)。他与阿尔恰托的意见交流,使"法律人文主义的方案"传到"北莱茵区"(德国),进而继续流传到维腾堡大学的人文主义圈子里[Franz Wieacker, Privatrechtsgeschichte der Neuzeit unter besonderer Berücksichtigung der deutschen Entwicklung, Vandenhoeck & Ruprecht, Gottingen, 1996, S. 162. 中译见[德]弗朗茨·维亚克尔:《近代私法史》(上),陈爱娥、黄建辉译,上海三联书店2006年版,第141页]。

之我见》(Intellectus singulars et novi in nonnulla loca iuris civilis,1526)等。[1]在《午夜拾零:对〈学说汇纂〉中有关法之形成、不当得利和债法关系等问题的探讨》一书中,他站在人文主义立场,批判评注法学派,把他们的评注称作“在文本周围扎根的庞大的藤蔓”,而他自己则关注文本的意义。他指出:“如果法学家不是始终如此盲目地信奉注释和巴尔多鲁的权威性,那么法的真谛现在会变得更为清晰、更加纯粹,大多数令人可憎的、充满了错误的注释也会消失。真正的解释者,只是那些主要通过自己的努力来理解法源的人,他们不再会讲授注释和评注,把它们当作真实、有用的东西。故此,理智不会被学术见解的喧嚣弄昏头脑。”[2]基于此,查修斯不再像评注法学派那样强调为时代的法律问题寻找可资利用的规则,而是揭示优士丁尼法律文本的原意,比如,他反对评注法学派把罗马法上的“过错”(culpa)分为五级,而把它简化为“严重的”和“轻微的”两个等级,通过“属”(genus)与“量”(quantitas)的概念分析,发现了“可替代物”(res fungibilis)这一新概念等。由于查修斯的贡献,德国16世纪整个一代有名的法学家[如博尼法丘斯·阿默巴赫(Bonifacius Amerbach,1495—1562)、约翰·菲夏尔德(Johann Fichard,1512—1581)、约翰·西夏尔特(Johann Sichardt,1499—1552)和约阿希姆·米恩辛格·冯·弗隆德克(Joachim Mynsinger von Frundeck,1514—1588)]被引领到人文主义法学的阵营。[3]

---

[1] Gerd Kleinheyer, Jan Schröder, Deutsche Juristen aus fünf Jahrhunderten : eine biographische Einführung in die Geschichte der Rechtswissenschaft, Verlag, Heidelberg, 1996, S. 455f, 458f(中译见[德]格尔德·克莱因海尔、[德]扬·施罗德主编:《九百年来德意志及欧洲法学家》,许兰译,法律出版社2005年版,第464、467页).

[2] Gerd Kleinheyer, Jan Schröder, Deutsche Juristen aus fünf Jahrhunderten : eine biographische Einführung in die Geschichte der Rechtswissenschaft, Verlag, Heidelberg, 1996, S. 457(中译见[德]格尔德·克莱因海尔、[德]扬·施罗德主编:《九百年来德意志及欧洲法学家》,许兰译,法律出版社2005年版,第465页),个别译文根据德文本予以校改。有关这一段话的论述,也参见 Peter Stein, *Roman Law in European History*, Cambridge University Press, 1999, p. 76 – 77。

[3] Gerd Kleinheyer, Jan Schröder, Deutsche Juristen aus fünf Jahrhunderten : eine biographische Einführung in die Geschichte der Rechtswissenschaft, Verlag, Heidelberg, 1996, S. 457f(中译见[德]格尔德·克莱因海尔、[德]扬·施罗德主编:《九百年来德意志及欧洲法学家》,许兰译,法律出版社2005年版,第465、467页). 另见 Franz Wieacker, Privatrechtsgeschichte der Neuzeit unter besonderer Berücksichtigung der deutschen Entwicklung, Vandenhoeck & Ruprecht, Gottingen, 1996, S. 156ff[中译见[德]弗朗茨·维亚克尔:《近代私法史》(上),陈爱娥、黄建辉译,上海三联书店2006年版,第136页及以下]。

二、人文主义法学发展的第二阶段

16世纪中叶以来，即在比代、阿尔恰托和查修斯之后，人文主义法学发展至第二阶段。不过，其主要阵地既不是在意大利，也不是在德国，而是在法国，尤其是布尔日。[1]

在这一谱系里，人物众多，这里首先提及三位，他们是：(1)夏尔·迪穆兰(Charles Dumoulin，也写作 Charles Du Moulin 或者 Carous Molinaeus，1500—1566)，法国16世纪收集、整理习惯法一派最重要的代表人物[2]，其早年在奥尔良学习法律，此间像阿尔恰托一样受巴尔多鲁和巴尔杜斯等人之传统学术的熏陶，但他也大量吸收人文主义精神，以比前代学者更加自由的精神适用巴尔多鲁派学术，进而试图化解"高卢(法国)方式"和"意大利方式"之间的矛盾，致力于推动法国法一体化的实现(他不反对采用罗马法作为法国的共同法，但他确信需要统一的法国法，法国共同法的形成不仅基于学者法，而且也来自法国习惯的共同储备)。迪穆兰博学而多产，代表作是1538年出版的《巴黎习惯评注》(*Commentarii in consuetudines Parisiensis*，1538)，他本人被誉为"法国的帕比尼安"(the French Papinian)，有时也被称为"法学界的王子"(prince of jurists)。[3] (2)埃圭纳留斯·巴罗(Eguinarius Baro，也写作 Eguinaire Baron，Eguinarius Baron，Eguinar Baro 或者 Eguin Baron，1495—1550)，其与阿尔恰托年龄相仿，但属于阿尔恰托的追随者，曾在昂热(Angers，1538年起)、布尔日(1542年起)担任罗马法教授，最早提出"高卢法"(ius gallicum，法国法)概念，著有罗马法(尤其是《学说汇纂》)和封建法的评释和专著，采取独特的比较方法[他称之为"一分为二的评释"(commentaria bipertita)]来解释罗马法[比如，他把罗马法上的"平民"(plebs)概念等同于法国的"第三等级"(the Third Estate)]，试图使罗马法适应法国习惯和

---

〔1〕[葡]叶士朋：《欧洲法学史导论》，吕平义、苏健译，中国政法大学出版社1998年版，第141页。

〔2〕R. C. van Caenegem, *An Historical Introduction to Private Law*, Cambridge University Press, 1993, p. 40.

〔3〕Peter Stein, *Roman Law in European History*, Cambridge University Press, 1999, p. 83 – 85; Gerd Kleinheyer, Jan Schröder, Deutsche Juristen aus fünf Jahrhunderten : eine biographische Einführung in die Geschichte der Rechtswissenschaft, Verlag, Heidelberg, 1996, S. 498f(中译见[德]格尔德·克莱因海尔、[德]扬·施罗德主编：《九百年来德意志及欧洲法学家》，许兰译，法律出版社2005年版，第516 – 517页).

立法，有时他与比代、阿尔恰托一同被看作法国人文主义法学派[偶尔也被称为“法国优雅学派”（the French Elegant School）或“法国历史学派”（the French Historical School）]的创建人。[1] （3）弗朗索瓦·杜阿伦（François Douaren，拉丁文写作 Franciscus Duarenus，1509—1559），其曾经与巴罗做过几年同事，但两人观点相左，系理论上的对手。杜阿伦分别求学于比代和阿尔恰托，于 1538 年接替阿尔恰托，担任布尔日大学法学教授，著有《简约评释》（Commentarius de pactis，1544）、《论法律讲授与学习信札》（Epistula de ratione docendi discendique iuris，1544）等书[2]，第一次明确表述了高等教育的法国人文主义进路（高卢方式），在阿尔恰托之后扛起了布尔日人文主义法学的大旗，成为该学派的核心人物之一，其对于法国大学的著述与教学形式的重新塑造具有重大的影响。[3]

在弗朗索瓦·杜阿伦之后，弗朗索瓦·博杜安（François Baudouin，拉丁文写作 Franciscus Balduinus，1520—1573）于 1549 年在布尔日获得博士学位，后担任该校法学教授，也属于阿尔恰托的信徒，他对罗马法著有多种重要的

---

[1] Donald R. Kelley, *Gaius Noster: Substructures of Western Social Thought*, American Historical Review, Vol. 84, p. 631 – 632 (1979); Peter Raisch, Juristische Methodenlehre: vom antiken Rom bis zur Gegenwart, C. F. Müller Verlag, 1995, S. 44; Douglas J. Osler, *Jurisprudentia Elegantior and the Dutch Elegant School*, in Ius Commure Vol. 23, p. 348 (1996); Ernst Andersen, *The Renaissance of Legal Science after the Middle Ages*, Copen Hager, 1974, p. 114.

[2] Peter Raisch, Juristische Methodenlehre: vom antiken Rom bis zur Gegenwart, C. F. Müller Verlag, 1995, S. 45.

[3] Peter Stein, *Roman Law in European History*, Cambridge University Press, 1999, p. 80; Hans Erich Troje, Die Literatur des Gemeinen Rechts unter dem Einfluss des Humanismus, in Helmut Coing (Hsg.), Handbook der Quellen und Literatur der Neueren Europaischen Privaterechtsgeschichte, Zweiter Band (1500—1800), C. H. Beck'sche Verlagsbuchhandlung, München, 1977, S. 763.; Donald R. Kelley, *Gaius Noster: Substructures of Western Social Thought*, American Historical Review, Vol. 84, p. 632 (1979).

评释,以“再生法”(the palingenetic method/palingenesie)[1]研究《学说汇纂》

---

[1] Palingenesie来自希腊文,意指“再生”“复活”“轮回”,系运用于哲学、神学、地质学、生物学以及社会科学的一个概念。弗朗索瓦·博杜安显然是借用此种“再生”观念和方法来整理和研究罗马法文献的残篇或片段的,即利用人文学的研究手段,将罗马古典时期的法学文献片段(如《学说汇纂》中包含的古典法学家的言论摘录)再度还原成某种古典的语境来研读,即重构每段摘录显示原作者名字及著作出处的“题引”[inscription,比如,Ulpianus libro trigensino primo ad edictum,即乌尔比安:《论告示》(第31卷)]。其工作方式(modus operandi)很简单:先将包含在《学说汇纂》中所有段落分离开来,保留它们的题引,然后根据原作者对段落进行分类整理,再根据每个作者一本书一本书地进行整理,从中找到中世纪《学说汇纂》抄本的题引错误(中世纪的注释法学派和评注法学派都不太关心《学说汇纂》每段的题引,而将《学说汇纂》视为单个统一和谐的文本,他们不专门研究优士丁尼的罗马法或罗马法史,可能亦嫌书写成本昂贵,故此,在抄写本中甚至不抄录题引。《学说汇纂》之“波伦亚手抄本”或“流行本”是省略题引的(有学者推测,或许只有最早接触过“波伦亚手抄本”的人——伊尔内留斯看到过这些题引,在他之后,这些题引很快就不见了),在“佛罗伦萨手抄本”中保留有这些题引,但却是用希腊语写成的。关于此点,参见Ernst Andersen,*The Renaissance of Legal Science after the Middle Ages*,Copen Hager,1974,p.79–80),并予以纠正。1557年,雅各布·拉比图斯(Jacobus Labittus)出版《〈学说汇纂〉法律索引》(Index legum omnium quae in Pandectis continentur),根据原作者和原作列出了《学说汇纂》所有文本的出处。西班牙历史学家、塔拉戈纳大主教安东尼奥·阿古斯丁也是运用此种方法来整理《学说汇纂》之“佛罗伦萨手抄本”的,他于1579年在塔拉戈纳出版的著作中,就包含有《学说汇纂》所摘段落的题引。1570年后,雅克·居雅斯根据雅各布·拉比图斯的著作,也用“再生”的方式研究优士丁尼时代的法学作品,复原多个古典时期法学家们的著作残篇。1767年,德国法学家卡尔·费迪南·霍梅尔(Carl Ferdinand Hommel,1722—1781)出版了一部3卷本的著作,题目叫作《古代法学著作的再生》(Palingenesia librorum iuris veterum,1767),从这个时候起,此种古代文本整理方法就被称为“再生”(Palingenesia)方法[Hans Erich Troje,Die Literatur des Gemeinen Rechts unter dem Einfluss des Humanismus,in Helmut Coing(Hsg.),Handbook der Quellen und Literatur der Neueren Europaischen Privaterechtsgeschichte,Zweiter Band(1500—1800),C. H. Beck'sche Verlagsbuchhandlung,München,1977,S.676]。故此,所谓“再生”或“再生法”就是根据“佛罗伦萨手抄本”的希腊文题引来重构古典时期罗马法学家著作目录或作品本身的一种研究方法(Ernst Andersen,*The Renaissance of Legal Science after the Middle Ages*,Copen Hager,1974,p.84)。19世纪,德国犹太裔法学家、罗马法史学家奥托·莱内尔(Otto Lenel,1849—1935)同样采用此种方法,对《学说汇纂》中汇集的古典法学家残篇进行整理,著有《市民法之再生》(Otto Lenel,*Palingenesia juris civilis*,Ⅰ–Ⅱ,Lipsiae,1889),因而成名。由于有了“再生”的研究,分散的《学说汇纂》段落残片就可以在它们的原始语境中加以解读,这对法学家和历史学家的目的均有裨益。然而,《学说汇纂》的编纂者们(特里波尼安等)当时只保留了大约5%可以利用的文本,从事“再生”研究的法学家不再能够完整重构已然灭失的古典时期的罗马法学家们的文献。参见Hans Erich Troje,Die Literatur des Gemeinen Rechts unter dem Einfluss des Humanismus,in Helmut Coing(Hsg.),Handbook der Quellen und Literatur der Neueren Europaischen Privaterechtsgeschichte,Zweiter Band(1500—1800),C. H. Beck'sche Verlagsbuchhandlung,München,1977,S.676f,784ff;Tammo Wallinga,*The Common History of European Legal Scholarship*,Erasmus Law Review,Vol.4,Issue

和罗马法学家散失的著作或其残篇，特别是1556年，其根据《优士丁尼法典》对君士坦丁大帝（Constantine The Great/Constantinus I，约3世纪80年代晚期至337年）之所有谕令的片段按照其颁布年代顺序予以评释，整理出版《君士坦丁大帝有关教会法与民法谕令之评释》（Constantinus Magnus，seu de constantini imperatoris legibus ecclesiasticis atque civilibus commentaria，1556）。4年后（1560年），博杜安又以相同的方式撰写并出版有关优士丁尼帝谕令的作品，题目为《优士丁尼新律之评释》（Justinianus sive de iure novo commentaria），这是其所有著作中最重要的著作，在这部作品中，他对优士丁尼立法提出了"四发展阶段"说（其分四卷论述）：第一阶段至优士丁尼第一部法典的颁布（529年4月7日）；第二阶段至《学说汇纂》编纂委员会的任命（530年12月15日），第三阶段至《学说汇纂》的发布（533年12月16日），第四阶段至《新律》的发布。[1]

弗朗索瓦·孔南（François Connan，拉丁文写作 Franciscus Connanus，1508—1551），阿尔恰托在布尔日的学生，乃阿尔恰托最出色的追随者之一，著有《民法评释》10卷本（Commentariorum iuris civilis libri X，1538），此书被视为将优士丁尼罗马法、非优士丁尼历史文献和16世纪法国的有效法、教会法渊源（尤其是婚姻法）以及法兰克习惯（mores Francorum）结合起来研究的"一部（在技艺、资质和意图上）自我造化的杰作"（opus sui generis）[2]。此外，孔南也把人文主义法学教育纲领付诸实施，并产生实际的效果。[3]

1，p. 14－15（2011）。另见 Gerd Kleinheyer，Jan Schröder，Deutsche Juristen aus fünf Jahrhunderten：eine biographische Einführung in die Geschichte der Rechtswissenschaft，C. F. Müller Verlag，1966，S. 194ff，494（中译见［德］格尔德·克莱因海尔、［德］扬·施罗德主编：《九百年来德意志及欧洲法学家》，许兰译，法律出版社2005年版，第198－202、511页）。

〔1〕 Hans Erich Troje，Die Literatur des Gemeinen Rechts unter dem Einfluss des Humanismus，in Helmut Coing（Hsg.），Handbook der Quellen und Literatur der Neueren Europaischen Privaterechtsgeschichte，Zweiter Band（1500—1800），C. H. Beck'sche Verlagsbuchhandlung，München，1977，S. 784ff.

〔2〕 Hans Erich Troje，Die Literatur des Gemeinen Rechts unter dem Einfluss des Humanismus，in Helmut Coing（Hsg.），Handbook der Quellen und Literatur der Neueren Europaischen Privaterechtsgeschichte，Zweiter Band（1500—1800），C. H. Beck'sche Verlagsbuchhandlung，München，1977，S. 774.

〔3〕 Peter Stein，*Roman Law in European History*，Cambridge University Press，1999，p. 80；Peter Raisch，Juristische Methodenlehre：vom antiken Rom bis zur Gegenwart，C. F. Müller Verlag，1995，S. 48ff.

同样将新的人文主义教育纲领付诸行动的还有雨果·多内鲁斯(Hugo Donellus,也写作 Hugues Doneau,1527—1591),其于 1551 年师从时任布尔日大学教授的弗朗索瓦·杜阿伦,取得博士学位并留校任教,后来辗转数个大学担任教授,著有《民法评释》28 卷[Commentarii de iure civili,1589—1590 年出版前 11 卷,其余 17 卷于其殁后由斯奇皮奥·京提里斯(Scipio Gentilis)整理出版],被看作是推动法国民法体系化的最重要的代表,“现代法学的缔造者”[1]。

弗朗索瓦·霍特曼(François Hotman,1524—1590)作为 16 世纪的著名法学家,其在人文主义法学的贡献不限于批驳特里波尼安等人对《学说汇纂》的添加或篡改[其于 1567 年写过一篇专论,题为《驳特里波尼安》(Anti-tribonianus/Anti - Tribonian),攻击矛头直指特里波尼安以及《国法大全》的其他编纂委员会成员[2]],他在《法学阶梯》、《学说汇纂》和《优士丁尼法典》的评释,罗马法原文的恢复,法国法的编纂方面均提出了独到的见解,特别是,他在名作《法兰克高卢》(Franco - Gallia,1573)一书中试图发扬人文主义的学术事业、宣传宗教自由和协商政府,曾在法律、政治和宗教的论争中起引领作用。[3]

这个时期,亦应提及安东尼·康修斯(Antonius Contius,1517—1586),布

[1] Hans Erich Troje, Die Literatur des Gemeinen Rechts unter dem Einfluss des Humanismus, in Helmut Coing(Hsg.), Handbook der Quellen und Literatur der Neueren Europaischen Privaterechtsgeschichte, Zweiter Band (1500—1800), C. H. Beck'sche Verlagsbuchhandlung, München, 1977, S. 763ff; Peter Stein, *Roman Law in European History*, Cambridge University Press, 1999, p. 80f; Peter Raisch, Juristische Methodenlehre: vom antiken Rom bis zur Gegenwart, C. F. Müller Verlag, 1995, S. 49ff; Roderich von Stintzing, Hugo Donellus in Altdorf, Eduard Besold, Erlangen, 1869, S. 42; Gerd Kleinheyer, Jan Schröder, Deutsche Juristen aus fünf Jahrhunderten: eine biographische Einführung in die Geschichte der Rechtswissenschaft, Verlag, Heidelberg, 1996, S. 113(中译见[德]格尔德·克莱因海尔、[德]扬·施罗德主编:《九百年来德意志及欧洲法学家》,许兰译,法律出版社 2005 年版,第 119 页).

[2] François Hotman, Anti - Tribonian ou discours d'un grand et renômmé jurisconsulte de nostre temps sur l'estude des loix, Perrier, Paris, 1567, 1603 ed.; Martin Loughlin, *Foundations of Public Law*, Oxford University Press, 2010, p. 53 - 54.

[3] 《简明不列颠百科全书》编辑部译编:《简明不列颠百科全书》(1),中国大百科全书出版社 1985 年版,第 380 页; Hans Erich Troje, Die Literatur des Gemeinen Rechts unter dem Einfluss des Humanismus, in Helmut Coing(Hsg.), Handbook der Quellen und Literatur der Neueren Europaischen Privaterechtsgeschichte, Zweiter Band(1500—1800), C. H. Beck'sche Verlagsbuchhandlung, München, 1977, S. 773ff.

尔日大学民法教授,他于 1566 年出版《〈法学阶梯〉批注》(Notae zu den Institutionen),1571 年根据《新律》(Authenticum)正本和 168 个《新律》希腊文汇编本编辑了优士丁尼《新律》新本,修订"佛罗伦萨手抄本"和《优士丁尼法典》,他的著作代表着一种非常独特的人文主义阐释著作的类型。[1]

当然,在人文主义法学发展的第二阶段,最为著名的法学家是雅克·居雅斯,他被称为"最杰出的人文主义文本批评家"(the greatest humanist textual critic),1520 年出生于法国的图卢兹,1555 年接替弗朗索瓦·博杜安,担任布尔日大学教授,系阿尔恰托开创的法国布尔日人文主义法学派的代表和领袖人物。布尔日能够成为"高卢(法国)方式"的中心,主要得益于居雅斯,而且法国人文主义法学正是在居雅斯时期达到鼎盛。[2] 其著述涉猎领域广泛[除了勘校、出版优士丁尼的《法学阶梯》《学说汇纂》之外,他还复原了罗马古典时期的法学家们的原作以及《狄奥多西法典》(Codex Theodosianus)的片段,整理《巴西尔法典》,撰写《封建法书》(The Consuetudines Feudorum)和《教令集》(The Decretals)的评注,等等],尤其是对罗马法文本的人文主义分析[其于 1556—1585 年编辑出版《审校与勘正集》28 卷(Libri observationum et emendationum,一译"校对修正评注全书"),其中第 25—28 卷其殁后由学生弗朗索瓦·皮图(François Pithou,1543—1621)于 1595 年整理出版]构成了其身后两个世纪的权威文本,稍后一代的著名法国法学家几乎全部都是他的弟子[其中最有名的是安德烈·加亚尔(André Gaillart),其在 16 世纪中叶成为人文主义法学派理论之集大成者],居雅斯所开创的"添加研究"(Inter-

---

[1] Hans Erich Troje, Die Literatur des Gemeinen Rechts unter dem Einfluss des Humanismus, in Helmut Coing (Hsg.), Handbook der Quellen und Literatur der Neueren Europaischen Privaterechtsgeschichte, Zweiter Band (1500—1800), C. H. Beck'sche Verlagsbuchhandlung, München, 1977, S. 649, 775ff.

[2] R. C. van Caenegem, *An Historical Introduction to Private Law*, Cambridge University Press, 1993, p. 56 - 57; Peter Stein, *Roman Law in European History*, Cambridge University Press, 1999, p. 77 - 78; Guido Kisch, Humanismus und Jurisprudenz: Der Kampf zwischen mos italicus und mos gallicus an der Universität Basel, Basel, 1955, S. 18; Gerd Kleinheyer, Jan Schröder, Deutsche Juristen aus fünf Jahrhunderten: eine biographische Einführung in die Geschichte der Rechtswissenschaft, Verlag, Heidelberg, 1996, S. 103(中译见[德]格尔德·克莱因海尔、[德]扬·施罗德主编:《九百年来德意志及欧洲法学家》,许兰译,法律出版社 2005 年版,第 108 - 109 页).

polationenforschung)一直影响至20世纪初。[1]

如上所述,在16世纪,除了法国之外,在尼德兰(低地国家),尤其是其南部地区(现在的比利时),也形成了一股人文主义法学的力量,即"尼德兰人文主义法学"或"尼德兰法律人文主义"(Legal Humanism in the Netherlands),其中心主要在鲁汶大学。1517年,伊拉斯谟在这里参与创建了"鲁汶三语言学院"(Collegium Trilingue Lovaniense),这所学院从事希腊语、拉丁语和希伯来语的研究,成为整个欧洲人文主义研究的中心之一,其人文主义传统长期具有生命力。[2] 或许是受到"鲁汶三语言学院"人文主义传统的影响,鲁汶大学法学院也兴起人文主义教学与研究之风(不过,此时的鲁汶大学信奉天主教,乃反对正在兴起的新教之阵地),其代表人物主要有:(1)加布里埃尔·姆代尤斯(Gabriel Mudaeus,也写作 Van der Muyden,约1500—1560),系16世纪弗莱芒法学家,他把伊拉斯谟的人文主义方法引进鲁汶大学法学院,培养了诸多在人文主义法学上有影响力的学生(其中包括上文提及的弗朗索瓦·博杜安,1545年之前,他在鲁汶大学拜加布里埃尔·姆代尤斯为师),由此获得巨大的声望;(2)雅各布·莱维尔特(Jacob Reyvaert,也写

[1] [瑞士]瓦尔特·吕埃格总主编:《欧洲大学史第2卷——近代早期的欧洲大学》([比利时]希尔德·德·里德-西蒙斯编),屈书杰译,河北大学出版社2008年版,第633页;Gerd Kleinheyer, Jan Schröder, Deutsche Juristen aus fünf Jahrhunderten : eine biographische Einführung in die Geschichte der Rechtswissenschaft, C. F. Müller Verlag, 1996, S. 104f.(中译见[德]格尔德·克莱因海尔、[德]扬·施罗德主编:《九百年来德意志及欧洲法学家》,许兰译,法律出版社2005年版,第109-110页)。雅克·居雅斯所开创的"添加研究"显然是针对特里波尼安等人对《学说汇纂》的添加部分——"后古典时期的添加"(the post-classical interpolations)或"特里波尼安镶嵌"(the emblemata Triboniani),他试图通过这一研究,剔除被特里波尼安等人篡改过的内容,恢复古典时期罗马法或法学家著作的原貌。他所采取的办法是运用历史学和语言学的技巧探查和比较优士丁尼文献与尚存的罗马古典时期作品的语言风格,或根据某一件罗马帝国立法作品的年代来考察特里波尼安是否对原作者的文字进行了修改处理(当时,特里波尼安修改的目的在于将摘引的原作段落与优士丁尼时代的立法内容保持协调一致)。其所开创的这一研究到19世纪以及20世纪初达到高潮。

[2] Henry de Vocht, *History of the Foundation and the Rise of the Collegium Trilingue Lovaniense*, 1517—1550, Bibliothèque de l'Université, Bureaux de Recueil, 1951; Hans Erich Troje, Die Literatur des Gemeinen Rechts unter dem Einfluss des Humanismus, in Helmut Coing(Hsg.), Handbook der Quellen und Literatur der Neueren Europaischen Privaterechtsgeschichte, Zweiter Band(1500—1800), C. H. Beck'sche Verlagsbuchhandlung, München, 1977, S. 615;《简明不列颠百科全书》编辑部译编:《简明不列颠百科全书》(5),中国大百科全书出版社1986年版,第394页。

作 Raevardus,约1535—1568),加布里埃尔·姆代尤斯的学生,1561—1568年间著述丰富,主要涉及优士丁尼罗马法文献的考疏;(3)马修·范·维森贝克(Mattheus van Wesenbeek,拉丁文写作 Matthaeus Wesenbecius,1531—1586),加布里埃尔·姆代尤斯的学生,信奉新教,撰写有评释《学说汇纂》的著作(Paratitla in Pandectarum iuris civilis libros quinquaginta,1566)以及论述封建法的论文(Tractatus de feudis);(4)韦格留斯(Viglius,也写作 Viglius van Aytta 或 Wigle Aytta van Zwichem,1507—1577),1529—1531年在布尔日大学学习,系阿尔恰托的学生和学术助手,后成为荷兰政治家和法学家,曾经主编过罗马法的希腊文本,并且按照阿尔恰托的方法撰写优士丁尼《法学阶梯》若干题目的评释。[1]

总体看来,16世纪鲁汶大学以加布里埃尔·姆代尤斯为核心所形成的人文主义法学派尽管也有一定名气,但无论在当时的势力上,还是在后来的影响力上都难以与(尤其是雅克·居雅斯任教期间的)法国布尔日人文主义法学派相提并论。

值得指出的是,从16世纪早期开始,随着西班牙进入政治经济的"黄金时期",萨拉曼卡大学也逐渐成为欧洲新的精神动力之源,那里兴起一个部分地渗透了当时在欧洲具有巨大影响力的人文主义文化和哲学思想的经院主义学派,其涉猎领域包括哲学、伦理学、经济学和法学诸领域,笼统地被称为"西班牙后经院哲学"或"第二波经院哲学"(拉丁文 Secunda Scholastica,德文 die spanische Spätscholastik,英语 Late Scholasticism 或 Second Scholasticism),也被简称为"萨拉曼卡学派"(The School of Salamanca,西班牙语 Escuela de Salamanca)。该学派的思想主张以13世纪意大利著名经院哲学家托马斯·阿奎那(Thomas Aquinas,1224—1274)的《神学大全》(*Summa Theologiae*)为基础,崇尚托马斯主义,反对宗教改革。在法学上,强调"法的世俗化""将法根植于个人理性之上""法的逻辑化"等。其代表人物有萨拉曼卡大学的维多利亚的弗朗西斯科(Francisco de Vitoria,也写作 Francisco de Victoria,约1483—1546)、索托的多米尼哥(Domenico de Soto,1494—1560)、阿兹彼尔库埃塔的马丁(Martín de Azpilcueta, 1491—1586)、默卡多的托马斯

〔1〕 R. C. van Caenegem, *An Historical Introduction to Private Law*, Cambridge University Press, 1992, p. 57. 另见 Joost Pikkemaat, Rechtswissenschaft zwischen Tradition und Moderne: Viglius van Aytta(1507—1577) über D. 12. 1. 18, Ius Commune, Bd. XXVIII 2001, S. 61ff。

(Tomás de Mercado,1525—1575)、弗朗西斯科·苏亚雷斯(Francisco Suárez,1548—1617)等。尽管"萨拉曼卡学派"在16世纪整个欧洲主流法学思想中有一席之地,但其思想倾向及理论主张与法国、尼德兰人文主义法学有所不同,难以归为人文主义法学之列,故此处不予详论。[1]

三、人文主义法学发展的第三阶段

16世纪中后期法国爆发的宗教战争以及对胡格诺派(Huguenots,一译"雨格诺派",信奉"归正宗"或"加尔文宗"的派别,即"加尔文派"在法国的称谓)教徒的迫害,使人文主义法学派在法国的势力遭到重创。

此处简要地叙述一下当时的历史背景。1517年由德国宗教改革领袖马丁·路德(Martin Luther,1483—1546)所发起的宗教改革运动自德国开始向欧洲的其他地区蔓延,运动随后也在法国展开,神学家约翰·加尔文借此推行宗教改革,一批信众改信新教(归正宗)[2],反对天主教会和教义,由此遭受迫害。1534年,加尔文等新教人士被迫逃亡,法国的新教徒继续遭到追杀,由个别处死发展成为大规模屠杀。1562年,法国开始爆发天主教与新教胡格诺派之间的宗教战争(les Guerres de religion,亦称"胡格诺战争"),该战争断断续续直到1598年。[3] 在此期间[尤其是1572年圣巴托罗缪之夜惨案(Massacre of Saint - Bartholomew's Day /Bartholomäusnacht)[4]之后],有

---

〔1〕 相关人物及其思想,参见 Manlio Bellomo, *Common Legal Past of Europe: 1000 - 1800*, p. 204, 210, 224 - 232. 另见[葡]叶士朋:《欧洲法学史导论》,吕平义、苏健译,中国政法大学出版社1998年版,第149 - 150页。另见舒国滢:《决疑术:方法、渊源与盛衰》,载《中国政法大学学报》2012年第2期。

〔2〕 顺便说一句,路德教和加尔文教虽然均推行宗教改革,但两派的观点还是有很大的不同。1566年,"第二瑞士信纲"(The Second Helvetic Confession,拉丁文 Confessio Helvetica posterior)公布之后,两个教派完全分道扬镳。See Olivia F. Robinson, T. David Fergus and William M. Gordon, *European Legal History: Sources and Institutions*, Oxford University Press, 2000, p. 168.

〔3〕 《简明不列颠百科全书》编辑部译编:《简明不列颠百科全书》(3),中国大百科全书出版社1985年版,第824 - 825页;《简明不列颠百科全书》编辑部译编:《简明不列颠百科全书》(4),中国大百科全书出版社1985年版,第248 - 249页。

〔4〕 圣巴托罗缪惨案是1572年8月23日从法国巴黎开始屠杀新教胡格诺派的事件,8月24日圣巴托罗缪(又译为"圣巴多罗买",系耶稣十二门徒之一)节,暴徒在巴黎全市搜杀胡格诺派,仅此一地死者即达3000人(参见《简明不列颠百科全书》编辑部译编:《简明不列颠百科全书》(7),中国大百科全书出版社1986年版,第196页;周枏:《罗马法原论》(上册),商务印书馆1994年版,第84页;[英]阿伦·布洛克:《西方人文主义传统》,董乐山译,三联书店2003年版,第66页)。

一批皈依新教(加尔文教)的法学家也卷入宗教改革的冲突之中[1],一同遭受迫害[比如,在民法体系和方法论上颇有造诣的约翰内斯·科拉修斯(Johannes Corasius,1513—1572)就死于圣巴托罗缪之夜[2]]。于是,他们中的一部分被迫出逃法国,转赴荷兰、德国(如莱顿大学、海德堡大学等),促成了那里的新一代人文主义法学派的兴起。[3]

这样,人文主义法学就进入第三阶段。这个阶段的人文主义法学的中心主要是荷兰的莱顿大学(University of Leiden/Leyden)。莱顿位于尼德兰北部(荷兰),该大学于1575年创建,建立伊始即成为抗衡尼德兰南部的鲁汶天主教大学的重镇,一批在法国受到迫害的信奉新教的人文主义法学家逃亡此地,其中就包括上文提及的雨果·多内鲁斯。[4] 他作为加尔文教徒在1572年圣巴托罗缪之夜遇到生命危险,在学生的帮助下逃到瑞士日内瓦,1573年到德国海德堡大学担任教授并任校长,1579年接受荷兰当局邀请,到莱顿大学任教,直到1587年,他的渊博知识使其成为莱顿大学的显赫人物之一,给该地传播了人文主义法学的火种。[5] 从此,以莱顿大学为中心逐渐形成了一个"优雅法学"或法律人文主义的拥护者构成的法学家群体,他们在16世纪末17世纪上半叶开始崭露头角,在17世纪末和18世纪上半叶,其活动达到高潮。这就是所谓的"荷兰优雅学派"(the Dutch Elegant School/

---

[1] 我们可以将人文主义法学与新教做一个比较:比如,新教否认《圣经》之拉丁文流行本(the Latin Vulgate of the Bible)的权威性,而人文主义法学则挑战优士丁尼《国法大全》的传统文本或流行文本,它们两者均使用批判的、历史的和语言学的方法,包括希腊文献的知识。人文主义法学与新教在信念和方法上的相似性,使一批法学家"不仅是当时人文主义法学的杰出代表人物,同时又是宗教改革的见证人,而宗教改革深深影响了他们的生活和作品"[Gerd Kleinheyer, Jan Schröder, Deutsche Juristen aus fünf Jahrhunderten : eine biographische Einführung in die Geschichte der Rechtswissenschaft, Verlag, Heidelberg, 1996, S. 2(中译见[德]格尔德·克莱因海尔、[德]扬·施罗德主编:《九百年来德意志及欧洲法学家》,许兰译,法律出版社2005年版,第3页)]。

[2] Peter Raisch, Juristische Methodenlehre: vom antiken Rom bis zur Gegenwart, C. F. Müller Verlag, 1995, S. 60.

[3] [葡]叶士朋:《欧洲法学史导论》,吕平义、苏健译,中国政法大学出版社1998年版,第141-142页。

[4] Peter Stein, *Roman Law in European History*, Cambridge University Press, 1999, p. 97-98.

[5] Gerd Kleinheyer, Jan Schröder, Deutsche Juristen aus fünf Jahrhunderten : eine biographische Einführung in die Geschichte der Rechtswissenschaft, C. F. Müller Verlag, 1996, S. 112(中译见[德]格尔德·克莱因海尔、[德]扬·施罗德主编:《九百年来德意志及欧洲法学家》,许兰译,法律出版社2005年版,第118-119页);R. C. van Caenegem, *An Historical Introduction to Private Law*, Cambridge University Press, 1992, p. 57.

Holländische elegante Schule)[1],它有时也被笼统地称为“优雅法学派”(The School of Elegant Jurisprudence)。相应地,人文主义法学的第三阶段也被视为“荷兰法律人文主义时代”(The Age of Dutch Legal Humanism)[2]。

“荷兰优雅学派”虽部分承继了法国人文主义法学的传统,但这一派的法学家并不像法国人文主义法学家那样仅仅满足于罗马法学的文献整理、勘校和知识考古,他们中的一些人也很强调“实践法学”或“《学说汇纂》之现代应用”,其在知识和方法上可能还受到16世纪“西班牙后经院哲学”和17世纪中叶的“西班牙(萨拉曼卡)法律人文主义学派”(Spanish Legal Humanists)的影响。[3] 也就是说,属于广义的荷兰学派的法学家在学术上存在三种取向:一是持守纯粹的“高卢(法国)方式”,并在这一传统上继续发展,这一派属于狭义的或真正意义的“优雅法学派”;二是重视“实践法学”或“《学说汇纂》之现代应用”,持守“意大利方式”或“学说的共同意见”原则和论辩逻辑,这一派属于“实践派”(praxstica);三是既希望保守中世纪学问或“意大利方式”的优点,又倾向遵循人文主义学派或“高卢(法国)方式”的宽泛路线、吸收古代文献的人文与修辞品质,这一派可以看作是“融合派”或介乎“意大利方式”和“高卢(法国)方式”之间的“第三学派”(a third school)。[4]

笼统地说,在学术上持上述第一种和第三种取向的荷兰法学家均属于“荷兰优雅学派”,其代表人物主要有:

1. 埃弗拉尔德·范·布龙科斯特(Everard van Bronchorst,也写作

---

[1] Douglas J. Osler, Jurisprudentia Elegantior and the Dutch Elegant School, in lus Commure, Vol. 23 p. 347(1996);G. C. J. J. van den Bergh, Die holländische elegante Schule, ein Beitrag zur Geschichte von Humanismus und Rechtswissenschaft in den Niederlanden 1500 – 1800, Studien zur europäischen Rechtsgeschichte, 2002, S. 148.

[2] Douglas J. Osler, *The Myth of European Legal History*, Rechtshistorisches Journal, Vol. 16, p. 393 – 410(1997).

[3] “西班牙(萨拉曼卡)法律人文主义学派”(the Spanish legal humanists)或“西班牙学派”(the Spanish school)是在西班牙萨拉曼卡大学形成的人文主义法学派,其兴盛期在17世纪中叶,代表人物有弗朗西斯科·拉莫斯·德尔·马扎罗(Franciscus Ramos del Manzano, 1604—1683)、门多扎的约翰内斯·苏亚雷斯(Ioannes Suárez de Mendoza,卒于1681年)和莱特斯的约瑟夫·费曼德斯(Iosephus Fernández de Retes, 1620—1678)等人。See Douglas J. Osler, *The Myth of European Legal History*, Rechtshistorisches Journal, Vol. 16, p. 393 – 410(1997).

[4] R. C. van Caenegem, *An Historical Introduction to Private Law*, Cambridge University Press, 1992, p. 58.

Bronkhorst,1554—1627),早年在德国的大学接受法学训练,后在莱顿大学接替雨果·多内鲁斯的教席,著有论述《学说汇纂》和封建法之方法的著作,其作品确立了荷兰大学之法学的基调,强调在大学法科教育中,既要学生为法庭实务做准备,又要他们了解见诸优士丁尼《学说汇纂》和《法学阶梯》中的所有法律的原理或"规则"。在他看来,《学说汇纂》第 50 卷第 17 章(D. 50. 17)的"规则",相当于辩证法家(逻辑学家)所讲的"法则"(maxims),几何学家所讲的"难题/问题集"(problemata),医学家所讲的"格言"(aphorisms),它们以简要的方式涵盖了广阔的法律海洋之中有待讨论的所有事项,并且提供了普遍法的一般索引。他的进路不是法国人文主义法学的简单重复,而是"意大利方式"和"高卢(法国)方式"的一种"适度的融合"(a moderate amalgam)。[1]

2. 胡果·格劳秀斯(Hugo Grotius,一译"格老秀斯",1583—1645),荷兰优雅学派最为著名的法学家,其在理论和方法上受雨果·多内鲁斯以及西班牙后经院哲学家[加布里埃尔·瓦斯奎斯(Gabriel Vasquez,1551—1604)、弗朗西斯科·苏亚雷斯等人]的影响,[2]著有《论战争与和平法》(De jure belli ac pacis libri tres,三卷本,1625),被公认为近代"国际法之父"(Der Vater des Völkerrechts)。[3]

3. 阿尔诺德·文纽斯(Arnold Vinnius,1588—1657),格劳秀斯同时代的荷兰法学家,在莱顿大学学习法律并留校担任教授。他于 1642 年著有关于优士丁尼《法学阶梯》内容的广泛评释,在理论和实践两方面综合了法国人文主义法学家,意大利注释法学派、评注法学派以及德国法庭实践派的观点。他以自己的理论学说确立了混合着罗马法、习惯法和自然法因素的荷

---

[1] Peter Stein, *Roman Law in European History*, Cambridge University Press 1999, p. 98.

[2] 有关加布里埃尔·瓦斯奎斯和弗朗西斯科·苏亚雷斯,参见舒国滢:《决疑术:方法、渊源与盛衰》,载《中国政法大学学报》2012 年第 2 期。

[3] Gerd Kleinheyer, Jan Schröder, Deutsche Juristen aus fünf Jahrhunderten : eine biographische Einführung in die Geschichte der Rechtswissenschaft, Verlag, Heidelberg, 1996, S. 176ff(中译见[德]格尔德·克莱因海尔、[德]扬·施罗德主编:《九百年来德意志及欧洲法学家》,许兰译,法律出版社 2005 年版,第 180 – 185 页);Peter Stein, *Roman Law in European History*, Cambridge University Press, 1999, p. 98 – 99;[葡]叶士朋:《欧洲法学史导论》,吕平义、苏健译,中国政法大学出版社 1998 年版,第 142 页。

兰法学。[1]

4. 乌尔里希·胡贝尔(Ulrich Huber,1636—1694),17 世纪在罗马—荷兰法上最具创新精神的法学家,1672 年著有《论国法》三卷本(De iure civitalis lib. Ⅲ,1672),基本上从罗马法文献素材建立起一套他称为“一般公法之新学科”的国法;1678—1690 年著《民法讲义》(Praelectiones iuris civilis),再次根据罗马法素材创建了现代法律冲突之学科,被看作是尼德兰具有“人文主义目标取向”而又对“《学说汇纂》之现代应用”保持理论与实践关怀的优雅法学之代表人物。[2]

5. 约翰内斯·弗特(Johannes Voet,1647—1713),曾经担任过莱顿大学和乌特勒支大学(Utrecht)的教授,著有两卷本的《学说汇纂评释》(Commentarius ad Pandectas,1698,1704),其虽按照《学说汇纂》的标题进行评释,但却以完全不同的方式安排每个标题下的素材:先是解释罗马法,然后主要结合当时的本国法和司法实践中的案例,引述相关的权威学说。故此,他在罗马法的修复整理方面并没有运用典型的人文主义法学的方法,而注重罗马法的实用取向,因而也被法律史家看作是荷兰“《学说汇纂》之现代应用”或实践派的代表人物。[3]

6. 格拉德·努特(Gerard Noodt,1647—1725),1686 年担任莱顿大学教

---

〔1〕 Peter Stein, *Roman Law in European History*, Cambridge University Press, 1999, p. 99 – 100; Gerd Kleinheyer, Jan Schröder, Deutsche Juristen aus fünf Jahrhunderten: eine biographische Einführung in die Geschichte der Rechtswissenschaft, Verlag, Heidelberg, 1996, S. 517(中译见[德]格尔德·克莱因海尔、[德]扬·施罗德主编:《九百年来德意志及欧洲法学家》,许兰译,法律出版社 2005 年版,第 537 页).

〔2〕 Peter Stein, *Roman Law in European History*, Cambridge University Press, 1999, p. 100; Karl Otto Scherner, Die Wissenschaft des Handelsrechts, in Helmut Coing(Hrsg.), Handbook der Quellen und Literatur der Neueren Europaischen Privaterechtsgeschichte, Zweiter Band(1500—1800), C. H. Beck'sche Verlagsbuchhandlung, München, 1977, S. 975.

〔3〕 Gerd Kleinheyer, Jan Schröder, Deutsche Juristen aus fünf Jahrhunderten: eine biographische Einführung in die Geschichte der Rechtswissenschaft, Verlag, Heidelberg, 1996, S. 440f(中译见[德]格尔德·克莱因海尔、[德]扬·施罗德主编:《九百年来德意志及欧洲法学家》,许兰译,法律出版社 2005 年版,第 448 – 450 页); Douglas J. Osler, Jurisprudentia Elegantior and the Dutch Elegant School, in lus Commure, Vol. 23, p. 340(1996)。但也有相当多的学者将约翰内斯·弗特归为“荷兰优雅学派”([葡]叶士朋:《欧洲法学史导论》,吕平义、苏健译,中国政法大学出版社 1998 年版,第 142 页;[英]梅特兰等:《欧陆法律史概览》,屈文生等译,上海人民出版社 2009 年版,第 127 页;Peter Stein, *Roman Law in European History*, Cambridge University Press, 1999, p. 100; R. C. van Caenegem, *An Historical Introduction to Private Law*, Cambridge University Press, 1992, p. 58)。

授，著有《论民法的可靠性》(de Probalila juris civilis)以及若干罗马法学家和其他人物生平的考证[比如，《论保罗》(Julius Paulus，1700)，《戴克里先与马克西米安》(Diocletianus et Maximianus，1704)等]，被誉为“莱顿大学的明灯”(Bright Light of Leiden University)[1]，也有人将他看作是“人文主义和启蒙运动之间的荷兰法学者”(Dutch Legal Scholarship Between Humanism and Enlightenment)[2]。正是由于努特的贡献，荷兰(莱顿)优雅学派于17世纪末18世纪上半叶达到盛期。

7. 安东尼乌斯·舒尔廷(Antonius Schultingh，1559—1734)，1683年以题为《论自然债务》(de naturali obligatione，Leiden，1683)的论文在莱顿大学获得博士学位，1713年起直至去世前任该校罗马法教授，著有《前优士丁尼的古代法学》(Jurisprudentia vetus ante – Justinianea，1737)，在学术上曾经受格拉德·努特的影响，因偏重法学—语言学之边缘学科，而与努特同为“荷兰优雅学派”古代学方向的代表人物[3]。18世纪德意志历史学家、乌特勒支大学教授克里斯托弗·萨克塞(Christoph Saxe，也写作 Saxius 或 Sachsius，1714—1806)称其为“尼德兰的居亚斯”(Niederländisches Cujacius)。

8. 科内利斯·范·宾科尔舍克(Cornelis van Bynkershoek，1673—1743)，早年在弗拉纳克大学(the University of Franeker)学习法律，师从乌尔里希·胡贝尔等人，1703年担任荷兰共和国最高法院(the Hoge Raad van Holland，Zeeland en West – Friesland)法官，1724年升任院长，曾经出版《论领海》(De Dominio Maris Dissertatio，1702)、《罗马法勘正》(Observationes Juris Romani，1710)、《论使节的法院管辖》(De foro legatorum，1721)、《公法问题》两卷本(Quaestiones Juris Publici，1737)等著作，在海洋法的发展上做出了杰出的贡

---

〔1〕 J. van den Honert, Academische redenvoering over de onderlinge verdraagsaamheid der Christenen, in: idem, Derde versameling van heilige mengelstoffen, behelsende eenige kerkelike en akademische verhandelingen en redenvoeringen, by verscheide gelegenheden en omstandigheden, opgesteld en uytgesproken, S. Luchtmans, Leiden, 1747, p. 330, 358.

〔2〕 G. C. J. J. van den Bergh, *The Life and Work of Gerard Noodt, 1647—1725: Dutch Legal Scholarship Between Humanism and Enlightenment*, Oxford University Press, 1988.

〔3〕 Gerd Kleinheyer, Jan Schröder, Deutsche Juristen aus fünf Jahrhunderten: eine biographische Einführung in die Geschichte der Rechtswissenschaft, Verleg, Heidelberg, 1996, S. 509(中译见[德]格尔德·克莱因海尔、[德]扬·施罗德主编:《九百年来德意志及欧洲法学家》，许兰译，法律出版社2005年版，第529页).

献,被看作是近代国际公法的奠基人之一。[1]

总之,诚如英国著名法律史家梅特兰等人指出:“荷兰……在17世纪中叶能够绽放出象征着国家力量的智慧之花。知识在这个国家里受到极度的推崇,不久,荷兰便出现了几位世界级的著名法学家。他们的作品显示出简洁的风格和创造性的思维,并将理论与实践巧妙地结合起来。他们被誉为‘优雅派法学家’(jurisconsulti elegantiores)。”[2]

(舒国滢/文)*

---

〔1〕 Douglas J. Osler, Jurisprudentia Elegantior and the Dutch Elegant School, in Ius commure, Vol. 23, p. 340(1996); Gerd Kleinheyer, Jan Schröder, Deutsche Juristen aus fünf Jahrhunderten: eine biographische Einführung in die Geschichte der Rechtswissenschaft, Verleg, Heidelberg, 1996, S. 84ff(中译见[德]格尔德·克莱因海尔、[德]扬·施罗德主编:《九百年来德意志及欧洲法学家》,许兰译,法律出版社2005年版,第88-91页); R. C. van Caenegem, *An Historical Introduction to Private Law*, Cambridge University Press, 1992, p. 58, n. 51.

〔2〕 [英]梅特兰等:《欧陆法律史概览》,屈文生等译,上海人民出版社2009年版,第127页。

* 舒国滢,中国政法大学教授,博士生导师。本文节选自《欧洲人文主义法学的方法论与知识谱系》,原刊于《清华法学》2014年第1期。

神学、科学与人文

——三种观照法律的视角及其比较

兰德曼(M. Landmann)在《哲学人类学》中说,人的每一个关于他自己的观念成了指导和塑造他的理想。[1] 人类存在着各种各样的制度安排。这些制度安排的背后,隐含着人类的自我形象。人在每个时代都是按照对自己的认识来处理人与法的关系的。一定的人的观念联系着一定的法的观念。不同的人和法的观念导致了不同的制度安排。在法律思想史上,至少存在三种看待人和法律的视角,即神学的、科学的和人文的视角,由此形成三种不同的有关人的观念:神学的、科学的和人文的。相应地,也存在三种不同的看待法律的观念。

一、神学观念

神学观念把人看作神的创造物。在基督教的神学观念中,人是因为犯有原罪而被上帝从伊甸园贬下来的。

那故事说,"起初神创造天地",在把其他事物造好之后,"耶和华神用地上的尘土造人,将生气吹在他鼻孔里,他就成了有灵的活人,名叫亚当"。后来,"耶和华神就用那人身上所取的肋骨,造成一个女人,领她到那人跟前"。他们生活在伊甸园。但是他们禁不住蛇的诱惑,违反了上帝的律令,偷吃了园中那不该吃的禁果,受到上帝的惩罚。

耶和华神……对女人说,我必多多加增你怀胎的苦楚,你生产儿女必多受苦楚。

又对亚当说,你既听从妻子的话,吃了我所吩咐你不可吃的那树上的果子,地必为你的缘故受咒诅。你必终身劳苦,才能从地里得吃的。地必给你长出荆棘和蒺藜来,你也要吃田间的菜蔬。你必汗流满面才得糊口,直到你

[1] [德]米夏埃尔·兰德曼:《哲学人类学》,张乐天译,上海译文出版社1988年版,第9页。

归了土,因为你是从土而出的。你本是尘土,仍要归于尘土。……耶和华神便打发他出伊甸园去,耕种他所自出之土。于是把他赶出去了。[1]

奥古斯丁(Augustine)在《上帝之城》中说,人是由两部分组成的,有两种志趣和能力,有两种爱,分居于两个城池之中。

一个城池是按照自身意志行事的人居住的,另一个是按照上帝意志行事的人居住的……“双城”意味着人分两部分,一部分永远由上帝统治,另一部分注定要经受魔鬼的永恒惩罚。

并指出:

由两种爱造成了两座城:由爱己之爱,对上帝也轻视的爱,造成了世上的城;由爱神之爱,连自己也厌弃的爱,造成了天上的城。[2]

自从亚当犯罪之后,世界被划为两个城。一个城要永远与上帝在一起,另一个城则要与撒旦一同受永劫的折磨。在现世里,这两个城——地上之城和天上之城是混为一体的;但是在最后审判中,在来世,被神所预先选定的得救者与被神厌弃者将被分别开来。在今世,即便在似乎是我们的敌人中间,谁将成为选民一事,也是我们无从知道的。

阿奎那(Aquinas)把宇宙的存在物分为这样的几个等级。第一等级是上帝,他具有最高的智慧和完善的理性,是宇宙的创造者、安排者和末日审判的法官。第二等级是人,人的地位比神低。他被上帝赋予理性和智力,可以部分地认识到宇宙的秩序和有关人类自身的知识。没有神的帮助和启示,他不可能达到完善的地步。第三等级是兽类。兽类虽然没有智慧,但是有一些感觉功能,所以其地位在人类之下,而在植物和其他一些无知识的东西之上。第四等级是那些在以上所有等级控制之下的植物和其他无知识的东西。所以人法从属于永恒法、自然法和神法。

“宗教的人”的根本价值就在于履行上帝给人类颁布的义务,赎去自己的原罪,成为上帝所欢喜的臣民。“宗教的人”不能对上帝主张任何权利。他唯一的权利,就是履行义务的权利。他必须认识和遵循有关他的良心和行为的各种法则。上帝之所以赋予他有限的理性,是因为希望他能够认识自己的义务。禁欲主义是必然的选择,人只有藐视自己,克服源于肉体的各种欲

---

〔1〕《圣经·旧约》创世纪3:14-3:24。

〔2〕[古罗马]奥古斯丁:《上帝之城》。转引自[英]韦恩·莫里森:《法理学:从古希腊到后现代》,李桂林、李清伟、侯健、郑云瑞译,武汉大学出版社2003年版,第67-68页。

望和激情,才能够完全服从上帝的律法。在上帝面前,人的理性和情感都是渺小的,不足称道的。人是有意义的,但是这种意义不是对于自身价值的肯定,而恰恰是对自身价值的否定。人的意义就在于他完成了赎罪的计划,分享了上帝的荣光。这种意义是外在于人的。

上帝是一切正义的、正确的准则的源泉,万事万物的秩序都是上帝安排的结果。基督教古代教父圣奥古斯丁将法律分为永恒法和世俗法。永恒法源于上帝的意志和智慧,是正义的最高标准,是“一切事物借以处于完善状态的法”。正义和善从永恒法中流溢出来而进入其他的法。人类社会的世俗法因为接受了从永恒法中流淌出来的正义和善而成为法。如果世俗法失去了与上帝的联系,就不是法,不再具有法的效力和真实性。英国普通法法学家布莱克斯通(Blackstone)说得非常清楚:“人在任何事物上都绝对依赖于造物主,他必须在各方面都符合造物主的意志。造物主的这种意志就被称为自然法。当上帝创造物质,并给予它运动的原则时,上帝就建立了这种运动的永恒方向的某些规则;同时,当上帝创造了人并给予他在生活的各个方面以决定行动的自由意志时,上帝规定了某些有关人性的不变的法律,从而在某种程度上调整并限制那种自由意志,上帝还给人以理智的天赋去发现那些法律的大意。”〔1〕

二、科学观念

科学观念把人看作一部机器。这种观念形成于近代自然科学,特别是古典物理学取得很大成就的时期,到现在仍有很大的影响。古典物理学把世界解析为由各种力相互作用的一个系统,这个系统及其任何一个组成部分都可以以某些公式和定律来加以说明。自然科学所取得的成就使它的思维和方法侵入社会科学,又侵入人文科学。

霍布斯(Hobbes)在17世纪写作《利维坦》时就已经用机器来说明、比喻人和国家,他倾向于把人看作接受外界的各种刺激并作出反应的某种装置。在该书引言中,他说:“由于生命只是肢体的一种运动,它的起源在于内部的某些主要部分,那么我们为什么不能说,一切像钟表一样用发条和齿轮运动的‘自动机械装置’也具有人的生命呢?是否可以说它们的‘心脏’无非就是‘发条’,‘神经’只是一些‘游丝’,而‘关节’不过是一些齿轮,这些零件如创

〔1〕［英］布莱克斯通:《英国法释义》,绪论第36—39节。转引自［奥］凯尔森:《法与国家的一般理论》,沈宗灵译,中国大百科全书出版社1996年版,第490页。

造者所意图的那样，使整体得到活动的呢？”[1]汉娜·阿伦特（Hannah Arendt）说，霍布斯希望把政治学做成像时钟走时一样准确的科学。

18世纪拉·梅特里（Le Mettrie）的《人是机器》则典型地说明了这种对人的认识的科学观念。“这是一架多么聪明的机器！因为即使唯有人才分享自然的法则，难道人不是一架机器吗？比最完善的动物再多几个齿轮，再多几个弹簧，脑子和心脏的距离成比例地更接近一些，因此所接受的血液更充足一些，于是那个理性就这样产生了；难道还有什么别的不成？”[2]这样，理性的形成就与上帝是无关的了，它不过是头脑的机能。

既然“人是机器”，那么“心灵只是一个毫无意义的空洞的名词，一个思想严谨的人使用这个名词时，只是指我们身体里那个思维的部分。只要假定一点运动的根基，生命体便会具有它所必需的一切，来运动、感觉、思维和羞恶悔痛，总之，当作一切身体活动以及以身体为依据的道德行动”。[3]

近代经验哲学和怀疑论重新界定了理性的地位，意义之探求或价值之选择，不再是理性的了。休谟（David Hume）对理性的看法是：理性是并且也应该是情感的奴隶，除了服务及服从情感之外，再不能有任何其他的职务。[4]这样理性由价值理性演变为工具理性。韦伯（Max Weber）用两个特点来概括现代社会的现代性，一个是“世界的祛魅”（disenchantment of the world）。世界的祛魅导致的后果之一就是意义的丧失。爱尔兰诗人叶芝（Yeats）在一首诗中说“人创造了死亡”，生与死的意义并不是本来就存在的，而是人们创造出来的。另一个特点是理性化（rationalization）。理性化的实质是工具理性化。韦伯认为现代西方社会是一个理性化的产物。在经济领域，理性化的结果是资本主义的经济体系；在政治领域，这种理性化表现为官僚体制的建立；在宗教领域，理性化的特点是出现了加尔文新教派提倡的禁欲主义；在法律上，这种理性化的结果就是法律形式主义和法律实证主义的产生。理性化要求一种可以计算的法律，法律作为影响成本与收益的一种因素可以体现在工厂主的账簿上。

柏特兰·罗素（Bertrand Arthur William Russell）在《神秘主义和逻辑》

---

〔1〕［英］霍布斯：《利维坦》，黎思复、黎廷弼译，商务印书馆1985年版，“引言”。

〔2〕［法］拉·梅特里：《人是机器》，顾寿观译，商务印书馆1979年版，第17页。

〔3〕［法］拉·梅特里：《人是机器》，顾寿观译，商务印书馆1979年版，第53页。

〔4〕［英］休谟：《人性论》（下册），关文运译，商务印书馆1997年版，第453页。

中说：

人只是因果关系的产物，并无能力预见未来；他的起源、发展，他的希望和恐惧，他的爱和信，都只是原子偶然结合的结果；无论是热情，英雄气概，还是强烈的思想情感，都不能使个体生命永生；数个时代的劳作，所有的奉献和灵感妙思，人类精英的一切杰作，注定要销毁在太阳系的巨大死寂之中。人类文明的整个大厦将不可避免地被埋没在宇宙的废墟下面——这一切，如果不是毫无疑问，也是相当肯定地要发生的，不接受这一点，没有什么哲学能站得住脚。只有借助于这些真理，只有根基于不可避免的绝望，灵魂的寓所才得以稳固地建立。[1]

19 世纪边沁（Jeremy Bentham）用以作为"道德和立法原理"的功利主义以及它在 20 世纪的法律经济学，倾向于把人看作计算成本与收益的理性的机器。人们在做行为决策时，总是考虑成本与收益的关系，追求个人效用最大化。而法律规则的作用在于对人们的活动施加不同的价格，以改变这种活动的数量与性质。法律规则是通过影响人们决策时的成本与收益因素来影响人们的行动和发挥作用的。法律责任及其实施是社会或政府对于违法行为者的要价；刑事制裁严厉性和确定性的增加会降低犯罪率，等等。在边沁看来：

自然把人类置于两位主公——快乐和痛苦——的主宰之下。只有它才指示我们应当干什么，决定我们将要干什么。是非标准，因果联系，俱由其定夺。凡我们所行、所言、所思，无不由其支配：我们所能做的力图挣脱被支配地位的各项努力，都只会昭示和肯定这一点。一个人在口头上可以声称绝不再受其主宰，但实际上他将照旧每时每刻对其俯首称臣。功利原理承认这一被支配地位，把它当作旨在依靠理性和法律之手建造福乐大厦的制度的基础。凡试图怀疑这个原理的制度，都是重虚轻实，任性昧理，从暗弃明。[2]

边沁把人的快乐和痛苦做了详细的分类。按照这种观念，人，除了满足当下的需要以外，在根本上是没有意义的，也没有什么尊严可言；所谓尊严，不过是一种虚幻的感觉而已。[3] 人并不是某种可靠的统一的实体，相反它

---

〔1〕［英］柏特兰·罗素：《神秘主义和逻辑》。转引自［英］韦恩·莫里森：《法理学：从古希腊到后现代》，李桂林、李清伟、侯健、郑云瑞译，武汉大学出版社 2003 年版，第 67－68 页。

〔2〕［英］边沁：《道德与立法原理导论》，时殷弘译，商务印书馆 2000 年版，第 57 页。

〔3〕［美］B. F. 斯金纳：《超越自由与尊严》（第 2 版），陈维纲、王映桥、栗爱平译，贵州人民出版社 2006 年版，特别是第三章。

是一个各种信息和刺激的通道。赋予个人权利只是促进社会福利的策略,而所谓社会福利不过是最大多数人的欲望得到满足的累加总额。

科学的人也科学地看待法律。科学的法律观把法律看作是客观的、独立于人的规范体系,像研究自然界的现象一样研究法律。法律像一架可以精确地计算痛苦和快乐的机器,法学就旨在研究这架机器的形式与结构,或者研究它的实际运转情况,研究如何更加精确地计算人们的痛苦与快乐,以更准确地向人们施加赏或者罚。法律是一架机器,同时它的适用对象,即人,也被看作一架机器。人和法律是分离开来的,法律是客观的,外在于人,而又要控制人的。人和法律之间形成了对立。

法律形式主义、概念法学,一些实证主义法学(如纯粹法学),以及功利主义法学,或者明显地或者隐藏地包含这种科学模式的人与法观念,隐含着作为机器的人的形象和法的想象。梅利曼(John Henry Merryman)在《大陆法系》一书中描绘了这种形象和想象:"大陆法系的审判过程所呈现出来的画面是一种典型的机械式活动的操作图,法官酷似一种专业书记官,除了很特殊的案件外,他出席法庭仅是为解决各种争讼事实,从现存的法律规定中寻觅显而易见的法律后果。他的作用也仅仅在于找到这个正确的法律条款,把条款与事实联系起来,对从法律条款与事实的结合中会自动产生解决办法,法官赋予其法律意义。……法官的形象就是立法者所设计和建造的机械操作者,法官本身的作用也是机械性的。"[1]

三、人文观念

人文观念从人的视角来看待人。神学观念在人身上烙上宗教身份,并把这种身份看作是人的本性。科学观念把人看作机器,那些可观察、可研究、可解析的器官运作原理是人的本性。

人文观念认为人就是人,具有作为人的本性,其后才具有各种身份。人性是先天的,身份是后天的。一个人不论具有什么样的身份,他是一个基督徒,还是犹太教徒,是一个贵族还是平民,这都不能掩盖和抹杀他是一个人的事实。或者说,甲是天主教徒,乙是新教徒,丙是犹太教徒,这种身份上的区别并不能否定他们是相同的人。一个人文主义者以他作为人、被称为人而满足。

---

〔1〕 [美]梅利曼:《大陆法系》(第2版),顾培东、禄正平译,法律出版社2004年版,第36-37页。

人文观念与神学观念有对立的地方。人文观念把人而不是神作为考虑问题的出发点,把人放在人间事物安排的中心位置。人文观念认为,人是美好的和有尊严的,而这种美好和尊严是人所固有的。作为人的一生是值得度过的,人的源于本性的各种欲望是合理的,因此也是应当予以满足的。人是可以有所作为的,并不只会听凭外在或神秘的力量的支配。人可以而且也应当不受阻碍地发挥他的各种潜能,改变他的境遇,提升他的境界,实现他所设定的人生目标。

但是人文观念并不一定会排斥宗教信仰的存在。有些人文主义者主张无神论,但是有些人文主义者则认为人文主义与宗教信仰是和谐并存的关系。他们反对有外在的力量介入神人之间,认为信徒都与神直接沟通,因此人自身成了界定和解释神人关系的主导力量。神被人性化,被人情化,不仅不反对而且保护人间的幸福。人的成就和世俗业绩被当成他取得神的欢心的证明。这就是人文主义在宗教信仰中的体现。

人文观念与科学观念有对立的地方。人文观念并不把人看作简单的机器,而是理解为具有理性和情感的、内涵复杂而丰富的存在。人是有尊严的,而机器,无论它多么精致和复杂,都不具有尊严。人的尊严是人的本性的要求,它是实在而不虚幻的。只要是一个人,都有尊严需求,而且在尊严受伤害时都会感受到痛楚。人是有情感的,而不仅仅有理性,理性是冷酷的,而情感是温热的。人有喜怒哀乐,会体会到成功的喜悦和失败的痛苦。人是理性和情感交织在一起的生命体。

重要的是,人有良知,尽管它是非常脆弱的,往往经不起风吹雨打;人有是非心和正义感,尽管这种是非心经常被淹没在甚嚣尘上的利欲争斗之中。法律形式主义和概念法学曾经把法官看作是判案的机器,一边输入事实和法律条文,另一边就可以吐出判决,但是这种设想并不切合人的实际。审判任何一个简单的案件,都需要法官在一定条件下发挥他的良知和正义感。美国法学家弗兰克(Jerome New Frank)尽管把法律当作机器,但是并没有把实施法律的人当作机器。他说,“规则是一种法律机器。但是法律机器不会自动运行。操纵机器的人必须机警敏锐,履行他们对公民的重要职责。在执法中,即便我们想但也无法摆脱情感。我们能够希望的最佳境况是,审判法官的情感是敏锐的,能够很好地权衡利弊,受他自己细致研究的约束。诚实的,良好培训的法官,对于他自己的权力的性质、自己的偏见和弱点最具有自知之明，而这是正义的保障，明智的做法是承认‘个人因素’，并采取相应的措施”[1]。

人不是机器。但是主张人是机器的科学观念与人文观念却有一定的渊源关系。人文观念相信人的能力，认为人有认识和改造世界的能力。这种能力既用于认识人周围的客观世界，也可以用于认识人自身；既用于发明改造世界的机器，也可以用于发明了解人自身的手段和工具。人是机器，意味着人可以像了解一部机器一样地了解人自身。人在认识世界和发明机器方面证明了自己的能力之后，转而又想在了解和控制自身方面证明自己的能力。

人文主义法律观不同于中世纪的经院神学法律观，也不同于在科学主义影响下的实证主义法律观。它从人的眼光来看待法律的作用和意义，把法律和人性联系起来去考察，认为法律的根本价值在于维护人的尊严。人文主义法律观认为，法律是源于人性的内在准则，而不是外在于人的客观秩序。法律负载着人类的价值、理想和企图，而不是机械地计算苦乐的统治机器。法律的根本宗旨是保障人的尊严，而不是践踏人类的基本价值。法律是一个充满意义的世界，蕴含人的精神和正义感，而不是动物界的丛林法则。法律是使人们的行为服从规则治理的事业，而不是使人们服从强力统治的工具。法律是理性的，也是情感的；法律是意志的产物，但是意志应当受到正义的指导。法律与道德不可分离，而且离开一定的道德，我们既不能深切地理解法律，也不能准确地适用法律。

人文主义法律观相信，人是有尊严的，有不可剥夺的权利。人是目的，不可以被看作手段。每个人都拥有不同于其他人的独立的生命。他们具有理性、自由意志，是道德的主体，特别是，人具有按照他所选择的观念和方式指导其生活的能力。人有能力赋予其生命以意义。在学术论证上，人文主义法律观的这些主张也许难以得到根本的证明。它们难以像自然科学家证明水是由氢和氧化合而成的那样得到确证。但是只有得到逻辑证明的东西才能够或者才应当被坚持下来吗？未必。无论逻辑的结论是什么，现实的历史是，这些根本主张历久弥新，在今天以各种不同的方式贯彻在越来越多的法律制度中。

文艺复兴时期一些人文主义学者是这种法律观的倡导者，并自此将这种

---

[1] Jerome New Frank, *Courts on Trial: Myth and Reality in American Justice*, Princeton University Press, 1949, p. 411 – 412.

法律观发扬光大。近代以来一些自然法学家和德沃金(Dworkin)等人所代表的"权利与原则学派"坚持或者倾向于坚持这种法律观。在今天,人们所坚持的人的尊严、不可剥夺的基本权利、人道地对待法律过程中的当事人等思想,都是人文主义法律观的内容。从人文主义的角度看来,法学是人文学科,或者是人文化了的社会科学,而不是向自然科学看齐的社会科学。

四、若干比较

当然,本文的划分是理论的概括和抽象,是韦伯意义上的"理想类型"。这种划分也不意味着一种观念会随着时间的推移取代另一种观念。一个时代可能在不同程度上存在多种观念,甚至在一个人身上也可能出现不同观念的混合。另外,本文把一定的人性观与一定的法律观联系起来讨论,二者之间具有某种内在的联系。但是这种联系并不是绝对的,比如一个人从科学的视角来看待法律也必定从这一视角来看待人。这三种观念具有诸多的区别。它们具有不同的合理性和弱点。或许最好的事情不是某种观念一统天下,而是多元不同观念同时存在,公平竞争,为观察一个问题提供不同的视角。

1. 从不同的视角可以看到不同的问题域,或许没有哪一个视角能够全面揭示人类法律实践的性质,没有哪一个问题域能够囊括人类法律实践的问题。人类的法律实践的性质是什么?它是一种科学活动,还是一种人文活动,还是一种类似宗教性质的活动?或者是一种综合性的活动?是不是只有还原为可观察、可测量、可计算的物理化学过程才是法学讨论的对象?梅利曼在《大陆法系》一书中描绘的法律运作图景是从科学视角所看到的图景,但是如果认为这就是人类法律实践活动的全景,那就在一定程度上误解了人类法律实践的性质。

2. 这三种视角切入问题的思想方法也不同。科学视角的思想方法依赖观察、归纳和实验,依据对建立在一定经验事实基础之上的因果关系法则的把握和运用。而神学视角和人文视角则都诉诸阐释,一种面向相关实践、与实践紧密结合的阐释。在此方面,神学视角和人文视角是相同的。在科学活动中也会运用阐释方法,这种阐释方法与神学视角和人文视角下的阐释方法有很大不同。问题是,是不是只有运用科学的方法证明的法律命题才是有说服力的?人的价值和法律的价值,每一个人都应当享有平等的人权,这些命题很难运用科学的方法去证明,很难像证明水是由一个氧原子和两个氢原子构成的那样去证明。休谟批评人们把"是"与"应当"混淆起来,他主张把事实与价值区别开来。这一区别的意味是什么？它至少意味着，我们在价值问题上不能简单地套用事实问题上的真理标准，而需要创造出不同于科学的真理概念的另一套用于判断人文法律思想命题之说服力的概念和标准。

3. 这三种视角下提出的法律思想命题的性质也不同。依从科学的视角，运用一定的方法，提出某个法律思想命题，这个命题是具有普遍性质的，就是说在同样的限定条件下，这个过程是可以重复的，这个结论不会因人而异。依从神学的视角，运用阐释等方法，也可以提出某个具有普遍性的命题。因为在这个问题域中存在一种绝对存在者，即上帝。某个命题只要建立与上帝的联系，就被赋予了普遍性质。但是依从人文的视角，运用阐释等方式，因为缺少上帝这样一个绝对的存在者，就容易囿于一定的语境，就难以提出一个具有普遍性的命题，很难避免陷入某种相对主义的困境。这种困境是当代人权、法治和正义理论的一种深刻困境。对普遍性的追求是人类永远不竭的思想动力。人文的思想方法，达不到理想的普遍性，而自安于某种相对主义的语境。也许这就是现代人文的法律思想的宿命。

（侯健/文）*

---

* 侯健，复旦大学法学院教授，博士生导师。

“人文主义法学”的缘起及其价值

“人文主义”(humanism)和“人文主义法学”(legal humanism)毫无疑问都是学界认同的概念,但是对两者的关注程度却不可同日而语。人文主义一直被视为文艺复兴的灵魂,对它的研究成为历史学领域的显学。相反,无论在历史学领域还是法律研究领域,人文主义法学都不是重点。历史学领域更加注重人文主义在文学、艺术、政治学和哲学上的表现,较少涉及法律;而在法律史著作中,一般在介绍完人文主义以前的注释法学派和与人文主义同时期的评论法学派后,就会直接跳到近代法律的创成,或者只是对法律人文主义轻描淡写一带而过,似乎人文主义法学的内容无关宏旨、可有可无。

国内学界有零星关注人文主义法学的研究成果,有的成果集中于构建人文主义法学的学术谱系,有的探讨其对后世法律,尤其是近代民法形成的影响,但这些成果并没有因此引发学界的广泛关注,也未能切实改善人文主义法学在法律史上的地位。[1] 究其原因,这同我们认识和评价“人文主义法学”的视角有关。也许纯粹的历史标准或者纯粹的法律标准,都不足以揭示人文主义法学的特征。正如人文主义法学这个概念所揭示的,它是法律和人文主义相结合的产物。人文主义并不是个学科概念,人文主义法学也并不是个纯粹的法律概念。因此,如果脱离了人文主义背景,就无法理解为什么人文主义要关涉法律,无法理解人文主义法学为什么形成了独特的法律理路,也无法了解人文主义法学所承载的使命和最终的宿命。这就需要我们弱化先入为主的学科概念本身,深入文艺复兴人文主义的大背景下,将人文主义法学视为人文主义在法律层面的体现,从缘起的角度探讨人文主义和法律结

---

〔1〕 代表性的成果可以参见朱晓喆:《从中世纪罗马法到近代民法的思想转型:以 16 世纪人文主义法学为中心》,载《中外法学》2007 年第 1 期;舒国滢:《欧洲人文主义法学的方法论与知识谱系》,载《清华法学》2014 年第 1 期;苏彦新:《民法法典化的人文主义法学根源:兼评〈那些法学家们:一种批评史〉》,载《政法论坛》2017 年第 1 期;等等。

缘的契机,揭示人文主义法学演进的逻辑以及人文主义借助法律所完成的任务。

一、人文主义和法律结合的环境

文艺复兴的思想核心是人文主义。人文主义倡导以人为中心,将长期被宗教压抑的人性解放出来,让人们睁开眼看世界,从理性的角度观察人本身和人所处的自然界。无论是文学中对爱情、财富、幸福的宣扬,艺术中对人体美、世俗风景和人性力量的描绘,科学中对宇宙和人身的观察,还是政治学中对政治道德和国家统一的关注,都充分体现了人文主义的关切。在人文主义思想构建的过程中,并不必然需要以法律为依托。同时,人文主义以启蒙社会、创新观念为己任,在一定程度上与法律所代表和维护的秩序具有相对性。

当时的现象是,许多人文主义者事实上并不喜欢甚至排斥法律学科,就连后来被归入人文主义法学群体的那些人文主义者,有的也不是法律学者或法学家,完全是法律的门外汉。文艺复兴时期,如果一个人真想在法律上有所建树,完全有机会在大学里接受正统的法学教育。因为此时大学教育已经走过了几个世纪,神科、法科和医科是社会公认的最正统的大学教育科目。但尽管如此,多数人文主义者并没有选择学习法律,更有趣的是,许多著名人文主义者甚至都曾有过先选择法律然后又抛弃法律的相同经历。有的人文主义者出生在律师或法学家家庭,但并没有因家庭的熏陶而走上父辈的道路。有"人文主义之父"之称的彼特拉克(Francesco Petrarca)出生在一个律师兼公证人的家庭,他曾受父亲影响,先后在法国蒙特波利大学和意大利波伦亚大学学习法律。但他对法律并不感兴趣,1326 年父亲病故后便选择中断学业,而利用业余时间钻研文学。著名人文主义者薄伽丘(Giovanni Boccaccio)曾受父亲安排先学习经商,一无所获后,又改学法律和宗教法规,但法律同样无法引起他的兴趣,其反而自学诗学和古典作家的作品。被称为"人文主义历史学之父"的莱奥纳多·布鲁尼(Leonardo Brun)最初也是选择学习法律,但在庇护人萨鲁塔蒂等的影响下,放弃了法律学习而转投古典学研究。洛伦佐·瓦拉(Lorenzo Valla)的父亲是一名律师,在罗马教廷工作,马基雅维利(Niccolò Machiavelli)的父亲也是一名律师,但他们也都没有继承父业,而最终走上了人文主义的道路。这些人文主义者共同的经历至少可以说明,在他们眼里,法律和他们的人文主义追求没有必然的关系,甚至有些格格不入。

文艺复兴时代,意大利也是一个不太注重法治的时代。文艺复兴初期经历了黑死病的冲击,教会权威丧失,意大利就开始了法纪松弛的进程。在《十日谈》的序言中,薄伽丘这样描绘意大利的状况:“我们的城市陷入如此深重的苦难和困扰,以至令人敬畏的法律和天条的权威开始土崩瓦解。事实上,民政和神职执法人员和一般人一样,死的死、病的病,剩下的和家人一起闭户不出,根本不能行使职权,因此人们无法可依,爱怎么干就怎么干。”[1]如果说薄伽丘是以黑死病为背景得出这样的结论,具有一定的特殊性,那么布克哈特(Jacob Burckhardt)的描述更能反映文艺复兴时期整体的法治状况:“人们所感觉得到的限制是很少的。甚至在最下层人民中间的每一个人都从内心里认为他自己已从国家及其警察力量的控制下解放了出来,国家本身要求受到尊敬的权利就是非法的,它自己就是建立在暴力的基础上的;而且没有人再相信法律的正义性。当发生了一件凶杀案时,在案情没有大白以前,人民的同情本能地是在凶手的那一边。一种在执行死刑以前和当时所表现的高傲英勇的姿态引起了人们如此的称赞,以致说故事的人竟忘记了告诉我们这个罪犯是犯了什么罪而被处死的。”[2]而且一般而言,只有一个相对统一的国家和社会才特别需要法律的完善,需要法律维护社会的秩序,但是当时的意大利只是个地理概念,政治上四分五裂,内部争斗不已,外部列强环伺,并没有完善法治的政治基础。这一切都说明,社会秩序混乱和法治不彰,本身就是人文主义生存的土壤,而且人文主义的特性决定了它并不是以匡扶社会秩序和正义为己任,反而可能是挑战既存秩序的力量。因此,人文主义者疏远法律也有着可以理解的社会基础。

文艺复兴时期并不是没有法学研究,但主流的法学家是一群与人文主义者格格不入的人。这些学者基本上都是在大学里研究罗马法和教会法的法学教师,他们合力构建出一种“欧洲共同法”(ius commune),他们培养的学生遍布欧洲各地。那时流行的世俗法学研究派别是后注释法学派(post - glossators),或称评论法学派(commentatores),其前身是11世纪开始兴起的注释法学派(glossators)。尽管注释法学派和评论法学派针对法律的态度有所不同,同教会法学家的研究路径也有所区别,但总体上他们都是以某种自

〔1〕 [意]薄伽丘:《十日谈》,王永年译,人民文学出版社2003年版,第9页。

〔2〕 [瑞]布克哈特:《意大利文艺复兴时期的文化》,何新译,商务印书馆1983年版,第437-438页。

然法的思维来看待所研究的法律素材。教会法学家将圣经、大会会议决议以及教皇敕令等视为不容置疑的法律权威,后者则将优士丁尼(Iustinianus)的《国法大全》(*Corpus Juris Civilis*)视为不可动摇的法律原理。《圣经》和《国法大全》代表真理,超越时代、超越社会,所以对这些法律素材,只能注解和解释,不能质疑或否定。他们试图在不否认权威的情况下完成将罗马法普遍化并适用于当时社会的使命,在人文主义看来,他们对法律的注解越来越烦琐并蒙上了一种奇怪的色彩。弗朗茨·维亚克尔(Franz Wieacker)如此评述:"因为这种学校传统一再累积,而——与中世纪晚期文化风格相应地——逻辑论证的工具也日益分歧、纠结,在这个层面上,这种程序越来越耗时、繁重。十五世纪后,它招致人文主义者的讽刺与批评,最后消亡于'现代运用'的实物课程改革中。"[1]人文主义者之所以讽刺这些法学家,主要是因为他们的研究方法是中世纪经院哲学在法律研究中的具体体现,而人文主义却是以消解经院哲学为目标的。在人文主义者看来,没有什么不证自明的权威,也没有什么不经过人的认识就存在的权威,法律也不能例外。所以人文主义者不会和这些法学家们为伍,而这些法学家们经过了数百年的积累已经形成了固定的范式和权威,也不可能为新生的人文主义所轻易撼动。

综上所述,无论是人文主义者对待法律的态度,还是现实社会中法律的地位以及法学家研究法律的路径,都不足以吸引人文主义者涉足法律领域。无论是教会法研究还是罗马法研究,其原本就不是人文主义的研究领域,也理应没有什么关联。但事实上最终两者还是在一种比较奇怪的意义上产生了交叉,正是这种交叉启动了人文主义法学形成的进程。

这种交叉不是源于人文主义者对法律的兴趣,或者源于人文主义者在法律领域取代评论法学派的愿望,而是源于人文主义者和评论法学派的研究对象共同指向了古典时代。评论法学派尽管并没有特别的复古倾向,但是他们认可罗马法是真正的法,其法律研究对象是优士丁尼的《国法大全》,尤其是其中的《学说汇纂》(*Digesta*)。人文主义者为了构建人文主义精神,眼光越过了中世纪,在古典时代那里找到了精神寄托,所以复古正是人文主义的特征。从古代到文艺复兴时期,学问并没有如我们现代这样分化成各种学科,所以人文主义者对古典学问的关注必然涵盖评论法学派学者所研究的法律

---

〔1〕[德]弗朗茨·维亚克尔:《近代私法史:以德意志的发展为观察重点》(上),陈爱娥、黄建辉译,三联书店1996年版,第49页。

素材。正是因为两者研究对象的交叉而视角和方法存在很大的分歧，导致他们产生了冲突和交锋，无意中催生了我们所说的人文主义法学。

针对法律文本进行研究的这批人文主义者，最终被称为人文主义法学家(legal humanists)。他们最初集中在意大利，后来集中在法国的布尔日大学。早期意大利的人文主义法学家大都是人文学者而非严格意义上的法学家，而后期以法国为中心的人文主义法学家群体基本上都是真正的法学家，他们共同开创了人文主义法学的法律研究路径。

二、法律的"人文学"研究路径

人文主义者尽管关注到古典的法律素材，但是他们最初并不是从研究法律本体的角度涉足法律的，而是将其视为人文学研究的古典素材，从而将其纳入人文学的研究路径。

为了了解什么是人文学路径，我们首先要了解"人文学"是什么。虽然我们经常将文艺复兴的核心精神总结为"人文主义"，但是在文艺复兴时期并没有出现"人文主义"这个词，它是19世纪的学者对文艺复兴时代精神的总结。在文艺复兴时期，和人文主义有关系的词汇是"人文学"(studia humanitatis)，它的意思是对人文学科的研究，人文主义者，其实就是一群对人文学科感兴趣的人。根据著名文艺复兴史家克里斯特勒(P. O. Kristeller)的诠释，人文学并非文艺复兴时期才兴起的学问，在古典时代，西塞罗(Marcus Tullius Cicero，公元前106—公元前43)等罗马学者就用这个词指称文科和文学教育，到了14世纪后期，意大利的学者重新恢复了这个词汇，"'人文学者'一词在15世纪末即以特指的意义而为人们所用，它可能源于当时意大利大学生们的一句俚语：人文学者是人文学科(studia humanitatis)的教授或学生——例如，有别于法学家(jurist)。尽管'studia humanitatis'一词借自古典作家，并且有意识地用来系统强调一些当时已设的学科所具有的人文和教育价值，但该词自15世纪初便代表一个极其明确的教学课程系列：语法学、修辞学、诗学、历史学和道德哲学，所有课程都以阅读古典希腊文和拉丁文著作为基础"。[1] 无论是研究语法、修辞还是历史和哲学，都需要广泛阅读和阐释纯正拉丁文和希腊文的经典作家作品，而研究其中的道德哲学，则会涵盖古典的逻辑、自然哲学、形而上学、药学、法律和神学等文献。当时这些人文

---

[1] [美]保罗·奥斯卡·克里斯特勒：《文艺复兴时期的思想与艺术》，邵宏译，东方出版社2008年版，第5页。

主义者研究人文学,是因为他们学成后大都在中学或大学里担任人文学教师,或者在君主宫廷或市政府担任行政秘书。这些工作的职责要求他们撰写文章,发表演讲,所以他们的作品主要是演讲稿、书信、诗歌和历史作品。为了提升自己的演讲和写作水平,修辞学成为人文学研究的核心,而中世纪为了论证神学往往重视逻辑而压低修辞,所以研究修辞学必须在古典作家那里寻求范本,因而在文类与风格上,他们往往以古罗马文学为圭臬。他们相信,"为了完善写作和讲话,有必要研究和模仿古人"[1]。为了能够更好地了解古典作家的风格,人文主义者积极发现和抄写古典作家的手稿。为了寻求"纯正的"范本,他们必须对所传抄的手稿进行辨别,比较不同的版本并去伪存真,从而发展出了一套对文本和词汇进行鉴别和批评的技巧。"随着抄写和编辑拉丁作家的手稿,人文主义者发展出了文本批评和历史批评的技巧,研究拉丁正字法、语法和修辞,古代的历史和神话,以及考古学、碑铭学和古物学。"[2]法律研究的人文学路径,就是将这一套鉴别和批评的技巧运用到古典的法律文献中,目的是将因不断传抄而充满错讹和歪曲的法律文本恢复到其原本的面貌。

人文学研究非常注重古典素材的版本权威、语言纯正、词义准确。以这样的目标来检视当时法学界所流行的法律素材,他们发现了诸多问题并试图进行纠正。这种通过人文学路径考察法律的方法,主要是以意大利为基地的早期人文主义法学家所开创的,并延续到整个人文主义法学兴盛时期。

首先,人文主义法学家对注释法学派和评论法学派所使用的《学说汇纂》版本产生了不满。《学说汇纂》是东罗马优士丁尼皇帝于 6 世纪所编纂的《国法大全》中的一部,主要是更早期罗马法学家的言论集汇编。《学说汇纂》在中世纪流传的过程,其实并不清楚。但清楚的是,从 11 世纪开始,随着大学的兴起,欧洲恢复了对罗马法的重视,注释法学派由此兴起。这批注释法学家最初选择使用的《学说汇纂》版本被称作"波伦亚抄本"(*litera Bononiensis*),而且是以这个版本为基础进行注释。他们的注解使该版本不断流传,以致文艺复兴时期所流行的印刷本基本上都是以这个版本为底本的。但是

---

〔1〕 Paul Oskar Kristeller, *Renaissance Thought: the Classic, Scholastic and Humanist Strains*, Harper & Brothers, 1961, p. 13.

〔2〕 Paul Oskar Kristeller, *Renaissance Thought: the Classic, Scholastic and Humanist Strains*, Harper & Brothers, 1961, p. 15.

在12世纪,人们就发现了另外的"比萨抄本"(*littera Pisana*),1406年在佛罗伦萨和比萨交战过程中比萨战败,该抄本也被强掠到佛罗伦萨,藏在美第奇家族藏书室,被称为"佛罗伦萨抄本"(*littera Florentina*)或者洛伦佐法典(*codex Laurentianus*)。当然,同时期还有其他版本的《学说汇纂》或者片段。尽管有许多不同甚至矛盾的版本存在,但由于注释法学派和评论法学派聚焦于注释和理解文本内容,把罗马法文本视为"圣经",其没有兴趣对这些版本进行文献学的辨析。人文主义法学的旨趣恰恰相反,他们的兴趣并不在文本的具体法律内容上,他们更加注重对不同抄本版本的辨析,从而确定哪个版本是或者接近优士丁尼最原始的文本。通过比较和研究,人文主义法学家认识到,佛罗伦萨抄本要比波伦亚抄本更加古老,而《学说汇纂》通行的文本,也就是波伦亚抄本,并不是基于已经流传下来的最古老的最完整的抄本,即佛罗伦萨抄本,而是基于另外的文本传统。这样就会产生一个问题,如果法学家所注释的文本并不是权威的《学说汇纂》版本,那么自然注释的法律内容也会出现诸多问题。正是在这样的认识下,人文主义法学家基于佛罗伦萨抄本开始了构建权威版本的工作,而且这项工作贯穿了人文主义法学兴盛的整个时期,先后出现了波利齐亚诺(Angelus Politianus)的《学说汇纂旧编》校勘、哈罗安德尔手抄本(*littera Haloandrina*)、西班牙塔拉戈萨大主教安东尼奥·阿古斯丁(Antonin Augustin)的《勘正与意见集》(*Emendationum et opinionum libri IV. Ad Modestinum*),最终由勒里奥·托雷利(Lelio Torelli,1498—1576)编成了权威的托雷利版《学说汇纂》(*Editio Taurelliana Digestiorum*)。此后后继的人文主义法学家继续对修订的版本进行完善,终于构建了整个《国法大全》的权威文本。[1]

其次,在比较《学说汇纂》不同版本的同时,人文主义法学家发现《学说汇纂》的具体内容中有许多词语不一、错讹和词义模糊的现象。这些问题一方面是各种版本在不断抄写过程中自然形成的,另一方面是注释法学派不断在原文上进行注释、添加和根据自己的理解进行修正的结果。抄写流传中的错讹和注释法学家的注解,已经把《学说汇纂》的内容变得面目全非,所用词语也失去了古典拉丁语的味道,变得粗俗不堪,掩盖了其应有的光芒。所以,"人文主义法学家的主要任务是'清除法律的污垢',也就是将罗马法恢复到

---

〔1〕 关于人文主义法学家针对《学说汇纂》版本进行编辑校勘的详细细节,参见舒国滢:《欧洲人文主义法学的方法论与知识谱系》,载《清华法学》2014年第1期。

其'原初的光彩'",并且"移除掉历代经院派的评价所叠加的各种意见"[1]。这成为人文主义法学家贯穿始终的任务。在他们眼里,"中世纪法律学者用他们杂乱的拉丁法律注释和评论歪曲和窒息了优士丁尼的《国法大全》,其程度之深,使得用任何激烈的手段,将这部古代法律汇编上的中世纪负担清除掉,都是绝对必要的"[2]。

洛伦佐·瓦拉在1433年给一位人文主义者写了一封公开信,在信中以近乎咒骂的语言毫不留情地批评了14世纪的评论法学派,尤其是其旗帜性人物巴尔多鲁(Bartolo da Sassoferrato)[3]。在信中,他讽刺法学家是"笨鹅""野兽",应该从道路上被一脚踢开,他们笨拙不堪,根本不懂得拉丁文的纯正;他们对古典罗马法一窍不通,他们不配从事他们的工作。他称巴尔多鲁是"醉鬼"、"笨蛋"、"疯子"和"野兽"。[4] 同时,瓦拉开始编纂其著作《论拉丁语的优雅》(*Elegantiae linguae Latinae*),在这部著作中,他直接引用了许多有关民法的文献,批评了《学说汇纂》和《法学阶梯》中的相关定义。瓦拉开始的这项工作影响深远,"尽管瓦拉性好争论,但是他奠定了以后不断再现的批评的基础,后来的人文主义者认为,没有适当的古典拉丁语和希腊语的知识,任何解释《国法大全》的尝试都注定要失败"[5]。

同时代的维吉奥(Maffeo Vegio)则于同年编纂了一部词典《辞意》(*De verborum significaitione*),专门探讨从《学说汇纂》中选出来的词语的含义。在解释这些词语的含义时,他不仅针对中世纪以来的法学家们,还首次开始批评优士丁尼时代《学说汇纂》的组织编纂者特里波尼安(Tribonianus)。因为特里波尼安所编纂的这部法律汇编,摘录了古罗马时期许多法学家的著作,他原本是想让法律更加清晰、更加简明、更有逻辑,但事实正好相反,这种

---

[1] Donald R. Kelley, *Legal Humanism and Sense of History*, *Studies in the Renaissance*, Vol. 13, p. 184 – 199(1966).

[2] Bruijn, Niels, *No One is a Better Jurist than Accursius: Medieval Legal Scholarship as the Fountainhead of Inspiration for Jacques Cujas and Hugues Doneau.*, Tijdschrift voor Rechtsgeschiedenis/Legal History Review, Vol. 82, No. 1 – 2, p. 72 – 99(2014).

[3] 意大利法学教授,是当时著名的中世纪罗马法学家,属于评论法学派或后注释法学派。当时有格言云:"好法学家皆巴尔多鲁门徒。"

[4] Pasquale Femia, *Criticism From the Outskirts of a World Without a Centre*, The Italian Law Journal, Vol. 1, No. 1, p. 3 – 16(2015).

[5] Bruijn, Niels, *No One is a Better Jurist than Accursius: Medieval Legal Scholarship as the Fountainhead of Inspiration for Jacques Cujas and Hugues Doneau.*, Tijdschrift voor Rechtsgeschiedenis/Legal History Review, Vol. 82, No. 1 – 2(2014).

摘录本身造成法律内容的残缺和碎片化。正是因为这种缺陷，使得中世纪以来的法学家需要不遗余力地进行注释和评论，造成《学说汇纂》失去其本来面貌。他认为，罗马共和国时期的法学家们，一定也会诅咒特里波尼安及其编纂者们，也会对注释法学派的所作所为感到痛心和气愤，根本无法理解这些人。所以，“特里波尼安应该对《学说汇纂》的碎片化状况负责。因此也间接为中世纪的评注负责”〔1〕。

无论瓦拉还是维吉奥，他们都不是法学家，他们并不关心法律本身的内容，而是从人文学的角度进行批评。这种批评的路径也为16世纪的人文主义法学家们所继承，他们继续从词汇和语义学方面清算注释法学派和评论法学派的注释和解读，从而拯救淹没在浩繁的注释和评论中的《学说汇纂》文本，让优士丁尼时代文本的原始含义重见天日。法国的人文主义法学家纪尧姆·比代(Guillaume Budé)对出现在《学说汇纂》中的生僻词语非常感兴趣，而且认为中世纪以来附加在上面的评论是毒瘤，必须要切除。而同时代德国人文主义法学家查修斯(Ulrich Zasius)则讽刺不断附添在法律文本上的这些评论是巨大的爬藤植物，它们在这些文本周围扎下根来。他认为，“如果法学家没有一直盲目追随这些注释和巴尔多鲁的权威，如今就能更加清晰地看清法律的含义，法律会更加纯正。大多数充满谬误的讨厌的评论就会消失”〔2〕。

从维吉奥开始已经对特里波尼安提出了批评，但是维吉奥并不主要针对特里波尼安所编纂的《学说汇纂》内容本身，而是为中世纪法学家发展出如此繁杂的注释和评论寻找原因。但是很快，人文主义法学家开始将矛头指向特里波尼安《学说汇纂》本身，认为它同样没有忠实地反映所摘录的法学家文本的法律含义，而是充满了歪曲和篡改，从而将人文学的方法进一步推进，深入到优士丁尼法律中所涉及的以前的各种法律素材，将对《学说汇纂》的研究变成了对历史上的罗马法的研究。

综上所述，人文主义法学家，尤其是早期的人文主义法学家，是通过人文学的视角和方法研究法律，以流行的《学说汇纂》为中心，从版本上努力确定最原始的文本，从字词上尽量恢复其最原始的含义，不但去除中世纪以来法

---

〔1〕 Percival. W. Keith, *Maffeo Vegio and the Prelude to Juridical Humanism*, Journal of Legal History, Vol. 6, No. 2, p. 179－193(1985).

〔2〕 Peter Setin, *Roman Law in European History*, Cambridge University Press, 2004, p. 77.

学家们附添到文本上的注释和评论，而且对特里波尼安歪曲和篡改的古典法学家们的内容进行纠正，以达到正本清源的目的。这反映出人文主义法学家同注释法学派和评论法学派对待法律的态度大相径庭，前者以法律文本的纯洁和拉丁字词的纯正为目标，而后者则仅仅将罗马法视为析出法律概念和找到法律解决方法的素材，所以两者会发生极大的冲突，“极端的职业主义者因此会说，文字上是否正确没有什么区别。……但是，人文主义法学家以及人文主义神学家，对此并不同意。两者都坚持这样的原则，即历史文献必须精确地引用”[1]。其实，两者的区别不仅在于此，通过人文主义法学家从人文学角度探讨罗马法文本的进程中，我们看到了一条明显的脉络，即沿着文本出现的先后顺序，从文艺复兴时代一直向前追溯，经过中世纪、东罗马时期，直至最早的罗马法学家和成文法，甚至追溯到希腊时期。这种追溯的过程明显构成了一部罗马法的发展和演进史。这种追溯过程必然会超出版本和字词的范畴，从而把人文主义者所发展出来的历史意识带入法律阐释之中。

三、法律研究的历史视角

注释法学家和评论法学家以中世纪经院哲学为基础来探讨法律，而人文主义法学家则以人文学的路径来探讨法律，虽然两者所指向的研究对象都是古典的法律素材，但是两者认识古典法律的方法有很大的不同。经院哲学的探讨方法是将罗马的法律素材视为真理的源头，不将其视为历史的产物；而人文主义法学家则将罗马法与其时代联系起来，认为法律是与历史环境相结合的产物。在早期人文主义法学家考证精确法律文本的基础上，以法国为中心的人文主义法学家开始对罗马法进行历史视角的考察，为法律研究提供了新的方法论，从而在法律领域拓展了人文主义已经发展起来的历史意识。

当文艺复兴人文主义者将认识的视野下降到世俗的人和世俗的世界的时候，他们就开始具有了历史发展的眼光，认为历史是一个过程。彼特拉克已经模糊地认识到自己的时代与其他时代的不同，在一封信中他明确地表示：“在我感兴趣的课题中，我尤其沉溺于古代。因为我自己的时代总是拒斥我，因此，如果不是因为热爱我亲爱的人，我宁愿选择出生在别的时代，而不是我自己的时代。为了忘记我自己的时代，我经常极力把我自己的精神置于

---

〔1〕 Breen & Quirinus, *Renaissance Humanism and the Roman Law*, Oregon Law Review, Vol. 38, No. 4, p. 289 – 302(1959).

其他时代里,所以我喜欢历史。"[1]人文主义者比昂多(Flavio Biondo)创造了"中世纪"这个概念,当时的艺术家和艺术理论家瓦萨里(Giorgio Vasari)创造了"复兴"这个概念,正是靠这两个概念,他们清晰地将西方的历史分成了古典时代、中世纪和复兴的时代。瓦萨里说得很明白:"如同人的身体和其他事物,艺术也有一个诞生、成长、衰老和死亡的过程。我希望以此途径使他们更好地认识到文艺复兴以来的进步以及它在我们时代所达到的完美。"[2]坚尼·布鲁克尔在评价人文主义历史之父布鲁尼的时候说:"中世纪的史学思想在范围上是四海一家,天地不分,在性质上则是目的论,只认为历史是神的计划的实现,布鲁尼的历史观则是有时间性的、世俗的和具体的。"[3]

一般认为,所谓的历史意识由三个要素组成,一是对时代差异的认识,二是对证据的意识,三是有因果关系的旨趣。人文主义者从校勘、辨伪的角度对法律进行研究,已经充分说明人文主义法学家的证据意识。而人文主义法学历史意识的重要体现,是将时间维度和因果关系维度也同时加入法律认识中,从而证明法律并非不证自明的真理,法律概念的内涵也并非一成不变,而是与社会状况密切相关。这集中体现在人文主义法学法国学派的探讨中,这一学派也被称为"历史法学派"(Historical School of Law)。

历史法学派认识到,理解罗马法不能停留在东罗马时期的《学说汇纂》上,还必须进行历史追溯,构建起罗马法的发展历史,并将这些法律还原到其所存在的历史背景中。人文主义者同样认识到:"优士丁尼的文本所解释的不仅是6世纪拜占庭的法律,也是2~3世纪的法律,后者是伟大法学家的时期,《学说汇纂》摘录了其著作。他们将这定为罗马法的古典时期。通过仔细的考察工作,他们甚至能够重构共和国早期的《十二铜表法》。"[4]通过研究,他们发现,《学说汇纂》中包含着大量从古典法学家那里摘录的内容,优士丁尼和特里波尼安等将这些摘录的内容按照自己设定的次序进行排列,每段摘录后面都注明著作的出处,也就是所谓的"题名",其中包括作者名、著

---

[1] Petrarch, *The First Modern Scholar and Man of Letters*, trans. by James Harvey Robinson, G. P. Putnam, 1898.

[2] [意]乔尔乔·瓦萨里:《意大利艺苑名人传·中世纪的反叛》,刘耀春译,湖北美术出版社2003年版,第37页。

[3] [美]坚尼·布鲁克尔:《文艺复兴时期的佛罗伦萨》,朱龙华译,三联书店1985年版,第336页。

[4] Peter Setin, *Roman Law in European History*, Cambridge University Press, 2004, p. 78.

作名、摘录的章节等。由于中世纪的法学家并不关心素材的来源，也不善于辨析资料，所以后来的手稿中不再抄录和印刷题名。这样经过不断传抄，摘录的资料来源变得模糊，甚至出现错乱，导致很多错误。同时，由于优士丁尼故意删减了许多罗马法学家文献的内容，所以“人文主义不能原谅。他们认为单纯依赖《学说汇纂》的法学家一定会受到限制”〔1〕。人文主义法学家开始恢复这些题名，并按图索骥，去恢复这些题名所记载的早期法学家的原始文本，重构罗马法学家最原始的著作。不仅如此，优士丁尼的法律中也引用了许多希腊的内容，这同样引起人文主义法学家的关注，他们也开始尝试恢复这些希腊的原始文献，通过推理或者搜寻，恢复那些早期的手稿。

弗朗索瓦·霍特曼（François Hotman）被认为是“反特里波尼安”派别的领袖，而居雅斯（Jacques Cujas）则被他的学生们视为最成功的“特里波尼安派”的猎手。〔2〕前者写过以《反特里波尼安》（*Anti Tribonianus*）为名的讽刺短文，后者则被视为“历史法学派”的创立者。居雅斯的工作在19世纪初就得到了学者的充分肯定，因为他认识到，“优士丁尼将法学家们各自著作的某些片段呈现给我们，而每一位法学家都代表一个体系，在一部汇编中无法寻求一致，而只是将相互矛盾的成分整合在一起，因此居雅斯通过添加上每位法学家自己的内容，而重新构建罗马法”〔3〕。循着《学说汇纂》中所提供的法学家的线索，居雅斯花了大量精力注释和评论罗马帝国时期五大法学家的作品，其中包括乌尔比安和保罗的法学著作，几乎完整注释了帕比尼安的作品并将其恢复原貌，他还搜寻和评注了莫德斯蒂努斯（Modestinus）、马塞鲁斯（Marcellus）、尤里安（Julian）和斯凯沃拉（Scaevola）等不同时期罗马著名法学家的作品，基本上重建了其最初的原本，恢复了其最初的含义；他还整理和出版了古罗马第一部官方法典《狄奥多西法典（6—8卷）》。他在发现和出版这些法学家的手稿方面不遗余力，“在搜集文献方面有着取之不竭的热诚。

〔1〕 Breen & Quirinus, *Renaissance Humanism and the Roman Law*, Oregon Law Review, Vol. 38, No. 4, p. 289 – 302(1959).

〔2〕 Donald R. Kelley, *The Rise of Legal History in the Renaissance*, History and Theory, Vol. 9, No. 2, p. 174 – 194(1970).

〔3〕 Hnron & Denis Caulfeild, *Introduction to the History of Jurisprudence*, W. Parker and Son, 1806, p. 259.

为了获得它们，他不辞辛苦，不惜代价"[1]，为了能够理性客观地解释这些文本，他充分利用了历史的方法，认为要"联系时间、地点和环境，说明构成整体之各个成分的内在含义和相对效力"；同时"他在进行解释时，总是会否定或批评以前接受的解释；而且向人们表明，那些掌握了大量细节并进行公平判断的人应用他的方法，就会去伪存真"。[2]

通过反特里波尼安以及通过构建罗马法长久的历史传统，人文主义法学的法国学派不但超越了注释法学派和评论法学派，而且超越了意大利的人文主义法学家。他们尽管仍然在用人文学的方法进行校勘和辨正，但是他们不再满足于构建罗马法的理想范本，而是要构建罗马法的整个历史。正是在这种意识支配下，他们的法律历史观开始进一步拓展。他们甚至认识到，罗马法也不过是一个历史的产物，并不能代表普遍真理，所以也不一定能够适应自己的时代。霍特曼尽管对构建罗马法的历史做出了不少贡献，但是他并不是古代法律体系的崇拜者，他甚至怀疑在法律领域对其研究是否能产生什么好的结果。弗朗索瓦·博杜安（Francois Baudouin）也以构建罗马法的历史为己任，并完全走入了罗马历史，他将罗马法律追溯到了最原始的《十二铜表法》。但是，他也从另外一种意义上否认了罗马法与现实法律的关系。他"同居雅斯不同，经常把历史的探究视为目的"[3]。也就是说，他已经把将罗马法研究纯粹视为一种和现实没有什么关系的历史研究。他撰写的《总体史方法及其与法学的结合》（*Method of Universal History and Its Conjunction with Jurisprudence*）一度被视为历史方法手册和历史法学派的宣言。而且，"引人注目的是，博杜安已经对'我们所知的民法'不感兴趣，而是对技术上完全过时的法律感兴趣"[4]。他研究的内容包括《十二铜表法》、罗马公法、斯凯沃拉的法学等。他甚至放弃了法律职业而专心研究历史。人文主义法学家因此看到，罗马法律本身在某种意义上是与罗马社会的政治状况相连的，为了

---

[1] John Manson, MacDonell Edward (Ed.), *Great Jurists of the World*, Little, Brown and Co., 1914, p. 96.

[2] John Manson, MacDonell Edward (Ed.), *Great Jurists of the World*, Little, Brown and Co., 1914, p. 100.

[3] John Manson, MacDonell Edward (Ed.), *Great Jurists of the World*, Little, Brown and Co., 1914, p. 105.

[4] Donald R. Kelley, *The Rise of Legal History in The Renaissance*, History and Theory, Vol. 9, No. 2 (1970).

勾勒其发展状态,他们注意到法律与当时政治变化的相互关系,在研究古代法中发现了法律和制度改革的经验教训。但是他们越是将罗马法律联系到所发现的罗马社会,他们越是意识到自己的16世纪社会与罗马社会的不同。

从罗马法与其所存在环境的相关性,人文主义法学家进而推演出,其实任何时代的法律都有自己的历史和环境。研究当代的法律并不必然要追溯到罗马法,而是要通过挖掘自身的历史,结合这些法律发挥作用的环境去认识。这样人文主义法学家从研究罗马法转而用历史方法去探讨封建法、教会法和国家法。霍特曼就同步撰写过关于封建法和法国公法的著作,前者探讨封建法的历史起源,后者则探讨法国的古代制度。在他的《法兰克—高卢》(*Franco - gallia*)中,他通过详细研究法兰克制度,认为法兰克人与罗马法没有任何瓜葛,每个国家都有自己的古代体制和习俗。尽管私法当中有超越时代的可以普遍适用的原则,但是公法主要和每个国家的历史和政治有关。人文主义法学家查理·杜摩林(Charles Dumoulin)主张将法律与公共事物和司法实践结合起来。他撰写了关于巴黎习惯法的作品,也撰写了封建法的研究,整理和考察了大量的法国的习惯,为法国此后更加连贯一致的立法奠定了基础。人文主义法学家也涉足教会法的研究,同样把教会法看作漫长的历史发展的结果,而非静态的法律建构,认为随着法律改变,教会法的语言也会改变。所以,它不是超越时代和人类环境的神圣原则,而是随着时间和环境变化的成果。

人文主义法学家从研究历史上的文本转向研究法律的历史,又从法律的历史转向自己的时代,其实这同样反映了人文主义的特征。人文主义虽然主张回到古典,但是回到古典并不是目的。正如布克哈特所说:"征服西方世界的不单纯是古典文化的复兴,而是这种复兴与意大利人民的天才的结合。"〔1〕因为"文化一旦摆脱了中世纪空想的桎梏,也不能立刻和在没有帮助的情况下找到理解这个物质的和精神的世界的途径。它需要一个向导,并在古代文明的身上找到了这个向导,因为古代文明在每一种使人感到兴趣的精神事业上具有丰富的真理和知识"〔2〕。所以,"研究古代是一种手段,而不是

---

〔1〕［瑞士］雅各布·布克哈特:《意大利文艺复兴时期的文化》,何新译,商务印书馆1983年版,第166页。

〔2〕［瑞士］雅各布·布克哈特:《意大利文艺复兴时期的文化》,何新译,商务印书馆1983年版,第170－171页。

目标，人文主义者努力构建自己的文化，这种文化基于古代，但超越古代，走向完美和公正的社会”[1]。从法律理论意义上，正是人文主义法学家瓦解了西方古典时代以来的自然法思维，将法律看作一个与所处的时代和社会密切相关的产物，时代发生变化，法律也随之发生变化，甚至同样的法律概念也会因为时代变迁而具有不同的内容。这样就使法律在欧洲失去了神圣真理的光环，而与世俗的人和社会密切结合起来。

四、人文主义法学的是与非

通过三个方面的考察，我们揭示了人文主义法学家的缘起、内涵及其研究路径。最后有必要从总结的角度对“人文主义法学”的地位及其宿命进行简单的评价。

人文主义法学如同人文主义一样，首先，从否定的意义上做出了自己的贡献。第一重否定是针对具有经院哲学风格的注释法学派和评论法学派，这种法律研究方法将罗马法视为真正的法，并通过注释和解读构建了欧洲的“共同法”，其最大的问题是将优士丁尼的《国法大全》视为绝对的权威，而且将这种权威建立在不加辨别的素材上。所以，人文主义者通过人文学的路径瓦解了其资料的基础，也瓦解了其繁杂的注释本身。第二重否定是否定了特里波尼安主持编纂的《学说汇纂》的权威性。人文主义法学家认为，经过特里波尼安删减和篡改后的言论已经不能体现其原始的含义。其通过否定特里波尼安，进一步瓦解了注释法学派和评论法学派建基于其上的权威。第三重否定是否定了罗马法的权威本身，人文主义法学家虽然崇拜古典文化，但是他们也认识到，古典文化仅仅是古代社会的产物，并不是普遍适用的标准。这种多重否定本身当然有其正面的价值，因为它确定了一个重要的原则：法律研究必须建立在可靠的素材之上，必须有精确的概念，概念必须有确定的含义。

其次，人文主义法学的研究路径具有方法论的意义。这种方法论将时间维度纳入了法律的研究和考察中。人文主义法学家首先不再将罗马法看作静态的存在，而将其视为一个不断生成和发展的过程，不同时期的法律样态及含义都同当时的社会环境有密切的关系。继而他们将这种方法普遍推广到对教会法、封建法甚至正在萌生的国家法的考察之中。这种从历史和社会

---

〔1〕 Thomas J., *A Theoretical Foundation for Juridical Humanism*, Fundamina, Vol. 2, No. 1, p. 53 – 64(1996).

角度对法律的考察,无疑是人文主义法学家的功劳。

这种考察具有双重的意义。从学科意义上而言,一般认为,正是人文主义法学导向了我们所说的法律史。对法律史的研究,一方面要追溯法律的源头,研究一个法律生成、发展和变化的过程;另一方面要运用法律文献学的研究方法还原历史真相。这种方法不但对我们研究历史上的法律素材具有重要的参考价值,而且对如何将法律概念和法律原则还原到其原始语境中进行考察,如何关注这些概念和原则在移植过程中的变化,具有非常重要的启示意义。所以,一般认为,正是在意大利和法国发展出的人文主义法学,随着新教传入荷兰的莱顿,衍生出"荷兰优雅学派",给格劳秀斯、沃伊特、胡贝尔等人提供了滋养,甚至成为后来德国萨维尼历史法学派的学术源头。从现实的意义上而言,人文主义法学家所开创的历史法学,所倡导的法律与社会密切关联的思维,开始将不同民族、不同文化的法律置于一个相对平等的地位,为欧洲即将到来的法律民族化、国家化提供了一定的动力和理论基础。所以国内学者一般都会将其和近代民法的法典化联系起来。

但是,客观地讲,这些价值并不足以使人文主义法学在整个的法律史和法律思想史中占有重要的地位,也不足以使其产生持续的影响。事实上,人文主义法学也确实长期处于被忽视的地位。我们只要思考下列问题,就可以觉察到人文主义法学家研究法律方面所存在的问题:人文主义法学家以追溯古典法律的源头为己任,但是当完成了追溯的过程,建构了罗马法的历史,最终他们又否定了罗马法的权威性时,那么他们这项工作持续性的价值又如何体现呢?人文主义法学家攻击的目标是当时的评论法学派,但是他们在大学教育和法律实践领域取代了或者能够取代评论法学派及其门徒吗?历史法学取代了已经形成的"共同法"吗?这些问题其实都隐含着这样的核心问题,即法律作为一个既是理论又是实践的学科,它一定是历史的吗?

在这样的问题面前,人文主义法学暴露出先天不足的特性,也决定了其后天乏力。人文主义法学家尽管从否定的角度上对法律文献进行了独到的研究,但是在法律本体的建构方面并没有多少意识,人文主义法学尽管不断地追求法律的真实,但是将法律带向了历史。从某种意义上讲,人文主义法学是在人文主义意义上研究法律的,而不是在法律意义上研究法律的,所以总体上对法律实践影响不大。反过来,尽管评论法学派将罗马法与法律实践相结合看似有些荒谬,但其"借尸还魂"的方法表明他们开始了对现实法律的关注,并积极为调节社会寻求解决办法。事实上,当时的评论法学派始终与人文主义法学平行存在,并且也会对人文主义的方法进行对抗:"这种教育(人文主义教育)的目的是改善人和世界并趋向完美。因此,法律教育的目标主要不是培养工匠之类的法律实践者,而旧学校(评论法学派)的主人公立即就会指责前者与实践脱离。"[1]而且,在当时,人文主义法学并没有得到普遍认同,评论法学派仍然有自己的市场。人文主义法学之所以没有能够取代后者,正是因为人文主义法学忽视了法律最重要的功能,即法律实践,在这一领域,评论法学派教授及其门徒仍然占据非常重要的地位。正如梅特兰所说的:"'意大利风格'直到17世纪都一直保持着自己的地位。虽然这种方法在当时遭受反对并趋于腐朽,但是它在官方的主要课程中一直备受推崇。并不仅仅只有信奉传统的力量和呆板的学术光环支持它,其自身在法律争议、法律意见和决疑论中体现的价值也是一种优势。"[2]

法律和其他学科不同,总是有法律理论和法律实践两个重要的部分,而且最终目的是法律实践领域,因为只有这个领域才能真正为调节当下的社会提供方案。但是,人文主义法学从人文学和法律史角度对法律的建构,并未能使它真正走入法律实践。相反,当时的评论法学派已经从早期的注释法学派的注释中摆脱出来,积极地涉足当时社会的法律问题,"他们在中央政权的管理和外交事务中同社会的重大政治问题联系起来了;其后,在地方政权和司法事务中,他们又担当着社会日常生活中裁决者的角色"[3]。当我们把眼光落在法律实践领域,便会发现一个具有讽刺意味的结果,尽管人文主义法学家无情地嘲讽评论法学派,但是其研究的路径和方法反而导致自身沦为资料的提供者和法律职业的辅助者。

在法律实践领域,人文主义法学家所注重的语法的正确性、法律历史素材的准确性以及法律的历史性似乎并不是必须的,对某一现实问题的解决办法并不必然从这样的知识中推导出来。对此,叶士朋的描述有一定的道理,"重要的是要强调,每一个法律制度或法律概念都是一个系统或语境的一部

---

[1] Thomas J. , *A Theoretical Foundation for Juridical Humanism*, Fundamina, Vol. 2, No. 1 (1996).

[2] [英]梅特兰等:《欧陆法律史概览:事件,渊源,人物及运动》,屈文生等译,上海人民出版社2008年版,第300页。

[3] [葡]叶士朋:《欧洲法学史导论》,吕平义、苏健译,中国政法大学出版社1998年版,第100页。

分,它从这个系统或语境中确定自己的意义。变换语境后,每个孤立部分的含义在重组时,便完全与它们在先前的语境中所具有的含义毫无关系。这表明,历史论证在法律规则的解释中,其脆弱性已经达到何种程度;我们甚至可以说,只有当我们忘却这些概念和制度的原本含义时,它们才能继续在这连续不断的再适应中起到作用,而这种不断的再适应便是其历史"〔1〕。同样的观点也表现在沃森对罗马法的认识上,他在讲到罗马法的可移植性时,认为"从严格意义上的白纸黑字的法律方面讲,法律与周围的环境毫无关系,这些环境因素被极端地排除掉了,法律及其规范由于它们独特的意义而存在着,它们是一种观念,一种国家对社会行为的控制,一种阶级统治的工具,而不是行为中的道德。它们向纯粹的法律概念方面顺利地发展着"〔2〕。如果从这样的角度去认识,评论法学派在当时仍然具有其内生的力量。这就难怪人们认为,在当时的法律学派中,"'语法学派'(*grammaticus*)是个贬义的词汇,仍然意味着处于学问等级的低端"〔3〕。这样的评论自然是从法律实践的领域来说的。而且,在人文主义法学后期,当有的学者也开始涉足法律实践问题时,在一定程度上又和评论法学派达成了某种和解。

因此,我们说,在人文和历史意义上,人文主义法学战胜了评论法学派,但是在法律实践意义上,评论法学派保持了自己的尊严。人文主义法学所提供的罗马法素材和历史法学方法,与评论法学派所继承和发展的"共同法"一起为近代法律的创成提供了基础,最终都融合于近代的国家法之中。

(赵立行/文)*

---

〔1〕 [葡]叶士朋:《欧洲法学史导论》,吕平义、苏健译,中国政法大学出版社 1998 年版,第 67 页。

〔2〕 [美]艾伦·沃森:《民法法系的演变及形成》,李静冰、姚新华译,中国政法大学出版社 1997 年版,第 28 页。

〔3〕 Donald R. Kelley, *The Rise of Legal History in the Renaissance*, History and Theory, Vol. 9, No. 2(1970).

* 赵立行,复旦大学法学院教授、博士生导师,主要从事外国法律史的研究。

法理学实验研究的兴起及其人文意蕴

近20年来，随着哲学研究的实验哲学转向，现代法学也随之兴起了用基于认知科学的实验方法来研究法律问题的尝试，并取得了不错的成果。作为一种新兴的法学研究动向，其主要旨趣就是用各种实验方法采集各种数据，探究异于法学专业人士直觉判断的大众日常直觉或经验反应，并试图对诸如"意图"、"因果关系"、"伤害"、"责任"和"同意"等法学核心概念以及相应的法理学命题予以新的阐释，以此为基础，呼吁法学理论和实践研究均应该去除其精英主义人文价值取向，走向世俗人文生活，并最终为法学研究回归以自然主义"硬"科学化传统[1]为核心、自然主义与人文主义融于一体的新人文主义打下坚实的基础。这显然是有其积极意义的，而对此进行系统解读以及相应的理论反思，以推动这一实验研究方法的理性认知和批判式运用，无疑也是有积极意义和必要的。本文无疑就是这样一个初步的尝试，我们将侧重于人文主义视角系统考察这一方法兴起的缘由、核心方法、人文价值旨趣以及可能产生的影响等，以期为学界理性认知这一法学研究的新动向，推动法学研究和法律实践的进步做出些许贡献。

---

[1] 关于"硬科学"与"软科学"的详细解读，see Peter Aldridge, *Forensic Science and Expert Evidence*, Journal of Law and Society, Vol. 21, No. 1, p. 136 - 150(1994)。社会科学领域中"硬科学"方法主张研究必须依靠"客观的"、不同观察者都会认可的数据，如同物理学、化学等所运用纯粹科学的研究方法一样。这种"硬科学"研究范式可以在很多法学理论家的著述中找到痕迹，比如凯尔森在批判自然法学和实证法学基础上，提出了基于"科学的"一客观的，不含偏见的纯粹法学理论。参见[奥]凯尔森：《纯粹法理论》，张书友、吕世伦译，黑龙江大学出版社2013年版；兰德尔的法律理论——认为法律理论旨在寻求法律中的基本原则体系；与兰德尔相对的美国法律现实主义甚至包括斯堪地那维亚现实主义者在内，则强调法学理论应当研究法官实际上的所作所为，以与法官们的职业誓言和他们声称正在从事的行为形成对照。当然，对此最著名的反对者毫无疑问是哈特，他认为无论科学方法如何具有优势，对于法律的理解，显然是不充分的，必须抛开观察者的视角，并试图理解该制度中参与者的看法，方能理解和把握人们的遵守规则的行为。See Brian Bix, *Jurisprudence: Thiory and Context*, Sweet & Marxwell, 1996, chapter 5.

一、现代法理学的理性反思与实验研究的兴起

(一)现代法理学的理性反思

如学界所广泛认识到的,法理学是阐述实在法的原则和法律关系的法律科学[1],是关于法律这种社会现象的最基本、最一般、最理论化的分析[2],这表明,法理学一般是建立在部门法基础上的抽象理论或规范分析的"纯理论"学说[3]。因而,规范/价值分析一直是其核心,法理学自然也与人类真实生活失去了联系,尤其是随着传统分析法学日益抽象化、技术化发展,这种日益远离现实和人们生活的法学显然不能准确反映真实法律运作状况。尽管到20世纪中叶,在法社会学和现实主义法学的影响下,这种规范/价值分析逐渐为法律对社会影响的研究所取代并为人所瞩目,然而,这些法律对社会影响的研究既缺乏实验方法,也没有建立在遵循实验技术的科学基础上,仍然难以摆脱"纯理论"的局限。美国的波斯纳(Richard Posner)将这种缺乏可控的实验和自然实验方法、客观可检验的理论假说,视为法理学的重要缺陷。[4] 在这个意义上讲,法律实证主义作为第一大学派显然有其名副其实的核心理由:经验调查胜于形而上学(白纸黑字),科学性优于知识性[5],而相对于用经验调查结果解决法学问题的实证法学,实验法理学(experimental jurisprudence)无疑是其继承、发展,但又是更激进的法学研究范式——用实验方式验证法理学乃至法学的问题,增强其科学性,以期使法理学成为科学。

这表明,法理学要成为科学,一个可能的途径就是,必须从思辨法理学走向实验法理学。相应地,法理学者也必须从"扶手椅上"站起来,深入生活实践,直接掌握第一手资料并进行研究,这才是法理学科学化的沧桑正道,如同其思想渊源的实验哲学对哲学家的要求一样。这一思想至少可追溯至霍姆斯大法官(Oliver Wendell Holmes),早在1895年,他就主张,"理想的法律制度应该从科学中提取其假设和立法依据",他甚至认为至少物理学的技术有

---

〔1〕 Henry Campbell Black, *M. A. Black's Law Dictionary* (*5th edition*), West Publishing Company, 1979, p. 767.

〔2〕 [美]理查德·A. 波斯纳:《法理学问题》,苏力译,中国政法大学出版社2001年版,第82页。

〔3〕 Thomas A. Cowan, *Experimental Jurisprudence and the "Pure Theory of Law"*, Philosophy and Phenomenological Research, Vol. 11, No. 2 p. 164 – 177(1950).

〔4〕 [美]理查德·A. 波斯纳:《法理学问题》,苏力译,中国政法大学出版社2001年版,第88页。

〔5〕 [德]诺贝特·赫斯特:《法律实证主义辩护》,袁治杰译,载《比较法研究》2009年第2期。

可能解决法律的最基本问题,“未来的法学家应当是统计学家”。同时,他还提出了“对科学的终极依赖”的理想,因为“科学最终要尽可能确定我们不同社会目标的相对价值”[1]。而实验经济学家弗里德曼(Daniel Friedman)则进一步断言,“一门学科在其先驱发展出处理相关变量的技术时就会走向实验化”[2]。法学概不例外,而在现代法理学研究者的工具箱里,“就那几把刷子”,这显然是不够的,的确需要扩展传统法理学的研究方法。如果说其主要的规范/价值分析“刷子”相当于法教义学研究的话,那么近年来兴起的社科法学思潮无疑可以视作这种努力的初步成果,但实验方法,作为确定事物之间因果联系确定性的一种科学方法,则是需要掌握的新工具、新刷子:通过直觉调查实验和自然实验直接掌握第一手资料进行研究,研究普通大众对法律问题的反应,而非传统法理学那样建立在法学专家直觉之上,这样可提高法学研究的准确性和科学性。这也意味着法理学的科学化是其时代发展的应有之义,法理学也有必要进行这样的实验研究。显然,这样的法理学图景很可能并不美妙,但却更为客观、科学和完整。这种认知有利于将我们从传统法学研究形而上学中解放出来,认可实验结果对于人类法律行为的决定性作用,但这并不意味着人们应该听任这种实验所隐喻的自然规律的摆布,在法律人文关怀和伦理道德的建构上毫无作为。事实上,坦承实验研究数据的客观意义,只不过是充实了人们建构更符合常人关怀意义上的伦理性的社会法律规则的基本前提,核心关切的仍然是人的理智能力的优化和提升。在这个意义上,法律依然充满了人文关怀。[3] 自然主义与人文主义相结合,是以一幅全新的不同于传统人文主义的世界图景和人类图景为出发点的,Schmidt - Salomon、Fink 等响亮地谓之为“新人文主义”[4],相应的法学研究,自然也就可谓之为“新人文主义法学研究”。

(二)法理学实验研究兴起的智识支撑

当然,这样的兴起也需要智识支撑。首先,来自实验哲学的智识支撑。

---

[1] Lee Loevinger, *Jurimetrics: The Methodology of Legal Inquiry*, Law and Contemporary Problems, Vol. 28, No. 1, p. 6(1963).

[2] Daniel Friedman & Shyam Sunder, *Experimental Methods: A Prmer for Economists*, Cambridge University Press, 1994, p. 1.

[3] 杜宴林:《法律的人文主义解释》,人民法院出版社 2005 年版,第 6 - 9 页。

[4] 甘绍平:《新人文主义及其启示》,载《哲学研究》2011 年第 6 期;[美]乔治 · 萨顿:《科学史和新人文主义》,陈恒六、刘兵等译,华夏出版社 1989 年版。

如前所述,传统分析哲学是一种“扶手椅上的学问”,哲学家们习惯坐在扶手椅上,从自我直觉和未经考验的假设中推理出信仰的本质、人性的本质和人类的动机等传统人文主义主题的核心内涵及其功用,然而这样的推理和论证方法存在重大的方法论上的形而上局限性:一切智识问题均是依赖于先验的、纸上谈兵的方法来解决的,缺乏适当的经验证成(包括阐释性证成),并事实上面临着“认识论上破产”的威胁——无法真实而有解释力地解释相关社会现象。实验哲学(X - phi)因此应时而生,其头面人物乔纳森·M. 温伯格(Jonathan M. Weinberg)、肖恩·尼科尔斯(Shaun Nichols)和斯蒂芬·P. 斯蒂克(Stephen P. Stich)等人主张,一切哲学研究都应当基于实验研究的基础,即用真实的实验来检验那些凭直觉产生的主张。因为传统哲学家通过自己的认知直觉、并依赖这种认知直觉的知识,而得到的规范性结论,是存在问题的。[1] 恰恰相反,一切知识判断和结论首先应当是源于借用自然科学的研究方法[2]而得到的自然化知识,确切地说即大众化直觉知识,哲学研究也概不例外,因而哲学家应当使用实验方法来研究、阐明哲学问题。简言之,“数据无理论为空,理论无数据则盲”[3]。

自此,实验哲学逐渐风生水起,并不断促进了哲学研究向一种试图用实验方法来阐明哲学问题新思潮的新转向。其所有工作均“致力于使用受控和系统的实验来探索人们的直觉和概念用法,并检验这些实验的结果是如何影响传统哲学辩论的”[4],在此基础上,着力解决如下几个耳熟能详的问题:第一,为什么人们的道德判断似乎会影响他们对看似非道德问题的直觉?第二,人们是认为道德问题有客观的答案,还是认为道德在根本上是相对的?第三,人们相信自由意志吗,他们认为自由意志与决定论相容吗?第四,人们

---

[1] [美]乔纳森·M. 温伯格、[美]肖恩·尼科尔斯、[美]斯蒂芬·P. 斯蒂克:《规范性与认知直觉》,载[美]诺布、[美]尼克尔斯主编:《实验哲学》,厦门大学知识论与认知科学研究中心译,上海译文出版社 2013 年版,第 24 - 59 页。

[2] 这种自然研究方法为培根、艾萨克·牛顿、约翰·洛克、罗伯特·博伊尔以及其他早期英国皇家学会的成员所推崇,并形成了著名的相对于思辨哲学的早期的实验哲学。但后来,随着康德的理性主义和经验主义之间的区别成为哲学主流,实验哲学也随之黯然失色。

[3] 曹剑波:《哲学实验方法的合理性论争》,载《自然辩证法通讯》2018 年第 12 期。

[4] Thomas Nadelhoffer and Eddy Nahmias, *The Past and Future of Experimental Philosophy*, Philosophical Explorations, Vol. 10, No. 2, p. 123 (2007).

如何判断个体是否有意识?[1] 当然,随着理论研究的深入,实验哲学家已经从传统哲学的思想实验的直觉评估的实证研究,转向了更为广阔的哲学证据来源研究。也就是说,实验哲学虽然还以直觉调查为重心,但其研究主题日趋多元化,呈现出一片繁荣的景象。

在不到20年的发展中,实验哲学运动之所以能如此方兴未艾,广为人关注,自然也是有原因的。首先,实验哲学标新立异地将大众的认知直觉纳入哲学视野,击中了传统分析哲学的软肋——哲学家的“扶手椅上的沉思”是唯一检验哲学好坏的标准,并为哲学研究的方法库提供了新工具。事实上,这种“扶手椅上的沉思”的研究方式曾有辉煌的历史,但随着社会的复杂、多样化变迁,单凭有限的想象和推理已经很难把握外部世界的复杂性,因而也越来越远离现实生活,尤其是分析哲学日渐细节化、技术化分析方向发展的今天,这种远离已严重影响了哲学的生存与发展。实验哲学的产生,无疑就是一剂纠偏的解药,并具有深刻的现实说服力和影响力。受其影响而生的实验经济学、实验法(理)学的日渐繁荣无疑证成了这点。

其次,这种实验研究的兴起也来自认知神经科学、人工智能和互联网技术在内的三重技术推动。近年来,新技术的进步发展使得相关认识发生了很大变化:一方面,以神经成像和测量反应时间的认知神经科学、人工智能等为代表的前沿尖端科技进步更新,已经为改变和继续改变法学研究方式打开了新的窗口,甚至围绕着前者形成了相对稳定的法和神经科学(law and neuroscience),亦称法神经学/精神法学(neurolaw)的学术研究方向[2],而后者也已在法律数据以及文本挖掘方面得到了广泛应用。另一方面,廉价和方便的互联网参与者招募平台的出现,使个人和企业很方便地将流程和工作外包给分布式的对象,虚拟地执行相关实验调查的任务,同时还极大地降低了实验

---

〔1〕 Joshua Knobe, Wesley Buckwalter, Shaun Nichols, Philip Robbins, Hagop Sarkissian and Tamler Sommers, *Experimental Philosophy*, Annual Review of Psychology, Vol. 63, No. 1 p. 81 – 95(2012).

〔2〕 这种神经法学主张,可以通过脑电图(EEG)、事件相关电位(ERP)、正电子断层扫描(PET)、功能核磁共振成像(fMRI)、透颅磁刺激(TMS)、脑磁图(MEG)等的运用,记录被试者大脑的电、磁和血氧含量变化等数据,确证相关脑区激活程度,来探究人们的认知机制,从而验证相关法理命题。See Gerben Meynen, *Neurolaw: Neuroscience, Ethics, and Law*, Ethical Theory and Moral Practice, Vol. 17, No. 4, Special Issue: BSET – conference 2013, p. 819 – 829 (2014). Neil Levy, *Is Neurolaw Conceptually Confused*? The Journal of Ethics, Vol. 18, No. 2, Special Issue: Neuroscience and Criminal Justice, p. 171 – 185(2014).

研究的门槛[1],这些都对法理学实验研究的兴起产生了积极意义。

二、法理学实验研究兴起的理论旨趣和演进脉络

但上文所有这些变迁无疑都将传统法律人文主义推进到了新的阶段,吸纳科学的实验精神和理性精神,促进人的意识觉醒和人的思想解放。[2] 最终使得法律人文精神与科学精神融于一体。正如我们所知道的,自霍布斯(Thomas Hobbes)的"推理即计算"[3]、莱布尼茨(Gottfried Wilhelm Leibniz)的法律可知和理性论[4]产生以来,科学性一直为法律所追求,并产生了德国民法典、法国民法典等法典创制的立法实践努力。但严格说来,两者的区别是显著的,科学家主要从事的是收集、分析、表述和解释实验数据的工作,这是一种基于数理逻辑的科学工作,而法学家则主要是对法律的规范/价值分析,最多是一种基于意义的阐释性科学工作。本文所涉的实验法理学无疑就是后者,即力求把法理学变成一门基于实验科学数据来进行研究的学问[5]。事实上,这也为霍姆斯等一些著名法理学家所吁求:让法理成为科学的本意和初衷[6]。实验法理学核心的理论旨趣就在于破除当代分析法哲学概念分析的迷信,因为事实上它们"在认识论上已经破产"。法理学应该转而尝试超越概念和专家直觉的分析,追寻一种基于大众直觉分析的"自然主义"的法理学,当然这里的"自然主义"是"一种关于我们应该如何对待哲学探究的方法论教义",如前所述,根据这种方法论自然主义……传统的哲学问题被认为是不能通过哲学家的先验的、纸上谈心的方法来解决的,相反,

[1] 例如,Amazon Mechanical Turk、Qualtrics 等基于网络的实验调查平台,一些研究人员每个科目的调查问卷测试,据悉只需支付 10 美分。我国的问卷星、问卷网、腾讯问卷等问卷调查平台也有类似的方便的网络参与和招募功能。

[2] 李醒民:《迈向科学的人文主义和人文的科学主义》,载《中国政法大学学报》2013 年第 4 期。

[3] [英]霍布斯:《利维坦》,黎思复、黎廷弼译,商务印书馆 1985 年版,第 28 页。

[4] Berkowitz R., *The Gift of Science: Leibniz and the Modern Legal Tradition*, Harvard University Press, 2009, p. 17 – 53.

[5] 在我国近代学者看来,在最一般意义上,这种实验主义法理学泛指以实验方法——分析、比较、综合方法——来研究法的原理的学问。参见吴念慈、柯柏年、王慎名:《新术语辞典》,南强书局 1929 年版,第 323 页。然后他们进一步认为,理想法学派(自然派、纯理派、人性派)以外的都是实验法学派,包括分析法学派、比较法学派和历史法学派。参见张知本:《法学通论》,湖北法政编辑社 1906 年版,第 24 – 27 页。

[6] [美]霍姆斯:《科学中的法律与法律中的科学》,姚远译,载《法治现代化研究》2017 年第 2 期。

需要嵌入(或替换)适当的经验理论。一方面,绝对不能从概念分析找寻出法律本质真理,这样概念分析显然过于雄心勃勃,甚至是"不适度的"野心,也是不可能的,奎因(Willard Van Orman Quine)无疑对此进行了很好的论证[1];另一方面,也不能将法理学演化为"……盖洛普民意测验变种的平庸的描述性社会学"和"美化的词典学"。事实上,这也是莱特(Brain Leiter)等法理学家超越形而上分析法学而转向适度概念分析和大众直觉分析的表现。也正是在此意义上,莱特批评了以哈特(H. L. A. Hart)为代表的牛津分析法哲学的不足:他们对法律概念和其他法律概念的直觉,很大程度上源于牛津哲学家的空谈,而不是来自试图验证相关人士即"普通人"的想法[2]。也就是说,法理学亟须实验哲学知识的渗入和验证,以确保相关的法律研究工作得到正确的信息。这些信息实际上是那些生活在法律之下的普通人所持有的,具体体现为他们使用法律的概念以及其他相关的概念,去理解他们自身和所处的社会。[3] 不必说,这种理解无他,唯为了更有效地擘画和追求法律生来就荷载着的人文幸福生活。

最早发明实验法理学术语的是现实主义法学家杰罗姆·弗兰克(Jerome Frank),他认为,现实主义法学是一个不幸的标签,因为这个"现实主义"有太多的内涵。鉴于其与实验经济学的基本实验原理的一致性,他建议将现实主义法理学(realistic jurisprudence)重新命名为"实验法理学"(experimental jurisprudence),而将进行这方面研究的人称为实验主义者。[4] 不仅如此,他也主张将心理学应用到法学中,强调运用科学方法进行法学研究。顺便说一句,这也是法律现实主义的主要理论优长:善于从外部吸纳研究方法,给自身

---

[1] Willard Van Orman Quine, *Two Dogmas of Empiricism*, The Philosophical Review 60, p. 20 - 43(1951). Also see Brian Leiter, *Naturalizing Jurisprudence: Essays on American Legal Realism and Naturalism in Legal Philosophy*, Oxford University Press, 2007, p. 175 - 178.

[2] Julie Dickson, *On Naturalizing Jurisprudence: Some Comments on Brian Leiter's View of What Jurisprudence Should Become*, Law and Philosophy, Vol. 30, No. 4, Special Issue on Brian Leiter's Naturalizing Jurisprudence, p. 477 - 497(2011).

[3] Julie Dickson, *On Naturalizing Jurisprudence: Some Comments on Brian Leiter's View of What Jurisprudence Should Become*, Law and Philosophy, Vol. 30, No. 4, Special Issue on Brian Leiter's Naturalizing Jurisprudence, p. 477 - 497(2011).

[4] Jerome Frank, *Experimental Jurisprudence and the "New Deal"*, 79 Congressional Record 12412 - 12414(1934).

发展以无尽的生命力。[1]

当然,对实验法理学的早期开拓居功甚伟的是耶鲁大学法学院弗雷德里克·K. 贝特尔教授(Frederick K. Beutel)。承袭法律现实主义的脉络,他认为法律规则是写在社会中的真实现象,而非只是纸上之法,法理学应该借鉴其他研究人类社会行为的学科知识来进行研究。在这个意义上,贝特尔教授可以说是一个现实主义法学家。不仅如此,贝特尔还进一步试图建立一种科学的实验法理学,使得法理学摆脱对价值的依赖,并最终发展为一种基于详细的事实观察和分析,或者基于与社会现象相关的法律数据,来建立和检验现代法律系列概念和直觉假设的法律科学的学问。贝特尔认为实验法理学是一种法律科学,其核心是严格应用科学方法来研究立法现象、法律对社会的影响以及法律在实现其产生目的方面的效率。[2] 贝特尔在专著《实验法学作为社会科学新分支的一些潜力》中,分两部分来阐释其实验法理学思想。第一部分是对实验法理学的阐述,认为应当运用自然科学的实验研究方法作为研究工具来研究立法和执法,进而实现其立法目的。第二部分主要是一份关于内布拉斯加州"坏账支票"法令的调查的法实施的研究报告来说明实验法理学方法的运用。[3]

同时,贝特尔还在该书中对实验法理学主要任务和科学方法应用于法理学的步骤进行了详细阐述。对于实验法理学的主要任务,他认为应至少回答三个有关法律的问题:它在多大程度上满足了产生它的各种要求?是否符合立法者制定该法案的明确目的?它如何影响它所管辖的人民的需要?[4]这些问题,都需要通过实验方法加以解决。为此,贝特尔还进一步列出了实验法理学的八个步骤[5]:

---

[1] Jerome Frank, *Experimental Jurisprudence and the "New Deal"*, 79 Congressional Record 12412 – 12414(1934).

[2] Frederick K. Beutel, *The Relationship of Experimental Jurisprudence to other Schools of Jurisprudence and to Scientific Method*, 3 Washington University Law Quarterly 385(1971).

[3] Frederick K. Beutel, *Some Potentialities of Experimental Jurisprudence as a New Branch of Social Science*, The University of Nebraska Press, 1957, p. 3 – 186, 189 – 429.

[4] Frederick K. Beutel, *Some Potentialities of Experimental Jurisprudence as a New Branch of Social Science*, The University of Nebraska Press, 1957, p. 3 – 4.

[5] Frederick K. Beutel, *The Relationship of Experimental Jurisprudence to other Schools of Jurisprudence and to Scientific Method*, 3 Washington University Law Quarterly 387(1971).

1. 应该研究法律试图规制的现象的性质。尤其是,应该仔细地分门别类和审查具体法律所针对的社会问题。

2. 应当准确表述用于规制这种现象或旨在解决社会问题的法律规则或其他方法。

3. 应该观察和衡量采用这种规则对社会的影响。

4. 而后,应该建立一个假设,以期解释这种反应的原因。

5. 当这种描述被扩大到适用于其他类似情况时,则可被视为一种学理性法律,此学理性法律将描述或预测在对类似问题适用类似规制性法律时所产生的结果。

6. 如果分析表明该法律是无效的,那么就可以再提出新的方法,以实现最初期望之结果。

7. 可以颁布拟议的新法律,且这一过程可被重复。

8. 一系列此类新法律的采用及其结果的研究可能会对法律颁布背后的根本目标的有用性带来重要启示,从而可能影响到对这一目标的修改或放弃,或者长远来看,甚至会导致对我们目前的社会和政治伦理之标准的修订。

这么看来,在贝特尔的学术构想中,实验法理学被认为有助于国家和政府解决社会中复杂的法律问题,因此,实验法理学在某种意义上可被视为法社会学的发展结果。

自20世纪80年代中期以来,学界越来越认识到,实验作为一种研究方法应当运用于自然科学和社会科学研究中[1],在法律领域,这一思潮得到了广泛的遵行,法律学者越来越多地运用实验研究,特别是假设场景,来测试关于法律推理和行为的直觉[2]。尤其是最近十余年来,随着认知科学的发展推动,实验法理学作为一种"最新自然科学的法学"[3]日益成熟和完善。

如今实验法理学学术风头日盛,并产生了强劲的学术号召力、传播力。2017年10月,耶鲁法学院(Yale Law School)举办了一个研讨会,实验哲学的扛大旗者约书亚·诺布(Joshua Knobe)参与讨论如何将这种实验法理学方

---

[1] [荷]西奥·A.F.库珀斯:《一般科学哲学:焦点主题》,郭贵春等译,北京师范大学出版社2015年版,第307-308页。

[2] Krin Irvine, David A. Hoffman and Tess Wilkinson - Ryan, *Law and Psychology Grows Up, Goes Online, and Replicates: Law and Psychology Grows Up*, Journal of Empirical Legal Studies, Vol. 15, No. 2, p. 320 - 355(2018).

[3] 吕世伦:《理论法学课堂》,西安交通大学出版社2016年版,第185页。

法应用于各种法律主题的探讨中,包括同意、因果关系、诉讼时效、道歉和刑事处罚。2018 年 6 月,波尔图大学法律、行为与认知中心举办了首届关于法理学的实验与自然主义视角的会议,探讨了法理学的自然主义方法、法理学中哲学直觉与判断的实验、法理学和法哲学的道德和认知心理学研究的重要性、法理学实验博弈论研究的重要性等。一些实验法理学的新兴项目已经开始展开,如巴西学者伊瓦尔·汉尼卡宁(Ivar Hannikainen)领导的、旨在研究现有的实验法理学研究结果是否适用于不同的文化、语言和司法管辖区[1]等。当然,从实验法理学的研究中也能够捕捉到法律现实主义进而也是人文主义法学的影子,这是因为,实验法理学同样注重从外部视角来研究那些影响法律理论、法律判决与决策的因素。

综观实验法理学的演进脉络,我们可以清晰地窥见从贝特尔的 1.0 版实验法理学迈向诺布的 2.0 版实验法理学的演进,其未来繁荣完全可期。[2]

三、法理学实验研究兴起的问题域及其主要方法

如前所述,法理学实验研究是指借鉴实验方法,以推动法理学领域的相关问题研究,确切地说,是一种将科学哲学、法律学和法律哲学这三个独立的学科结合起来进行研究的一种尝试[3]。由此,它汇聚了如下两大关键要素:传统上与法理学相关的问题和理论框架;现在与心理学和认知科学等相关的各种实验方法,目的是以经验数据的方式,解答法学问题、检验法学理论并提出新的法学问题。这里需要澄清的是,法理学实验是一种新颖的法理学研究的新方法,而实验法理学则是一种新的法学流派,但在实验法理学研究中主要是采用法理学实验方法。这里的“实验”,不是“思想实验”,而是自然科学意义上的实验。

---

[1] *Experimental Jurisprudence Cross - Cultural Study Swap*, OSF(11 April 2018), https://osf.io/sk7r3/.

[2] 实际上,考诸我国的学术成果,也可以看出这样的趋势。比如季卫东教授早在 1999 年就对实验法理学有所涉及,他将 experimental jurisprudence 译为实验主义法学,这是国内学者对贝特尔的 1.0 版实验法理学最早关注。参见季卫东:《法治秩序的建构》,中国政法大学出版社 1999 年版,第 153 页。近年来,季卫东教授推动成立了认知和行为科学跨学科交叉团队,其可利用的平台,不仅包括法学院实验法学研究中心,还有神经语言认知实验室、群体行为和实验经济学研究中心、视觉和传播效果实验室,以及理工和生命科学的眼动脑电影像测试分析研究中心、超级大脑研究室、智能计算和智能系统实验室、神经工程实验室等,这已经涉及诺布的 2.0 版实验法理学的所有研究方法和问题域。

[3] Thomas A. Cowan, *Reflections on Experimental Jurisprudence*, Archiv für Rechts - und Sozialphilosophie, Vol. 44, No. 4, p. 465(1958).

在传统法理学领域，有一些著名而经典的思想实验，比如富勒（Lon L. Fuller）虚构的洞穴奇案、电车难题，罗尔斯（John Rawls）的无知之幕和原初状态等。这些思想实验，主要是通过大脑中虚构场景来帮助法学家进行反思性的分析论证实践。思想实验，通过在思想或心智中建立一个特定的想象的实验场景[1]，使得我们有机会用思想的心眼（minds' eye），即直觉和想象力看到肉眼看不到的世界[2]，揭示其心灵运作的过程[3]，因而如同自然科学实验一样，也能够“提供关于世界的证据”[4]，但这种法学想象力的构建，一定程度上是淹没在法学家直觉（非大众直觉）中，即主要是“我认为”，而非“我发现”，缺乏实证和经验要素，不能视为严格意义的法理学实验，只能作为实验法理学的“实验材料”，提供场景诱发对被探查的直觉行为进行调查统计。真正意义上的实验法理学的主要研究方式是利用调查统计去测试大众关于某个法律现象或理论的直觉，由此实验法理学的问题域就大致包括了如下两个问题：统计方法问题和直觉考察问题，如同作为其思想渊源的实验哲学一样[5]。而通常意义上的法理学实验方法主要包括基于问卷的法律直觉考察方法、法律行为实验和数字实验方法等认知科学的方法[6]。不必说，这些方法相对于“扶手椅上的沉思”而言，能够更好地获得真的、可靠的知识。而且，如同前述所言，所有这些方法的运用，都是对传统法学人文主义研究模式的推进和发展，法律科学精神和人文精神、事实和价值完全可以融合，也应当融为一体，共同推动法律审慎地建立在科学——人性化的科学——之上，即上文我们曾提及的新人文主义之上：它是人文主义的一种新形式，它包含了科学而不是把科学排斥在外，可以把它叫作科学的人文主义[7]。从下文的分析中，我们可以看出，因为吸纳了科学固有的实证性、客

---

[1] James Brown, *The Laboratory of the Mind: Thought Experiments in the Natural Sciences*, Routledge, 1991, p. 1.

[2] James Brown, *Thought Experiments*, in Edward Zalta ed., The Stanford Encyclopedia of Philosophy, The Metaphysics Research Lab, 2006.

[3] [美]约书亚·诺布、[美]肖恩·尼科尔斯编：《实验哲学》，厦门大学知识论与认知科学研究中心译，上海译文出版社 2013 年版，第 14 页。

[4] James Mc Allister, *The Evidential Significance of Thought Experiment in Science*, Studies in History and Philosophy of Science, Vol. 27, No. 2, p. 233(1996).

[5] 梅剑华：《洞见还是偏见：实验哲学中的专家辩护问题》，载《哲学研究》2018 年第 5 期。

[6] 其中直觉很容易出现分歧的现象导致了后两者的出现，这一点，下文我们将提及。——笔者注

[7] [美]萨顿：《科学史和新人文主义》，陈恒六、刘兵等译，华夏出版社 1989 年版，第 142 页。

观性、合理性等核心价值,这种新人文主义成为一种优化版的人文主义。对此,萨顿(George Sarton)言简意赅地指出,“我们必须使科学人文主义化,最好是说明科学与人类其他活动的多种多样关系——科学与我们人类本性的关系。这不是贬低科学;相反地,科学仍然是人类进化的中心及其最高目标。使科学人文主义化不是使它不重要,而是使它更有意义、更为动人,更为亲切”。人文科学家的主要职责之一就是“去说明各个时代,特别是当代科学的伦理意义和社会意义,在普通教育中把科学结合在内,一句话,把科学‘人文主义化’。”[1]马斯洛(Abraham Maslow)则更是断言:“科学和知识重新人性化所做的努力(尤其是在心理学领域的努力)是整个社会和理性发展的一部分。毫无疑问,它与当前时代精神相吻合。”[2]

（一）基于问卷的法律直觉考察方法

长久以来,在启蒙理性的影响下,现代法学理性主义话语体系俨然排斥直觉、情感等在法律推理中的作用,情感、直觉等无处安放。近20年来,实验哲学、认知神经科学和受其影响的法律与情感研究越来越表明,法律理性和法律情感之间并非存在不可逾越的鸿沟。事实上,情感、直觉等皆有助于司法公正。[3] 遂此,直觉、情感在法律中的作用越来越激起学界的研究兴趣,尽管现实主义法学已经为此做出了卓越的贡献,但运用实验哲学的基于问卷调查和数据统计分析的法律直觉研究无疑是法学界新兴的关注点,是一种“令人兴奋的新的研究风格”[4]。

直言之,它破解了传统道义论法学和功利论法学所信奉的直觉——思辨为主的概念分析和思辨研究方法所伴随的远离现实生活,陷入“公说公有理、婆说婆有理”的思辨困境[5],转而用数据说话,用经验事实论证,调查并分析普通民众甚至包括法学专家对法理学问题的法律直觉和挑战,从而为法理学问题的新解打开了另一扇门。比如,前述的伊瓦尔·汉尼卡宁与拉夫·多

---

〔1〕［美］萨顿:《科学的生命》,刘珺珺译,商务印书馆1987年版,第51、147页。

〔2〕［美］马斯洛:《科学家与科学家的心理》,邵威等译,北京大学出版社1989年版,第3页。

〔3〕相关国内有印象的研究可参阅杜宴林:《司法公正与同理心正义》,载《中国社会科学》2017年第6期;杜宴林、胡烯:《现代法律德性转向及其中国启示》,载《法学》2018年第10期;王凌皞:《法律应当如何对待情感》,载《法律与社会科学》2013年第2辑;李柏杨:《情感不再无处安放》,载《环球法律评论》2016年第5期。

〔4〕May. J. ,*Review of Experimental Philosophy*, Philosophical Psychology, Vol. 23, No. 5, p. 711 (2010).

〔5〕曹剑波:《哲学实验方法的合理性论争》,载《自然辩证法通讯》2018年第12期。

纳尔森(Raff Donelson)就是较早将实验技术应用于法理学问题研究的学者。他们通过调查普通人和法律专家对法律制度的直觉,来评估了朗·富勒的程序自然法理论,即法律的内在道德问题。他们得出的实验结论是:无论是从普通民众的视角看,还是从法学专家的视角看,富勒所谓的法律的内在道德理论都值得怀疑,程序自然法理论的支持有限。[1]

事实上,司法文明史上的很多著名案件,很大程度上均可归功于这种实验法理学进路的贡献,比如,种族隔离案中的布里格斯诉艾略特一案[*Briggs v. Elliott*,342 U. S. 350 (1952)]之所以引起关注,并最终为布朗诉教育委员会[*Brown v. Board of Education of Topeka*,347 U. S. 483 (1954)]中判决废除种族隔离制度提供了坚实的后盾,其根本原因就在于两位心理学家克拉克夫妇的所进行的"娃娃实验研究"的证词[2],由此督促法院裁决废除种族隔离但平等的制度;无独有偶,还有学者运用实验哲学中最有名的直觉实验即诺布效应[3]确证了法外因素的副作用对裁判的影响[4]。

在我国,基于问卷的法律直觉研究,主要集中在法官行为或裁判方法领域的研究。比如,有学者通过对法官进行"公众意见影响法官决策"的问卷调查实验,也得出了给人印象深刻的类似于"狐狸型"和"刺猬型"当下中国

---

[1] Donelson, Raff and Hannikainen, *Ivar, Fuller and the Folk: The Inner Morality of Law Revisited*, https://papers. ssrn. com/sol3/papers. cfm? abstract_id = 3283952, Oct. 10, 2019.

[2] 他们的实验发现,假如给六岁黑人孩童选择的机会,全部16名克拉伦登县黑人孩子都能正确地识别白色和黑色的娃娃。但10个孩子选择了白色的娃娃作为他们希望的玩伴,11个孩子说黑色娃娃看起来不友善,9个选择了白色的娃娃作为好孩子。这一结果与他在纽约、费城、波士顿和几个阿肯色社区所进行的类似测试密切相符,这说明,黑人和白人孩子强制隔离最大的危害是什么呢?实际上并不是损毁的书籍也不是未经培训的教师,而是种族隔离给黑人孩子们带来的耻辱。学校可以买新的书,也可以为黑人孩子聘请更好的老师,但是他们无法根除黑人孩子们心中的自卑情绪。尽管有些地区,典型就是托皮卡的黑人和白人的学校在设施甚至质量上几乎是一样的,由此督促法院裁决废除种族隔离但平等的制度,并为后来的布朗诉教育委员会中彻底根除种族隔离但平等的制度提供了最有力/利的证词。参见 Peter Irons, *A People's History of the Supreme Court: The Men and Women Whose Cases and Decisions Have Shaped Our Constitution*, Viking Penguin, 1999, p. 386。

[3] 诺布效应(又称副作用效应),是指副作用的道德效价影响行为意图判断的现象,即当副作用是好的时候,人们倾向于认为行为实施者是无意引发该副作用;但当副作用不好时,人们则倾向于认为行为实施者是有意引发该副作用。参见[美]亚历山大:《实验哲学导论》,楼巍译,上海译文出版社2013年版,第69-73页。

[4] 李锋锋:《诺布效应视野下的陪审团公正性》,载《天府新论》2013年第1期。

法官分类的结论[1];也有学者曾通过问卷调查了认知流畅度对司法裁判的影响,发现高流畅度带来较轻的判决,低流畅度带来较重的判决。[2] 实际上,这方面研究的基本原理主要是将与司法行为相关的内隐认知的三个方面,即偏见、情感和同理心,纳入司法研究中,研究结果常常会颠覆人们普遍认为的“法官是理性的行动者,能够将偏见和情感放在一边,从而在法律和事实的基础上做出决定”的迷信。[3]

这的确表明,直觉的问卷调查方法为法学的理论研究和实践带来了货真价实的新气象,甚至成为不少实证研究者们自觉的方法论追寻。同时,无论如何,谁都得承认,我们生活中也的确大量地依赖直觉[4]。但也正如学者所言,受制于各方的个人体验,也很容易发生直觉分歧,甚至有学者从原则和操作层面论述了直觉调查和验证的不可能[5]。正因如此,在常规方法方面,这种法学实验研究又进一步开启了法律行为实验方法和数字实验方法,以图突破直觉问卷调查方法的局限。

(二)法律行为实验方法

法律行为实验,是最新实验法理学的实验方法,包括面部表情编码、眼球追踪、神经影像学等,它们提升了实验法理学的实验技术和研究策略,特别是神经影像学领域的核磁共振成像(fMRI)技术,能尝试检测欺骗、说谎、偏见、疼痛,甚至能检测“犯罪倾向”,从而实现“对思维的阅读”。由此,和前述的基于问卷的法律直觉研究方法一样,法律行为实验本质上也属于神经认知科学的运用,但前者主要基于问卷的调研,核心前提是法律直觉可以认知,而后者是更纯粹的自然实验方法上“机”实验(通常是在脑科学实验室进行脑电实验),核心前提是法律行为是人的大脑思维的产物,而且人脑思维可“观测”,因而与社会行为相关的心理和神经分析成为可能。事实上,近年来西方法学研究表明,这种认知研究,在理论方面,有效解释了公平、正义等基本概

---

[1] 陈林林:《公众意见影响法官决策的理论和实验分析》,载《法学研究》2018 年第 1 期。

[2] 李学尧、葛岩、何俊涛、秦裕林:《认知流畅度对司法裁判的影响》,载《中国社会科学》2014 年第 5 期。

[3] Anna Spain Bradley, *The Disruptive Neuroscience of Judicial Choice*, 9 UC Irvine Law Review 1 – 28 (2018).

[4] Ernest Sosa, *Experimental Philosophy and Philosophical Intuition*, Philosophical Studies: An International Journal for Philosophy in The Analytic Tradition, Vol. 132, No. 1, p. 99 – 107 (2007).

[5] 曹剑波:《哲学实验方法的合理性争论》,载《自然辩证法通讯》2018 年第 12 期。

念的心理机制和神经基础，刻画了自动守规等亲社会行为的发生机理，也展示出认知偏见对涉法思维的影响、冤假错案的产生在认知层面的原因。在工具方面，这种认知科学提供了一组如控制实验、核磁共振成像、事件相关电位测谎技术、群体行为模拟等研究方法，为理解涉法行为的心理——神经过程、司法判断，以及长程制度效果评估带来新的可能[1]，由此也完善和丰富了法学研究数据/经验主义旨趣和向度[2]。也许正基于此，2013 年诺贝尔经济学奖得主罗伯特·席乐(Robert J. Shiller)断言，神经科学一定会改变我们对于人类本性的认识，"研究神经"是跟大脑有关的领域，实际上应该是未来整个社会科学的一个核心。[3]

(三)数字实验方法

一般意义上，前述的法律行为实验可被定性为"虚拟实验"，因为它主要靠使用计算机实验，而作为模拟数字模型与实验交织的数字实验方法，主要是通过统计学习、可视化技术、法律编码化实验、数据以及文本挖掘等，从数据提取有意义的信息，这也为法学实验研究由使用计算机实验向语料库[4]方面的拓展奠定了坚实的基础。例如，有学者通过计算语言分析后得出，人权确实是全球性的语言[5]。还有学者对美国最高法院从 1792 年到 2008 年的所有案件的语料库进行了虚词频率测量，来定量分析最高法院法官书写风格，得出了同一时期的法官写作风格大致相同，但随着书记员在法庭地位的提升，法官写作风格开始不大一致。[6]

---

[1] 秦裕林、葛岩、林喜芬:《认知科学在法学研究中的应用述评》，载《法律和社会科学》2017年第2期。

[2] 具体而言，这集中在:(1)数据表明常识心理假设的法律规则是不正确的;(2)数据表明需要新的或改革的法律学说;(3)数据有助于判决个案;(4)数据有助于一个刑事司法的有效审判或管理。See Morse S. J., *Criminal Law and Common Sense: An Essay on the Perils and Promise of Neuroscience*, Marquette Law Review, Vol. 99, No. 1, p. 39(2015).

[3] 张军:《顶级对话:理解变化中的经济世界》，上海人民出版社 2017 年版，第 148 页。

[4] Justin Sytsma, Roland Bluhm, Pascale Willemsen and Kevin Reuter, *Causal Attributions and Corpus Analysis*, in Eugen Fischer, Methodological Advances in Experimental Philosophy, Bloomsbury Press, 2019, p. 209 – 237.

[5] David S. Law, *The Global Language of Human Rights: A Computational Linguistic Analysis*, The Law & Ethics of Human Rights, Vol. 12, No. 1, p. 111 – 150(2018).

[6] Carlson K., Livermore M. A., Rockmore D., *A Quantitative Analysis of Writing Style on the U. S. Supreme Court*, Washington University Law Review, Vol. 93, No. 6, p. 1461 – 1510 (2016).

近年来,随着人工智能技术的发展,法律文本信息自动语义分析和机器学习方法已然成为数字实验的新方法[1],并日渐广泛地运用于法学研究各领域之中,包括司法判决的自然语义分析[2]、法律编码化实验(算法实验)[3]、法律与情感的实验分析[4]、法律话语如宪法话语的意识形态和党派结构分析[5]等,并得出了一些很有意义甚至令人讶异的实验数据,丰富了法学研究的既有的认知模式和思维方式。

综上,通过上述三种常见的实验方法,现代法学较好地解决了统计方法问题和直觉考察问题,并在此基础上成功地使法学实验研究一步步走向繁荣。而这种实验研究的逐步兴起,在当代中国法学界,也已呈现喜人的迹象和端倪。这一点,细心的读者是不难发现相关的例证的。一如前述,它们较好地消除了传统法律观念中人文与科学二元对立的误解以及相应的危害——科学的心理的害处是知识主义和缺乏对于它重经验的价值的鉴别和推重,过度看重行动而轻视存在和感觉。人文主义的心理容易陷入的害处是轻视慢而无误的归纳和实验方法,对于自然的事实和法则默然无知,不一步一步地工作而相信从幻想的捷径可以达到成功[6]——而走向一种两者有机融合的新人文主义观念模式。这意味着必须在两个对立方面进行持续不断的斗争 :一方面是反对破坏传统的技术专家和粗劣的唯物论者;另一方面是反对盲目、无益的唯心论者和怯懦的旧式学院人文主义者[7]。

---

[1] 维克森林大学霍尔教授和赖特教授将其中的内容自动化分析视为一种独特的法律经验方法论。See Mark A. Hall and Ronald F. Wright, *Systematic Content Analysis of Judicial Opinions*, California Law Review, Vol. 96, No. 1, p. 122(2008).

[2] 王禄生:《论刑事诉讼的象征性立法及其后果——基于303万判决书大数据的自然语义挖掘》,载《清华法学》2018年第6期。

[3] [美]谢伊等:《机器人欢迎电子吗?》,载[美]卡洛、[美]弗鲁姆金、[美]克尔等:《人工智能与法律的对话》,陈吉栋、董惠敏、杭颖颖译,上海人民出版社2018年版,第274-305页。

[4] Aylin Caliskan, Joanna J. Bryson et al., *Semantics Derived Automatically from Language Corpora Contain Human - Like Biases*, Science, Vol. 356, No. 6334, p. 183 - 186(2017).

[5] Pozen D., Talley E. L., Nyarko J., *A Computational Analysis of Constitutional Polarization*, Cornell Law Review (August 6, 2019), https://scholarship.law.columbia.edu/cgi/viewcontent.cgi? article=3274&context=faculty_scholarship.

[6] [英]J. S. 赫胥黎:《科学与行动及信仰》,杨丹声译,台北,台湾商务印书馆1978年版,第103页。

[7] [美]萨顿:《科学史和新人文主义》,陈恒六、刘兵等译,华夏出版社1989年版,第122页。

四、迈向新人文主义的中国法学

如同其思想渊源的实验哲学颇受争议一样，法理学实验研究兴起的过程，也始终伴随着争议或非议，甚至呈现二元对立的分化的局面[1]。尽管如此，其借鉴社会科学、认知神经科学、人工智能科学的方法来研究法理学问题，将实验数据充盈于法学研究，为丰富法学方法论提供了新思路，拓宽了法学方法论的研究领域，引领了科学家型法学家的产生。与此同时，其关注常识甚或边缘化的知识和恢复其理据的能力来实现认识正义的理论旨趣，也必将有效地引领法理学研究的大众化、生活化、全面化发展。这一点，对正处于解构宏大叙事，同时又需要理论和理论化，尤其需要重新思考"法理"在新的时代何去何从，以复兴一种"法理的共同关注"的"后理论"时代[2]的当代中国法理学而言，无疑有机会在其适当的基础上确立自己的地位。也就是说，法理学的更新必须首先基于认识论的更新，法理共同关注有必要以认识论共同关注为前提之一。应当大力关注这种法学的实验研究，它正为法学研究和法律实践带来新的亮点和启迪，尽管近年来相关研究已经呈现喜人的局面，更值得期待的是，它很可能为中国法学迎来新人文主义的曙光：理智与情感、科技与人性有机结合与平衡，这不仅是科学家因应人工智能、大数据时代人的性质注定持续进化、变化而该当的理想和必然应对，也应当是21世纪法学家超越传统人文精神的共同理想和积极选择。因为这个时代的人文主义蕴含了如下的自信和精神：人类本身的发展和进化在今天已开始呈现文化的与物理的统一趋势，这正是人们应对人类前景的积极观点的根据所在[3]。

1.法学这种实验研究推进了法律的科学化。众所周知，法律科学化是现代法律的基本诉求。然而，也正如考夫曼（Arthur Kaufmann）指出的那样：法律科学是否是一门真正的科学，不仅取决于，而且十分根本地取决于，法学方

---

[1] Arthur Nussbaum, *Some Aspects of American "Legal Realism"*, Journal of Legal Education, Vol. 12, No. 2, p. 188 – 189 (1959).

[2] "后理论"是借用文学领域研究成果，因为"后理论"本身的作用并不在其批判性，而更在于其经验研究和理论分析，所以后理论时代的理论形态呈现出的一种"非政治性"特征。这自然也是我们这里借用的理由（相关分析国内文献可参见王宁：《论后理论的三种形态》，载《广州大学学报》2019年第2期；国外文献可参见Steve Redhead, *We Have Never Been Postmodern*, Edinburgh University Press, 2011, CHAPTER 9 "Post – Theory"）。

[3] 韩水法：《人工智能时代的人文主义》，载《中国社会科学》2019年第6期。

法是否能满足科学的要求[1]。自然科学意义上的实验方法的介入,无疑有力地加强了对这一问题的肯定回答。如前所述,法学实验研究秉持法学自然化的道路,强调数据统计分析和经验理论介入当代法学研究的必然意义,这极大地消解了现代分析法学的主要形态(概念分析、逻辑分析、语言分析)——分析概念和诉诸直觉来确定概念的外延——所伴生的讨论纷争的困境[2],推动了法学研究与现实世界的接触,有利于法学理论接受人文经验的检验:验证既有问题[3],发现新问题[4],从而保持了法学的人文开放性和内在活力。当然,这并不意味着传统的概念分析法学研究将为实验方法所完全取代。事实上,实验方法只是往法学家的工具箱里添加了另一种工具而已,一种认知科学的范畴,而且这种工具的进步意义主要体现在对于某个概念应用基础的人文内在心理进程的解释深度而非其精确度上,尽管其在精确度上有时也不遑多让,如直觉考察中所得的数据[5]。

值得注意的是,尽管伴随着这种法学实验研究的不断发展,现代法学的科学化趋势也越来越明显,但也正如国际实验法学家托马斯·A. 考恩(Thomas A. Cowan)所言,法律仍然坚持了其对道德和情感价值的传统偏好,这也意味着,这里所指的科学绝非传统的物理科学,这里的科学必须采取重新考虑情感价值的形式——一种新人文主义意义上的科学精神。否则,如果我们接受一个仍然不同凡响的观点,即唯一值得称谓的科学是物理科学,那

---

[1] [德]考夫曼:《法律获取的程序——一种理性的分析》,雷磊译,中国政法大学出版社 2015 年版,第 58 页。

[2] 正如我们所知,现代法学的主流趋势是法律概念和行为规则的形态描述,以及基于一致性的法律批判(分析法学),或用于对法律的分类方案(法律百科全书),而法律哲学则主要局限于努力恢复名声不大好的自然法传统,相应地,大多数法理学讨论都是在非常抽象的规则及相关概念层次上进行的,涉及法律、正义、戒律、标准、规则、规范等术语,这些争论——如前文所述——很容易陷入"公说公有理、婆说婆有理"的纷争之中,影响了法学科学性形象的确立。

[3] 如前所述,这一点主要体现在,人的法律直觉判断、法律情感和法律认知等,这些曾被视为现代法学研究之外的论域,在实验方法介入验证后,都已然成为了当下法学研究的重点论域。

[4] 这一点主要体现为,基于实验方法提供的丰富的证据,人们已然对诸如意图、因果关系、伤害、责任和同意等法学核心概念有了新的阐释。

[5] [美]约书亚·诺布、[美]肖恩·尼科尔斯编:《实验哲学》,厦门大学知识论与认知科学研究中心译,上海译文出版社 2013 年版,第 4 页。

么很明显，一门实验性的法律科学是不可能的[1]。这样一门科学当然会发生变革，因为它必须符合高度个性化的法律价值观。同样，法律也必须修改：它必须学会使用科学的方法，而不牺牲构成正义最核心的情感价值。[2]

这一点，对迈向现代化、科学化的中国法学和法理学而言，[3]显然具有警示和启迪的意义。长期以来，受近代以来"德先生"、"赛先生"及相应的"救亡图存"思想和强烈的现代性诱惑的影响，中国法学从近代伊始就把科学化、现代化确立为法学发展一以贯之的核心主题。这也决定了当代中国法学科学性追寻中始终纠结于中心/边缘、东方/西方、传统/现代的二元对立中[4]，无视国人的人文心理、文化和信仰的差异，一味追寻法律科学的理性化、科学数学化，受此馈赠，其方法论上呈现法治的先期热情和神秘忠诚、价值上的求同证成与理性建构以及功能上速效的使命负担[5]，其结果就可想而知了，中国法治俨然化约为西方版，法学研究自然可归类于"扶手椅上的沉思"的学问了——喜欢谈论一些抽象的概念或命题，而不是面对真实的生活世界[6]，甚至远离国人的社会生活和生活实际，其结果是：概念越来越多，这使得人们更注意定义，而不是实践，一如波斯纳吐槽的美国法理学一样[7]，法学研究自然也就难以具有该当的基于实践基础上的人文"自主性"或"主体性"，还需要继续建设，如同我们"主权的中国"还需要进一步建设"主体性的中国"一样。[8] 实验法学的兴起，无疑为此注入了新活力。[9] 一方面，正如学界所公认的，不同于西方人倾向于"在描述世界和归类事物方面

---

[1] Thomas A. Cowan, *Reflections on Experimental Jurisprudence*, Archiv für Rechts – und Sozialphilosophie, Vol. 44, No. 4, p. 472 (1958).

[2] Thomas A. Cowan, *Reflections on Experimental Jurisprudence*, Archiv für Rechts – und Sozialphilosophie, Vol. 44, No. 4, p. 473 (1958).

[3] 张文显：《迈向科学化现代化的中国法学》，载《法制与社会发展》2018 年第 6 期。

[4] 相关研究可参见[美]史书美：《现代的诱惑——书写半殖民地中国的现代主义（1917—1937）》，何恬译，江苏人民出版社 2007 年版。

[5] 杜宴林：《现代化进程中的中国法治——方法论的检讨与重整》，载《法制与社会发展》2001 年第 6 期。

[6] 苏力：《是非与曲直——个案中的法理》，北京大学出版社 2019 年版，第 1 页。

[7] [美]波斯纳：《各行其是：法学与司法》，苏力等译，中国政法大学出版社 2017 年版，第 76 页"注 26"。

[8] 邓正来：《中国法学向何处去》，商务印书馆 2011 年版。

[9] 个中原理可参见[德]胡塞尔：《欧洲科学的危机与超越论的现象学》，王炳文译，商务印书馆 2001 年版，第一、二部分。

更愿意关注因果性”，着力关注因果性，而我们东方人更倾向于“在相似性的基础上做出范畴的判断”[1]，更关注相似性，这在表征中西方文化差异的同时，也预示着有关影响相似性判断的实验认知科学必然走向前台，法学研究也应当超越既有的埋头沉思的书斋式学问，转而致力于人文经验数据的收集和科学观察的分析，以发展出一种真正基于真实世界、面向中国的法学[2]。另一方面，这种实验研究对我们中国而言，并不陌生，某种意义上，它甚至可以说是我们的知识传统的发展。正如我们所知道的，早在“五四运动”时期，就形成了三种实验主义潮流，陈独秀所提倡的“赛先生”的科学实验主义、胡适倡导“大胆假设、小心求证”的杜威式哲学实验主义以及为当时的作家所实践的文学实验主义，并为鲁迅等在20世纪三四十年代传承和延续[3]，我们这里不过是复活了这种人文社会科学与认知科学之间的实质联系，并将之引入法学，确立法律和科学之间的实质联系。总之，是法学和实验科学相结合的时候了，尽管这种结合将必然更多关注人的新形而上学人性结构及其相应的社会规范和秩序的升级。[4]

2. 这种实验研究也必将极大地助力于审慎的新人文主义科学家型法学家的产生。100多年前，美国著名法学家霍姆斯在其著名的《法律的道路》中预言，“对理性的法律研究来说，在法律的故纸堆里皓首穷经之人（the black-letter man）或许眼下大行其道，运用统计学之人以及经济学的行家里手则引领未来”[5]。无独有偶，法国著名法学家勒内·达维（Rene David）也断言，那种“把法律条文本身当作研究对象的学问不是法学，法学真正被称为一门科学，是因为法律条文背后的东西和一个社会的政治、经济、文化、传统乃至生活方式结合在一起”。而哲学家石里克（Schlick）更是早在1967年就预言，未来的哲学家，何尝又不是一切人文社会科学的研究者，其必然得是科学家，因为他们必须拥有可以在其中工作的材料。[6] 某种意义上，这与其说是对

---

[1] Weinberg, J. M., Nichols. S., Stich. S. P., *Normativity and Epistemic Intuitions*, in Knobe. J., Nichols, S. ed., Experimental Philosophy, Oxford University Press, 2008, p. 28.

[2] 苏力：《面对中国的法学》，载《法制与社会发展》2004年第3期。

[3] [美]史书美：《现代的诱惑——书写半殖民地中国的现代主义（1917—1937）》，何恬译，江苏人民出版社2007年版，第二章。

[4] 韩水法：《人工智能时代的人文主义》，载《中国社会科学》2019年第6期。

[5] [美]霍姆斯：《法律之道》，姚远译，载《厦门大学法律评论》2015年第2期。

[6] Moritz Schlick, *The Future of Philosophy*, in Rorty, Richard ed., The Linguistic Turn: Essays in Philosophical Method, University of Chicago Press, 1992, p. 52.

科学家型法学家的断言,不如说是对审慎的新人文主义科学家型法学家的期许和呼吁:法学研究应当少一点“我断言”,多一点“我发现”。实验法学的兴起无疑为此打开了方便之门。中国法学概不例外,一方面,在新兴科技挑战下,特别是大数据、人工智能、区块链、基因科学、纳米技术等发展推动下,法学不再是一门难以精确的科学[1]成为可能,与之相关的法律新问题、新现象必然不断涌现,这需要法学和法理学予以面对和阐释。另一方面,也只有法学与科学相结合的实验法学的不断发展,才能将法律表述与现实之间的沟壑填平,法理学也才能成功超越形而上学、直面现实生活。由此,法律表述即能指与所指之间的惯常联系被挑战,取而代之的是不同语境下多种人文现实的可能性,由此有着浓重相对主义意蕴的“视角主义”(perspectivism)等也自然进入了法学领域[2],相应地,所有法学家所获得的认知都是以人文经验观察和验证为基础的,而不是、至少不仅仅是思辨性论证的知识。顺便说一句,这也意味着,这种实验主义是很难轻易脱离于其所处的历史语境的,由此也就很方便地与后现代法学的“语境论”和实践理性的分析勾连了起来[3]。

这一点对当代中国法学同样有复调的意义。尽管多年来有识之士一直主张,法学研究应当迈向科学化、现代化,也的确取得了很大进步。但遗憾的是,法律中的科学技术、法律中的科学精神、法律对实证科学的关注以及对实证研究成果的采纳都远远不够,当然也包括对21世纪以来日趋发展的认知实验科学关注不够,人文经验性科学研究的缺失,如前所述,使许多法律问题只能始终局限于没有结果的思辨论证或停留在原则的争论之中,很容易将社会的政治法律问题道德化,其结果也就不言而喻了:理论与操作脱节,永远无法推进对法律的了解和对实际问题的解决[4]。唯一破解之道也就不言自明了,那就是,认真对待法律中的科学精神。对此,波斯纳可谓深得个中三昧,他睿智地指出,如果我们有足够知识,许多道德上的两难就会消失,道理

---

〔1〕 左卫民:《一场新的范式革命?——解读中国法律实证研究》,载《清华法学》2017年第3期。

〔2〕 相关论文可参见梁家荣:《施行主义、视角主义与尼采》,载《哲学研究》2018年第3期;蔡海锋:《科学视角主义透视研究述评》,载《哲学动态》2015年第5期。

〔3〕 相关分析可参见苏力:《语境论——一种法律制度研究的进路和方法》,载《中外法学》2000年第1期。

〔4〕 苏力:《法律与科技问题的法理学重构》,载《中国社会科学》1999年第5期。

很简单,在一种不了解事实的情况下,道德辩论会进行得最激烈。因为当人们缺乏可以客观复制的知识时,他们就会退守,依赖扎根于个人心理和教养的直觉以及个人的经验。但这对法律没有多少抚慰,因为这种辩论对事实了解很少并且抵制科学精神。[1]

3. 法学研究也能够贡献更多的实验主义研究成果。这在某种意义上,可以说是成为其应该所是的状态。众所周知,法学作为一门世俗人的学问,与其他学科相比,天然就与大众生活息息相关,它必须始终关注现实,回答现实生活中普通人关心的问题[2],因而它本应该是一种大众式人文主义常识性学问,没有任何理由将之发展成为传统精英式人文主义的学问[3]。也基于此,马克思指出,"法的关系正像国家的形式一样,既不能从它们本身来理解,也不能从所谓人类精神的一般发展来理解,相反,它们根源于物质的生活关系"[4],而社会法学家埃利希(Eugen Ehrlich)更是坦言:法的发展的重心既不在于立法,也不在于法学或司法判决,而在于社会本身,因而法学的题中之义就在于应通过调查研究等实验主义方法,着重研究"实际运行并有效的法律"[5]。这也意味着,法学研究者的确应当在此问题上高度自觉,贡献出更多实验主义研究成果。

当然,有光的地方总有阴影,法学实验研究既非神秘,也非万能,这一点我们必须铭记。事实上,正如哲学家沃克迈斯特(W. H. Werkmeister)评价实验哲学时所指出的,仅仅真实的观察实验和数据收集是不够的,哲学家的眼睛是一个不可或缺的先决条件;这也意味着实验数据除非与一个思想体系联系起来,否则是毫无意义的[6]。而在文化和法律相对主义者看来,法律统计的数据往往是无用的、误导性的,或者简直是毫无意义的,企图把法律的机

---

〔1〕 Richard A. Posner, *The Problems of Jurisprudence*, Harvard University Press, 1990, p. 351 - 352.

〔2〕 苏力:《制度是如何形成的》,中山大学出版社 1999 年版,第 160 页。

〔3〕 有关传统人文主义的精英主义倾向的分析,请参见孟建伟:《科学与人文主义》,载《自然辩证法通讯》2005 年第 3 期。

〔4〕《马克思恩格斯选集》(第 2 卷),人民出版社 1995 年版,第 32 页。

〔5〕[奥]欧根·埃利希:《法社会学原理》,舒国滢译,中国大百科全书出版社 2009 年版,"作者序"。

〔6〕[美]W. H. 沃克迈斯特:《科学的哲学》,李德容等译,商务印书馆 1996 年版,第 27 页。

制和程序置于所谓“科学”的量化之下，这并不是令人鼓舞的尝试[1]。不仅如此，观察实验以及相应的数据收集往往还面临外在主义和内在主义争论的两大忧虑：通道忧虑和控制忧虑，前者即我们如何才能确保数据的来源是可靠而不是高度偏见的，后者即我们如何才能完全控制所有的数据，以获得整全的思想视角，这显然或者需要某种认知运气，或者根本就绝无可能[2]。而法律的本性无疑对此做了最严肃的注解：法律，既有规范的一面，又有事实的一面[3]，两者缺一不可。这也就是说，在未来的法学研究以及法治建设中，必须努力将“精神生活和对真理的纯知识性探索平衡起来”，以“获得知识秩序对慈善秩序的服从”[4]，这是新时代中国法学该当的人文使命。

五、结论

法学实验研究正在产生深刻的影响，并给传统形而上法理学研究带来了深刻的挑战，也许最重要的是，它要求我们在认识论层面上重新认清分析法学的固有局限以及破解之道，并进一步反思任何有益的实验法理学发展之道，可能有许多不同类型及其组合的探究可以产生关于这一问题的不同方面的知识。但无论如何，法理学研究有必要通过实验哲学的转向来调查关于法律的社会现实或“社会事实”的问题、法律所追求的理想的问题，以及法律由于其性质而可能具有的任何总体的新人文主义道德目的，如同著名法学家莱特近年来所极力主张的那样[5]，而对致力于“法理的共同关注”，维系和复兴其合法的学科地位的当下中国法理学而言，这显然既是挑

[1] [英]威廉·退宁：《全球化与法律理论》，钱向阳译，中国大百科全书出版社2009年版，第138页。

[2] Ernest Sosa, *Experimental Philosophy and Philosophical Intuition*, Philosophical Studies: An International Journal for Philosophy in the Analytic Tradition, Vol. 132, No. 1, p. 99 – 107 (2007).

[3] [美]博登海默：《法理学：法律哲学与法律方法》，邓正来译，中国政法大学出版社1999年版，第238页。

[4] [法]让娜·帕朗·维亚尔：《自然科学的哲学》，张来举译，中南工业大学出版社1987年版，第230页。

[5] Julie Dickson, *On Naturalizing Jurisprudence: Some Comments on Brian Leiter's View of What Jurisprudence Should Become*, Law and Philosophy, Vol. 30, No. 4, Special Issue on Brian Leiter's Naturalizing Jurisprudence, p. 495 (2011).

战,也是新生的希望,不然,“法理学的死亡还是再生?”[1]可能还真是个问题。

(杜宴林、杨学科/文)*

〔1〕 这个话题的详情可参见徐爱国:《论中国法理学的死亡》,载《中国法律评论》2016 年第 2 期。

* 杜宴林,吉林大学法学院教授,博士生导师。杨学科,吉林大学理论法学专业博士研究生。
本文为国家社科基金重大项目(17VHJ007)、国家社会科学基金重大项目(2015MZD042)、教育部项目(18JF210)的资助成果。感谢吉林大学理论法学专业 17 级杨学科博士协助收集、提供资料,但文责由作者承担。

清代的民间地权习惯与基层财税困局

——以闽台地区一田多主制为例

一、引言

以地权为核心制度的中国传统私法秩序是社会经济史与法律史学者的长期关注焦点。在经历数代学者的耕耘后,晚近研究已能够表明,即使不存在近代欧陆意义上的民法典及相应的法解释学,自宋代以来不可扭转的土地私有趋势,也使以地权习惯为核心内容的民事习惯不断繁荣发展,并在明清时期达到其成长高峰。[1] 在国家立法几乎完全缺位的情况下,晚期帝制中国的基层民众在长期实践中发展出极为丰富、多样、灵活的地权类型和交易方式,并催生出虽错综复杂、但井然有序的“活的”私法秩序与地权市场,并

---

[1] 这方面的代表性研究参见杨国桢:《明清土地契约文书研究》(修订版),中国人民大学出版社 2009 年版;Michael J. E. Palmer, *The Surface – Subsoil Form of Divided Ownership in Late Imperial China: Some Examples from the New Territories of Hong Kong*, Modern Asian Studies, Vol. 21, No. 1, p. 1 – 119 (1987);李志敏:《中国古代民法》,法律出版社 1988 年版;孔庆明等编著:《中国民法史》,吉林人民出版社 1996 年版;梁治平:《清代习惯法:国家与社会》,中国政法大学出版社 1996 年版;[日]滋贺秀三等:《明清时期的民事审判与民间契约》,王亚新、梁治平译,法律出版社 1998 年版;张晋藩:《清代民法综论》,中国政法大学出版社 1998 年版;郭建:《中国财产法史稿》,中国政法大学出版社 2005 年版;[美]曾小萍等编:《早期近代中国的契约与产权》,李超等译,浙江大学出版社 2011 年版;[日]寺田浩明:《权利与冤抑:寺田浩明中国法史论集》,王亚新等译,清华大学出版社 2012 年版;龙登高:《地权市场与资源配置》,福建人民出版社 2012 年版;[美]黄宗智:《清代以来民事法律的表达与实践:历史、理论与现实》(三卷本),法律出版社 2014 年版;曹树基、刘诗古:《传统中国地权结构及其演变》(修订版),上海交通大学出版社 2015 年版;Taisu Zhang, *The Laws and Economics of Confucianism: Kinship and Property in Pre – industrial China and England*, Cambridge University Press, 2017;戴建国:《从佃户到田面主:宋代土地产权形态的演变》,载《中国社会科学》2017 年第 3 期;汪洋:《明清时期地权秩序的构造及其启示》,载《法学研究》2017 年第 5 期。

使中国农业经济发展至前工业社会所能容许的最大成就。[1] 在当下的民法典编纂事业中，如何继承这一本土智慧，使其与来自西方的现代民法学体系实现有机融合，亦是有待学界深入思考的议题。[2]

然而，这一秩序并非尽善尽美。从"私法/经济/社会"这一维度出发，埃里克森(Robert C. Ellickson)和张泰苏探讨过清代与民国的复杂地权制度(尤其典卖制度)对经济发展的不利影响，步德茂(Thomas M. Buoye)则详尽描述过因地权纠纷引发的清代中国乡村各类暴力事件。[3] 与之相比，本文侧重于结合"公法/政治/国家"[4] 这一维度，来审视和反思清代复杂地权。尽管部分现有研究曾附带地论及明清官方对于民间地权习惯的态度[5]，但结合各类地方传世文献和基层衙门档案，对如下议题进行系统思考的研究，仍属少见：民间复杂地权对于国家机器——尤其基层机器——的日常运作究竟会造成何种影响？官方对这些地权习惯的态度能否转化为具体政策和措施？这些政策和措施在现实中的贯彻情形如何？麦柯丽(Melissa Macauley)曾经从国家建设(state - building)的视角出发，考察过清代福建省官方在面对因复杂地权问题(如典卖土地回赎问题、一田多主问题)而导致的诉讼爆炸和

---

[1] 参见龙登高：《地权市场与资源配置》，福建人民出版社2012年版，第17页；曹树基、刘诗古：《传统中国地权结构及其演变》(修订版)，上海交通大学出版社2015年版，第290 - 294页。

[2] [美]黄宗智：《中国正义体系的三大传统与当前的民法典编纂》，载《开放时代》2017年第6期；汪洋：《明清时期地权秩序的构造及其启示》，载《法学研究》2017年第5期。

[3] [美]罗伯特·C. 埃里克森：《复杂地权的代价：以中国的两个制度为例》，载《清华法学》2012年第1期；Taisu Zhang, *The Laws and Economics of Confucianism: Kinship and Property in Pre - industrial China and England*, Cambridge University Press, 2017, p. 9 - 19, 35 - 63；[美]步德茂：《过失杀人、市场与道德经济：18世纪中国财产权的暴力纠纷》，张世明、刘亚丛、陈兆肆译，社会科学文献出版社2008年版。

[4] 着重号为笔者所加，下同。——编者注

[5] 例见杨国桢：《明清土地契约文书研究》(修订版)，中国人民大学出版社2009年版，第89 - 90页；梁治平：《清代习惯法：国家与社会》，中国政法大学出版社1996年版，第132页；[日]寺田浩明：《权利与冤抑：寺田浩明中国法史论集》，王亚新等译，清华大学出版社2012年版，第94页；[美]黄宗智：《清代以来民事法律的表达与实践》(卷二　法典、习俗与司法实践：清代与民国的比较)，法律出版社2014年版，第86 - 87页；何莉萍：《民国时期永佃权研究》，商务印书馆2015年版，第72页；汪洋：《明清时期地权秩序的构造及其启示》，载《法学研究》2017年第5期。

税收困境时,所采取过的应对措施及其(失败的)实际效果。[1]略为遗憾的是,由于该文侧重于对清代中国和奥斯曼帝国土地法改革的宏观比较,所以并未结合更为丰富的一二手文献对清代福建(或闽台地区)的地权、诉讼与税收间关系议题,予以更加细致的探讨。

从"国家"与"社会"互动的视角重新观察明清地权习惯及其运行实态,能让我们触及一些原本处在纯粹的"经济史"、"社会史"或"私法史"视野之外的议题,如基层治理、财税汲取,乃至国家建设,甚至有可能令我们对清末以来的民法近代化事业产生一些新认识。本文将是这一方向上的尝试。鉴于在"明清时期地权结构"这一表述下,有可能隐含着时间和空间两个维度上的异质性或复杂性,本文研究对象的时空范围将限制在清代福建省[自光绪十四年(1888 年)之后则是福建、台湾两省]。在清代,闽台地区以其发展至"烂熟"的一田多主地权模式,给各级官员和各层政府机构制造了长期困扰,而闽台官方也数度尝试对复杂地权采取规制措施。这一个案,或许是展现明清地权与国家间关系的绝佳例证。

二、"国家的视角"

从比较财政史的角度而言,明清中国的财政体制相比欧洲中世纪和日本中古时期,已经具备若干"现代性"的因素。对于迈入近代国家之前的欧洲各国与日本而言,国家财政一般就是指君主或王室自家的领地收入,此时尚未形成全国范围内统一的、直接由王权操纵的、涉及全体臣民的赋役体系。[2]与此相比,尽管宋明时期的"公田"和"官田"在某种意义上类似于欧洲中世纪"王室领地",但它们的财政意义并没有被长期维持。国家基本没有在这些田地上采取庄园制的经营方式,而是将土地租佃给民人,从而向一

---

[1] Melissa Macauley, *A World Made Simple: Law and Property in the Ottoman and Qing Empires*, Journal of Early Modern History, Vol. 5, Iss. 4, p. 331 – 52 (2001)(中译见[美]麦柯丽:《构筑一个简约的世界:奥斯曼帝国和清帝国的法律及财产》,孙喆译,载张世明、[美]步德茂、[美]娜鹤雅主编:《世界学者论中国传统法律文化》,法律出版社 2009 年版). 麦氏另一作品也曾对清代福建地权、诉讼与税收等问题有过研究(但没有借鉴国家建设和比较法律史的视野),参见 Melissa Macauley, *Social Power and Legal Culture: Litigation Masters in Late Imperial China*, Stanford University Press, 1998, p. 228 – 48(中译见[美]麦柯丽:《社会权力与法律文化:中华帝国晚期的讼师》,明辉译,北京大学出版社 2012 年版)。

[2] [日]岩井茂树:《中国近代财政史研究》,付勇译,社会科学文献出版社 2011 年版,第 13 页;[奥]鲁道夫·葛德雪:《财政问题的社会学研究路径》,载[美]理查德·A. 马斯格雷夫、[美]艾伦·T. 皮考克:《财政理论史上的经典文献》,刘守刚、王晓丹译,上海财经大学出版社 2015 年版,第 263 页。

户户佃农收取地租（甚至这种地租的明代官方称呼也与民田所承担的土地税一样，被叫作“税粮”）。与民田一样，官田被登记于鱼鳞册，而承种官田的农户也与民田业户一样，被登记于黄册，且同样被编入粮长制、里甲制等基层赋役制度中。久而久之，这些土地便在事实上失去国有性质，在性质上与可以自由买卖的民田几无差别。结果，用岩井茂树的话来说，明清国家“自己拥有的财产几乎等于零”[1]。因此，为了维持庞大的国家统治机器的运转，明清时期不得不将财政汲取的重心，置于全体臣民的私有财产之上。在一个前工业社会，最重要的私有财产形态，自然就是土地。从土地上汲取财政资源的核心方式，即土地税，或者说田赋及其附加税。熊彼德（Joseph A. Schumpeter）所谓的近代“税收国家”（Steuerstaat）[2]，亦即从全体国民私有财产上征收赋税来养活自己——而非借助君主个人财产——的国家，在明清中国已初现萌芽。

因此，征税赋税，尤其是田赋，便成为明清中国官僚制机器的核心任务之一。在机构和人员配置方面，中央的户部、省级的按察使司、地方的州县官及其幕友（钱谷师爷），都直接服务于财政目的。各种官方及半官方的土地、人口和财税统计册簿，如黄册、鱼鳞册、赋役全书、实征册，也都构成对这个赋役体系之运行的定量监督。鉴于田赋这种“正项钱粮”对于宫廷、政府和军队运行的根本作用，征收田赋的成绩，也就成为州县官的核心考核指标。清代《吏部则例》和《六部处分则例》对于未完成征税任务的基层官员有着极为详细和复杂的惩罚性规定。根据这种阶梯式处罚制度，州县官未能征收完的税额越大，所受处分也就越严厉（最糟糕的结果是被罢黜），其上级——包括督抚——甚至也要承担连带处分责任。相反，州县官如能在每年的财政报告（奏销册）上交之前征足钱粮，就有望得到记功、加级、升职等奖励。[3]因此，至少对于地方官员而言，他们有充分的动机去足额（如果不是超额的话）完

[1] [日]岩井茂树：《中国近代财政史研究》，付勇译，社会科学文献出版社2011年版，第12页。从赋役角度对明代官田之“民田化”的考察，参见[日]森正夫：《明代江南土地制度研究》，伍跃等译，江苏人民出版社2014年版。

[2] [美]约瑟夫·熊彼德：《资本主义经济学及其社会学》，蓝元骏译，台北，联经出版事业股份有限公司2017年版，第141－175页。

[3] 瞿同祖：《清代地方政府》（修订译本），范忠信、何鹏、晏锋译，法律出版社2011年版，第207－209页。

成每年的田赋征收任务。[1]

那么,明清时期的赋税征收机器面对的“征收对象”——民间土地及其收益——又处于何种状态之中呢?此处将以清代福建地区的一田多主制这一地权习惯为例,来展现清代国家所面对的“社会”的复杂性。所谓一田多主,是指在同一块土地上存在多个“业主”的情形。这种一田多主制最常见的形态,就是所谓田底主与田面主并存的局面。其中的田底主是清代法律上认可的“业主”(在较模糊的意义上也可认为是所有权人),他的姓名被登记在官府的地籍册上,并负责缴纳田赋,其收益来自田面主每年缴纳的地租。田面主则是受到习惯认可的“业主”,他对土地的权利并未经过官府登记,也无须完粮(缴纳田赋)。但在现实中他往往实际控制着土地,既可将土地自耕,又可将土地租佃给他人耕种(后者为多数情形),其负担则是每年向田底主缴纳一定的地租(但田底主无权对田面主“撤佃”)。在最成熟的情形下,田底与田面是两种相互完全独立的权利或“物”,它们在地权市场中的流转完全不受对方的牵制:“有一田而卖与两户,一田骨一田皮者。有骨皮俱买者。田皮买卖,并不与问骨主。骨系管业,皮亦系管业。骨有祖遗,皮亦有祖遗。”[2]由于田面主与田底主对各自享有的土地收益都有完整处分权,所以他们也就能将自己收益的全部或部分,以绝卖、活卖、典、抵押贷款、租佃等形式,投入地权市场的交易之中。可以想见,在田面与田底分离的基础上,同一块土地会产生多种类型的、复数的收益人(田底主、田面主、典权人、放贷人、佃耕户)。在某种意义上,他们都可被认为是这块土地的“业主”[3]。建立在田面与田底分离基础上的一田多主制,广泛存在于清代福建各地。根据杨国桢对明清福建契约文书的悉心整理,除了以上引文提到的“田骨/田皮”(建阳县)这对俗称,田底与田面的分离在当时福建各县还以“面田/根田”“粮田/粳田”“大苗/小苗”“大租/小租”“正租/佃租”等一系列方言称呼体现出来。[4]

---

〔1〕龚汝富:《清代江西赋税讼案浅探》,载《中国社会经济史研究》2005年第2期。

〔2〕(清)陈盛韶:《问俗录》,卷一《建阳县》,书目文献出版社1983年版,第63页。

〔3〕明清时期民间对于“业”的理解,参见戴炎辉:《清代台湾之乡治》,台北:联经出版事业公司1979年版,第469页;[日]寺田浩明:《权利与冤抑:寺田浩明中国法史论集》,王亚新等译,清华大学出版社2012年版,第86页。

〔4〕杨国桢:《明清土地契约文书研究》(修订版),中国人民大学出版社2009年版,第307－309页。

关于一田多主的历史成因这一问题，学界已有成熟研究，在此不再赘述。[1] 此处关心的问题在于，一田多主对于国家财政——尤其对于基层国家政权的财政汲取——会造成何种影响？可以想见，由于一田多主制中同时存在数个土地收益人，且土地收益的分配必须经历多重且复杂的收益流动过程，所以一旦收益流动中任何一个环节发生纠纷，都可能影响理论上的最终收益人——田底主——的收益状况，并影响其缴纳田赋。即使是在最为经典和简洁的一田多主模式——"佃耕户—田面主—田底主"这一模式——中，土地产出或收益的分配也历经了两次流转和三个主体。无论是在佃耕户与田面主之间，还是在田面主与田底主之间发生欠租纠纷，田底主最终的完粮能力都可能受到影响。更何况现实中的一田多主大多都比这一经典形态复杂。

尽管《大清律例》——清朝最上层统治阶层的法律"表达"——完全没有关注一田多主现象，但福建省级精英官僚却不得不应对本地的这种棘手情形。在《福建省例》这一省级行政规章文件的汇编中，能够发现历任督抚、按察使及布政使对于一田多主的态度及应对措施。[2] 至迟在雍正年间，福建省高层即认识到一田多主现象在省内的普遍存在情况，及其所带来的社会与财政问题。省级官员已经发现，田面主在现实中的地位远不限于他们在表面上的佃户身份："一经买契，即据为世业，公然抗欠田主租谷，田主即欲起田召佃而不可得。"由于田面可以自由转卖，欠租的田面主有时利用这一手段逃避历年欠租："甚有私相田皮转卖他人，竟行逃匿者。"最终结果必然是"田主历年租欠无着，駄粮累比，陷身家而误考成"。[3] 因此，从省级官员的视角来看，正是一田多主导致抗租纠纷（尤其是田面主抗欠田底主地租）频发，进而既造成"狱讼繁兴"，又耽误国课。所以这种地权习惯无疑是必须禁革的"恶俗"。在雍正八年（1730 年），乾隆二十七年（1762 年）、二十九年（1764 年）、三十年（1765 年），福建省当局都明确下令禁止田面习俗，并规定"以田皮、田根等名

〔1〕 参见杨国桢：《明清土地契约文书研究》（修订版），中国人民大学出版社 2009 年版，第 88、219 页；[美]黄宗智：《清代以来民事法律的表达与实践》（卷二　法典、习俗与司法实践：清代与民国的比较），法律出版社 2014 年版，第 80 – 83 页；郭建：《中国财产法史稿》，中国政法大学出版社 2005 年版，第 144 – 146 页。

〔2〕 对清代省例的研究，参见王志强：《清代国家法：多元差异与集权统一》，社会科学文献出版社 2017 年版，第 27 – 65 页，尤其第 55 – 56 页（涉及各省例对一田多主的态度）。

〔3〕 《福建省例·田宅例》，新北，大通书局 1987 年版，第 445 页。

色私相售顶、承卖即到官控告者,务即按法重究,追价入官,田归业主另行召佃”。其规定不可不谓严厉。省当局还下令将这一决定刊刻告示,甚至树立石碑,“以垂久远”。[1]

福建省级精英官僚的这种立场,正符合詹姆斯·斯科特(James C. Scott)所说的“国家的视角”(seeing like a state)。斯科特曾经指出,官僚制国家在面对其难以理解的、变动不居又错综复杂的各种地方性实践时,总是倾向于对后者予以清晰化或简单化(simplification)地改造,而这种简单化尝试是出于行政管理和财政收入上的便利考量:“在所有这些过程中,官员们都将复杂的、不清晰的和地方化的社会实践取消,如土地租佃习惯和命名习惯,而代之以他们制造出的标准模式,从而可以集中地从上到下加以记录和监测。”[2]在土地法方面,官僚制国家倾向于让一块土地只存在一个明确的所有者,其权利受到司法与警察制度的保障,其义务则是定期向国家纳税。从“国家的视角”来看,这种做法“比过去要破解复杂的公共产权和各种各样土地制度的混合物不知容易多少”。[3]同样地,从清代福建省级精英官僚的视角来看,基层社区中的地权当然是越简单越好,最好能简单到一个外省籍贯的官员也能够对此一目了然的地步。这将极大地便利基层官员的行政管理,减少因地权纠纷引发的词讼审理负担,并最终确保征税工作的顺利进行。在面对复杂的“地方性知识”时,所有的官僚制国家——即便是清朝这种“家产”官僚制国家[4]——都有着一种“反熵”的冲动。

《福建省例》还记载了一件“国家的视角”与“(官僚制内部)基层的视角”的遭遇事件。乾隆四十九年(1784年),闽清知县万友正向闽浙总督富勒浑禀报,鉴于一田两主现象在该县“相沿已久,势难禁革”,因此请求准许该县的田面买卖当事人赴官缴纳契税(一种交易税),以便增加岁入;另外,鉴于省城民人多有在该县购买田产(实际上是购买田底)者,而闽清知县每年赴省向这类人征收田赋殊为不便,且耽误本县公事,所以请求允许改变征粮

[1] 《福建省例·田宅例》,新北,大通书局1987年版,第446页。

[2] [美]詹姆斯·C.斯科特:《国家的视角:那些试图改善人类状况的项目是如何失败的》,王晓毅译,胡搏校,社会科学文献出版社2004年版,“导言”第2页。

[3] [美]詹姆斯·C.斯科特:《国家的视角:那些试图改善人类状况的项目是如何失败的》,王晓毅译,胡搏校,社会科学文献出版社2004年版,第42页。

[4] 赖骏楠:《“家产官僚制”与中国法律:马克斯·韦伯的遗产及其局限》,载《开放时代》2015年第1期。

方式,即改为“省户到县收租,即令籴价易银,将本户应完粮赋全行完纳,其有不完者,就种田之佃(实际上是田面主)催其代完”[1]。很显然,身处县级衙门的万友正,对于一田多主制及其催生的不在地主制(田底主因不是田产的实际控制人,所以多居住于远离田地的城市)在基层的普及状况明显更为熟悉,也更加了解省级官僚的“单一业主”政策和围绕“法定业主”而设计的田赋征收制度在现实中的贯彻难度。无论他本人是否有着清醒的认识,万友正看似语气缓和的改革建议,客观上却具有重大革新意味:这一建议实际上是以允许缴纳交易税的方式,来承认和保护田面主独立于田底主的合法地位,而且以(在部分情形下)向田面主征收田赋的方式(虽然名义上仅称作“催其代完”),来承认其对土地的实际控制权乃至其真正或最强“业主”的地位。闽浙总督在收到这一政策建议后,批示布政使与按察使两司合议此事。

省级官员的合议结论,是对万友正方案的部分肯定和部分否定。针对万友正关对田面交易征收契税的建议,省级官员重申了雍正八年(1730年)以来的一系列禁令,明确表示田面交易的非法性质。而且,如果田底和田面的交易都可以投税,就会导致“一田两税”,有违仁政宗旨。因此,将田面权合法化并对其交易征税的做法,实际上是“徒知禁其流,而不思所以清其源”[2]。不过,省级官员却赞同万友正提出的在外地田底主欠粮时由本地田面主代为完纳的建议,因为这种操作“事属简便”。[3]而且,由于万友正在这后一项建议中始终将田面主称为“佃户”,所以其至少在名义上没有触犯禁革田面的省级禁令,省级官员在接受该建议时也就不会有面子上的为难。闽清知县与省级精英官僚间的这次政策博弈表明,尽管官僚制国家拥有简化民间地权类型的本能冲动,但在缺少足够力量改造基层地权结构的情况下,他们也不得不在征税操作中顺应复杂地权的现实(尽管他们在法律“表达”层面仍旧不愿将这些事实予以合法化)。

不过,“国家的视角”如果要得到彻底贯彻,就需要足够的国家能力予以支撑。尽管闽浙总督、福建巡抚、布政使、按察使都不缺乏改造基层地权的意愿,但他们的确缺乏充足的行政力量来实现其意愿。[4]对于基层官员而言,

---

〔1〕《福建省例·税课例》,新北,大通书局1987年版,第237-239页。

〔2〕《福建省例·税课例》,新北,大通书局1987年版,第238页。

〔3〕《福建省例·税课例》,新北,大通书局1987年版,第239页。

〔4〕Melissa Macauley, *A World Made Simple: Law and Property in the Ottoman and Qing Empires*, Journal of Early Modern History, Vol. 5, Iss. 4, 2001, p. 339.

他们不仅缺少足够的行政资源去贯彻省级禁令,甚至也缺少充足的动机去执行此禁令。由于任期短暂、更调频繁,州县官常常不愿在地方治理中投入过多精力。[1]对于一田多主这一上级眼中的"恶俗",州县官更有可能在衡量财税的暂时稳定、具体诉讼中的息事宁人、地方在短期内的安靖等目标后,在司法和行政中采取机会主义的处理态度,有时甚至是默认的态度。也正因此,万友正才在上述乾隆四十九年(1784 年)(禁革田面的禁令至此已颁布至少54 年)的禀报中表示,田面习俗在现实中难以禁止。省级官员自身也清楚地意识到,由于这一习俗的普遍存在以及州县官的不作为,即使下令"立碑永禁",甚至在"穷乡僻壤"尝试"刊刻木榜,一体示禁",这一禁令最终仍难以逃脱"日久废弛,愚民无所儆畏"的结局。[2]乾隆朝代之后,尽管在名义上原有禁令仍然有效,但福建省当局似乎再也没有就一田多主问题发布过新的禁令或告示。

三、陷入地权丛林的基层司法与财政

(一)抗租案件与田赋困境

本部分将暂时离开省级精英官僚的视野,而转移到"国家"与"社会"的日常相遇之处——清朝时期基层政权与民间复杂地权的日常遭遇。这必然涉及对基层衙门档案的整理和考察。由于清代福建省部分县级衙门档案几乎未有存世,此处的考察将转而依赖《淡水—新竹档案》(《淡新档案》)。[3]自康熙二十三年(1684 年)清政府从郑氏政权手中收复台湾并在此设府,直至光绪十四年(1888 年)台湾完成建省前,台湾都是福建省的一部分。来自大陆的汉族移民(多为闽、粤两地人群)在岛内不断垦殖土地,同时将其地权习惯也一并带至台湾。

与福建部分地方类似,一田多主制是清代台湾的地权常态。田底与田面

---

[1] 甚至清代州县官"三年一任"这一"通说"也遭到了近年来实证研究的质疑。例如,吴佩林团队借助南部档案等材料,发现在清代南部县的 167 任知县中,实授知县平均任期为 2.4 年,署任知县平均任期为 0.9 年,代理知县的任期仅为 1.5 个月。参见吴佩林、万海荞:《清代州县官任期"三年一任"说质疑——基于四川南部县知县的实证分析》,载《清华大学学报(哲学社会科学版)》2018 年第 3 期。笔者本人查阅《巴县档案》和《淡新档案》的体会也支持吴佩林的这一看法。

[2] 《福建省例·田宅例》,新北,大通书局 1987 年版,第 447 页。

[3] 《淡新档案》所涉及的行政区划及其变迁,参见[美]艾马克:《晚清中国的法律与地方社会:十九世纪的北部台湾》,王兴安译,台北,播种者文化有限公司 2003 年版,第 21 - 29 页。

的分离,在此处以大小租制这种三层地权体系的形态呈现。在18世纪汉族移民开始大规模赴台开垦荒地时,持有官方执照的“垦户”往往承包下大片土地,然后将土地细分,以招佃形式招揽佃户进行真正的开垦作业。由于这类佃户以自己的人力和财力对荒地进行了开垦,作为习惯上的回报,他们就对土地拥有了超出一般佃户的更多权利,也就是田面权。这类佃户随后也多将土地耕作权出租他人,从而自己也晋升为食租者。结果,最初的“垦户”就成为法律上的“业主”或“业户”,被俗称为“大租主”的他们负责缴纳田赋,其权利则是从下一级食租者或直接从佃耕户那里收取俗称“大租”的地租。而第二级食租者则俗称“小租主”,他们将土地租给真正的佃耕户,并向后者收取“小租”(但也存在小租主自耕的情形,以及小租主将土地部分出租、部分自耕的情形)。这一地权体系的最下一级收益人则是真正的佃耕户,他们在缴纳全部大小租后,可以保留剩余的土地收益。一般而言,大租占土地总收成的10%—20%,而小租则占40%左右。[1]大租权和小租权都是相对独立且可自由处分的“物权”,因此可被投入到地权市场中自由流转,从而造成更为错综复杂的地权格局。

在《淡新档案》中,大小租制是一种可以在官员面前公开存在的事物。由此可见《福建省例》中的禁令在基层衙门几乎完全不起作用(或许当事人根本就没意识到禁令的存在)。当小租主卷入诉讼案件,并认为自己的小租权受到威胁或侵害时,他们往往毫无忌讳地摆明自己的小租主身份,并且向衙门提交能够证明自己小租权的契约或者分家书(阄书)。而官府也未曾质疑过小租权本身的合法性。光绪七年(1881年),新竹知县在一份提交给福建省当局的案件汇报中,甚至“明目张胆”且毫无贬义地介绍起该地的大小租制:“惟查台地俗例,佃户向有完纳大小租者,大租归于业户,小租则归田主。”[2]借用埃利希(Eugen Ehrlich)的术语来说,大小租制不仅是当时淡新

---

〔1〕［美］艾马克:《晚清中国的法律与地方社会:十九世纪的北部台湾》,王兴安译,台北,播种者文化有限公司2003年版,第60－85页。本文此处仅是对最为典型的因汉人合法开垦荒地而形成的大小租制予以介绍,现实中的大小租制无疑更为复杂和多样。相关的历史文献汇编,参见《清代台湾大租调查书》,台北,台湾银行经济研究室1963年版;《台湾私法物权编》,台北,台湾银行经济研究室1963年版。

〔2〕《淡新档案》,《民事·田房·霸占》,22418－67。《淡新档案》全部卷宗均已电子化,研究者可自行登录我国台湾地区“深化台湾研究核心典藏数位化计划”(http://dtrap.lib.ntu.edu.tw/DTRAP/index.htm)和“台湾历史数位图书馆”(http://thdl.ntu.edu.tw/index.html)这两个网站免费浏览、下载和使用相关材料。

地区民众的“行为规范”，而且在一定程度上也是官府处理纠纷时的“裁判规范”。[1]

可以想见，与福建部分地方的情况类似，台湾的大小租制也将导致各类复杂的地权纠纷，尤其是抗租纠纷。一旦这些纠纷在民间难以得到化解，就有可能闹至官府。而官府一旦不能有效解决这些纠纷，就有可能导致作为纳税人的大租主无力完粮或声称无力完粮。淡新地区在司法实践中对大小租主“一体保护”的倾向，也更有可能加剧抗租纠纷中双方立场（尤其小租主立场）的“硬度”。尽管现存《淡新档案》可能并未完整保留该地区全部抗租案件的卷宗[2]，但笔者还是识别并整理出了20起以上的主要案情为抗租的案件。兹将光绪十四年（1888 年）之前发生的抗租各案列举如表 1 所示［光绪十四年（1888 年）之后的案件留待下文讨论］：

表 1　光绪十四年（1888 年）之前的抗租案例表

案件发生时间	卷宗号	原被告	是否涉及大小租主间纠纷	是否涉及小租主与佃耕户间纠纷	是否涉及大租主与佃耕户间纠纷	大租主是否声称无力或可能无力完粮	主审官员是否表达过对完粮的关切	是否实际出现未按期完粮情形
咸 1* – 咸 3	22201	吴益春告林阿魁等	是	否	否	是	否	否
咸 2 – 光 4	22202	吴顺记告徐阿千等	是	否	否	是	是	是
咸 6	22204	吴王裕告林阿信	否	否	是	是	否	否
咸 6 – 咸 7	22205	黄裕安告李齐等	是	否	否	是	否	否
咸 9	22205	钟成珊告林和邦等	是	否	否	否	否	否
咸 7 – 咸 10	22206	陈茅生等告马扬华	是	是	是	否	否	否

[1] ［奥地利］欧根·埃利希：《法社会学原理》，舒国滢译，中国大百科全书出版社 2009 年版，第 9 – 10 页。尤陈俊曾用这组概念来描述清代江南地区房地交易中“叹契”的民间实践和官方裁判（参见尤陈俊：《明清中国房地买卖俗例中的习惯权利——以“叹契”为中心的考察》，载《法学家》2012 年第 4 期）。

[2] ［美］艾马克：《晚清中国的法律与地方社会：十九世纪的北部台湾》，王兴安译，台北，播种者文化有限公司 2003 年版，第 16 页。

续表

案件发生时间	卷宗号	原被告	是否涉及大小租主间纠纷	是否涉及小租主与佃耕户间纠纷	是否涉及大租主与佃耕户间纠纷	大租主是否声称无力或可能无力完粮	主审官员是否表达过对完粮的关切	是否实际出现未按期完粮情形
咸10－同6	22207	张克荣告曾朝等	是	否	否	是	否	否
咸10－同6	22208	潘盈丰、潘秀峰告柯贡等	是	否	是	是	是	是
同11－光1	22209	曾选告曾先寿	否	是	否	否	是	否
同13	22210	王义记告蔡闹等	是	否	否	是	否	否
同13	22211	徐熙拱告彭阿赐等	是	否	否	是	是	是
光1	22212	刘清福告刘万寿等	是	否	否	是	是	否
光3	22413	陈和告曾传	否	是	否	否	否	否
光4－光5	22213	黄四吉等告田阿恐等	否	是	否	否	否	否
光8	22423	游阿苟告游石水	否	是	是	是	否	否
光10	22214	徐国和等告邱阿标等	是	否	否	是	否	否
光10－光12	22215	潘和泉告徐阿苟等	是	否	否	是	否	否
光11－光12	22216	高指一告刘吴发等	是	否	否	是	否	否
光12－光14	22217	徐熙拱告刘旺等	是	否	否	是	否	否
光13	22218	徐熙拱告许李氏等	是	是	是	是	否	否

注：* 为表述简便，此表中"咸"均是咸丰年的简称，"咸1"是指咸丰元年(1851年)。后表中"光"均是光绪年简称，"光1"是指光绪元年(1875年)。以此类推，文中不再逐一赘述。

在以上20起案件中，多数涉及大小租主之间的纠纷(15件)，只有6起涉及小租主与佃耕户之间纠纷，涉及大租主与佃耕户间纠纷的则更是少数(5起)。大租主与佃耕户之间的纠纷较少被提交给官府处理，是因为大租主与佃耕户之间的直接联系本来就少。而小租主与佃耕户之间的纠纷较少闹至官府，则是因为当佃耕户抗租时，小租主依据习惯有撤佃的权利，而且小租主多属在乡地主，对土地控制力强，所以也拥有撤佃的实际能力。结果，小租主在面对佃耕户时拥有的习惯上的撤佃权和事实上的撤佃能力，使前者在抗租纠纷中更容易迫使后者就范，从而不会令民间纠纷轻易演化成司法案件。相比之下，由于小租权对于小租主而言已经是独立的"己业"，一旦在大小租主之间发生抗租纠纷，大租主就缺少撤佃权（或者说撤销小租的权利）这种"自力救济"手段，而且也很难直接要求佃耕户缴纳大租（因佃耕户多受小租主直接控制）。在这种局面下，大租主只能将纠纷提交给官府裁断，以寻求权益保护。这些现象也表明小租主在整个地权结构中的强势地位。

现在让我们来关注这些案件中的财税面向。由于官方规定完粮责任由大租主承担，所以在大部分案件（15件）中，大租主都会在诉状中声称由于小租主或佃耕户的欠租，自己已经无力完粮，或可能在今后无力完粮。这种套路性的说辞实际上是一种对官府的威胁，以迫使后者作出对自己有利的判决。在5起案件中，淡水同知或新竹知县曾在批示中表明自己对完粮问题的关切。一般而言，如果案件涉及的抗租额度较小，那么与此相关的田赋额度也就较小，基层官员所面临的考成压力也就不大，官府便不会在案件中直接表达对完粮的关切。但一旦抗欠租额较大（如在1000石以上），导致严重威胁财政安全时，官府便会对田赋问题表达严正关切（"吴顺记告徐阿千等""徐熙拱告彭阿赐"两案便是这种情形）。若案件中大小租主的大量田产未经报官登记，由于涉及欺隐田粮这一须由清律治罪的情形，且直接威胁官府财政收入，所以官府也会在案件中对田赋问题表达关切（"吴顺记控徐阿千等""刘清福告刘万寿等"两案属于这种情形）。换句话说，虽然官府不会在全部案件中表达财政关切，但一旦案件涉及的是某些拥有大片田产的"缴粮大户"（他们在官府眼中的地位颇类似于今天各地的"龙头企业"等"纳税大户"）的利益，或者涉及对官府欺隐大量田产，官府便会毫不掩饰自己对完粮问题的关切。在最极端的情形下，官府甚至会派出兵丁协助大租主收租，以便确保田赋进账。[1]这充分体现出重大抗租案件对基层衙门财政事务造成的困扰和压力。而且，即使官府尝试认真处理欠粮问题，但在一些抗租纠纷

---

〔1〕《淡新档案》，《民事·田房·抗租》，22202－65。

中,档案显示仍有大量田赋(或其他形式的税费)未能及时完清。但需要强调的是,这些司法档案难以完整和精确地呈现当事人的纳税情况,部分案件的当事人在现实中的拖欠赋税行为很有可能未曾记录在这些司法卷宗内。

还需要补充说明的是,现存《淡新档案》并不能完整反映当时该地区因大小租制引发的抗租纠纷和连带的欠粮情况,现实中的相关纠纷总数,很可能比本文统计的要多。首先,档案保存本身的不完整性,就可能导致某些抗租案件卷宗已经失落,从而未被本文统计。其次,有大量抗租纠纷很可能始终未被提交给官府解决,从而未被官方档案所记载。[1]可以想见的是,这些没有进入诉讼程序的抗租纠纷中的当事人,尤其是大租主,在面临粮差催粮之际,也很有可能以遭遇抗租为由拒缴钱粮,从而对征粮工作构成困扰。

以下将以"吴顺记告徐阿千等"[2]这一最为典型的大小租主间纠纷案为例,来展现大小租制导致的复杂抗租纠纷及其对基层司法和财税的影响。本案属于极为典型的长期缠讼:案件在时段上跨越道光、咸丰、同治、光绪四朝总计30余年(档案中残留下的卷宗则始于咸丰年间),并历经至少14任淡水同知的审理,甚至惊动闽浙总督。在案件发展过程中,各方当事人为维护利益均不惜使用或扬言使用武力,甚至一度迫使淡水厅派兵干预。[3]根据林文凯的研究,导致本案发生的最关键背景或原因,是淡水厅竹北二保大溪墘庄东畔田产的大租主吴顺记(系家族名号)与众多小租主间就"大租缴纳是否应由分成租(抽的租)改为定额租"模式发生争议。该地自雍正年间给垦以来,大小租主间长期维持"一九五抽的租"模式,即小租主依据每年丰歉状况,将15%的土地收益作为大租交给"业户"。在开垦早期,由于土地高亢,缺乏水源,收成少且不稳定,分成租模式便对小租主更为有利。但至道光中

---

[1] 关于明清时期有多大比例的民间纠纷被提交进入诉讼程序这一问题,因涉及时代和地域不同,研究者能够提供的答案也就不同。例如,尤陈俊引用的明清时期宗族族谱和文人日记中的纠纷记载表明,不同时期不同地区的这一比例在33.3%—78.8%浮动。参见尤陈俊:《"厌讼"幻象之下的"健讼"实相?——重思明清中国的诉讼与社会》,载《中外法学》2012年第4期。此外,黄宗智利用的满铁惯调表明,20世纪上半叶华北村庄纠纷中约有43.9%演变为诉讼。参见[美]黄宗智:《清代以来民事法律的表达与实践》(卷一 清代的法律、社会与文化:民法的表达与实践),法律出版社2014年版,第44-45页。

[2] 对此案的案情发展和审断过程的更为详细的介绍,参见[美]艾马克:《晚清中国的法律与地方社会:十九世纪的北部台湾》,王兴安译,台北,播种者文化有限公司2003年版,第85-102页。

[3] 《淡新档案》,《民事·田房·抗租》,22202-17、31、33、34、39、40、41、42、65、105、107、108、115、145。

期,经小租主长期自投工本修筑水塘,土地产出逐年升高。在此种情形下,若仍维持原有分成租模式,就意味着大租主在改良土壤上未做任何投资的情况下,却坐享小租主对土地投资所形成的不断上升的收益。此时的小租主有着强烈的动机以定额租的方式将大租主的收益固定化,从而"保护"或独享自己的土地投资收益。而大租主则自然倾向于维持分成租模式,以便分享土地新增收益。正是这种"土地收益分配结构的内在紧张性",导致小租主开始了长达数十年的集体抗租行为,并迫使大租主吴顺记不断将前者控告至淡水官方。[1]

由此可见,一田多主制下的两方(甚至两方以上)的"业主"对土地收益分配的根本性冲突,是构成本案纠纷的结构性因素。与这种结构性冲突相匹配,大小租主也对应着两种不同的"财产权"观念。对于大租主吴顺记家族来说,要求小租主恪守"契约精神"、严格按租佃契约规定的分成租模式缴纳大租,便是其在本案中的法宝。在吴顺记提交的诉状中,抗纳大租的佃户被描述成"狡猾奸诈"的"玩佃""奸佃""虎佃",其违约行为既导致大租主"业租无收",又"贻害国课"。[2]小租主所持的有关财产分配的正义观念,是一种有关"劳动创造价值"的朴素认识。正如黄宗智所言(尽管不是专门针对此案),"生地只有通过种田人的努力种'熟'后才具有真正的价值。因此一个佃户把一块几乎一文不值的土地变成一件有价值的东西,他应该从他的辛劳中受益似乎是适当的和公正的"[3]。所以,大溪墘庄众小租主,才在呈文中恳请淡水同知判处"业户按甲吐课,佃人亦按甲定抽"[4],其目的正在于以定额租的形式,将大租主的收益予以限制和固定化,从而尽可能独享自己对土地改良后的收益回报。颇有点讽刺的是,在本案中,将小租主所持的这种财产观念清晰展示出来的,并非小租主本人,而是大租主。在咸丰十一年(1861年)的一纸诉状中,吴顺记家族代表吴国英声称:

且英父(祖)承(买大)溪墘一带租谷,价已数仟,不(过)荒埔草壤之田耕

---

〔1〕 林文凯:《清代地方诉讼空间之内与外:台湾淡新地区汉垦庄抗租控案的分析》,载《台湾史研究》2007年第14卷第1期。

〔2〕 《淡新档案》,《民事·田房·抗租》,22202-1、2、3、17、22、127。

〔3〕 [美]黄宗智:《清代以来民事法律的表达与实践》(卷二 法典、习俗与司法实践:清代与民国的比较),法律出版社2014年版,第94页。

〔4〕 《淡新档案》,《民事·田房·抗租》,22202-98。"甲"是台湾通用的土地面积单位,1甲约相当于11.3亩。

耨，矧当年生番猛烈，四处□出，务多设隘丁，（时多任务）食、铅条、火药，兼以开（埤筑）圳，借备银本，又复不计数仟……亏英父祖披荆辟棘，百倍艰辛，方成沃土，受其抗欠，心谁得甘？[1]

但吴国英对这种财产观念的盗用立即惨遭官府“打脸”。淡水同知秋曰觐在批示中写道：“至于埤圳等事，系佃户抛本，与尔何干？”[2]

除了抗租这一主要案情，本案中尚有另一问题引起官府的严正关切，亦即小租主一方所控告的大租主“匿甲吞课”举动（对官府少报田产从而偷逃田赋的行为）。根据小租主在咸丰七年（1857年）诉状中的说法，大溪墘庄一带土地在乾隆年间开垦之初，仅在官府登记了25甲（约282.5亩）垦熟田地。随着小租主们在该庄的不断开垦，到本案发生的时代，垦熟土地至少已经达到了小租主们声称的440余甲（近5000亩），但作为“法定业户”的大租主一直没有就这些新垦熟土地赴官报丈陞科，从而逃脱了大量田赋义务。[3]在咸丰十年（1860年）的一纸诉状中，小租主们更是指出垦熟土地现已达“壹仟甲有奇”（11300亩以上）。鉴于欺隐田粮是明确受到《大清律例》禁止的行为[4]，且直接威胁地方官的财政收入，数任淡水同知对此事颇为重视，并不断声称要“亲临勘丈，照则陞科”，甚至扬言要“将该业户详革，治以隐匿之罪，一面将田亩充公，以作内地军饷”。[5]但以当时的技术能力和行政人员配备，在不耽误其他公事的前提下及时丈量完万余亩以上的土地，显然不是易事。而吴顺记一方也曾向淡水同知提醒过勘丈的难度：“况该处硗瘠不堪，或数百步仅恳［垦］一区，或千余步祇有数亩，加以地势高下，奇零不齐。如欲逐一勘丈，非数十天不能蒇事。”[6]结果，勘丈一事只能不了了之，而扬言按欺隐田粮律对吴顺记治罪，也只是停留在迫使吴家服从官方判决之手段的层面。

在本案卷宗中，还可发现由本案牵扯出的几件影响较小的“案中案”，也与一田多主的地权结构高度相关。例如，在咸丰三年年底（1853年年底，1854年年初）的一次讯堂中，小租主罗阿锡声称其父亲在道光年间已将小租

---

〔1〕《淡新档案》，《民事·田房·抗租》，22202－153。

〔2〕《淡新档案》，《民事·田房·抗租》，22202－153。

〔3〕《淡新档案》，《民事·田房·抗租》，22202－76、77。

〔4〕《读例存疑·卷十·户律之二·田宅》中的欺隐田粮律文及所附各条例。

〔5〕《淡新档案》，《民事·田房·抗租》，22202－77、78、100、127、165。

〔6〕《淡新档案》，《民事·田房·抗租》，22202－135。

权卖与他人，双方约定所有积欠大租由买家代完。但新小租主显然没有缴纳新旧欠租。而吴顺记一方则不知这份小租权已被转卖，所以仍将旧小租主罗阿锡私自捉拿并交给官府。[1]这是由小租权自由转卖引发的欠租纠纷。又如，咸丰四年（1854年），因欠租尚被官府关押在案的小租主姜双年、姜双全兄弟在一份诉呈中声称：其父亲一房在道光二十五年（1845年）间已经与其叔各房分家，年、全两兄弟所拥有的小租权仅系从其父亲处继承而来，因此两兄弟仅须缴纳与该部分小租权对应的大租；而吴顺记一方由于不知分家一事，遂以“私力救济”方式将其所认定的姜家代表——长房的年、全兄弟——捉拿归案；吴顺记在知悉以上事实后，同意两兄弟仅须缴纳部分大租，其余大租则“另行向讨”。[2]这是因小租权已成为一种可以继承的“世业”，由此在分家析产后导致纳租责任不清。

可以想见，面对如此规模庞大、错综复杂、经年累月、案中有案的地权纠纷，负责主审本案的历任淡水同知都感受到巨大的困扰和压力。在对清代房地交易习俗及相关纠纷之官方裁判的研究中，尤陈俊曾指出，相应裁判往往是“游移于私契秩序和律例秩序两极之间，通过地方官员原情执法式的个案化处理，不断朝向最佳平衡点调整的一种动态”。[3]具体到本案中，历任淡水同知也是不断地在各方当事人具体利益、官府财政需求、契约规定、事实变迁、伦理道义等因素间不断衡量，努力提供一份既能在各方当事人利益和情绪间予以折中，又能确保财政安全的判决（堂谕）。但由于案件本身的高度复杂性，本案相关判决似乎未能实现充分平息纠纷的效果。本案中最为关键的两次判决，分别发生在咸丰十年（1860年）和十一年（1861年）。在第一份判决中，淡水同知宁长敬在没有实际丈量涉案土地的情况下，直接将垦熟田地面积定为440余甲（近5000亩），并断令今后小租主以每甲五石（略高于一般情况下的四石）的定额租方式支付大租。[4]由于该判决免除了小租主所积欠的数千石大租，且强令大租主接受定额租模式，所以必定引起吴顺记一方不满。当新任淡水同知秋曰觐于次年上台后，吴顺记一方立刻在新诉状中控

---

〔1〕《淡新档案》，《民事·田房·抗租》，22202－21。另见22202－31。

〔2〕《淡新档案》，《民事·田房·抗租》，22202－23。

〔3〕尤陈俊：《明清中国房地买卖俗例中的习惯权利——以“叹契”为中心的考察》，载《法学家》2012年第4期。

〔4〕《淡新档案》，《民事·田房·抗租》，22202－131。

告徐阿千等小租主仍在“招集会匪数十”,顽固抗欠大租。[1]是年九月(旧历,以下同),秋曰觐作出新一轮判决。在同样未尝试实地土地丈量的情况下,秋曰觐将垦熟田地面积评估为500甲整(约5650亩),规定今后每甲完纳大租六石。新的判决还断令徐阿千等人缴完近四年所欠大租2800余石(这意味着四年之前大租被一概免除)。此外,秋曰觐还下令,吴顺记今后免于缴纳原定田赋,但须每年承担远高于田赋负担的500石“屯租”义务(屯租之性质有待下文讨论)。[2]尽管这份判决将每年应缴纳定额租的具体数额有所调高,且愿意协助催缴部分抗欠大租,但仍然不符合大租主的期待。最关键的是,该判决以下令年纳500石屯租(约值500洋元)的方式,让吴顺记的税费义务大为增加。因此吴顺记继续抵制判决。[3]在此压力下,秋曰觐在该年年底,将吴顺记每年应纳屯租额度由500石改判为400石,但又同时规定此后15年内大租主不得再请求“升租”。[4]大小租主随后都具结保证服从判决。但直至同治年间,档案显示小租主们仍在抗欠大租。[5]

在本案中,除了大租主的收入长期未获保障,淡水衙门本身的田赋或屯租收入,也由于卷入抗租纠纷而不断受到困扰。在其提交的几乎所有诉状中,作为“法定业户”的吴顺记一方都在声称他们因小租主的抗租行为而无力完粮,并以此暗示淡水同知应作出有利于自己的判决。[6]受限于司法档案本身的性质,我们无法确知吴顺记家族在这场官司历经的30余年时间中的抗粮次数及额度。但档案显示他们的的确确长期以此为借口拒缴钱粮。[7]当秋曰觐作出要求吴顺记每年缴纳数百石屯租的判决后,出于对判决的抵制及对新增财税负担的不满,吴顺记又开始使用相同的策略来抗纳屯租,亦即推称由于仍被小租主抗纳大租,所以屯租无着。[8]为表达对官府的不满,吴家甚至将与涉案田地无关的其他田产所应缴纳的赋税,也一并抗欠。[9]直至光绪初年,尽管档案显示大小租主间此时似乎没有发生抗租纠纷,但吴顺记

---

〔1〕《淡新档案》,《民事·田房·抗租》,22202-135。另见22202-136、145。
〔2〕《淡新档案》,《民事·田房·抗租》,22202-151。另见22202-159。
〔3〕《淡新档案》,《民事·田房·抗租》,22202-153、161、165。
〔4〕《淡新档案》,《民事·田房·抗租》,22202-169。
〔5〕《淡新档案》,《民事·田房·抗租》,22202-181、197。
〔6〕尤其参见《淡新档案》,《民事·田房·抗租》,22202-52、82、84、136。
〔7〕《淡新档案》,《民事·田房·抗租》,22202-57、146。
〔8〕《淡新档案》,《民事·田房·抗租》,22202-181。
〔9〕《淡新档案》,《民事·田房·抗租》,22202-184、186、189、193、200。

一方似乎仍在用习惯性拖欠屯租的方式,来发泄他们对官府判决的不满。[1]

(二)官有土地的收益流失

自18世纪晚期以来,台湾长期实行以官府所有土地之收益,来支付本地军事人员薪饷的制度。乾隆五十一年(1786年),台湾发生天地会林爽文叛乱事件。在此后两年的官方镇压过程中,与官府合作的各地原住民(熟番)多立有军功。为表彰熟番,也为更有效地利用熟番力量保卫地方,经大将军福康安和福建巡抚徐嗣曾上奏,台湾设立屯制。所谓"屯",系指受官府指挥、由番社中部分男性成员(屯丁)构成的军事组织,他们与绿营一道负责台湾地区的治安和剿匪事宜。[2]乾隆五十五年(1790年),闽台当局将汉人在原本禁垦地带(因担心汉番相争而设立)所开垦的地亩没官,"作为屯田,由屯田收屯租,以给屯饷",又将禁垦界外部分未垦荒埔亦作为屯田向汉人招垦,官府亦收取屯租。对屯田上的佃户,地方官发给"易知丈单"。[3]在当时的财政体系中,屯租为外款,属于地方收入。但基层政府征收完本地屯租后,必须解往府库,然后由府发给所属各屯。[4]因此,屯租能否足额征收,也成为基层官员每年考成评价的一个重要指标。

屯田的地权模式与台湾民田一样,都是大小租制,只不过官府自身取代民间"业户"成为大租主。与民间开垦土地一样,屯田虽为官有,但仍须佃户费力垦熟才可耕种,如果不给予佃户更多权利,则难以吸引其前来开垦。此外,如果系没收而来的屯田,则这些田地上原本即已存在成熟的大小租制,官府虽然废除了原大租主并取而代之,却难以废除小租主。因此,官屯在成立之初,即援用民间大小租制,承认佃户的小租权,而官府自身则是大租主。官府对小租权的转卖,不予干涉,甚至没有要求屯田小租权在转卖时须前往衙门登记。[5]

如果说民间土地上的大租主经常面临强势的小租主以各种理由抗纳大租的情形,那么作为大租主的淡水衙门在征收屯田大租方面的表现只能说是更糟。尽管《淡新档案》的行政类档案中所保存的屯租征收相关文件绝非完

---

[1] 《淡新档案》,《民事·田房·抗租》,22202-219、220、221、222、223。
[2] 戴炎辉:《清代台湾之乡治》,台北,联经出版事业公司1979年版,第467-468页。
[3] 戴炎辉:《清代台湾之乡治》,台北,联经出版事业公司1979年版,第507页。
[4] 戴炎辉:《清代台湾之乡治》,台北,联经出版事业公司1979年版,第516页。
[5] 戴炎辉:《清代台湾之乡治》,台北,联经出版事业公司1979年版,第508页;杨国桢:《明清土地契约文书研究》(修订版),中国人民大学出版社2009年版,第264-266页。

整,但至少可以从中看到,在道光、咸丰、同治年间,淡水官方几乎每年都要遭遇大范围的小租主抗欠屯租的情形。值得一提的是,咸、同时期对台湾而言也是“多事之秋”。受太平天国运动的波动,该时期台湾亦爆发各种叛乱。尤其在爆发于咸丰十一年(1861 年)的戴春潮事件中,天地会领袖戴春潮一度率众攻陷彰化县城。直到同治二年(1863 年)九月,清军(包括屯兵)才夺回县城。[1]同时期的淡水同知郑元杰,也在一份告示中提及此事:“现查彰化县城业经我军克复,所有各军兵勇经本分府调募兵勇南下,均已陆续撤防,共计欠给勇粮为数不下十万。”[2]他正是以军需为由,催促屯田上的小租主尽速缴纳所积欠屯租。因此,在这一时期,淡水同知有着足够的动力和压力去征收足额屯租(尽管总是遭遇挫折),以支付军饷。

我们可以以记载了咸丰七年(1857 年)淡水厅屯租征收过程的 13701 号卷宗为例,来身临其境地体会淡水同知在这件事情上遭遇的挫折。是年六月二十二日,同知马庆钊发布告示,宣布将于该月二十八日开征屯租,并命令各佃“踊跃输将,即积欠各年分银谷,亦应扫数完纳”。[3]七月二十日,档案就显示一名高级差役(头役)因征收钱粮、屯租不力,而遭到降级处分。[4]在稍后一份文件中,可以发现这名差役因催征屯租不力“致蒙重比”,亦即被打板子。[5]九月十二日,马庆钊又发布告示,声称自己要亲自前往各庄监督征收。[6]十月二十三日,他又发布同样的告示。[7]三天后,他在又一份告示中抱怨“各佃赴纳者尚属寥寥”,随后向小租主们祭出他所能提供的“胡萝卜”:“如能先将本年完清,在赏给花红、银牌,有能新旧全完者,从优赏给顶戴、花红以示鼓励。”[8]又过三天,他决定使出“大棒”,亦即请求本地驻防绿营派出兵勇逮捕抗欠屯租者。[9]同一日,他向一户“扫完新旧五年屯租”的“屯佃”赏给银牌、花红,并发布告示表彰此事。[10]再过一日(十月三十日),他继

---

〔1〕 周宪文编著:《台湾经济史》,台北,开明书店 1980 年版,第 393 - 394 页。
〔2〕 《淡新档案》,《行政·财政·征收》,13704 - 20。
〔3〕 《淡新档案》,《行政·财政·征收》,13701 - 2。
〔4〕 《淡新档案》,《行政·财政·征收》,13701 - 12。
〔5〕 《淡新档案》,《行政·财政·征收》,13701 - 16。
〔6〕 《淡新档案》,《行政·财政·征收》,13701 - 22。
〔7〕 《淡新档案》,《行政·财政·征收》,13701 - 26。
〔8〕 《淡新档案》,《行政·财政·征收》,13701 - 30。
〔9〕 《淡新档案》,《行政·财政·征收》,13701 - 33。
〔10〕 《淡新档案》,《行政·财政·征收》,13701 - 34。

续表示要“亲临催征”。[1]到了十一月二十二日,马庆钊似乎异常愤怒地发出一张签票,勒令将部分头役和粮差“随签锁带赴辕,以凭比追供屯税契各款公项”。[2]可以想象又有人要因为催征不力而被体罚。直到十一月底,该同知仍在请求绿营协助收缴屯租,并逮捕顽固抗延者。[3]

在紧接着13701号卷宗的另一个卷宗里,我们或许能够找到马庆钊困境的原因所在。曾在十一月下旬遭受体罚的粮差陈树,在十二月十八日的一份禀报中,终于说出了导致屯租征缴困难的一个原因,亦即他所称的“古今异户,确查未明”。他表示,在他负责监督的拳山保八家欠租的“官庄佃户”中,现在只查出四户的正确姓名和身份,亦即“陈宗、高玉、高万、陈扬”等四户。陈树表示其余四个佃户仍然“未能一时查出”,所以恳请同知允许“再行细查”。[4]实际上,在一周之前,头役蔡陞、壮勇谢贤、林朝等人提供了一份内容相似但明显解释更为详细的报告。他们表示,在拳山保官庄中,“尚有八户俱各匿欠八年,有户名而无现佃可以赶催,履询历办多年之粮差及该地协催乡保长等,俱各推称不知何人应纳,以致无从赶催,罔知其中有无受贿弊匿情理,殊为不解”[5]。即使是陈树之前提供的“正确”的四户名单,也可能不是相应田地上真正的小租主。尽管如此,淡水同知仍然例行公事般发出签票,命令曾贵、陈树二差立刻前去追缴已“查明”之四户的欠租,并将顽抗者带至衙门接受审讯。[6]档案显示,这种例行公事般的催缴行为一直延续到了同治元年(1862年)。[7]

差役们提到的“古今异户”,实际上是由屯田小租权频繁转卖所造成。屯田小租主可自由转让其权利,且小租权交易既无须登记,更无须投税,这必然造成官方登记册(即使它偶有更新)上的佃户姓名,在经历一段时间后,与现实中屯田上的小租主姓名不符。如果差役本人对散处在淡水各处乡间官庄的地权流转情形未能做到充分掌握(而实际情形也是如此),那么他们在征收屯租时很容易陷入既找不到登记册上的旧小租主,又找不到当下的新小

---

[1] 《淡新档案》,《行政·财政·征收》,13701-35。
[2] 《淡新档案》,《行政·财政·征收》,13701-38。
[3] 《淡新档案》,《行政·财政·征收》,13701-41。
[4] 《淡新档案》,《行政·财政·征收》,13702-1。
[5] 《淡新档案》,《行政·财政·征收》,13702-3。
[6] 《淡新档案》,《行政·财政·征收》,13702-5。
[7] 《淡新档案》,《行政·财政·征收》,13702-6、7、10、12、13、14、15、16、17。

租主的困境。当社区领袖人物（如乡保长）拒绝与差役合作时（这正是头役蔡陞报告中提到的情况），这种困境只会加剧。结果，无论淡水同知如何在衙堂下笞打办事不力的差役，他始终难以摆脱屯田小租权频繁流转导致的屯租征收困境。

拳保山官庄的这种情形绝非屯租征收工作中的小插曲，而是其常态。在一张道光二十八年（1848 年）吞霄社各小租主未完屯租名单中，总计 33 家抗租户中有 17 户被查明系承顶（小租权购买的俗称）而来（被记为“某某某顶某某某”这一形式）。当然，剩下的 16 家抗租户中，很可能有一部分实际上也已将小租权转顶他人，只是调查者尚未发现，所以只能将原小租主姓名写上。[1] 一份规模更大的样本是同治七年（1868 年）蛤仔市、大坑口、铜芎中、西山背、屯霄社各处抗欠屯租名单。在名单涉及的全部 437 家抗租户中，至少有 348 户——占抗租户总数的 79.6%——系从原小租户承顶而来。[2] 转顶后形成的新小租主之所以经常成为抗欠屯租的“主力”，很有可能是因为新旧小租主未能就缴纳屯租事宜达成一致。具体而言，寻求出售屯田上小租权的旧小租主为了让自己的小租权显得负担较轻（从而吸引更多的买家，并抬高小租权售价），在转顶契约内可能不会写明新小租主对官府的屯租义务（这明显违反了官方的要求）。[3] 此外，即使双方在交易时可能就未来应如何缴纳屯租达成一致，但他们也有可能就旧小租主在交易之前历年欠下的屯租究竟应由谁来补缴一事发生冲突。

光绪十三年（1887 年），正在筹备建省的台湾首任巡抚刘铭传，向朝廷上奏揭露了该地区官有土地经营的大崩盘。他表示，“迄今百余年来，屯租则征不足额，屯饷则减半放支”。由于台湾各地屡遭兵变，屯田档案多已散失，结果基层官府在每年催征时，“但知岁额”。即使是原本负责督促各佃户完纳屯租的“佃首”，也“并不知田在何所，户租几何”。“佃棍”们甚至“窃占盗卖，上下相蒙”（这是从精英官僚的视角对小租权流转的评价），“以致积欠岁增，

---

〔1〕《淡新档案》，《行政 · 抚垦 · 屯务》，17403 - 26。

〔2〕《淡新档案》，《行政 · 抚垦 · 屯务》，17416 - 9。

〔3〕关于官方要求，参见戴炎辉：《清代台湾之乡治》，台北，联经出版事业公司 1979 年版，第 508 页。在交易官田时隐瞒所附税费负担，甚至将官田谎称为“产权完整”的民田投入交易，在明清民间土地交易中似乎并不少见，参见［日］森正夫：《明代江南土地制度研究》，伍跃等译，江苏人民出版社 2014 年版，第 393 页。

额饷日绌”。[1] 在频繁的动乱、羸弱的监控能力、不受控制的地权流传等因素的共同作用下，官有土地经营事业不得不走向终结。刘铭传也不得不开启了土地“私有化”进程：与民田一样，所有屯田都将接受官府的统一丈量和登记，原有的屯租将被废除，而小租主们也转变为拥有完整“所有权”的“业户”，从此以后只需要向官府缴纳田赋。[2] 自光绪十四年（1888 年）以后，屯租在台湾基本上已成为一个历史名词。[3]

四、与地权搏斗的刘铭传财政整顿运动

屯田整顿方案，实际上只是刘铭传开展的声势浩大的财政整顿运动的一环。作为首任巡抚，刘铭传需要为本省的各类“国家建设”事业——军工业、铁路、邮政、矿业——筹措资金。光绪十三年（1887 年），决意励精图治的刘铭传开始了台湾地区的清赋（清理赋税）事业。在大量地方士绅的配合下，台湾当局对全台湾范围内的田园实施了丈量，从而得以将大量之前未经报陞的田园（隐田）纳入赋税体系之内。[4]

除了扩大应征田赋的田亩面积，清赋运动也以“减四留六”这一政策，将旧有征粮制度予以重大改动。该政策大约出台于清丈结束后的光绪十四年（1888 年）三月底四月初，其实质内容在于完粮义务改由小租户承担，以及大租户为此须将部分大租补偿给小租户。鉴于土地的实际控制人多为小租户，而非远离土地的大租户，台湾当局决定将丈量土地后产生的单据——丈单——发给小租户，并由小租户承粮。为了对小租户的纳粮负担进行补偿，当局决定，从此以后小租户在缴纳大租时，可以将原有大租额的四成扣留以便完粮，而只需要向大租户缴纳剩余六成。[5] 与百余年前闽清知县万友正遮遮掩掩的政策建议相比，刘铭传的这一改革，意味着台湾当局以登记和征粮的方式，开始彻底承认田面主/小租主的事实地位与合法身份。从财税视角而言，刘铭传的改革意图在于，在不摧毁原有多层地权体系这一前提下，将完

---

[1] （清）刘铭传：《刘铭传文集》，马昌华、翁飞点校，黄山书社 2014 年版，第 244－245 页。

[2] （清）刘铭传：《刘铭传文集》，马昌华、翁飞点校，黄山书社 2014 年版，第 245 页。

[3] 戴炎辉：《清代台湾之乡治》，台北，联经出版事业公司 1979 年版，第 528－529 页。

[4] 周宪文编著：《台湾经济史》，台北，开明书店 1980 年版，第 349 页；李文良：《晚清台湾清赋事业的再考察——“减四留六”的决策过程与意义》，载《汉学研究》2006 年第 1 期。

[5] 李文良：《晚清台湾清赋事业的再考察——“减四留六”的决策过程与意义》，载《汉学研究》2006 年第 1 期；［美］艾马克：《晚清中国的法律与地方社会：十九世纪的北部台湾》，王兴安译，台北，播种者文化有限公司 2003 年版，第 76 页。

粮义务加之于对土地及其收益的实际控制人身上,从而便利基层政权的田赋征收工作。在官方的设想下,即使此后大小租主间仍会发生纠纷,但由于田赋是从实际握有土地收益的小租户处征得,所以这类纠纷并不会像之前那样对地方财政构成实质威胁。

但《淡新档案》中的部分案件显示,刘铭传此举似乎没有取得一劳永逸解决问题的效果。发生于光绪十七年至二十年(1891 年至 1894 年)的"陈源泰即陈明德告张阿祥"一案,便是这方面一个最生动例子。本案中,原大租主曾金镕原本每年从小租主张阿祥处收取大租 100 石左右。光绪十二年(1886 年),曾金镕将每年 100 石大租中的 40 石,以 477 洋元的价格典与陈源泰,亦即陈源泰出资购得了 100 大租中 60 石的收益权。在同年稍后时间,曾金镕又将剩余 60 石大租作为每年应付利息,向张阿祥借银 460 洋元,亦即小租主张阿祥本人以"胎借"(以土地为抵押的借贷)形式购得了 60 石大租的收益权。换句话说,原有的 100 石大租权至此被张阿祥和陈源泰两个家庭分割完毕,小租主张阿祥从此以后每年只需向典权人陈源泰支付 40 石大租,剩余的 60 石大租由于和张阿祥、曾金镕二人借贷关系中产生的每年应付利息抵销,实际上无须支付。[1]

光绪十四年(1888 年)"减四留六"政策的出台,打破了这种土地收益的不稳定均衡。当典权人陈源泰在光绪十五年(1889 年)、光绪十六年(1890 年)向张阿祥收取大租时,后者却表示,尽管他在之前数年向陈源泰缴纳过 40 石大租,但依据"减四留六"新规则,他现在有权留下 100 石大租中四成,亦即本应支付陈源泰的 40 石,以便完粮。陈源泰在无奈之下,只得于光绪十七年(1891 年)四月将张阿祥告上新竹县衙。本案的根本症结就在于,尽管各方当事人都未对"减四留六"政策本身表达异议,但他们却从各自利益角度出发,对该政策在本案中的具体贯彻方案,提出了针锋相对的理解或说辞。原告陈源泰在诉状中声称,在张阿祥原本应向其缴纳的 40 余石大租中,清赋后仍有六成,即 24 石,须向其缴纳。[2]而在被告张阿祥的说法中,在总共 100 石的大租中,他已经将"减四留六"中的六成支付给了曾金镕(尽管最终因其每年有权向曾金镕收取 60 石利息,从而将 60 石大租支付抵销了),所以完全有权扣下剩余全部四成以履行完粮义务,"(陈源)泰岂能以四成之中,再欲

[1] 《淡新档案》,《民事 · 田房 · 租借》,22107 - 25、26。
[2] 《淡新档案》,《民事 · 田房 · 租借》,22107 - 1。

抽出六成,而强令以完纳? 若此者不啻一牛两皮,苟遂图噬之谋,使明明宪示诚将何用耶?"[1]而原大租主曾金镕为了避免最终由自己承担陈源泰的典权损失,亦支持陈源泰的说法:在张阿祥于清赋前应向陈源泰缴纳的40石大租中,仍应划出六成支付陈源泰。[2]值得一提的是,由于清赋运动后完粮责任人变为小租主,所以本案中张阿祥得以像清赋前地权纠纷中的大租主那样,数次以威胁无力完粮这一手段,来促使知县作出对自己有利的判决。[3]

"减四留六"政策在本案中陷入了政策制定者或许未曾预料的复杂、分化、多变的地权关系网络之中。在最初制定该政策时,决策者或许想到的仅仅是一块土地上的一个小租主每年定期向一个大租主缴纳定额大租这一"理想型"。但本案中的地权关系大大偏离了这一形态:曾金镕原有的100石大租权经过典卖和土地抵押借贷两个交易手段,分化成了陈源泰享有的典权(由于陈源泰无法实际上占有和耕种土地,他在本案中典权的具体内容实际上就是40石的大租权[4])和张阿祥享有的60石利谷收取权。结果,在"减四留六"政策的"实施细则"缺位的情况下,各方当事人对于何为张阿祥小租权上附随的"大租"、何为"大租"中的"六成",以及何为其中的"四成"等议题,主张着迥然不同但又都看似有理的解释。但倘若这类纠纷难以化解,新竹知县又有可能陷入清赋前时常面临的因地权纠纷引发的财税危机之中。

在历时三年余的案件调查与审讯过程中,新竹的知县和书吏们,对本案事实与解决方案的看法亦数度摇摆。这显示出他们(尤其是作为外省人的知县本人)似乎无法(或许也是无意)彻底厘清本案中的复杂地权关系,而且对能否找到合理的解决方案也缺乏充分信心。最初受理此案的知县沈茂荫似乎对支付过数百元典价却不能获取大租的典权人陈源泰感到同情。[5]在收到张阿祥的反诉状后,沈茂荫在批示中又倾向于赞同张阿祥有关100石大租中的四成应全数留给其完粮的说法,并认为陈源泰的损失应由原出典人曾金镕负责。[6] 负责调查此案,且对基层情形明显更为熟悉的书吏吴宗,则在光

---

〔1〕《淡新档案》,《民事·田房·租借》,22107-5。

〔2〕《淡新档案》,《民事·田房·租借》,22107-6。

〔3〕《淡新档案》,《民事·田房·租借》,22107-17、34。

〔4〕实际上这种交易可定性为"典租"而非"典地",参见曹树基:《典地与典租:清代闽南地区的土地市场与金融市场》,载《清史研究》2019年第4期。

〔5〕《淡新档案》,《民事·田房·租借》,22107-3。

〔6〕《淡新档案》,《民事·田房·租借》,22107-5。

绪十八年(1892 年)闰六月提出了一种更为合理的“减四留六”算法:在大租总额 100 石不变的情形下,新的大租变为了分别由陈源泰和曾金镕享有的两个相对独立的部分,而这两个部分都必须适用“减四留六”规则。具体而言,对于陈源泰因支付典价而获得的 40 石大租,张阿祥仍应当支付其中六成即 24 石,扣留剩余 16 石;对于曾金镕在名义上仍享有的 60 石大租,张阿祥也应当在名义上支付其中六成即 36 石,并扣留 24 石。[1]然而,这一顺应地权分化事实、在“法律关系”的梳理上颇为清楚的方案,在现实中执行起来却无疑有着难度:由于张阿祥每年尚须从曾金镕处收取借贷产生的利息 60 石,所以即使将新方案中张阿祥应缴纳曾金镕的 36 石租谷抵利,曾金镕仍应向张阿祥支付其余 24 石利息。然而,在能否于现实中迫使身为大租主的曾金镕每年向小租主额外支付 24 石利谷一事上,官府显然缺乏信心(尽管这种做法有“法律”依据)。当张阿祥在同年七月的诉状中,坚持认为“一业”只能“一抽”,反对“双抽”,且威胁若利益受损将无从完粮时,沈茂荫的批示又写到“似系实情”。[2]沈茂荫的继任者、新知县叶意琛在光绪十九年十二月(1893 年年末,1894 年年初)最终就本案作出判决。他并未接受书吏吴宗提出的更顺应本案中地权关系,但实际操作也更为复杂的方案,而是直接撤销了本案中陈源泰一方的典权,并下令曾金镕返还典价。[3]

叶意琛显然开启的是本文描述过的“国家的视角”:为减少纠纷、便利税收,官僚倾向于对复杂的地权予以简化。但司法判决中“国家视角”的执行却依赖于国家能力,而后者似乎是新竹县衙所缺乏的。直到光绪二十年(1894 年)七月,陈源泰仍在向又一新任知县范克承诉称,一方面曾金镕始终未能偿还自己原本支付的 477 元典价,另一方面张阿祥也没有向其支付自光绪十五年(1889 年)以来的任何大租。[4]而张阿祥在稍后的反诉状中仍然坚持他所理解的“一业一抽”原则。范知县只能在该年十月发出签票,下令开庭重审。[5]但本案卷宗文件就此打住。我们亦难以知悉这起纠纷的最终是否得以解决,以及解决方案为何。

正如李文良所言,“刘铭传的清赋事业并没有改变原本的租佃结构、租税

---

〔1〕《淡新档案》,《民事·田房·租借》,22107-15。
〔2〕《淡新档案》,《民事·田房·租借》,22107-18。
〔3〕《淡新档案》,《民事·田房·租借》,22107-25。
〔4〕《淡新档案》,《民事·田房·租借》,22107-35、36。
〔5〕《淡新档案》,《民事·田房·租借》,22107-40。

关系,反而是让其复杂化”[1]。通过“减四留六”政策,刘铭传反而让征粮工作卷进更为复杂且变动不居的地权交易市场之中。正如上述案件所显示的,“减四留六”政策以直接干预土地收益分配的方式,引发了地权市场的新波动,而这些新波动又可能引起新的纠纷,并最终影响田赋的及时缴纳。《淡新档案》中的其他卷宗还显示,清赋后部分强势的小租主,一方面借助新政策享受了原大租额度中的四成利益(以便完粮),另一方面又继续打着自己需要完粮的旗号,向真正的佃耕户加收小租,亦即直接将田赋负担转嫁给了最为弱势的佃农。[2]结果,新的地权纠纷仍在不断发生,只是此时向地方官威胁不能及时完粮的主体,从以前的大租主改为了如今的小租主。但这种纠纷和由纠纷引发的纳税危机,注定要让官府感到一如既往的头疼。清赋事业所遭遇的这些困局似乎在表明,如果不调整基层社区复杂的大小租地权体系本身,仅仅通过转嫁完粮责任,是难以完成充分提高财政汲取能力这一任务的。在展开“国家建设”的同时,尚须以“社会建设”(society - building)进行配套。而这,似乎超出了一个前近代帝制政权的能力。

五、结论

在羸弱的基层行政能力和复杂的民间地权结构这双重阻力的作用下[3],闽台当局不得不一次次正视并接受本省的田赋征收困局。同治三年(1864年),闽浙总督奏请豁免咸丰九年(1859年)以前民欠未完正杂钱粮;同治十二年(1873年),闽浙总督又奏请豁免同治六年(1867年)以前民欠未完钱粮;光绪二年(1876年),闽浙总督再次奏请豁免同治七年起至十年(1868年至1871年)民欠钱粮;[4]光绪十一年(1885年),闽浙总督杨昌濬奏请豁免自同治十一年起至光绪五年止(1872年至1879年)的民欠钱粮。[5]尽管此时正值台湾筹备建省,户部仍同意将台湾同时段内未完钱粮“奏请一体蠲免”[6]。面对历经千百年茁壮成长起来的地权丛林,努力挣扎着迈向近

---

[1] 李文良:《晚清台湾清赋事业的再考察——“减四留六”的决策过程与意义》,载《汉学研究》2006年第1期。

[2] 《淡新档案》,《民事·田房·抗租》,22225-3、7、15。

[3] 关于清代地方政府在田赋征收过程中行政力量不足及其后果,参见周健:《清代中后期田赋征收中的书差包征》,载《中国社会历史评论》第十三卷,天津古籍出版社2016年版。

[4] 《淡新档案》,《行政·财政·征收》,13710-4。

[5] 《淡新档案》,《行政·财政·征收》,13710-3。

[6] 《淡新档案》,《行政·财政·征收》,13710-6。

代国家的这个封建国家,仍旧被迫以仁政的旗号一次次地接受财税挫折。[1]

当日本殖民者在甲午战争后(1895 年)占领新竹县城,并清点县衙中的残存档案时,他们发现这个被打败的国家权力机器的末梢脉搏是何其微弱。正是借助日本人的账目清理和记录,我们才得以知悉:尽管经历了刘铭传的大力整顿,但自光绪十四年(1888 年)直至光绪十九年(1893 年),新竹县各年份欠缴田赋分别占据了每年应征总额度(51220 两)的 49%、11%、17%、21%、29%、30%;尽管在名义上每年征收钱粮的截止时限是十二月底,但由于各业户不能如期起完,新竹官方往往须至翌年四月底方奏销造报。[2]尽管本文远非精确的定量研究,但通过对《淡新档案》中生动个案的展现,本文至少能够表明:民间地权的复杂性,是这一地区始终未能克服财税困局的一个重要原因。[3]

以一田多主为代表性制度的复杂地权秩序,也绝不仅是明清以降闽台的"区域特色"。实际上,一田多主现象广泛分布于清代江苏、浙江、江西、两湖、"两广"等省,乃至蔓延至北方和西南诸省。[4]在民国时期,一田多主仍持续存在,以至于民国的基层法官和政府官员在处理抗欠土地税案件时,也陷入了与淡水同知和新竹知县同样的困境:由于土地被层层转佃,业户的收益无法得到稳固保障,结果业户抗欠田赋。[5]对土地名义上的所有人与对土地实际上的控制人相分离这一事实,迫使 20 世纪 30 年代的巴县征收局一度出台了与乾隆年间万友正和光绪年间刘铭传之政策类似的规定,亦即令"大押佃"中的"佃户"(实际上是田面主)分担业主的粮款和摊派负担。[6]然而,正

---

〔1〕 从宏观层面上对清代蠲免制度的探讨,参见陈锋:《清代"康乾盛世"时期的田赋蠲免》,载《中国史研究》2008 年第 4 期。关于清代福建省田赋收入在全国田赋总收入中重要性的不断下降趋势,参见[美]王业健:《清代田赋刍论(1750—1911)》,高风等译,人民出版社 2008 年版,第 127 - 131 页。

〔2〕 《新竹县制度考》,台北,台湾银行经济研究室 1961 年版,第 26 - 27、35 页。

〔3〕 台湾日剧时期殖民者对包括地权习惯在内的"旧惯"的调查、适用和改革,参见尤陈俊:《民事法制中的"旧惯"与日剧台湾时期的治理术变迁(1895—1945)》,载《北大法律评论》第 7 卷第 2 辑,北京大学出版社 2006 年版。

〔4〕 杨国桢:《明清土地契约文书研究》(修订版),中国人民大学出版社 2009 年版,第77 - 95 页。

〔5〕 李德英:《国家法令与民间习惯:民国时期成都平原租佃制度新探》,中国社会科学出版社 2006 年版,第 54、161 - 164 页。

〔6〕 李德英:《国家法令与民间习惯:民国时期成都平原租佃制度新探》,中国社会科学出版社 2006 年版,第 156 页。

如本文所展现的，在对地权结构本身未做调整的情况下，这一改革能否充分获得便利征收的实效，仍是未定之数。

因此，在清末以来的中国私法近代化过程中，“物权法定”（numerus clausus der Sachenrechte）原则及其配套制度的出台，就有了超出往常理解的、特殊的中国意义。近代国家尝试以民法典的形式，将物权/地权的类型（以及名称）予以固定化和法定化，明确规定各种物权的具体内容，要求以登记等手段对物权变动予以公示，且限制以契约手段自由创设新种类物权。[1]所有这些举措都将有利于适度化约地权的复杂性和风险性，从而在降低交易成本、促进全国范围内市场流通的同时，也便利近代国家的管理和征税。中国近代民法典编纂及其实践中的国家建设意涵，尚待学者予以更严肃的关注（这也是笔者本人今后的努力方向）。同时，中国近代民法典的编纂者们，在将物权类型固定化的同时，也未曾忘记对本土资源示以尊重。作为一种“土地的有保留出售”，典的习俗被民国民法典的编纂者所继承，以便保护经济上的弱者，并尊重他们在观念上对土地的依赖。[2]另外，尽管田面权习俗没有被完整保留，但民法典中的永佃权制度，仍尝试对在土地改良上做出实质贡献的真正佃耕农予以权利保护，尽管其制度设计和实践远非完善。[3]如何在尊重本土习惯、促进经济发展和完善国家建设等同等重要的目标间维持一种均衡，始终考验着近代以来直至今日的中国法律人。

本文通过对《福建省例》《淡新档案》等一系列材料的考察，展现了缺少立法调整和政府管控的清代复杂地权习惯，对财政汲取乃至国家建设所造成的困扰。或许，在迈入近代世界之前，这一切都不曾成为问题。但在1840年中国与英国舰队正式遭遇之后（本文所引用的《淡新档案》中的案例，也都是发生在这个时间节点之后），国家建设对财政供给的急迫需求与民间地权结构的复杂性和反控制性之间的矛盾，便得以充分暴露。“地方性知识”并不具有不证自明的正当性。具体到本文讨论的一田多主地权结构中，土地的真正佃户时常要遭受来自田底主与田面主（尤其后者）的双重剥削。而且，即使某些“地方性知识”看起来足够正义，它也必须在具体的历史进程中与其

---

〔1〕 王利明：《物权法论》，中国政法大学出版社1998年版，第87－109页。

〔2〕 [美]黄宗智：《清代以来民事法律的表达与实践》（卷二 法典、习俗与司法实践：清代与民国的比较），法律出版社2014年版，第59－79页。

〔3〕 [美]黄宗智：《清代以来民事法律的表达与实践》（卷二 法典、习俗与司法实践：清代与民国的比较），法律出版社2014年版，第80－95页。

他同样正义的价值诉求兼容。以法治的手段,去化约地权习惯中的复杂性,同时对值得保护的正当权益予以充分保障,从而令“国家”与“社会”实现和解,并最终走向双赢,或许是一条中国近代史本应走完却未曾走完的道路。

（赖骏楠/文）*

* 赖骏楠,法学博士,复旦大学法学院副教授。

法律与科技

人工智能立法的“技术—社会+经济”范式

——基于引领法律与科技新型关系的视角

法律与科技自近代以来存在紧密的联系，人类基于对于科技作用的重视，自近代起设立了专门以科技作为规范事项的科技法。但是，我们可能注意到一个有关科技法的事实，那就是在其得以兴起和发展的过去二三百年间，科技法一直秉持的是一种“技术—经济”的立法范式，就是说关注的主要只是技术的经济规范意义。这种立法模式与人类关于科技的长期以来占主流地位的思维是一致的，即技术经济主义。这种思维对于科技的认知倾向是，“仅仅以经济学和经济史的术语来对待这一问题”[1]，即技术主要作为具有巨大经济意义的工业革命的推动要素而受到重视。人类对技术经济意义追求不断升级，甚至引发了对于技术的膜拜，促成了一种技术统治乃至技术垄断的技术意识形态后果。[2]

一、问题的提出：人工智能时代科技立法范式转型的背景

人工智能因机器学习等新方法和新技术的突破，成为当前最引人关注的新科技主题之一。人工智能科技最新和未来一个时期发展的意义，首先，是其被认识到正在取得主导科技的地位，在技术和经济维度上形成了巨大的迭代力量，具有极端颠覆性的经济应用前景，由此不断引发投资风暴。[3] 其次，则是它引起了作为新兴科技事物正在产生前所未有的社会关注。人们开

---

〔1〕 目前我国也有学者强调从技术化（人—技术—人）角度思考人工智能立法，参见［美］兰登·温纳：《自主性技术：作为政治思想主题的失控技术》，杨海燕译，北京大学出版社2014年版，第1页；齐延平：《论人工智能时代法律场景的变迁》，载《法律科学（西北政法大学学报）》2018年第4期。

〔2〕 ［美］尼尔·波斯曼：《技术垄断：文化向技术投降》，何道宽译，中信出版社2019年版，第43－62页。

〔3〕 CB Insights, *The Race for AI: Google, Twitter, Intel, Apple in A Rush to Grab Artificial Intelligence Startups*, https://aitopics.org/doc/news:3D341331, July 22, 2017.

始意识到,它的发展影响不应该仅仅是技术经济的,更应该是社会的。对人工智能的这种社会关注,有积极方面的期待。计算社会学、人工智能化社会理论正在揭示新社会发展和建构的可能性。例如,通过新计算方法和人工智能,人们可以发展更好测量世界的全新思维工具;通过引入不断升级的智能化,人们可以使世界互联、万物互联、人机互动关系更加娴熟。这些使进行大规模社会协作成为可能,社会共享、社会合作的前景诱人。[1] 总之,在人工智能和新计算方法之下,社会智能化发展方兴未艾,一个"超级全球化"时代似乎就在眼前。[2]

但目前人们对于人工智能的社会关切,更多还是消极方面的忧虑。首先是人类的适应性问题。美国科技社会思想家兰登·温纳(Langdon Winner)早前指出,随着当代新技术领域的发展,其导致的现代社会日益增长的复杂性和快速变化,超出了个人和社会形态的适应能力,"与社会技术系统日益增长的复杂性合在一起,这些变化使得人们越来越难以开展当代社会生活中某些最为基本的活动:规划、设计以及功能上的协调合作"[3]。其次则是科技自身风险及科技简单经济化引发的社会风险问题。风险理论家贝克(Ulrich Beck)便关注到,在当前发达科技条件下,一方面,令人担忧的生态风险和高科技风险不断具备新的特点,导致不可计算的威胁增加的后果;另一方面,在所谓现代性之中,还出现了财富的社会化生产与风险的社会化系统相伴的情况。"相应地,稀缺社会的分配问题和分配冲突,也同科技引发的风险在生产、界定及分配过程中产生的问题和冲突叠合在一起","换言之,在风险社会中,未知的、意图之外的后果成了历史和社会的主宰力量"。[4] 就人工智能来说,其对社会的影响尤为重大和特殊。人工智能技术新发展,由于对计算方法极为推崇,导致了一种"计算主义"新思潮,似乎世界不过是计算或信息流构成的。[5] 这种信息简化主义世界观,引发了有识之士对"技术致死"

---

〔1〕 [美]马修·萨尔加尼克:《计算社会学:数据时代的社会研究》,赵红梅、赵婷译,中信出版社2019年版,第199页。

〔2〕 [美]理查德·罗格斯:《数字方法》,成素梅等译,上海译文出版社2018年版,第2页。

〔3〕 [美]兰登·温纳:《自主性技术:作为政治思想主题的失控技术》,杨海燕译,北京大学出版社2014年版,第2页。

〔4〕 [德]乌尔里希·贝克:《风险社会:新的现代化之路》,张文杰、何博闻译,译林出版社2018年版,第3、8页。

〔5〕 郦全民:《用计算的观点看世界》,广西师范大学出版社2016年版,第2、20页。

的忧惧：如果我们的道德、伦理和公共事务等问题被所谓的技术重构，变得这样简单可控，那么世界究竟会变成什么样？[1]此外，人工智能基于它在认知能力上的发展而具有与人的相通性，还带来了棘手的重新塑造“人与人造物关系”的全新课题。[2] 人工智能鉴于其科技事项属性，从立法归属而言，自然应该纳入科技立法的特别范畴。[3] 由上可知，人工智能作为正逢其时的技术新领域，其发展可能带来经济迭代福利的同时，也正在产生社会正反方面的巨大效应，因此从立法上来说必然导致更加复杂的要求。人工智能最新和未来发展具有的经济和社会的双重影响，使既有科技立法的所谓“技术—经济”范式明显具有不适应性。本文提出，人工智能立法范式由传统科技立法的“技术—经济”范式转向“技术—社会＋经济”范式，实是势所必然。本文拟就这种转型的历史规律进行观察和分析，并试图在此基础上探究新范式的基础、内涵及其开展。

二、科技立法“技术—经济”传统范式的流变及其规范原理

科技立法专门化的最初基础是人类对科技在经济上重要性的发现。科技具有经济的重要性不等于就会产生科技立法，只有当技术发展到一定阶段、人们形成了关于其重要性的认识，科技立法才会水到渠成，科技事项才会成为相对独立的规范对象。

技术的重要性对于人类来说不言而喻。近代开始，人文理性主义的意识崛起，科学意识也随之觉醒，人类技术开始与科学思维与方法紧密相关，从而由单纯的技术发展为科技。这一时期，科学、科技先是作为人文理性主义的演绎产物得到发展，但很快就喧宾夺主，成为人文理性的替代形态而被高举。这种倾向在笛卡尔（René Déscartes）那里就有了端倪，这位17世纪的欧洲哲学家和科学家，倡导科学主义，提出了一种普遍怀疑的哲学主张，因此被誉为

---

〔1〕［白俄］叶夫根尼·莫洛佐夫：《技术至死：数字化生存的阴暗面》，张行舟等译，电子工业出版社2014版，第92页。

〔2〕2015年，欧洲议会向欧洲委员会提出的“关于机器人民事规则的建议”[Report with Recommendations to the Commission on Civil Law Rules on Robotics（2015/2103（INL）］，大概是较早处理这一问题的立法建议，参见 European Parliament, *With Recommendations to the Commission on Civil Law Rules on Robotics*, http://www.europarl.europa.eu/doceo/document/A-8-2017-0005_EN.html? Redirect, January 27, 2017。关于人工智能发展引发人与人造物关系的法律思考，参见［意］乌戈·帕加罗：《谁为机器人的行为负责》，张卉林、王黎黎译，上海人民出版社2018年版。

〔3〕龙卫球：《科技法迭代视角下的人工智能立法》，载《法商研究》2020年第1期。

"近代科学的始祖"[1]。渐渐地,科学主义思想占据统治地位,理性主义几乎等于科学主义。与此同时,英国的亚当·斯密(Adam Smith)等在理性主义的基础上,提出了初始的自由市场理论,很快推动了市场经济实践。于是,在科学主义和市场主义的结合下,英国不仅最早出现了科技的发明自觉,而且因为市场需要,科技发明的经济重要性也很快被认识到,于是导致了科技发明的勃发。而为了鼓励这种科技发明的自觉以及确保其市场经济效应的发挥,英国生发了相应的科技立法自觉,最早的科技法产生了,其形态就是鼓励科技发明及其经济利用的专利法——通过授予发明人专利权和相关的财产、人身利益,以便极大地刺激和鼓励科技发明和经济应用。[2] 一批直接与现实经济需要密切相关的新发明应运而生,包括纺织机、蒸汽机等,它们在专利法的保障下发挥巨大的经济潜力,支持英国最早开展工业革命,成为最早的工业强国。人类的科技立法也由此滚滚向前。

科技立法这种基于科学主义和经济主义结合的产物,顺理成章地引发了此后"技术—经济"的立法范式的形成和不断升级。一开始,二者之间是一种完全市场式的结合。立法者通过采取授予专利权等科技产权、确立有限责任公司等适合科技产业化规模风险经营的组织形态等市场化激励方式,对科技发明和应用加以刺激。专利制度和公司制度先从英国兴起,后逐渐发展到美国、德国等国家,形成了科技立法国际发展的第一轮高潮。在"技术—经济"范式鼓励下,工业企业为了追求更加先进的科技产业利益,开始成立专门的工业实验室进行有组织的科技研究,因此导致了大量工业发明出现。到19 世纪中叶,除了传统的煤炭、纺织业,电气、化工等新的科技领域得到突破,进而促成了新科技产业的出现和繁荣。19 世纪 80 年代以后,由于科技垄断带来的竞争优势,在石油、采煤、榨油、烟草、制糖等部门出现了"卡特尔"、"康采恩"或"托拉斯"组织,这些不断崛起的大型企业联合,具有经济集中的

---

〔1〕 笛卡尔的哲学立场和科学主义思想,参见笛卡尔的《哲学原理》。斯宾诺莎对于笛卡尔基于科学主义的哲学思想有重要研究,可参见[荷]斯宾诺莎:《笛卡尔哲学原理:依几何方法证明》,王荫庭译,商务印书馆 1980 年版。

〔2〕 英国是世界上最早建立专利制度的国家。开始是以英王特权方式出现,早在 1236 年,英王就有授予波尔多市民色布制作技术 15 年垄断权之举,1331 年再授予弗莱明商人织布染布特权,1369 年授予商人钟表经营权,1561 年授予制造白色石碱垄断权。1617 年,英国正式制定了第一部专门的专利法,把一种发明垄断权即专利权授予最早的发明者,有效期 14 年,但作为对价,发明者必须公开技术。

优势,这种情况受到主流地位的自由市场理论抨击,导致了旨在维护市场公平竞争的反垄断法的出台。但是,反垄断法却产生了更加促进有组织的工业研究的效果,因为大型企业只有不断做出新领域的科技发明,才能够避免陷入专一技术经营形成的垄断。这种竞争利益虽然表面上看具有一定的社会性,被誉为社会经济利益,但是本质上仍然是市场经济利益,因为旨在保护市场竞争。从这个意义上说,科技立法的“技术—经济”模式不断在得到深化[1]。

科技立法的“技术—经济”范式在20世纪中叶,被以一种强化国家干预科技进步和转化的方式,推进到一个新阶段。20世纪三四十年代,各国基于“二战”的需要,集中科技资源备战,强化有组织的攻关研究,旨在保障和促进对于战时工业经济特别是军工有优先支持作用的科技的发展和竞争。为此,各国政府纷纷引入科技与产业结合的干预政策,此即科技政策。例如,美国成立了国防研究委员会,组织科技资源以增强国防能力,后来建立科学研究和发展局。“二战”后,各国有的以战后恢复和重建为需要,有的以提升国家竞争力和促进产业升级为目标,继续干预科技发展,以促进科技在期待的领域进步、转化和创新。20世纪50年代,通过科技政策机制,大力投资基础研究和高等教育,重建和发展打造知识资源和人力资源的基础,并且着力电子、石化、原子能等新技术领域的科技创新和转化,带来了新一轮科技产业化。原先以市场自由主义为基础的“技术—经济”模式,调整为以国家科技政策为基础的干预式“技术—经济”模式[2]。这种情况持续到20世纪60年代经济复苏之后,才开始向科技的市场自由化做调整,科技政策也开始关注市场需求。到20世纪80年代,更加强调科技资源供应和市场需求的结合,导致在微电子、生物技术和新材料等新领域又出现新一轮“技术—经济”高峰。21世纪初,面对新一轮科技大发展的机遇期,各国为了快速提升和确保国家竞争力,更是大力推进科技创新政策,甚至上升到推行科技创新战略

[1] 西方经济史及相关“技术—经济”范式的知识,可以参见厉以宁:《资本主义的起源:比较经济史研究》,商务印书馆2003年版。

[2] 例如,美国在1945年“二战”结束之际,以“科学:没有止境的前沿”为理由建立战后的国家研究基金会,旨在发展和促进国家的科学研究和科学教育政策。参见刘立:《科技政策学研究》,北京大学出版社2011年版,第99-100页。

的高度。[1]

这里需要提到,在历史上由于种种原因,近代以来中国处于科技发展的被动局面,并与工业革命失之交臂,因此长期以来都处于科技落后状态,科技立法自然也是缺席的。1949 年中华人民共和国建政后,通过动用国家体制力量,集中科技资源,就一些急需重大战略科研进行了攻关,但科技发展和工业发展总体较为薄弱。20 世纪 70 年代末开始,中国启动经济体制改革,提出"科技是第一生产力"论断,以经济建设为中心,并毫不迟疑引入"技术—经济"模式,采取国家干预和市场发展相结合的方式,强化科技政策作用,确立了"经济建设必须依靠科学技术、科学技术工作必须面向经济建设"的科技服务于经济的方针,并以此启动科技体制改革,全面助力经济体制改革。[2] 此后,中国还先后制定了《科学技术进步法》和《促进科技成果转化法》。之后,科技政策不断升级,经历了 1995 年实施的"科教兴国"战略、加强国家创新体系建设和 2006 年"自主创新战略"、增强自主创新能力的两次提升[3]。

科技立法基于"技术—经济"范式,其规范原理归纳起来有四个方面:其一,坚持科技立法的专门化,形成了科技立法体系,逐渐形成科技市场法、科技风险法(主要是应对科技应用导致的工业风险、事故安全和特殊科技安全)、科技政策法三大具体领域。其二,主要以鼓励、刺激科技的经济实用价值为目标。最典型的是不断发展和完善专利法、技术合同以及其他技术市场

---

[1] 欧盟 1995 年发布了《创新绿皮书》,提出改进创新环境的建议,1996 年通过第一个《欧洲创新行动计划》,2000 年欧洲委员会提出"欧洲创新趋势图",2005 年欧盟委员会提出《研究与创新战略》,2011 年年底公布《2020 战略创新计划》。美国在奥巴马时期的 2009 年和 2011 年发布了两份《美国创新战略》;特朗普执政后对内转为重视自下而上的科技创新,2018 年发布财年预算蓝图,对原有科技投入结构进行重要调整,废除《清洁能源计划》《全球气候变化计划》等,转而支持油气和煤炭行业发展,对外则强推美国优先。中国在 2006 年公布《国家中长期科学和技术发展规划纲要(2006—2020)》,提出要在 15 年内进入创新型国家行列;2012 年 11 月,党的十八大明确提出走中国特色自主创新道路,实施创新驱动发展战略,随后中共中央、国务院印发了《关于深化科技体制改革加快国家创新体系建设的意见》;2016 年 8 月,国务院发布了《"十三五"国家科技创新规划》,明确了"十三五"时期科技创新的总体思路、发展目标、主要任务和重大举措;2017 年,党的十九大报告将创新放在新发展理念之首。

[2] 刘立:《科技政策学研究》,北京大学出版社 2011 年版,第 107 页。

[3] 参见中共中央、国务院 1995 年《关于加速科学技术进步的决定》和 1999 年《关于加强技术创新、发展高科技、实现产业化的决定》;2006 年《国家中长期科学和技术发展规划纲要(2006—2020)》以及中共中央、国务院《关于实施科技规划纲要增强自主创新能力的决定》。

制度。其三,基于不同时期的政治经济环境,灵活运用市场原则和国家干预原则。科技立法总体上早期以市场自由为主,后来逐渐重视国家干预,不断出台自上而下的促进科技进步、转化和创新的政策机制,20 世纪中叶达到顶峰,之后又逐渐回调,目前处于平衡状态。其四,科技立法在“技术—经济”范式下,对于科技社会问题并非完全弃之不顾,但在规范上是附带的,而且很多是为了减缓贯彻科技经济主义的社会后果。最早大概从 19 世纪开始,通过劳工运动,与当时科技应用相关的工业风险和劳动安全开始得到关注。英国政府于 1802 年推出第一部《工厂法》,提出了工厂生产安全的早期规范要求,到了 19 世纪 60 年代相关立法保护范围扩大到“有雇佣劳动的任何地方”,旨在适当改善被雇佣者的境遇。其他国家也陆续发展这种工厂法和劳工保护法规。这是早期科技立法的微弱社会性的一些体现。20 世纪 80 年代之后,各种科技社会问题的不断爆发,加上越来越多的社会运动的压力,科技立法才加速纳入科技社会问题的进程,具体体现为:工厂法、劳工保护法、工业事故法等进一步社会化。〔1〕 除了上述部分,国际社会也开始关注环境和生态保护,以及特殊科技安全如核安全等〔2〕,但是这些方面总体上仍然处于边缘位置。

三、科技立法“技术—经济”范式下的社会问题及其自主化技术后果

科技立法强调科技经济意义实际上是强调一种效率导向〔3〕,这一点本身无可非议。人类在很长的一个时期内需要加强的确实就是自己的经济生存能力问题,从功利主义的角度来说,让人类具备吃饱穿暖的能力,这大概应该成为一条底线。很多经典学者对于国家意义的讨论,很大一个基点就是经济生存问题,所以就有了财产权设计的原初正当性。例如,洛克(John

〔1〕 [美]约翰·法比安·维特:《事故共和国:残疾的工人、贫穷的寡妇与美国法的重构》,田雷译,上海三联出版社 2008 年版,第 1 页。

〔2〕 20 世纪 90 年代开始,中国也开始关注科技的工业安全、环境保护和特殊科技安全等科技社会问题,加强政策引导,并且陆续制定相关法律,包括《矿山安全法》(1992 年制定,现已修订)、《劳动法》(1994 年制定,其中一章专门规定劳动安全卫生,现已修订)、《安全生产法》(2002 年制定,现已修订)、《环境保护法》(1989 年制定,现已修订)、《大气污染防治法》(1987 年制定,现已修订)、《水污染防治法》(1984 年制定,现已修订)、《放射性污染防治法》(2003 年制定)、《民用核设施安全监督管理条例》(1986 年制定)、《特种设备安全法》(2013 年制定)、《网络安全法》(2016 年制定)、《核安全法》(2017 年制定)和《生物安全法》(2020 年制定)等。

〔3〕 李晟:《略论人工智能语境下的法律转型》,载《法学评论》2018 年第 1 期。

Locke)就认为,个人权利应该是从父权和财产权共同起源的,政府作为一种可以使财产的自然状态变成受保护的权利状态的方式受到人们欢迎,所以才有了政府的必要,才有了政治社会和公民国家。[1] 康德(Immanuel Kant)也认为,对财产利益的保护是最初核心的诱导性因素,它引领处于自然状态的人们走向联合并形成政府或市民社会。[2] 科技是人类自身可以创造的具备提升经济能力的事物,所以在促进经济意义上得到利用、受到重视,应该说是顺理成章的。但科技具有经济意义本身,并不等于科技仅仅具有经济意义,或者说我们对于科技的关注唯其经济意义即可。科技活动及其立法的"技术—经济"范式的问题正在于此,即简单片面地强调对于科技经济意义的追求,而忽视科技具有的其他方面的意义,甚至为了科技的经济意义而不顾其他的后果。这种科技活动及其立法范式,在这二三百年的实践中,带来了许多负面的后果。

科技活动及其立法的"技术—经济"范式,使技术的社会性基本被忽略,引发甚至诱发许多社会问题包括社会政治问题。它通过与资本的结盟,在工业革命初期导致的社会灾害问题就已经凸显,如工业事故、劳动安全以及严重的社会不公平问题。这些也导致了社会的不安定,损害了社会团结。技术经济主义,进而也会导致从技术支配经济到技术支配人的问题。卡尔·马克思(Karl Marx)在《资本论》中,深刻揭示了这种资本倚重工业技术的经济主义单边结构,不断导致社会分化乃至社会关系异化,从而导致资本家或企业主与工人的对立。工人的主体性,被资本作用下的"技术—经济"架构以及资本家经济利益单边结构所支配。这是非常可怕的,使资本主义社会长期陷入对抗之中而不能自拔。[3] 技术经济主义,也促成了国家之间的恶性竞争和极差,导致了欧洲国家之间的多次争霸,导致了技术先进国家对技术落后国家的技术支配和殖民,恶化国际社会关系。建立在技术经济主义基础上的政治秩序,无论国内还是国际,一直以来都处于恶性的竞争格局之中,虽然在

---

〔1〕[英]洛克:《政府论》(下篇),叶启芳、瞿菊农译,商务印书馆1964年版,第63-68页。

〔2〕康德的财产权起源及其观念,虽然论证起始于这种经济诱因,但是他最终从个人理性主义加以塑造,并提倡个人自由理念的财产权。康德的财产权理论,可参见康德的《法的形而上学原理:权利的科学》。康德的这一观点,也为后来的布坎南所继受。布坎南的财产权自由观,在其《财产与自由》中有论述。参见[美]罗伯特·P. 莫杰思:《知识产权正当性解释》,金海军等译,商务印书馆2019年版,第186页。

〔3〕[德]卡尔·马克思:《资本论》,吴半农译,商务印书馆1934年版,第1页。

每次剧烈冲突之后都有所调整和节制,但是总体上并不能有效控制,更谈不上消除问题。到今天为止,世界仍然处于一种基于科技逐利的、通过科技极差压制掠夺他国的极为互不信任的关系之中。正在进行的中美贸易战就是一个典型例子。技术经济主义,还使其不能及时回应科技及其应用引发的不断升级的环境和安全问题。工业革命以来,科技立法对于环境破坏问题长期处于沉默状态,直到20世纪60年代在环境社会运动的压力下,环境保护问题才逐渐提上议程,但直到今天这个问题解决起来其实还很困难,包括开展环境治理的国际合作十分不易。工业革命以来,科技发展的安全和威胁问题,也一直处于边缘位置,直到20世纪中叶,当航空航天科技、核技术、生化技术等对人类生存构成严重威胁时,相关议题才进入视野。

科技活动及其“技术—经济”立法范式,其产生的最根本上威胁人类自身存在价值的一种后果,是技术结构的自主性滋长。技术在一种自主性结构逻辑里面为所欲为,进而发展为失去人的控制的主体化僭越。雅克·埃吕尔(Jacques Ellu)将这种技术失去控制的情况,称为“自主化技术”后果,即“技术已经成为自主的;它已经塑造了一个技术无孔不入的世界,这个世界遵从技术自身的规律,并已抛弃了所有的传统”。[1] 自主化技术后果,首先对于个人的自主性具有致命的威胁。[2] 海德格尔(Martin Heidegger)就此描述说:“人都将比以往更紧密被技术力量包围。这些力量,它们要求、束缚、拖曳、逼迫和强制着,将人置于这样或那样的技术发明形式的控制之下——这些力量……自从超越他的意志以来已经走了很远,他的决策能力已经落后了。”[3] 自主化技术的后果,对人类文化自主性形成压制,最终促成技术统治乃至技术垄断。美国学者尼尔·波斯曼(Neil Postman)在《技术垄断》一书中提出,人类技术文明以来可以划分为三个时代,即工具时代、技术统治时代和技术垄断时代。人类直到17世纪,都处于工具时代,技术成为人类自身文化的工具;进入工业革命之后,技术地位不断上升,逐渐取得统治权,开启技术统治时代,对人类文化产生了极大的改造效应,虽然技术表面上促进了平等和自由,但也出现了产业化和科技竞争的狂热;今天则开始进入技术垄断

〔1〕[美]兰登·温纳:《自主化技术:作为政治思想主题的失控技术》,杨海燕译,北京大学出版社2014年版,第13页。

〔2〕Bruno Bettelhein, *The Informed Heard: Autonomy in A Mass Age*, The Free Press, 1960, p. 1.

〔3〕[美]兰登·温纳:《自主化技术:作为政治思想主题的失控技术》,杨海燕译,北京大学出版社2014年版,第12页。

时代,文化向技术投降,技术几乎要彻底垄断人类文化观。[1]

四、人工智能立法"技术—社会+经济"新范式的基础及其开展

人工智能科技作为第四次工业革命引燃的新科技之一,是以机器学习算法(如人工神经网络和深度学习方法)和自动发现技术为基础的,这些技术让智能的机器人与计算机获得认知能力,可以通过设计实现自我编程,形成从基本原理中找到最佳解决方案的能力。现在应用的领域突飞猛进,从智能助手向环境智能急速转进。[2] 前者,包括人机交谈(如苹果公司的 Siri 语音服务)、文字输入预测、归纳文本信息、诊断疾病、选择推送广告、搜索算法(谷歌)、翻译软件、智能法务等;后者,则包括正在开发或不断改进的作为单体使用的无人机、无人驾驶汽车、警务机器人、伙伴机器人等,也包括作为提供管理和服务的智慧交通管理平台、智慧城市管理平台、司法服务自助和分发平台等。[3]

(一)人工智能科技的"强社会面相"与立法范式转变基础

世界经济论坛创始人施瓦布提出,要关注科技革新或工业革命可能导致负外部性,即对社会的损害或威胁。他认为,此前的第三次工业革命,虽然取得了巨大的发展,但是在科技竞争、区域经济一体化和经济全球化的情势下,却付出了损害自然环境、弱势群体等沉重代价,而以人工智能等新科技为表征的第四次工业革命如果不想重蹈覆辙,那么最好是要管理好这种外部性效应,防范和避免科技应用的意外后果、变革成本、二级影响以及蓄意滥用的伤害等。[4]

人工智能发展基于其科技特点以及极具颠覆性的经济应用潜能,如果不提前应对和防范,其可能带来的社会负外部性,毫无疑问会比既有的任何科技都更加复杂和严重。人工智能科技作为新兴科技,自身在应用上具有许多其他科技无法比拟的迭代效应,存在巨大的应用场景和产业化空间,此外还

---

[1] [美]尼尔·波斯曼:《技术垄断:文化向技术投降》,何道宽译,中信出版社 2019 年版,第 21-62 页。

[2] [德]克劳斯·施瓦布:《第四次工业革命:转型的力量》,李菁译,中信出版社 2016 年版,第 9 页。

[3] [德]克劳斯·施瓦布、[澳]尼古拉斯·戴维斯:《第四次工业革命——行动路线图:打造创造型社会》,世界经济论坛北京代表处译,中信出版社 2018 年版,第 152 页。

[4] [德]克劳斯·施瓦布、[澳]尼古拉斯·戴维斯:《第四次工业革命——行动路线图:打造创造型社会》,世界经济论坛北京代表处译,中信出版社 2018 年版,第 3、11 页。

具有渗透其他几乎所有领域的效用,即通过"人工智能+"方式,可以放大其他领域的效用。这是积极方面的。但是从消极面来讲,如果处理不好,也会带来许多可能意想不到的负外部性后果,包括甚至放大其他领域的社会问题。因此需要预先布局,提前做好化解和应对,以避免贪功冒进、陷入社会危机。已经有不少人工智能社会学家对之进行关注和研究,并且作出了许多中肯的揭示或预测。中国政府2017年7月8日发布的《新一代人工智能发展规划》也关注了人工智能发展的不确定性带来的新挑战,提出"人工智能是影响面广的颠覆性技术,可能带来改变就业结构、冲击法律与社会伦理、侵犯个人隐私、挑战国际关系准则等问题,将对政府管理、经济安全和社会稳定乃至全球治理产生深远影响。在大力发展人工智能的同时,必须高度重视可能带来的安全风险挑战,加强前瞻预防与约束引导,最大限度降低风险,确保人工智能安全、可靠、可控发展"[1]。

首先,人工智能发展可能带来的负外部性,许多是整体性或共同性的。主要体现为两个方面,即可能引发系统的社会公平和平等问题,以及可能引发社会安全和风险问题。其一,人工智能基于其应用可能导致社会不公平、不平等,主要是因为人工智能作为一种更具颠覆性的技术,容易使先用者取得一种科技极差优势和事实上的科技垄断优势,从而不仅会使得财富和福祉分配不公平,甚至导致赢者通吃的吸利效应,使后用者或者各种原因被排除在人工智能技术之外的人,特别是利益相关者,成为新技术的弱势群体,进而成为社会弱势群体。[2] 一般而言,最大的受益者应该是科技创造者、投资人、股东,以及控制了作为人工智能运行基础的数据的为数不多的大平台;而具体的劳动者、消费者[3]甚至一般生产者等则容易沦为不幸者。[4] 其中,

[1] 《国务院关于印发〈新一代人工智能发展规划〉的通知》,载中华人民共和国中央人民政府网,http://www.gov.cn/xinwen/2017-07/20/content_5212064.htm。

[2] 欧盟数据保护委员会2015年发布的《应对大数据挑战:呼吁通过设计和可责性实现透明性、用户控制及数据保护》,禁止算法对穷人的或者弱势群体的歧视,并且赋予质疑公平算法化的可能性。参见European Data Protection Board(EDPB), *Law Enforcement in the Age of Big Data and Surveillance Intermediaries: Transparency Challenges*, https://edps.europa.eu/sites/edp/files/Publication/15-11-19_big_data_en.pdf, p.7-8, December 2, 2019。

[3] 对消费者来说,可能最突出的社会公平,体现为人工智能算法带来的信息不对称、不透明、歧视(包容不够)等问题,因此需要建立对称、透明、包容的算法规则。

[4] [德]克劳斯·施瓦布:《第四次工业革命:转型的力量》,李菁译,中信出版社2016年版,第9-12页。

劳动力市场公平问题目前最令人关注。面对人工智能可能带来的产业消失、从业人口减少和为释放出来的劳动力寻找出路,该如何缩短转型周期,是摆在政府面前的一个现实命题。人工智能将导致传统劳动力的大量失业,合理安排、疏导或是通过培训再次利用这些劳动力,将是对政府的重大考验。但人工智能人才短缺又成为制约人工智能产业发展的短板。[1] 所以,劳动力体制改革已经是迫在眉睫。2016 年 12 月奥巴马政府出台的《人工智能、自动化和经济》报告,便涉及培养人工智能人才和同时解决劳动力失业难题两个方面。[2] 欧盟委员会发布了 2018 年《关于人工智能的通讯》,也关注了自动化、机器人和 AI 的出现正在改变劳动力市场,提出现阶段作出量化的评估还不具备条件,但欧盟必须为此变革做好准备。[3] 2017 年《新一代人工智能发展规划》在保障措施部分的第五点提到,中国大力发展劳动力培训,但目前这方面的举措还有待实化和明确。[4] 其二,人工智能基于应用特别是滥用,比以往许多科技都可能更容易使社会陷入不安全或巨大风险。这是因为,人工智能的研发和应用,无论从系统稳定、功能还是应对复杂社会环境、

---

〔1〕 2017 年全球最大的职场社交平台领英发布《全球人工智能领域人才报告》,根据该报告全球人工智能领域人才超过 190 万人,美国拥有 85 万,高居榜首,而中国只有不到 5 万人。

〔2〕 奥巴马政府该报告主张:(1)投资和开发人工智能,着重推动科学、技术、工程学、数据领域(STEM)的人才培养;(2)提供高质量的早期教育,投资确保所有的美国人都能负担得起中学以上的教育,同时扩展就业驱动的培训和终身学习的机会,以及为工作者提供更好的指导以完成工作过渡;(3)帮助转型过程中的工人并赋予工人权力,确保大家广泛共享由人工智能带来的经济增长收益。决策者应确保工人和求职者都能够找到他们最适合的岗位,确保他们以工资上涨的形式获得正确的工作回报。这包括加强失业保险、医疗补助、补充营养援助计划(SNAP)和有需要家庭临时援助(TANF)等关键支持以及实施新的计划,如工资保险以及为处于危机中的家庭提供紧急援助。工人赋权还包括加强对有需要的工人和家庭的关键保障措施,建立 21 世纪的退休制度,扩大享有医疗保健服务的人群的数量。增加工资、竞争力和工人议价能力以及实现税收政策现代化和实施解决差异地域影响的战略,将是支持工人和解决与劳动力市场变化相关重组问题的重要方面。参见 Kristin Lee, *Artificial Intelligence, Automation, and the Economy*, https://obamawhitehouse.archives.gov/blog/2016/12/20/artificial-intelligence-automation-and-economy。

〔3〕 European Commission, *Communication Artificial Intelligence for Europe*, https://ec.europa.eu/digital-single-market/en/news/communication-artificial-intelligence-europe, December 2, 2019.

〔4〕 我国已有专家正在关注人工智能时代的劳动法或劳动权问题。可参见涂永前:《人工智能驱使劳动政策法制的变革》,载《社会科学报》2018 年 4 月 5 日,第 3 版;林嘉:《回应信息时代的新问题 在技术进步中更好保护劳动者权利(适势求是)》,载《人民日报》2019 年 7 月 5 日,第 9 版。

防范人为滥用或者破坏等来讲，都具有更加的不确定性。[1] 广义上的社会风险，还包括人们对于人工智能时代的不适应性。因为人工智能带来的变化速度，可能已经超出了人类基因选择和文化选择的适应能力。[2] 中国《新一代人工智能发展规划》的总体部署，提到了人工智能发展与风险防范的并举要求，即“把握人工智能技术属性和社会属性高度融合的特征。既要加大人工智能研发和应用力度，最大程度发挥人工智能潜力；又要预判人工智能的挑战，协调产业政策、创新政策与社会政策，实现激励发展与合理规制的协调，最大限度防范风险”[3]。

其次，人工智能可能的负外部性，更多是具体的，体现在人工智能特定化的具体应用场景。所以，场景细分研究很重要。例如，在人工智能决策领域，可能导致的负效应就包括问责不合理、引发失业、诱发网络入侵和网络犯罪、缺乏责任义务、决策过程不透明或难以理解加剧该领域的不平等、违反算法合理、对人性化形成根本威胁等；在人工智能替代白领工作领域可能导致的负效应，主要包括失业、问责和义务不合理、法律财务信息披露风险加剧、工作自动化等；在人工智能服务领域，其负效应则可能有失业、责任和义务不合理、向全天候服务转变、诱发黑客和网络安全风险等。[4] 具体场景中，无人机、自动驾驶汽车、警务机器人、自动致命武器等则更加复杂，正处于热议之中，目前的研究似乎离形成清晰化认识还有很大差距。限于篇幅，这里不予赘述。

上面这些社会问题，还不是人工智能科技最复杂的消极问题。人工智能新科技与其他许多科技有一个很不同的特点，就是它是一种以认知能力为基础的技术，为此具有与人相通的特点，因此其引发极强的伦理关切。在应用方面，这种与人的相通性可能带来不可估量的潜在效用，能够替代人类发挥智慧作用，可以想象，从经济增长上来说功效可期，厚利在望。但是，它以与

---

〔1〕 [德]克劳斯·施瓦布、[澳]尼古拉斯·戴维斯：《第四次工业革命——行动路线图：打造创造型社会》，世界经济论坛北京代表处译，中信出版社2018年版，第10-11页。

〔2〕 [美]罗宾·汉森：《机器时代：机器人统治地球后的工作、爱情和生活》，刘雁译，机械工业出版社2018年版，第22页。

〔3〕 《国务院关于印发〈新一代人工智能发展规划〉的通知》，载中华人民共和国中央人民政府网，http://www.gov.cn/xinwen/2017-07/20/content_5212064.htm。

〔4〕 [德]克劳斯·施瓦布：《第四次工业革命：转型的力量》，李菁译，中信出版社2016年版，第161-166页。

人相通性，以及以人机互动或者对人的替代作为效用设计的特点，也可能导致对人的混淆甚至取代的后果，由此引发令人困惑的人与人造物的关系难题，并且导致人自身存在的危机感，这是前所未有的问题。第四次工业革命的新科技之中，能与人工智能科技对人自身形成威胁近似的，还有生物科技、神经科技。以生物科技为例，生物技术经过20年的发展，在数字技术和新材料的支持下，基因组、基因工程、诊断学、制药开发等方面都取得了质的飞跃，出现了能够改变生物系统的技术或生物设计技术，在DNA测序、DNA合成等DNA操纵下，转基因植物技术、干细胞技术、克隆技术、胚胎技术、基因治理技术、基因编程技术等可谓层出不穷，这些对于生物工程、精密医学、农业、环境、人体健康等显然具有极大的应用价值，但是它们同时带来了对人本的威胁，因为极有可能改变人之为人的原样，所以也引发了极为深刻的人本主义观念下的伦理和安全危机。[1] 神经科技，也有类似之忧。[2] 这个伦理性问题不好处理，值得加强研究，要尽快拿出可以确信的兼顾伦理设计的方案来。我们固然不能过于保守地处理人工智能带来的“人的危机”问题，但是引入必要的监管设计应该不可避免。遗憾的是，目前各国和有关国际组织虽然在倡导一些人工智能伦理标准，包括所谓机器人安全原则，但还没有形成总括性的行之有效的全球标准。

人工智能科技在“技术—经济”模式下可能形成的负效应，可以归结为人工智能的科技社会风险。科技如果仅在经济主义的刺激下，作为改善物质需求而发展和应用，脱离对社会价值的考量，那就必定会使技术与社会严重脱节，引发严重的社会风险，广义上包括对人自身的风险。自近代以来，科技风险概念就以特殊的形态不断升级，这都与所谓科技现代化采取单边经济主义相关。风险社会理论家贝克称之为“工业社会的自反性”或“自反性现代化”，即“生产力在现代化进程中的指数式增长，使风险和潜在自我威胁的释放达到了前所未有的程度”，“在工业社会中，财富生产的‘逻辑’支配风险生产的‘逻辑’”，“从现代化进程自反性角度来看，生产力丧失了其清白无辜的

---

〔1〕［德］克劳斯·施瓦布、［澳］尼古拉斯·戴维斯：《第四次工业革命——行动路线图：打造创造型社会》，世界经济论坛北京代表处译，中信出版社2018年版，第187页。

〔2〕［德］克劳斯·施瓦布、［澳］尼古拉斯·戴维斯：《第四次工业革命——行动路线图：打造创造型社会》，世界经济论坛北京代表处译，中信出版社2018年版，第199页。

面目。技术—经济'进步'带来的力量,日益为风险生产的阴影所笼罩。"[1]科技社会风险演进到今天,早已不再是从前的潜在的副作用,而是达到了极端泛滥或突变的程度;这种风险也显然不同于19世纪和20世纪上半叶的工厂或职业危机,而是成为对自然界和人类自身包括生命的重大威胁,且成为跨越国界和族群的全球性危害。[2]

人工智能科技的强社会面相,也体现在其积极方面的协同需要上。人工智能无论从研发还是应用,都包含了巨大的共享和协同需求,同时也蕴含了巨大的共享和协同价值,还暗含新时代的普惠追求。因此,人工智能无论是其自身的研发、应用,还是对于其他领域的渗透,都高度依赖协同性的资源配置安排或者运行合作。人工智能开发和应用需要的协同,包括基础方面的协同,如数据协同、平台协同、管理协同,也包括具体应用功能和主体的协同,还包括人机协同等。这些甚至要落到具体行为、管理、权利、义务、责任的协同上来,导致人工智能相关的权力、职责、权利、义务、责任等不会简单地像既有范式那样去设计,而是需要基于协同的要求做出必要合理的变化。仅以数据资源为例,人工智能的开发和应用,离不开大数据集聚和及时更新,数据越丰富越动态就越好,因此有必要通过设计为人工智能开发者创造合理获取数据的机会,除了尽可能开放可公开资源之外,也需要为人工智能开发者提供在具体场景中动态获取必要数据的便利。但是这些会与数据管理、数据权属、个人信息保护等既有法律秩序产生冲突,因此需要进行巧妙的协同设计,实现双赢,以便最终使协同成为可能并且圆满。[3] 目前,存在一种因关注共享而完全否认数据权属化的观点,笔者认为,这种观点对于共享设计架构有简单化嫌疑,难以提供合理的主体间数据合作的根源和动力。[4] 基于人工智能的信任机制也很重要,应当配合协同需要完善相应的信任机制。马克·格兰诺维特(Mark Granovetter)在《社会与经济:信任、权力和制度》一书中提

---

[1] [德]乌尔里希·贝克:《风险社会:新的现代化之路》,张文杰、何博闻译,译林出版社2018年版,第7页。

[2] [德]乌尔里希·贝克:《风险社会:新的现代化之路》,张文杰、何博闻译,译林出版社2018年版,第3、7页。

[3] 关于数据财产权及其协同机制的研究,可参考龙卫球:《数据新型财产权构建及其体系研究》,载《政法论坛》2017年第4期;龙卫球:《再论企业数据保护的财产权化路径》,载《东方法学》2018年第3期。

[4] 梅夏英:《在分享和控制之间 数据保护的私法局限和公共秩序构建》,载《中外法学》2019年第4期。

到，个人行为虽然存在自利和受规则与价值体系影响之间的微妙关系，但信任和权力也会潜移默化地塑造个人的心智结构，所以信任也是个人行为非常重要的社会因素。[1] 人工智能的信任机制体现在许多方面，但往往是具体场景化的，如在人工智能决策领域，理性的数据驱动，决策过程的透明、可理解以及决策可问责等，大概都具有增进信任的功效。[2] 目前人工智能自动驾驶汽车行业比较注重在关键点上，如隐私问题，通过宣示自律措施确立信任机制。[3]

总之，人工智能科技以一种强社会面相，展示了前所未有的社会规范需求性，这既是科技经济主义发展到今天，导致科技应用势必陷入极大风险的警示结果，也是人工智能科技自身发展到现阶段，需要更加特殊的社会协作和信任机制加以支持的要求使然。可见，人工智能科技立法作为科技立法发展到当下的特殊新领域，其转型势在必行。由上述论证逻辑可知，人工智能科技立法应当超越既有科技立法的"技术—经济"范式，而以兼顾社会的新面相，跨入"经济—社会 + 经济"的新阶段。

（二）人工智能立法"技术—社会 + 经济"新范式的开展

人工智能立法的新范式，兼顾技术社会性，在架构上总体需要坚持两重性。一方面，仍然要致力促进人工智能科技的经济意义。人类在很长一个时期内，需要通过科技提升自己的经济能力，这本身并没有错。只要在我们的世界还存在物质供给或财富增长的需求，那么科技的经济效应就值得我们追求。我们今天还没有到可以摒弃科技经济效用的时候，只是不宜取经济主义单兵冒进，而是应予制度创新，兼顾必要的社会性以有所节制。何况，目前阶段，人工智能科技只是形成了巨大的潜力，还有重要的技术突破和扩展时期，从经济意义特别是国家处于机遇期需要提升竞争力上说，还存在一个极具关

---

〔1〕［美］马克·格兰诺维特：《社会与经济：信任、权力和制度》，王水雄、罗家德译，中信出版社 2019 年版，第 91 – 140 页。

〔2〕在某种意义上，人工智能的系统安全包括依赖的网络安全，也属于可以增进信任的范畴。

〔3〕以美国为例，美国行业组织便就自动驾驶汽车的隐私保护问题倡导了自律保护要求，以增进消费者信任。2014 年 11 月，汽车制造商联盟和全球汽车制造商协会发布的《消费者隐私保护原则——汽车技术和服务隐私保护原则》报告，明确提出隐私问题对于消费者和汽车厂商都非常重要，要求参与该原则制定的 19 家汽车厂商都承诺遵守报告关于自动驾驶汽车隐私保护的要求。2017 年 2 月，未来隐私论坛和美国汽车经销商协会发布《汽车中的个人数据》（Personal Data In Your Car），向消费者介绍车辆收集的数据类型、有关收集使用指南以及用户可能拥有的选项。

键的需要鼓励和引导的期间。当然,不同国家或不同阶段存在的差异性,导致经济需求的迫切程度、正当化程度会有所不同。例如,发达国家经历二三百年工业化的经济主义追求之后,经济增长进入了一个新的阶段,而发展中国家却仍然有不少还挣扎在贫困线上。[1] 这恐怕也是国际社会要就科技事项进行平衡规范,难以取得合作共识的原因之一。另一方面,必须引入和提升人工智能科技社会规范。这是极为急迫而重要的。对应社会积极和消极的规范需求,体现为两大方面:一是积极的人工智能科技社会规范,重点是其合理研发和应用需要的社会协作、信任的规范体系建设。二是消极的人工智能科技社会规范,重点是如何防范和应对前述人工智能可能带来的社会问题。这一部分其实就是人工智能科技及社会风险立法的范畴。通过加强防范和治理并且系统化其方式,达成风险可控的目的。按照贝克的说法,就是要将过去稀缺社会的财富分配逻辑,向发达现代性的风险分配逻辑转变,或者说从财富生产支配风险生产的逻辑,转变为风险控制支配财富生产的逻辑。[2]

人工智能立法新范式的两重性布局,应以全新的价值观和更加合理的原则体系作为基础。人工智能的巨大科技风险,特别是基于其具有与人相通的认知能力,对人本身构成了混淆或者替代威胁。一种正在成为主流的声音认为,关于人工智能立法的价值基础,需要提升一个高度,即应从最基本的人本主义来思考,以人的基本安全为底线,提出人与人工智能这种特殊人造物(也可以是"人造人")的最低关系准则。学者和机构将之称为"人工智能和机器人应用的基本伦理框架",作为人工智能规范和政策的最高指导。当然,也有还在观望之中的。[3] 坚持人的价值观的重点是,坚持人的价值的原初本体性,坚持人工智能的价值与人的价值一致性,在二者发生冲突时以人的价值

---

〔1〕[德]乌尔里希·贝克:《风险社会:新的现代化之路》,张文杰、何博闻译,译林出版社2018年版,第5页。

〔2〕[德]乌尔里希·贝克:《风险社会:新的现代化之路》,张文杰、何博闻译,译林出版社2018年版,第3-48页。

〔3〕2016年英国下议院科学与技术委员会《机器人与人工智能》认为,虽然现在为这个新兴领域制定全行业法规还为时过早,但现在开始仔细审查人工智能系统的道德、法律和社会影响至关重要(报告第25页)。建议在艾伦图灵研究所设立一个常设人工智能委员会,以检查人工智能近期和潜在的社会、伦理和法律影响。参见 House of Commons Science and Technology Committee, *Robotics and Artificial Intelligence*, House of Commons, https://publications.parliament.uk/pa/cm201617/cmselect/cmsctech/145/145.pdf, p. 25, December 2, 2019。

为优先。联合国《世界人权宣言》和一系列相关文本宣示是人的价值的重要国际规范来源,但人的价值性应该不限于此。这也是第四次工业革命的新价值观。施瓦布研究第四次工业革命的实践时,呼吁要"确保对第四次工业革命由人类主导、以人为本。技术的开发必须尊重人类价值观本身,而不是只考虑经济价值。此外,以人为本意味着赋能于人,而不是支配人类的命运"[1]。

虽然在人工智能立法的价值体系中,人的价值观居于最高位阶,但还存在对于其他功能性或类型化的价值追求,如人工智能作为科技自身角度的促进科技创新与竞争力的价值,经济角度提升生产力和经济效率的价值,社会意义角度维护社会基本公平与安全的价值等。这些价值之间存在平衡关系,发生冲突时,社会价值应该具有优先适用性。但是,这些功能性价值,最终要服从于居于上位的人的价值,后者具有终极性、本位性和优先性。另外,仅从人工智能的社会价值角度来看,笔者认为,广义上价值至少包括伦理、安全、公平、包容四个方面,它们之间存在交叉重叠。其中,伦理既包括关于人的尊严,也包括一般社会伦理。目前,除了关注人的混淆和替代之外,重点关注的还有使用人工智能导致的过度监控问题、全景智能问题等。安全,既包括个人及人类的安全,也包括社会安全。公平,指社会不同人之间出现的机会或利益极差的情况。包容,则指平等、开放对待别人,歧视是其重要反例。[2]此外,我国《新一代人工智能发展规划》强调的社会价值,还包括人工智能对社会建设的功能。[3]

---

〔1〕 [德]克劳斯·施瓦布、[澳]尼古拉斯·戴维斯:《第四次工业革命——行动路线图:打造创造型社会》,世界经济论坛北京代表处译,中信出版社 2018 年版,第 11、32 - 55 页。

〔2〕 欧盟委员会的人工智能高级专家组 2018 年 12 月发布的《可信人工智能伦理指南》提出,实现可信人工智能的七大关键为:个人主体与监督;稳定与安全;隐私与数据治理;透明;多样、非歧视和公正;社会与环境发展;责任。这主要是从可信伦理角度出发的构建,值得研究。参见 European Commission, *Ethics guidelines for Trustworthy AI*, https://ec.europa.eu/digital - single - market/en/news/ethics - guidelines - trustworthy - ai, April 8, 2019。

〔3〕 参见我国国务院 2017 年《新一代人工智能发展规划》第一部分"战略态势"第四段,描述了这种社会建设要求:"人工智能带来社会建设的新机遇。我国正处于全面建成小康社会的决胜阶段,人口老龄化、资源环境约束等挑战依然严峻,人工智能在教育、医疗、养老、环境保护、城市运行、司法服务等领域广泛应用,将极大提高公共服务精准化水平,全面提升人民生活品质。人工智能技术可准确感知、预测、预警基础设施和社会安全运行的重大态势,及时把握群体认知及心理变化,主动决策反应,将显著提高社会治理的能力和水平,对有效维护社会稳定具有不可替代的作用。"

人工智能立法的上述价值观,应当通过一系列原则在人工智能的内在架构中予以进一步贯彻。这些原则成为全部规则设计和体系解释的原理基础。基于上述价值的逻辑展开,最少可以包括:其一,坚持维护人的尊严的原则。这是由坚持人的价值性推论出来的,毫无疑问是最主要的原则。其二,坚持技术创新、经济效率和社会保护一体化原则。人工智能立法应该做到三个功能价值的协调。目前的重点是矫正既往科技立法的惯习,重点对前两项功能有所限制,以彰显必要的社会保护。其三,坚持科技风险和监管一体化原则,或者称为科技风险和安全防范一体化原则。越是风险系数高的科技开发和应用,越应当增加风险的监管强度。如果应用于权力和责任更加重要的职位或情形,就应该引入更严格的监管甚至控制。鉴于人工智能存在较高风险性,今后还会发展为极高风险,因此有必要建立与其风险级别相应的确保其安全可靠的监管体系,包括引入与风险相适应的监管系统和方法。例如,划分不同主体或产品风险等级,进行相应资质管理;引入风险监测体系,进行相应的监测、预警或应急管理;建立内外结合互动的安全管理体系;引入利益相关者决策和反映程序,等等。其四,坚持行为治理和技术治理协同的原则。人工智能作为一种复杂技术,其治理与对于一般的行为治理不同,存在技术专业化的特殊性,从科学的角度来说,除了通常法律的行为治理模式,应当针对技术架构的特点引入技术治理。[1] 例如,为了达到更好地贯彻价值的效果,应当在人工智能设计环节就为技术赋予价值观,把必要的人本要求、社会需要预先嵌入进去,使其成为"价值—技术""社会—技术"系统。[2] 现在我们见到的"隐私设计保护"就有这种妙用。在重大决策、执法(警务机器人)或者致命效应(自动化致命武器)的人工智能系统设计中,安全技术同步设计、价值和社会功能预先嵌入设计、运行与风险评估会同设计,都是十分必要的。

从立法范畴看,人工智能立法作为科技立法的特别领域法,应当注意一般与具体的结合,还要注意自身与其他法律的交叉。前者体现为人工智能立法存在一般规范与具体规范的合理分置问题。人工智能一般法,通常包括人工智能一般市场规范、一般风险规范以及一般政策规范的内容;而人工智能

---

〔1〕 人工智能的技术治理这一点,与互联网治理具有的技术复杂性非常相似。

〔2〕 [德]克劳斯·施瓦布、[澳]尼古拉斯·戴维斯:《第四次工业革命——行动路线图:打造创造型社会》,世界经济论坛北京代表处译,中信出版社 2018 年版,第 11、42-48 页。

特别法，目前存在不同的划分方法，现在的一种趋势是，按照人工智能具体场景或者应用功能类型进一步细分，如人工智能传媒、内容分发、电商平台、社交平台、搜索算法、公共服务（广义包括政务、司法等）、交通（无人机、自动驾驶）、智能辅助、医疗诊断、法律助手等。后者，则指应当注意人工智能立法与宪法、行政法、民商法、刑法、诉讼法、经济法、环境法、知识产权法、国际法等既有法律的交叉关系，它主要是以与普通法有重要区别的科技特别法而定位。所以，一方面人工智能领域存在传统法律部门的交叉适用，另一方面却在很多地方需要具体化、特殊化、进一步场景化。以经济法领域为例，最近几年围绕人工智能和大数据的使用，开始产生大数据、人工智能与竞争政策的新问题，出现了数据驱动型、人工智能驱动型的反竞争行为甚至是垄断行为。[1]

五、结论：人工智能立法转型引领科技与法律新型关系

近代以来，科技立法以经济主义之名，在“技术—经济”轨道上走了很久，二三百年以来收获了巨大的技术经济红利。我们为之也付出了不菲的代价，特别是在近年来越来越感受到科技对人类安全的威胁、对社会公平和安定的不断冲击。进而，自主化技术和技术垄断成为时代标签，而我们在其中正在失去作为人的自主性，被裹挟、被无奈。那么，人工智能时代，我们还应该这样吗？当然不应该。人工智能科技以其潜在的威力正在塑造一个新的时代；而人类法律智慧在这个时刻应该感受到自身元神的召唤！我们在期待见证人工智能新经济的时刻，也应担心：这种人工智能科技，会使人类被混淆和被取代吗？我们的“人性”会被挤出这个世界的主要位置吗？我们应该如何应对和布局，才算理顺了人与人造物的基本关系？我们能够接受或容忍与人工智能进行何种相通呢？

本文正是在这个意义上，提出人工智能立法应当跳出路径依赖，告别“技术经济人”简单假设，全新打量技术社会场域的新思考，兼顾经济与社会，即要从“技术—经济”向“技术—社会＋经济”转型。既拥抱人工智能的经济福利，又发展和保全人类自身和社会。总之，这种新范式体现着当代科技立法

---

〔1〕 2019年6月，斯坦福大学法学院召开的“数据经济最佳实践国际会议”上，来自全球的学者和实务专家在很大一个环节讨论了人工智能和大数据引发的新型反竞争和垄断问题，值得关注。参见［美］莫里斯·E. 斯图克、［美］艾伦·P. 格鲁内斯：《大数据与竞争政策》，兰磊译，法律出版社2019年版，第1页。

的新趋势，演绎着科技新人文主义引领法律与科技的关系新型化，由单一经济主义向社会和经济并重转变，成就第四次工业革命中法律变革的精彩。

（龙卫球/文）*

* 龙卫球，北京航空航天大学法学院教授、博士生导师，教育部长江学者特聘教授。本文原刊于《武汉大学学报（哲学社会科学版）》2020 年第 1 期。

算法的法律与法律的算法

一、问题的提出

2018 年春节刚过，就有两则关于人工智能的新闻先后在微信朋友圈“刷屏”：一则关于特斯拉自动驾驶汽车；另一则关于一款法律人工智能产品（被称为“律政界 AlphaGo”）。

自动驾驶汽车是人工智能最热门的应用领域之一，它结合了智能算法、传感器和执行器，可以说是一种有“感知”能力、“判断”能力和“执行”能力的智能产品。其鼓吹者不仅宣称自动驾驶汽车将大大减少目前全球每年 100 多万因交通事故死亡的人数，最终“将人类赶出驾驶座”，而且指出自动驾驶汽车将带来一系列生产力和生产关系方面的根本变革。例如，人们可以在交通工具上工作；通勤时间不再是成本，而变成创造价值的时间；购买汽车并且让汽车大部分时间都躺在车库或停车场将被大多数人视为不明智的选择，招之即来、挥之即去的自动驾驶汽车将使汽车成为 24 小时都在路上的共享物品，这将极大缓解交通拥堵和停车位紧张等令人头疼的城市问题。但自动驾驶汽车真的安全吗？人们能把自己的人身安全交托给一部由算法控制的机器吗？当这部机器导致了人身伤亡和财产损失的时候，法律责任应如何分配？这些都是特斯拉事件促使我们再三思考的问题。

2018 年 2 月 27 日，央视新闻客户端报道：历时一年多的“河北邯郸车主高某斌因特斯拉的 Model S 自动驾驶汽车在自动驾驶状态下发生事故造成其子高某宁死亡而起诉特斯拉公司”一案有了新进展，此前一直主张“没有办法知道”发生事故时车辆是否启用了“自动驾驶”（Autopilot）的特斯拉在大量证据面前被迫承认车辆在事故发生时处于自动驾驶状态。这起事故发生在 2016 年 1 月 20 日，是全球首起自动驾驶汽车致死事件。就在同年 5 月的一天，40 岁的美国退伍兵、网络设备公司老板约书亚 · 布朗（Joshua Brown）驾驶的一辆特斯拉 Model S 自动驾驶汽车在佛罗里达州列维县（Levy

County)的27A美国高速公路上与一辆卡车相撞,布朗当场死亡。美国国家交通安全委员会(NTSB)的调查表明,布朗和自动驾驶系统都未能识别出这辆卡车,特斯拉直接从卡车下面穿过,车顶被掀开,布朗的头部严重受伤,直到撞到一棵树才停下。汽车的气囊在撞上卡车时也未打开,直到撞树时才打开。[1]

值得注意的是,这两起事故发生时,中美两国都未曾制定允许自动驾驶汽车上路的道路交通管理规则和事故责任规则。直到今天,相关的规则也仍在酝酿过程之中。而这些事故使我们看到,智能算法操纵的汽车早已默默上路,正在与人类司机驾驶的汽车互动。事故早已先于规则出现。同时,这两起事故中丧生的司机都是退伍军人,这个特定身份或许意味着他们敢于冒险,在事故发生时他们都没有"驾驶"汽车,而是放心地把自己的安危交给智能算法。但现实生活中大多数人都是"风险规避者",对于不能确定是否安全的新产品,我们总是不愿意贸然去尝试。立法可以起到稳定人心的作用:虽然法律不能消除事故,但可以让人们觉得有安全保障。

这类事件引出了本文要讨论的第一个问题,即算法的法律。我们正在进入"算法统治的时代"。越来越多的人拥有不止一种穿戴式智能设备,从智能手机、智能手环、智能眼镜到智能运动鞋、智能手套、智能服装,我们有些人生活在智能家居环境中,室内遍布着智能照明系统、智能冰箱、智能洗衣机、扫地机器人、擦窗机器人等。这些设备随时都在向"云端"传送着我们的各种信息,从心跳、脉搏等身体信息到消费信息、饮食习惯、活动轨迹,等等。我们因此成为"物联网"时代的"量化自我"(quantified self)或"可测度的自我"(measurable self)[2],我们的一举一动都留下了电子痕迹,变成可供处理、分析和利用的数据。但我们并不拥有这些数据,也无法控制这些数据,数据属于为我们提供各种服务的"大数据掌控者"。因此,量化自我可能是一个不准确的概念,它让我们误以为我们可以借助大数据来更好地进行自我管理和自我实现。更准确的概念应该是"被强加给个人的量化身份"[3]。

---

[1] Gareth Corfield, *Tesla Death Smash Probe: Neither Driver Nor Autopilot Saw the Truck*, https://www.theregister.co.uk/AMP/2017/06/20/tesla_death_crash_accident_report_ntsb.

[2] Sander Klous, Nart Wielaard, *We Are Big Data: The Future of the Information Society*, Atlantis Press, 2016, p. 61.

[3] Frank Pasquale & Danielle Keats Citron, *Promoting Innovation While Preventing Discrimination: Policy Goals for the Scored Society*, 89 Washington Law Review 1414 (2014).

人不是数据，更不是电子痕迹的汇总，但技术正在使数据得到处理和整合，形成各种各样的自动化区分、评分、排序和决策，这些活动反过来使我们的"真实自我"在社会层面变得无关紧要。我们进入所谓的"微粒社会"[1]，我们都成为数据，并最终成为被算法所定义的人。算法权力(algorithmic power)这种新兴的权力并不把我们当成"主体"来对待，而是作为可计算、可预测、可控制的客体。[2] 在这里，马克思(Karl Marx)和恩格斯(Friedrich Engels)在一百多年以前所描述的资本主义对全部社会关系的革命性改造在数字技术的帮助下以更加彻底的方式得以推进："一切固定的僵化的关系以及与之相适应的素被尊崇的观念和见解都被消除了，一切新形成的关系等不到固定下来就陈旧了。一切等级的和固定的东西都烟消云散了，一切神圣的东西都被亵渎了。"[3]大数据掌控者们借助越来越智能化的算法分析和利用着我们的数据，开发着靠数据化的人类经验喂养的人工智能产品，在为我们的生活提供越来越多便利的同时影响着我们的选择和决策，并在此过程中积累起日益膨胀的财富、技术和人力资源。我们时常听到各种美妙的新词汇，比如共享经济，似乎我们都是这个新世界的主人，分享着它所带来的各种好处，但"共享经济其实是一种聚合经济"[4]，它所产生的巨大利益属于聚合数据的平台或"架构"，我们都在为自己的消费付费，而我们在消费的同时也都在生产，生产着数据，但没人为我们的数据生产支付报酬。我们是生产性的消费者(prosumer)，"免费"使用APP或其他网络服务就是我们的报酬。[5] 由此可见，有形的自动驾驶汽车只是算法影响人类生活的一个例子，而无形的智能算法已经改变了我们生产方式、消费方式和生产关系、社会关系。法律如何规制算法，解决算法所带来的主体性流失、权利损害和歧视问题？现有的立法和规制模式已经提供了一些可供参考的方案，通过比较这些方案，评

---

〔1〕 [德]克里斯多夫·库克里克：《微粒社会：数字化时代的社会模式》，黄昆、夏柯译，中信出版社2017年版。

〔2〕 John Cheney - Lippold, *We Are Data: Algorithms and the Making of Our Digital Selves*, New York University Press, 2017, p. 141.

〔3〕 [德]马克思、[德]恩格斯：《共产党宣言》，载中共中央马克思恩格斯列宁斯大林著作编译局编译：《马克思恩格斯选集》(第1卷)，人民出版社2012年版，第403页。

〔4〕 Don Tapscott, Alex Tapscott, *Blockchain Revolution: How the Technology Behind Bitcoin is Changing Money, Business, and the World*, Penguin, 2016, p. 28.

〔5〕 Birgit Blättel - Mink und Kai - Uwe Hellmann (Hrsg.), Prosumer Revisited: Zur Aktualität einer Debatte, VS Verlag für Sozialwissenschaften, 2010.

析其利弊,我们可以形成一条相对清晰的思路。

第二则新闻是:专门从事法律人工智能产品开发的 LawGeex 公司与斯坦福、杜克和南加州大学的法学教授们合作进行了一项新的研究,让 20 名有经验的律师与训练好的法律智能算法竞赛,在 4 小时之内审查 5 份保密协议,找出包括保密关系、保密范围、仲裁、赔偿在内的 30 个法律问题点,以界定法律问题的准确性和明晰程度作为得分点。人类律师平均花费 92 分钟完成了任务,准确率是 85%;而人工智能系统仅用了 26 秒就完成任务,准确率高达 95%。实际上,这已不是人工智能在法律技能竞赛中第一次打败人类了。2017 年 11 月,剑桥大学法学院的学生们组织一次人机法律竞赛,由 112 位自愿报名参赛的律师和开发法律人工智能产品的新创企业 Case – Crunch 的一款产品进行比赛,比赛内容是预测金融申诉专员(Financial Ombudsman)对付款保障保险(PPI)不当销售申诉实际案例的裁断,结果人工智能产品的预测准确率高达 86.6%,而人类律师的预测准确率只有 62.3%。[1]

这一类事件涉及本文要讨论的第二个问题:法律的算法,即法律人的推理和判断在多大程度上能够被算法所取代,或者说,法律职业在多大程度上能够被法律人工智能产品所取代?这是法律职业者们所关心的问题。算法能为法律做什么,取决于我们对法律思维和法律方法的理解,也取决于算法本身的发展状态。本文第三部分将重点讨论法律算法化的可能性及其限度。

信息技术革命带来了新的权力形态,导致了"算力即权力"的新现象,同时也使传统上用来抗衡国家权力的公民权利面对更隐微、更无所不在、更多元化的权力技术的侵蚀。法律是一种技艺,更是一套形塑体现人类基本价值的良好秩序的规范体系。面对新型的权力格局和权利处境,法治将向何处发展?未来的法治秩序将呈现何种面貌?这是本文最后一部分将会讨论的问题。

二、算法的法律

技术是导致经济—社会变革的重要变量之一,而且是不可逆转的变量。法国哲学家德布雷(Régis Debray)写道:"归根到底,唯一跳出星球运转的循环意义外的革命不是政治革命而是技术革命,因为只有它们才是不复返的。

---

[1] University of Cambridge, *Cambridge Students Organize "AI v. Lawyers" Challenge*, https://www.law.cam.ac.uk/press/news/2017/11/cambridge-students-organise-ai-v-lawyers-challenge, March 25, 2018.

有了电流后就不再用蜡烛,有了汽轮船就不再用帆船。然而有了十月革命还是回到了东正教……”[1]人工智能是一种正在给人类社会带来全方位的深刻变革的技术,正像所有的技术一样,它服务于特定的人类目的。但机器学习(尤其是无监督学习)结果的不可控性又使人工智能不同于以往的技术,其中蕴含着更大的风险和不确定性。法律应当如何规制人工智能,从而在鼓励创新的同时保护人类社会的基本价值并将风险保持在可控范围之内,是一个已经引起广泛讨论和立法回应的问题。

(一)创设新的法律人格

人工智能从某种意义上讲是一种能够学习、判断和决策的算法,它模仿和替代人类智能的潜质促使人们重新思考人与机器之间的关系。德国思想家卢曼(Niklas Luhmann)指出:“电子数据处理技术已经改变了人与机器之间的关系。这种技术不能再被认为是对体力劳动的辅助,因此要求我们重新界定人与机器的关系。‘人工智能’研究体现了这种变化——甚至开始质疑将问题表述成人机关系就认知科学的目的而言是否妥当。”[2]

对“人机关系”新形态最先作出立法回应的是欧盟。2016年,欧洲议会提出了“机器人法”立法建议报告。[3] 鉴于人工智能可能在无人监管的情况下作出“决策”并自主执行这样的“决策”,该报告在第50(f)项建议:“从长远来看要创设机器人的特殊法律地位,以确保至少最复杂的自动化机器人可以被确认为享有电子人(electronic persons)的法律地位,有责任弥补自己所造成的任何损害,并且可能在机器人作出自主决策或以其他方式与第三人独立交往的案件中适用电子人格(electronic personality)。”韩国国会正在讨论的“机器人基本法案”以欧盟的这份报告为范本,也提出要“赋予机器人以享有权利并承担义务的电子人格”[4]。沙特阿拉伯则在没有相关立法的情况下在2017年授予一家香港公司生产的机器人索菲亚以公民身份并向“她”发

---

[1] [法]雷吉斯·德布雷、[中]赵汀阳:《两面之词:关于革命问题的通信》,张万申译,中信出版社2014年版,第23页。

[2] Niklas Luhmann, *Theory of Society*, Volume Ⅰ, trans. by Rhodes Barrett, Stanford University Press, 2012, p. 69.

[3] European Parliament, *Report with Recommendations to the Commission on Civil Rules on Robotics*, http://www.europarl.europa.eu/sides/getDoc.do?type=REPORT&reference=A8-2017-0005&language=EN, March 25, 2018.

[4] See https://www.lawmaking.go.kr/lmSts/nsmLmSts/out/2008068/detailRP, March 25, 2018.

放了护照,其主要目的是给沙特阿拉伯的人工智能发展战略做宣传。

实际上,在如何落实这种"法律人格"所必然带来的民事行为能力和责任能力时,欧洲议会报告并没有提出具体的方案。如果机器人对人造成了损害,无论是适用罗马法中的"缴出赔偿"(noxoe deditio)原则(把机器人交给受害者或其家属处置),还是让机器人支付赔偿金或坐牢,最终承担责任的始终是机器人的"主人",因为机器人不可能有独立的收入,限制它的"自由"则等于剥夺了其"主人"的财产权。由此可见,机器人无论以何种方式承担责任,最终的责任承担者都是人,这使它的"法律人格"显得多余和毫无必要,经不住"奥康剃刀"(如无必要,勿增实体)的检验。实际上,这份报告在具体的规则设计部分也自动放弃了适用机器人"法律人格"的努力,如它提议制造商为他们的机器人购买强制性保险。此外,还要设立专门的基金来补充保险机制,主要的出资人也是制造商、经销商和其他利益相关者。

赋予具有自动化决策(ADM)能力的人工智能体以法律人格并不是一种完全不可行的模式,不可行的是目前这种缺乏相应法律能力和法律责任分配机制的简单拟人化模式。出于解决问题的需要,法律当中充满着各种拟制(fictions),"法人"这种"不可见、不可触、只存在于法律的凝思之中"[1]的就是其中的一种,它产生了独立于自然人的行为能力和责任能力规则。要使"电子人"这一新的法律拟制有意义,就必须对智能算法的设计原理、它与人(设计者和使用者)之间的互动模式以及它作出决策的自主程度进行详细的研究、分类和基于应用场景的规则设计[2],从而使它能够带来现行自然人和法人概念所无法得出的权责规则。

(二)矫正正义模式

法律,尤其是私法,所体现的核心价值是交换正义和矫正正义。对于自愿的交易,法律旨在确保承诺的履行,合同法便是为了实现这一功能而出现的。对于非自愿发生的初始状态改变,对损害给予救济的侵权法原则和对不当得利予以返还的民法原则(restitution)是主要的法律介入形式。将矫正正义的形式法则应用于各种事实场景的技艺被认为是法律的独特技艺所在,体

---

[1] 马歇尔大法官语,参见 Dartmouth College v. Woodward,4 Wheaton 518,627(1819)。

[2] Argyro P. Karanasiou, Dimitris A. Pinotsis, *A Study into the Layers of Automated Decision - making: Emergent Normative and Legal Aspects of Deep Learning*, 31 International Review of Law, Computers & Technology 170 - 187(2017).

现了柯克(Edward Coke)所说的“人造理性”。[1] 影响甚大的多伦多大学新形式主义法律学派将矫正正义的概念化、类型化和系统化处理视为法学维持自身独立品格、避免受法律和社会科学交叉学科侵蚀的关键所在。[2] 这种思路明显体现在人工智能若干应用场景的法律回应之中，自动驾驶就是一个例子。在特斯拉 Model S 自动驾驶汽车造成人员死亡的中美两个案例中，争议的焦点都在于发生事故时车上的自动驾驶系统是否处于启动状态，其中所体现的侵权法原则是：在事故责任不在别的车辆的情况下，如果汽车处在自动驾驶状态，责任应当由汽车制造商承担；如果汽车处在人为操作状态，责任则在于司机。虽然中美两国都还没有专门针对自动驾驶汽车的交通事故责任进行立法，但这样的基本原则却已经包含在现有的法律体系和法律人的“默会知识”之中。实际上，这一原则源远流长，可以追溯到马车、骡车时代的古罗马。

《学说汇纂》中有一项基本的法律原则：如果人为原因造成了损害，就需要从结果回溯到原因，法律存在于因果关系之中(in causa ius esse positum)。同时，法律只惩罚有过错的行为，在确定法律上的请求权基础的时候，我们不仅需要找到因果关系(causa)，还需要发现过错(culpa)，因为“恶意和过失才是应受惩罚的”(dolus et culpa punitur)。[3] 《学说汇纂》第九卷第一章讲述了四脚动物导致无意损害的请求权问题。一般原则是：动物的主人要么将其交给受害人一方自由处置，要么作出经济赔偿。用今天的话来说，这是一种严格责任。在法学家阿非努斯与一名奴隶主之间的对话中，奴隶主问法学家：“有两辆骡车在卡皮托尔山的上坡路上行进，第一辆车的车夫在后面推骡车，以便协助骡子上坡，但不知何故这辆骡车突然后退，车夫为了自身安全闪开了，以致这辆车撞上了后面一辆车的骡子，导致第二辆车撞上了一名奴隶男孩。我应当向谁提起诉讼？”法学家答曰：“法律要到因果关系中去寻找。如果是车夫主动改变原来的行为方式导致骡子后退，那么就应当向车夫提起

---

〔1〕 Charles Fried, *Artificial Reason of the Law or: What Lawyers Know*, 60 Texas Law Review 35 (1981).

〔2〕 Ernest J. Weinrib, *The Idea of Private Law*, Oxford University Press, 1995; Ernest J. Weinrib, *Corrective Justice*, Oxford University Press, 2012; Stephen Waddams, *Dimensions of Private Law*, Cambridge University Press, 2003.

〔3〕 Iustinian, *Digesta Iustiniani Augusti*, Vol. I, ed. and trans. by Theodor Mommsen, Berolini: Apud Weidmannos, 1870, 9. 2. 30. 3.

诉讼。因为放开某物令其对他人造成伤害就和主动拿出武器伤害他人一样。如果骡子后退是因为受到惊吓,车夫退让是为了自保,那么,更合理的方式是向骡子的主人提起诉讼。如果是因为骡子无力负重或车夫无力继续推车,那么奴隶主对骡子主人和车夫都没有请求权。"[1]今天的自动驾驶法仍体现了这个古老的法律规则,只要我们把骡子换成自动驾驶系统。

2017年5月,德国联邦议会通过了一部法案,对《德国道路交通法》进行了修改,允许高度自动化和完全自动化的汽车作为交通工具上路。但为了符合1968年《维也纳道路交通公约》第8条"每一部车辆在行驶时都必须有驾驶员在位"的规定,它没有允许自动驾驶汽车变成"无人驾驶"汽车。它规定,当自动驾驶系统启动之后,司机可以转移注意力,如去读书或上网,但他必须保持足够的警觉,以便在系统发出请求时恢复人工控制。它还要求高度或完全自动化汽车安装记录驾驶过程的黑匣子,在没有卷入交通事故的情况下,黑匣子信息必须保存半年。如果自动驾驶模式正在运行过程中发生了事故,责任在于汽车制造商。但如果自动驾驶系统已经发出了请求人工控制的信号,责任便转移到了驾驶人员身上。

德国的这部法律受到业界的猛烈批评。有人指出,在新法下,司机不知道该怎样做才能避免法律责任,自动驾驶汽车无法实现真正的"无人驾驶",也就是车上只有乘客而没有驾驶员,阻碍了自动驾驶汽车的商业化发展。试想,如果花比传统汽车贵得多的价钱购买了一辆自动驾驶汽车,却时刻必须保持警觉,而且要在自动驾驶系统控制汽车操作一段时间后瞬间介入,应付紧急情况,这实际上对驾驶员提出了更高的要求。新法把自动驾驶汽车造成人身伤亡的最高赔偿额度提高到1000万欧元,比原来的最高赔偿额度增加了一倍。虽然这笔赔偿费用在多数情况下将由保险公司支付,但保险公司无疑会提高保费,这也增加了自动驾驶汽车车主的负担。

(三)风险控制模式

对于一种深刻改变着社会而其中包含的风险尚无法确知的技术,损害发生之后的司法救济显然无法确保社会的公共利益。因此,许多国家都试图设立专门的规制机构来负责人工智能研发和产品化过程中的风险评估、风险沟通和风险管理。比如,欧洲议会报告中便提议设立一个"欧洲机器人和人工

---

[1] Iustinian, *Digesta Iustiniani Augusti*, Vol. I, ed. and trans. by Theodor Mommsen, Berolini: Apud Weidmannos, 1870, 9.2.52.2.

智能局”来统筹该领域的风险规制工作。2017 年 12 月,美国众议院讨论了由议员约翰·德莱尼(John Delaney)提出的《人工智能的未来法案》,其中的主要内容也是要求在商务部内设立一个“联邦人工智能发展与应用顾问委员会”,就人工智能涉及的技术、商业、国家安全等问题进行综合研判并向政府提供立法和规制建议。该法案特别强调了促进人工智能发展与防止其负面影响之间的平衡问题,指出人工智能技术的持续发展对美国的经济繁荣、社会稳定和国家安全具有至关重要(critical)的意义,不能因为担忧其不可控的风险就采取过多的抑制措施。此外,日本经济产业省已经于 2015 年 7 月 1 日在产业机械课内成立了“机器人政策室”[1],韩国《机器人基本法案》中也提出要建立直接对总理负责的“国家机器人伦理、政策委员会”。

2017 年 9 月美国众议院通过的《美国自动驾驶法》(Self Drive Act)也采取了这种以风险规制为侧重点的公法模式。它没有改变现有的道路交通规则和与事故责任相关的侵权法规则,而是用宪法和行政法的思维方式划分了联邦与各州之间在规制自动驾驶汽车方面的责任,明确了交通部在确立自动驾驶汽车硬件安全标准、网络安全标准、公众知情标准等方面的具体义务和履行时间表。其中第 12 条强化了隐私权保护,要求制造商和经销商只有在提出了满足一系列具体要求的“隐私权保障计划”的前提下才可以供应、销售或进口自动驾驶汽车。这些要求旨在确保自动驾驶汽车的车主和使用者对个人数据和隐私有充分的控制能力,不至于在自己不知情的情况下任由制造商或程序设计者使用自己的个人数据。风险规制模式下的隐私权保障计划是由大数据使用者自己提出的,政府在其中充当把关者的角色,规制部门是厂商与消费者之间的中立第三方,这一点与下述预防模式下政府积极控制技术发展方向的做法不同。

(四)预防模式

当一种新技术对社会的影响在科学上尚无定论的时候,如果这种影响有可能是负面的、巨大的和不可逆转的,决策者就应该假定它会造成这种影响,并据此来制定相关政策和法律。这就是“风险预防原则”(Precautionary Principle)。对该原则最广为人知的表述出现在 1992 年的《里约宣言》中,该宣言第 15 条指出:“在严重的或不可逆转的损害威胁存在的领域,缺乏充分的科

---

[1] 《日本经产省成立机器人政策室》,载新浪财经网,http://finance.sina.com.cn/world/20150701/122322562315.shtml。

学确定性不应成为暂缓采取有成本效益的措施来防止环境恶化的理由。”[1]这一原则也正在被适用到人工智能领域。

机器学习以大数据为素材，采取预防模式的欧盟选取了数据这个源头作为切入点来杜绝可能带来权利侵害的算法。即将于2018年生效的《欧盟一般数据保护条例》一体适用于对个人数据的自动化（算法处理）和非自动化处理（第2条），其目的在于保护数据流动和数据处理过程中自然人所享有的数据权利（第1条）。而个人数据的定义十分宽泛，包括与已被识别出（identified）或可被识别出（identifiable）的自然人相关的任何信息。其中对“可被识别出的”个人数据的保护对算法设计者提出了很高的要求，包括采取匿名化等一系列使数据无法被关联到具体个人的技术手段（第4条）。对个人数据的处理要符合合法、公平、透明、目的具体且有限、准确、安全等原则（第5条）。除非在法律明确规定的条件（如数据主体明确同意）下，处理数据的方式不得显示出个人的种族、民族、政治观点、宗教或哲学信仰、工会成员身份等，处理的对象不得包括基因数据、使某个人被识别出来的生物计量学数据、健康数据以及性生活或性取向数据（第9条）。[2] 该条例明确列举了数据主体的若干具体权利，包括充分知情权、要求更正权、要求删除权（被遗忘权）和限制处理权（第15—18条），旨在强化数据主体对涉及自身的所有数据的控制能力。在鼓励创新和保护权利之间，欧盟立法者选择了后者，预先给智能算法的发展划定了界限。[3]

不仅如此，控制机器学习可用的数据来源的做法基本无视了智能算法的现有技术状态。对个人身份的已识别或可识别状态往往是数据分析的结果而不是起点，现有的智能算法已经能够对海量的无结构数据（包括百度搜索记录、淘宝购物记录、手机GPS信息等各种电子痕迹）进行分析和处理，最终实现“完美个人化”，即准确识别出某一特定个人的身份、社会属性和偏好。从数据是否已包含个人身份信息入手来规制算法无法达到保护个人权益的目的。

---

[1] United Nations Environment Programme (UNEP), Rio Declaration on Environment and Development, Principle 15. Rio de Janeiro, Brazil, June 14, 1992.

[2] 该条例全文可参见网址：http://gdpr - info. eu/art - 15 - gdpr/。

[3] 更详细的论述参见郑戈：《在鼓励创新与保护人权之间：法律如何回应大数据技术革新的挑战》，载《探索与争鸣》2016年第7期。

(五)算法规则和算法伦理模式

上述各种模式都没有超出传统的公法和私法概念框架,试图用既有的权利保护——司法救济方式来间接影响算法的设计。但也有一些国家已经开始尝试直接规制算法设计本身,试图让法律和伦理规范进入算法。其中比较典型的是,德国交通部部长任命的伦理委员会最近提出的一个报告,展现了一种完全不同的思路:要求算法编写者遵守一系列伦理法则。其中提出了20条伦理指导意见,核心是把人的生命放在首位。比如,其中第7条要求:在被证明尽管采取了各种可能的预防措施仍然不可避免危险的情况下,保护人的生命在各种受法律保护的权益中享有最高的优先性。因此,在技术上可行的范围内,系统必须被编程为在权益冲突时可以接受对动物和财产的损害,如果这样可以防止人身伤害的话。第8条规定,诸如伤害一个人以避免对更多人的伤害这样的伦理难题不能通过事先编程来处理,系统必须被设定为出现这种情况下请求人工处理。[1]

但这种将规则写入算法的做法只有在特定的算法设计模式中才有可行性,而很难被适用到像人造神经网络算法(ANN)这样的模式之中,因为这一类算法的特点和优势就是人类无法控制机器学习的结果。从机器学习模式的角度来看,只有监督学习状态下的算法才在设计者的掌控之下,对于无监督学习和强化学习而言,结果是无法预测的。法社会学家托依布纳(Gunther Teubner)曾以侵权法中的过失责任原则为例来说明这个问题:在现有的侵权法结构内,过错是指行为主体未能尽到注意义务。算法设计者的直接责任只能适用于监督学习,在此情景中人类行动者能够控制算法的输入和输出。而对于无监督学习和强化学习,唯一可以借用的是主人对宠物、监护人对被监护人或者雇主对雇员的看管责任(respondeat superior 或 Erfüllungsgehilfe),但确立这种责任要求被看管者的行为有一定的可预见性,即"对计算机行为之技术能力的常规化预期"[2]。这种预期对于如今的智能算法而言是很难获得的。实际上,人们之所以对人工智能如此热衷,恰是因为它能带来超出人

---

〔1〕 Maßnahmenplan der Bundesregierung zum Bericht der Ethik – Kommission Automatisiertes und Vernetztes Fahren (Ethik – Regeln für Fahrcomputer), https://www. bundesregierung. de/Content/DE/Artikel/2017/08/2017 – 08 – 23 – ethik – kommission – regeln – fahrcomputer. html.

〔2〕 Gunther Teubner, *Rights of Non Humans? Electronic Agents and Animals as New Actors in Politics and Law*, 33 Journal of Law and Society 509(2006).

们预期的惊喜。但同时人们也担心它带来的是惊吓。因此,有学者建议,如果人类无法控制某种算法的结果,那就不能将它应用到影响人类生活和人际互动的场景中,而只能用于科学研究和游戏(如下围棋)。法律可以通过相应的责任设计,如让算法设计者或其雇主对算法造成的损害承担严格责任,从而引导他们选择更有可预见性、更可控的算法。[1] 但这种建议的提出者所考虑的是自动驾驶汽车和机器人这种能够同人类接触并造成身体伤害的智能产品,而没有考虑到无形的算法评分、算法排序和算法决策对人造成的影响。在这些场景中,算法往往是无形的,人们无法判断损害是否由它造成,更不清楚算法本身是如何编写的。算法往往属于企业的"商业秘密",是受法律保护的名正言顺的"黑箱"。

(六)算法可解释性问题

在美国,已经有案例涉及算法"黑箱"问题。2013年年初,威斯康星州指控艾瑞克·鲁米斯(Eric Loomis)5项刑事罪行,都和一起驾车枪击事件有关。鲁米斯否认自己参与了枪击,但承认自己在案发当晚驾驶过那辆车。在辩诉交易中,他承认了2项较轻的罪名:"企图逃避交警以及未经车主同意擅自驾车。"在量刑阶段,法院收到州政府罪犯改造部门提交的一份量刑前调查报告(PSI),其中包含再犯风险评估内容(COMPAS)。在初审判决中,法院在量刑部分援引了COMPAS评估的内容,并且部分基于这一评估判处鲁米斯六年监禁外加五年监外管制。在申请定罪后救济动议(motion for post-conviction relief)被拒后,威斯康星州上诉法院批准了向州最高法院上诉。鲁米斯的上诉理由是法院对COMPAS评估的依赖侵犯了他的正当程序权利。正当程序权利包括获得个别化量刑考量的权利(the right to an individualized sentence)以及基于准确信息而受量刑的权利(the right to be sentenced on accurate information)。由于COMPAS评估报告提供的数据是类型化的,未能充分体现个人特殊性,同时由于作出评估的方法是COMPAS算法的提供者Northpointe公司的商业秘密,其可靠性无从判断,鲁米斯主张自己的上述两项权利受到了侵犯。此外,他还声称该算法评估将他的性别作为一个因素加

[1] Trevor N. White, Seth D. Baum, *Liability for Present and Robotics Technology*, in Patrick Lin, Ryan Jenkins, and Keith Abney, eds., Robotics Ethics 2.0: From Autonomous Cars to Artificial Intelligence, Oxford University Press, 2017, p. 66 – 79.

以考量,侵犯了他的平等权。[1]

威斯康星州最高法院支持了初审法院的判决。在安·布拉德利(Ann Walsh Bradley)大法官撰写的多数派意见中,鲁米斯的正当程序和平等权主张被一一否定。首先,法院认为性别因素是作为提升评估准确性的目的而非歧视目的而进入算法参数的,而且鲁米斯无法证明法院在量刑时的确考量了性别因素,因此他的平等权并未受到侵犯。其次,因为 COMPAS 所分析的数据是记录在案的公共数据(犯罪记录)和被告自己提供的数据(他对 137 个问题的回答),因此,被告在算法评估结果出来之前本来就有机会否认或解释相关信息,也有机会验证相关信息的准确性,因此质疑信息准确性的主张站不住脚。最后,关于量刑个别化问题,法院承认 COMPAS 算法评估的结论揭示的是与鲁米斯相似的一类人的再犯风险,但指出该评估结论不是法院作出量刑判决的唯一依据,由于法院拥有在其认为适当的情况下不同意评估结论的裁量权和相关证据,因此该量刑判决是充分个别化的。[2]

从这个案例可以看出,当算法涉嫌针对个人作出了歧视性的或错误的评估或决策的时候,至少在美国,法院倾向于保护算法产品厂商的商业秘密,这种权益被视为没有争议的前提,法院不会要求厂商公开算法代码,也没有要求厂商用自然语言解释算法的设计原理、功能和目的。但算法可解释性是"算法的法律"可以成立的前提。人不可能控制或约束自己不懂的东西。之所以说人工智能算法进行深入学习的过程是个黑盒子,主要的原因除了它的保密性外,更重要的是即使公开了法官和律师也看不懂。算法可解释性乃至可视化是一个可以用技术解决的问题,一旦法律提出了相关要求,技术界便会想方设法使算法成为可解释的。比如,在 2018 年 3 月 7 日,谷歌大脑团队的克里斯·欧拉(Chris Olah)公布了一项题为"可解释性的基础构件"的研究成果[3],该成果解决了神经网络这种最令人难以捉摸的算法的可视化问题,谷歌将其比喻为人工神经网络的核磁共振成像(MRI)。如果说神经网络

---

[1] State v. Loomis,881 N. W. 2d 749 (Wisconsin,2016).

[2] State v. Loomis,881 N. W. 2d 749 (Wisconsin,2016). 还可参见 Jason Tashea, *Calculating Crime:Attorneys Are Challenging the Use of Algorithms to Help Determine Bail, Sentencing and Parole Decisions*,103 A. B. A Journal 54 - 60(2017)。该文提到了若干与鲁米斯案类似的涉及"算法量刑"的案例。

[3] Chris Olah, *The Building Blocks of Interpretability*, https://distill. pub/2018/building - blocks,March 15,2018.

算法所处理的海量数据及其复杂的运算过程会使人脑“超载”，这种可视化解释技术简化了相关信息，使算法的工作状态回到了“人类尺度”，能够被普通人看懂和理解。谷歌还对这种“解释算法的算法”做了开源化处理，使其他技术人员能够在此基础上编写适用于不同算法和场景的解释性算法。

由此可见，法律进入算法不能靠立法者和规制者的单方面努力，而需要法律人与技术人员的合作。正如李彦宏等人在《智能革命》中所指出的那样，“……也许真要靠算法的顶层设计来防止消极后果。人工智能技术可能不只是理工科专业人士的领域，法律人士以及其他治理者也需要学习人工智能知识，这对法律人士和其他治理者提出了技术要求。法治管理需要嵌入生产环节，比如对算法处理的数据或生产性资源进行管理，防止造成消极后果”。[1] 法律人可以向技术人员解释法律规则的要求，而技术人员可以设计出符合法律要求的算法。法律和技术都是非自然的“人工”造物，两者都服务于使人类生活更加美好的目的。在人工智能时代，一种新的职业——法律知识工程师——正在诞生，这种职业是由能够用技术解决法律问题的人士和能够用法律服务技术发展并将技术套上“法律缰绳”的人士共同组成的。人工智能是能够在给定问题的前提下通过深度学习和强化学习寻求最优解的智能算法，它需要人类提出正确的问题，对错误问题的正确解答可能带来灾难性的后果。法律就是用来划定问题域之边界的，它不能确保最佳问题的出现，但可以防止最邪恶问题的提出。

三、法律的算法

如何用算法来强化法律取决于人们对法律、法律推理和法律判断本身性质的认识，而统一的认识并不存在。因此，关于人工智能在法律领域之应用的讨论迫使人们回到基础性的法理学问题。从世界上第一份专业的《人工智能与法律》期刊（*Artificial Intelligence and Law*）上所发表的论文来看，绝大多数是基于分析主义法学对法律的理解来讨论如何建模的文章。这一现象是由人工智能本身的认识论基础决定的，但它也使丰富的法理学讨论贫弱化。当我们用技术来解决人类问题的时候，意味着人类问题本身的复杂性和丰富性被简化了，这是一个普遍的问题。

人工智能的认识论基础是“认知可计算化”。在人工智能技术的几大流

---

〔1〕 李彦宏等：《智能革命：迎接人工智能时代的社会、经济与文化变革》，中信出版集团 2017 年版，第 312 页。

派中,符号主义试图用符号—逻辑演算来模拟人类大脑的认知和决策过程;连接主义(又称神经网络学派)试图通过人造神经网络的并行计算来建构大脑;而行为主义者则试图通过遗传算法进化出人工大脑。它们的基础假设都包括:(1)大脑是人类认知和智能活动的载体;(2)认知和智能活动是一个物理—化学过程,其机理主要是神经元之间通过分泌化学递质和释放电子来完成的信息交流;(3)图灵机可以模拟任何物理—化学过程;(4)通过分析和处理真实人类世界的行为数据可以帮助机器来模拟人类的认知和决策,反过来,通过研究虚拟世界各种人工智能的详情可以把握真实世界人类认知和智能活动的基本结构和过程;(5)一切认知和智能活动的复杂系统都可以通过各个组成部分的动态行为和整体交互作用来解释(整体主义的还原主义假设)。[1]

认知可计算化,人脑功能最终可以用计算机模拟,这一认识论不仅被许多计算机专家所接受,而且得到来自脑科学家的佐证。主流的脑科学家相信,人脑是由1000亿个神经元构成的,神经元之间的连接方式决定了我们的所思所想,除了神经元之间的物理通讯机制(放电)和化学通讯机制(分泌递质)之外,我们找不到任何自我意识或灵魂存在的依据。既然如此,人类思考的过程最终可以用算力越来越强大的计算机来模拟和取代就不是天方夜谭,而是技术发展的必然结果。比如,任教于普林斯顿大学的韩裔科学家承现峻在他影响甚大的《连接组》一书中写道,“据我所知,没有任何客观的科学证据来证明灵魂的存在。人们为什么相信灵魂的存在?我怀疑宗教是唯一的原因”[2],“你的身体和大脑与人造的机器并没有本质的区别”[3]。脑科学和计算机科学的结合一方面会使用机器/算法取代人脑的技术(人工智能)得到快速发展,另一方面也会使借助算法来影响和控制人类行为的技术侵蚀法律的领地。最近曝光的大数据分析公司“剑桥分析”利用5000万Facebook用户的账户信息帮助特朗普(Donald Trump)竞选团队量身定制投放政治广告从而帮助特朗普在2016年美国总统大选获胜的新闻,便是一个“算法统

---

〔1〕 刘晓力:《认知科学研究纲领的困境与走向》,载《中国社会科学》2003年第1期。

〔2〕 Sabastian Seung, *Connectome: How the Brain Wiring Makes Us Who We Are*, Houghton Mifflin Harcourt, 2012, kindle version, loc 1006/7864. 类似的观点也可参见德国脑科学家伍尔夫·辛格的著作:Wolf Singer, Vom Gehirn zum Bewuβtsein, Suhrkamp Verlag, 2016。

〔3〕 Sabastian Seung, *Connectome: How the Brain Wiring Makes Us Who We Are*, Houghton Mifflin Harcourt, 2012, kindle version, loc 3953/7864.

治”的鲜活例子。[1]

法律是一个相对封闭的自我指涉系统，其本身的形成经过了法律人的分析和加工，并在一定的权威结构内形成规则。因此，将法律编写成代码的过程不是一个对未经选择的大数据进行学习的过程，而是一个有赖于前期加工的过程。大陆法系的《学说汇纂》和法律评注传统，英美法系的布拉克顿（Brockton）、布莱克斯通（Blackstone）、肯特（Kent）所做的判例整理和评注工作，都是前信息技术时代筚路蓝缕手工整理法律数据的典范。法律的算法化有赖于法律人将法律知识转化为“可计算化”模块的前期努力。“授计算机以数据，够它用一毫秒；授计算机以搜索，够它用一辈子”的机器学习法则显然不能适用于法律人工智能产品的开发。“有多少人工，就有多少智能”的法则在这个领域体现得十分明显。这其实是法律人的幸运：我们不用担心自己被人工智能取代。但是，法律系统的封闭性和算法在其中得到应用的有限性也使法律面对算法在影响人类行为方面的竞争时显得捉襟见肘，难以应对。

（一）法律算法化的前提条件

计算机可以处理的问题必须满足三个条件：（1）这个问题必须可以用形式语言（理想状态是数学）来表述；（2）针对这个问题必须存在一个算法，即程序化的指令集；（3）这个算法必须是可编程的。当我们用计算机来处理“数值计算”的问题时，原问题和数值化后的问题是一致的，其间没有转义映射，也就不存在意义/信息流失。而当我们用计算机来进行知识处理（如将法律编写成算法）的时候，由于面对的问题非常复杂，就需要对知识进行符号化处理，然后用指称和解释的方法来保持和恢复计算结果的语义。[2] 知识本身便已经不是经验本身，而知识的符号化表示是对表示的表示，对符号的再符号化，其间流失的意义很难被完全恢复过来。但是，不经过这样的处理，法律推理和法律决策的过程就无法实现自动化/人工智能化。

在前面提到的 1991 年创刊的世界上第一份《人工智能与法律》专业期刊的创刊词中，该刊的编辑们指出了用人工智能来处理法律问题之前需要法律

---

[1] Carole Cadwalladr，Emma Gaham – Harrison，*Revealed*：*50 Million Facebook Profiles Harvested for Cambridge Analytica in Major Data Breach*，https://www.theguardian.com/news/2018/mar/17/cambridge – analytica – facebook – influence – us – election.

[2] 危辉、潘云鹤：《从知识表示到表示：人工智能认识论上的进步》，载《计算机研究与发展》2000 年第 7 期。

人做出贡献的若干方向，其中包括：(1)对规范性概念及其与行动、意图和因果关系等常识性概念之间的相互关系进行符号化的表述；(2)需要通过例子和/或样本来界定开放结构(有多种解释可能性的)的概念，并且用如此界定的知识来推理；(3)用模型来表示对抗式的论辩过程以及这一过程支持决策的方式。[1] 在此基础上，技术人员才能着手开展法律的算法化工作。

随着自然语言处理(NLP)技术的迅猛发展，如今的机器学习已经不需要人们先把知识重新表述为高度形式化的符号以供机器学习，但法律知识的模型化和标准化工作仍是开发法律人工智能产品的前提。在理想状态下，法律是用经验浸润过的逻辑，也是用逻辑规整过的经验。但现实的法律世界存在大量未经逻辑规整的经验，也存在许多未经经验浸润的逻辑。法律的算法化其实是在倒逼法律人更加精准和体系化地表述法律知识，否则机器学习的结果可能是杂乱无章、任意武断乃至充满偏见的。

(二)法律算法的应用场景

在现代法治社会，法律的应用场景遍及社会的各个方面：从国家治理到日常纠纷解决，从立法到交通处罚，从学校到监狱。算法是被设计来完成特定任务的。其表现可以通过一定的指标来衡量，这些指标体现了人类在不同场景中的语境化价值选择。比如，有些场景要求精确性：哪种算法能够更准确地识别出垃圾邮件，是朴素贝叶斯分类器还是支持向量机？有些场景更重视速度：哪种算法能够更快完成案件分类、排序，是插入排序法还是冒泡排序法？有些场景更强调节约资源：哪种算法能够用最小的资源投入(人力、带宽)完成同样的任务？[2]算法旨在优化完成特定任务的绩效，这些绩效的标准是由特定场景的目的决定的。算法和程序技术的先驱者高德纳(David E. Knuth)教授曾经说过，“不成熟的优化是所有罪恶(或至少是大部分罪恶)的根源”。[3] 所谓的不成熟，是指算法与目的不匹配。人工智能算法至少到目前还不能自己生成目的(如果出现了有自我意识地追求自己目标的强人工智能，人类就更应当担心了)，而必须服务于人类设定的目的，寻求给定目的情况下的手段优化。但在社会功能和制度功能高度分化的现代社会，法律系

[1] *From the Editors*, 1 Artificial Intelligence and Law 1 - 2(1992).

[2] Eric, PS, Baumer, *Toward Human - Centered Algorithm Design*, 2 Big Data and Society 1 - 12(2017).

[3] David E. Knuth, *Computer Programming as An Art*, Communications of the ACM 17, p. 671 (1974).

统中每一个子系统都有其功能决定的特定目的。

比如，美国现实主义法学理论家主张法学的主要目的在于预测。霍姆斯（Oliver Wendell Holmes）写道："法学的目的是'预测公共暴力借助法院的工具性（instrumentality）而被触发的可能性'"[1]。卢埃林（Karl N. Llewellyn）也告诉法学院学生，学习法律"关键在于观察法律官员做什么，他们如何处理纠纷或者其他任何事务，以及观察他们的所作所为，从中寻找某种独特的规律性——这种规律性使人们有可能对法律官员及其他官员今后的所作所为作出预测"[2]。这是因为美国法学院是以培养律师为己任的，大部分法学院毕业生都会当律师，即使想当法官，也要先从律师做起。作为律师，当然需要预测法官会如何判决。但如果说法官工作的目的也是预测自己或别的法官如何判案，则完全不符合现实。法院的判决是权威结构中的规则适用。大法官杰克逊（Jackson）曾经说："我们（的判决）是最终的，并不是因为我们不会犯错误；相反，我们不会犯错误，因为我们是最终的。"[3]如果整个法律职业都去预测，"预测什么"就会成为一个问题。实际上，法律是一个人为建构的决定论系统，法院的判决通过国家强制力的保障变得和自然规律一样不可动摇，既判力（Res judicata）就是人为拟制的自然力。霍布斯（Thomas Hobbes）曾一语道破："权威，而不是真理，创造了法律。"（Authoritas non Veritas facit Legem.）[4]正是因为司法判断具有权威性，而权威需要有正当性基础，正当性来自社会共识，直到有一天社会大众接受机器人当法官，认为算法比人类更加"无惧无私"，司法判断的算法化才有意义。

法律职业内部的角色分工也决定着算法在不同法律场景中的应用前景。比如，我国的法律人工智能事业主要是政府推动的，智慧法院、智慧检务、智慧政务都被纳入国家的整体人工智能发展战略。但人工智能在涉及权威性法律判断的场合只能起辅助作用，不能取代人类作出自动化决策，否则便会产生谁来承担责任的问题。在美国，人工智能在法律职业中的应用主要靠律

---

[1] Oliver Wendell Holmes, Jr., *The Path of the Law*, 10 Harvard Law Review 61 (1897).

[2] [美]卢埃林：《荆棘丛——关于法律与法学院的经典演讲》，明辉译，北京大学出版社2017年版，第7页。

[3] Brown v. Allen, 344 U. S. 443, 540 (1953) (Justice Robert H. Jackson, concurring).

[4] Thomas Hobbes, *Leviathan*, Noel Malcolm (ed.), Clarendon Edition, Vol. Ⅱ, Oxford University Press, 2014, p. 431. 英文版中没有这段话，后出的拉丁文版中才有。后来在《哲学家与普通法学生之对话》中变成："权威，而不是智慧，创造了法律。"

师界在推动，法院对人工智能的应用保持着审慎的态度。上文中提到的鲁米斯案就从一个侧面反映了概率论的预测算法在美国刑事司法中的有限应用及其限度。而这种算法的更广阔应用场景是律师业。

（三）概率论的法律算法：以美国律师职业中的算法产品为例

美国乔治城大学法学院每年都会发布一份《法律服务市场报告》。在2016年的报告[1]中，它以柯达的故事作为开篇。在美国商业史上，没有哪家公司比柯达公司保持成功的历史更长。这家公司由胶卷的发明者乔治·伊斯特曼（George Eastman）于1880年创办。1888年，它推出了自己的第一款相机，其广告词是："你按下快门，我们做剩下的事情。"在此后一个世纪的时间里，柯达主导着美国和世界许多地方的照相机和胶卷市场。它使任何没有经过专业训练的人都可以成为摄影师。在1988年，柯达仍然处在巅峰状态，在全世界有将近15万名员工。它的年收入在1996年达到历史最高点，将近160亿美元，而它的纯利润在1999年达到25亿美元。

然而，今天的许多年轻人恐怕已经没有听说过柯达。柯达公司仍然存在，市场上仍然可以买到柯达数码相机和柯达智能手机。但它很晚才进入数码产品市场，打败它的正是数码相机。柯达的故事最有警示性的部分不是它的兴衰史，每个企业都有这样的历史。有趣的是，柯达正是数码相机诞生的地方。早在1975年，柯达的年轻工程师史蒂文·萨森（Steven Sasson）就发明了数码相机，并且在当年12月与该公司的首席技术官吉姆·舒克勒（Jim Schueckler）一起在柯达的实验室里成功测试了这款数码相机。但柯达的主要盈利模式不是靠出售相机，而是靠出售作为耗材的胶卷。柯达管理层担心数码相机的市场化会损害自己所主导的胶卷市场，因此压制了这项技术的产品化。如今，萨森制作的第一部数码相机静静地躺在美国历史博物馆里，原美国总统奥巴马在2009年授予萨森国家技术创新奖章，但柯达却早已风光不再。

这份报告用柯达的故事来警示法律职业者和法律教育机构：法律市场正在发生根本性的变革，故步自封或墨守成规会使现有的既得利益者遭受柯达那样的命运，无论其现有地位是多么牢固。这些变化的主要驱动力量是技术革新以及由此带来的生产方式和商业模式的变化，这些变化使客户对法律服

---

[1] The Center for the Study of the Legal Profession, Georgetown University Law Center, *2016 Report on the State of the Legal Market*, Thomson Reuters Peer Monitor, 2016, p. 1 - 2.

务产生了新的期待,提出了新的要求,比如降低成本、提高效率、分解任务等。

实际上,一些有远见的法律人和法律职业机构早已行动起来。比如,全世界最大的律师事务所大成—德同在2016年创建了自己的人工智能实验室Nextlaw Labs[1],与IBM公司的认知技术平台沃森(Watson)合作开发法律人工智能产品ROSS,这款产品目前已在数十家国际律师事务所测试使用。此外,包括达维律师事务所(Davis, Polk&Wardwell)在内的许多大型律师事务所已经设置了一种新的职位:首席知识官(Chief Knowledge Officer, CKO)或首席技术官,带领一个团队专门从事本所的数据库建设和人工智能产品投资、开发和调配。这表明这种新的法律职业——法律知识工程师——正在兴起。从我国的情况来看,许多资深法律职业人士(包括辞职的法官和检察官)都选择投身于法律大数据和人工智能行业,而不是像以前那样首选从事传统律师职业。

达维律师事务所首席知识官迈克尔·米尔斯(Michael Mills)指出,人工智能目前已被应用于法律职业中的5个重要工作领域:法律研究、电子取证、结果预测、自助式合规审查以及合同分析。这5项工作目前占法律职业者总工作时间的50%以上。这里举三个例子。

第一个是电子取证(E-discovery)。它是指广义取证,而不是狭义的诉讼过程中的取证,包括交易环节——现在大量的律师从事非诉业务,非诉业务中也要保存大量的事实,以帮助完成报税、合规审查、上市准备、商业谈判、交易等工作。即使不是专门的互联网企业,也会搜集和产生大量的数据。2012年,美国计算机科学公司预测到2020年年度数据生成量会增加4300%。海量数据的处理既是一种宝贵的资源,也是一种负担,只有借助人工智能才能把这种负担变成资源。有许多公司专门开发电子取证人工智能产品,比如Brainspace公司的最新产品Discovery 5增加了中文等多种东方语言阅读功能,从而大大提高了跨国法律业务中的取证能力。随着自然语言处理(NLP)技术的发展,这个领域的产品可以覆盖的语言会越来越多。

第二个是诉讼管理。美国Casetext公司开发的案件分析研究助理(CARA)可以帮助律师和企业法律顾问完成从判例、法规分析到陪审员选择再到法庭辩论文书生成的一系列任务。也就是说,最终出来的结果可能直接

[1] 相关信息可参见网址:www. nextlawlabs. com。

是一个法律文书，人类律师或者公司法人代表拿到这样的文书就可以直接出庭诉讼或者完成一项交易。这样的产品在美国越来越多。

此外，更加著名的是 IBM Watson。Watson 是 IBM 公司的认知技术平台，它与 Nextlaw Labs 合作开发的 ROSS 系统已经可以代替律师从事法律研究。法律研究（legal research）并不是指学术研究，而是指所有律师都必须做的法条、司法解释和判例搜寻和研读工作。无论是从事诉讼业务还是非诉业务都需要花费大量时间研究法条和判例，从而形成诉讼策略或交易策略。法律研究是传统律师业务中最耗费工时的工作。ROSS 系统据说有潜力替代目前美国律师 70% 的法律研究工作，而且准确率高达 90% 以上，远远高于顶尖法学院毕业生从事同类工作的准确率。当然，目前主要由律所合伙人从事的人际沟通工作和法官的判断工作无法被机器取代。但“无法”很可能不是技术上不可能，而是人类基于责任承担和判断权归属等考量而不会把司法判断交给机器人去完成。其实如果把这种判断交给人工智能系统，在技术上也是可以实现的。ROSS 系统不仅可以做法律研究，还可以把研究结果生成简报或备忘录，出庭律师或从事非诉业务的律师只要拿到这些以前完全靠人工写成的文件就可以去干剩下少量的据说更有创造性的工作了。虽然听起来很“高大上”，但这是法律人最担心的事情，显而易见，人工智能可能会取代很多法律人的工作。美国法学院毕业生通过律师执业资格考试后一般都会从初级律师（associates）做起，经过 7 ~ 10 年不等的时间才能成为合伙人。这个阶段的主要工作就是法律研究。以前这种工作需要大量的律师花费大量的时间去完成，但随着越来越多的美国律所购入人工智能系统，它们对从事案头工作和法律研究工作的律师的需求会越来越小。根据美国律师协会的数据，从 2005 年到 2015 年，申请法学院的人数在美国减少了 40% 。

第三个是合同起草和合同审核。合同是企业法律顾问面对的主要工作之一，现代商务世界的复杂使这项工作十分耗费时间和精力。美国 LawGeex 公司专门开发了有深度学习能力的人工智能，它通过对海量真实合同的学习掌握了生成高度精细复杂并适合具体情境的合同的能力；它起草的合同不仅远远好于照搬合同范本的结果，甚至好于许多有经验的公司法律顾问的作品。

上述几个领域的法律工作都不需要法律人在封闭的概念和规则框架内作出决定性的判断，而是需要面对复杂世界给出可选方案的经验。贝叶斯算法、类推算法和神经网络算法等从体现人类经验的大数据中学习、提炼和优化法律方案的经验主义或概率论算法在这些领域大有用武之地。当我们谈到法律职业的时候,容易陷入将其视为一个统一的"共同体"的误区,而实际上律师与法官、检察官和法学家的工作场景、目标函数和效用函数都大不相同。诉讼只是律师工作中的很少一部分,大部分律师所从事的都是交易环节的法律服务工作以及法庭外的纠纷解决工作。因此,从确定的法律概念和规则出发,根据严格的形式逻辑来得出确定法律结论的思维方式(体现的是符号主义的决定论算法)并不适用于大部分律师。律师工作面对的是开放的商业场景和生活场景,他们不需要也没有权力作出权威性的法律决断,而只需要提出给定规则前提下的优化法律方案;因此,基于大数据的智能算法在律师工作中的应用前景比在司法工作中的应用前景更为广阔。

(四)决定论的法律算法

逻辑学家哥德尔(Kurt Gödel)指出,一个系统不可能同时是内部逻辑一致的和完整的。法教义学和社科法学之间的争论也可以被视为追求系统内部融贯性与追求系统与外部环境/社会环境契合性的两种努力方向之间的竞争。符号主义的算法设计与法教义学的思维方式有着最明显的表面相似性,两者都试图在封闭的自我指涉内实现融贯性与确定性。法律规则就是一个符号系统,它将规则和事实用文字/符号加以表述,并以一定的方法对符号进行处理,将事实区分为相关与无关,并进一步将相关事实进行合法/非法的编码处理。早在机器学习出现之前,符号主义的编程方法就被用来开发法律专家系统,由法律专家提供法律概念、分类和推理方面的知识,由程序员将这些知识编写成计算机代码,供人们搜索法律知识,寻找法律问题的答案。[1] 早期的法律人工智能产品主要是在成文法和判例数据库的基础上根据术语使用频率等显著指标制作索引方便查询的系统。[2] 有学者提醒我们注意不要夸大"人工智能"在法律领域的应用现状,直到今天,尽管信息技术在法律工作中的应用已经发生了很大变化,这些变化主要来自通常的信息技术应用,如数据处理、数据储存、检索和管理,再加上信息丰富、流动迅速和全球化的

---

[1] Richard Susskind, *Expert Systems in Law: A Jurisprudential Inquiry*, Oxford University Press, 1987.

[2] Bruce G. Buchanan, Thomas E. Headrick, *Some Speculation about Artificial Intelligence and Legal Reasoning*, 23 Stanford Law Review 40(1970).

互联网通讯和联网能力。[1] 也就是说,目前在司法领域应用的人工智能产品大多只是封闭的“专家系统”,而不是有自主学习能力的“人工智能”。

符号主义的核心理念就是“所有和智力相关的工作都可以归结为对符号的操纵”[2]。既然所有的知识都可以用符号表示,而符号可以脱离它的基质,就可以让计算机学习各种符号,采用逆向演绎(归纳)的方法来总结规则,然后再把规则正向适用于各种用符号表示的事实情境的可能性用决策树表示出来。但符号主义的算法以对原始数据的符号化处理为前提,是一个封闭系统,并不能节省多少人力。实际上,多数法律人(包括法理学家)都没有受过将法律推理过程用符号逻辑表述出来的训练,更习惯于用含糊的、道德化的或有歧义的语词来表述法律概念和法律论证,而且将这视为法律有人性、有温度的体现。在符号主义的框架里面,我们无法教机器学会我们自己不会的东西。[3]

但符号主义的算法可以帮助概念法学和分析法学的追随者们实现“耶林之梦”。耶林(Jhering)曾经做过一个梦,梦境中自己进入了专为造诣精深的法学家准备的天堂,在那里他看到了完美的、不沾人间烟火气的概念体系,每个概念都分殊出若干子概念,如此层层递进,涵盖所有可以想象的法律关系。[4] 马克斯·韦伯(Max Weber)也把这种基于《学说汇纂》理论体系而发展出的自洽法律系统(潘德克顿)视为形式理性法的理想状态:(1)每一项具体的法律决定都是某一抽象的法律命题向某一具体“事实情境”的“适用”;(2)在每一个具体案件中,都必定有可能通过法律逻辑的方法从抽象的法律命题导出裁决;(3)法律必须实际上是一个由法律命题构成的“没有漏洞”(gapless)的体系,或者,至少必须被认为是这样一个没有空隙的体系;(4)所有不能用法律术语合理地“分析”的东西也就是法律上无关的;(5)人类的每一项社会行动都必须总是被型构为或是一种对法律命题的“适用”或“执

---

〔1〕 Abdul Paliwala, *Rediscovering Artificial Intelligence and Law: An Inadequate Jurisprudence?* 30 International Review of Law, Computers & Technology 107 – 114, 108(2016).

〔2〕 [美]佩德罗·多明戈斯:《终极算法:机器学习和人工智能如何重塑世界》,黄芳萍译,中信出版集团 2017 年版,第 113 页。

〔3〕 Richard Susskind, *Expert Systems in Law: A Jurisprudential Approach to Artificial Intelligence and Legal Reasoning*, 49 Modern Law Review 168(1986).

〔4〕 Rudolf Von JHERING, Scherz und Ernst in der Jurisprudenz, 11th ed., Leipzig, Breitkopf u. Härtel 1912, 245.

行”,或是对它们的“违反”,因为法律体系的“没有漏洞”性(gaplessness)必定导致对所有社会行为的没有漏洞的“法律排序”(legal ordering)。[1] 借助符号主义的算法,这样一个封闭的决定论系统可以变得越来越概念精细、逻辑融贯。在印刷术时代孤军奋战的布莱克斯通将法律问题分成110个类型,而万律(Westlaw)在互联网技术的帮助下雇用了数以百计的“抄写员”,将法律问题分成了数以万计的类型,编写成了 Westlaw Digests。进一步的细分在人工智能时代变得越来越容易。

类比推理是另一种得出法律判断的重要推理方式。有法学家写道:“如果说比喻是语言的点睛之笔,类比就是法学语言中的头脑风暴(brainstorm)。”[2] 在上面提到的《学说汇纂》中的问答中,法学家将“放开某物令其对他人造成伤害”类比“主动拿出武器伤害他人”,从而将同样的规则适用于这两种不同的事实情境。普通法的遵循先例(stare decisis)原则的核心就是类比推理,要求找到正在审理的案件与先例之间的事实相似性,从而确定是否适用先例中的规则。法律推理和医学推理都可以被看作一种为了解决实际问题而展开的决疑术推理,这种推理实现并不给定大前提,而是从小前提(对问题事实的观察和描述)中寻找蛛丝马迹,然后关联到类型化的知识图谱之中,从而给出一个并不保证绝对正确却有助于解决问题的方案。决疑术体现着“通过从一套核心的典型案例分类体系中获取知识来解决实际问题,借助范式和类推来组织论证”的思维方式。[3] 而类比推理正是智能算法的核心理念之一,类推主义是《终极算法》一书所总结出的五大算法流派之一。[4] 在给定案例数据库的基础上,算法很容易找出类似的事实情境并将其关联于相应的规则。“相似案件相似判决”是借助算法比较容易实现的目标。

虽然,符号主义和类推主义的算法都可以得出确定的决策,可以变成自

---

〔1〕 Max Weber, *Economy and Society: An Outline of Interpretive Sociology*, Guenther Roth & Claus Wittich ed., University of California Press, 1978 (second printing), p. 657 – 658.

〔2〕 Scott Brewer, *Exemplary Reasoning: Semantics, Pragmatics and the Rational Force of Legal Argument by Analogy*, 109 Harvard Law Review 923(1996).

〔3〕 A. R. Jonsen, S. Toulmin, *The Abuse of Casuistry: A History of Moral Reasoning*, University of California Press, 1988, p. 42.

〔4〕 [美]佩德罗·多明戈斯:《终极算法:机器学习和人工智能如何重塑世界》,黄芳萍译,中信出版集团 2017 年版,第七章。

主决策系统,但我们可以把这种机器决策作为参照,在此基础上由人类决策者作出可执行的决策。只要没有把机器的自主决策设定为自动执行,就不会取消人类决策者的判断权和相应的责任。

(五)遗传算法与政策/法律的虚拟试错

萨维尼(Savigny)指出:法律固然是一种"形式"(Gestalt),"但法律存在于人民(Volk)的意识之中的那种形式不是抽象规则的形式,而是一种活的直观洞见(Anschauung),这种洞见揭示出存在于生活的有机整体中的法律构造,因此,当我们需要知道以逻辑形式表达的抽象规则的时候,我们便需要通过一个人工的过程把它从那种整体洞见中抽离出来,然后加以表述"。[1] 这个"人工的过程"如今也可以用人工智能来实现。

进化是生物物种在应对纷繁复杂且不断变化的外部环境时通过自然选择并借助基因传递而优化自身结构的过程。生物进化是一种学习,不过是在漫长的时间和无数世代的生存考验中实现的学习。计算机可以模拟生物进化,在较短的时间内实现生物在漫长时间里的"学习"。

解决人类问题的难点在于我们不能拿人来做试验,或者说,虽然拿人做试验的事情在人类社会屡见不鲜,但人类不会认为这样做是正当的。但历史是一个已完成试验的资料库,其中有些试验是人类付出了数以千万计的生命作为惨痛代价的,除了发思古之幽情或恨古之怨怼外,我们应当能够从历史中学到些什么,方不枉昔人之牺牲。马克·吐温(Mark Twain)说过一句十分机智的话:"历史不会重复,它只押韵。"正是因为历史不仅事件繁多,而且因果关系复杂,类似事件放在不同的外部环境中会产生迥然相异的结果,所以简单的线性思维以及同因必然同果的决定论思维不仅无法给我们正确的引导,反而会让我们误入歧途。此外,往事已矣,留给我们的只是具体的人的记录。这些记录本身就是不完整的,越是同时代人的记录,越体现着记录者的恩怨情仇乃至政治图谋,因此会出现完全不同的事件描述和因果叙事。我们缺乏在人类事务领域理性地处理复杂性问题的能力;这主要不是因为人文学者缺乏科学训练,而是因为人类事务本身无法被化约为几个变量或几个参数。但人工智能的出现使我们看到了新的希望,至少数字化时代之后的人类经验不再依靠少数几个同时代人的记录,而体现在海量的大数据中。整全数

---

[1] Savigny, System des Heutigen Römischen Rechts, band. 1, 1840, De Gruyter, Reprint 2012, S. 16.

据分析将取代抽样分析,强大的计算能力能够处理无限量的变量。

同时,人类往往面对多个目标之间的冲突,实现一个目标的优化方案往往会损害乃至阻碍另一个目标的实现。以环境保护为例,单纯的环保主义者往往忽视了经济因素,未能充分理解经济发展必然需要对自然资源的耗费性利用,而试图在环境和经济之间达致某种平衡的人可能又忽视了环境成本或经济发展利益的不公平分配问题。可持续发展需要综合考虑环境(environment)、经济(economy)和公平(equality)这三个目标("3E")。面对这种多目标决策所蕴含的复杂性,人类决策者往往因为计算能力有限或认知偏差而无法找出最优解。演进算法善于处理复杂性问题,如今已有将其用于在复杂情境中生成并测试规则设计的尝试。[1]

四、未来法治

2016年12月,一件涉及亚马逊的人工智能家务助手Echo的新闻引起了广泛关注。在侦查一起谋杀案的过程中,阿肯色州本顿维尔(Bentonville)警方要求调取犯罪嫌疑人詹姆斯·贝茨(James Andrew Bates)家里的Echo在案发当晚录下的声音,这些音频资料储存在亚马逊的云端服务器里。亚马逊以涉及用户隐私为由拒绝提供音频资料,但提供了贝茨的账户信息和购买记录。警方声称根据获得信息已经从Echo装置里提取了当晚的信息,但拒绝透露这些信息的内容。此外,贝茨家里还有其他的智能电子设备,比如智能水表,该水表记录着案发时段(凌晨1—3点)贝茨家里一共用了140加仑的水,可以佐证他可能用水冲洗掉了犯罪痕迹。这个事件是我们身处的"物联网+人工智能"时代的典型事件,我们周围的各种智能产品可能随时"偷听"或"偷看"着我们的一举一动,它们记录下来的信息不仅存储在设备本身当中,而且还上传到了"云端"。仅仅删除设备中的信息并不能抹掉全部的痕迹。这些信息可以帮助警方破案,帮助司法部门掌握事实真相,但也可能被滥用。即使这些信息是被执法和司法部门用来维持法律秩序,这种使用也会与个人的隐私权发生冲突。安全、秩序与隐私、个人权利之间的永恒冲突在技术碾压隐私的大背景中显得无比尖锐,也迫使我们思考法治在人工智能时代的未来走向。

1. 主流的法治理论认为法治与法制的主要区别在于:后者是工具主义

---

[1] J. B. Ruhl, *Sustainable Development: A Five-Dimensional Algorithm for Environmental Law*, 18 Stanford Environmental Law Journal 31 (1999).

的,法律被当成统治的工具,但无法约束统治者本身;前者是权利本位的,法律不仅约束公民,更约束公权力。在这种法治框架下,政府成为法律(尤其是公法)的监控对象。但大数据分析技术和人工智能正在改变社会的治理结构和秩序生成机制,谁掌握了数据和分析数据的技术,谁就能影响和控制人的行为。大到总统选举,小到日常购物,智能化的数据分析和行为诱导机制在其中发挥着越来越大的作用,而背后的操纵者往往不再是政府。新技术的发明者、投资者和鼓吹者们往往会夸大技术带来的"解放"效应,宣称人工智能和区块链等技术将使一切中心和中介变得没有必要,从而瓦解人类社会的金字塔结构,使有序的人际关系变得越来越呈网状分布,每个人都是中心,每个人也都不可能控制整个网络。但实际结果却是,金字塔依然存在,基底依然是芸芸众生,但塔尖却分裂成了政府、资本力量和技术力量。三种力量有时会合并起来,有时又会相互对峙,但它们之间的关系并不受基座的影响。藐视政治权威的技术达人(黑客)并不会解放全人类,而只会破坏既定的法律秩序。与政府讨价还价的商业力量也不会"制衡"公权力,而只是追逐利润。上文中提到的"剑桥分析"公司助力特朗普赢得美国总统大选的例子表明,大数据掌控者已经不只是通过数据分析来进行预测,还有能力将某些预测变成自我实现的寓言。同时,法律所建构起来的公与私、政治权力与商业力量之间的区隔已经变得弱不禁风。

今天的互联网和智能产品企业就像是一个世纪前的铁路公司和电报电话公司,它们"创造和统治着我们的交流空间,并因此控制着我们的生活,这种控制程度远远超过其他任何私人群体"[1]。它们被称为"监控中介"(surveillance intermediaries),挑战着国家对安全和秩序事务的垄断,但并没有带来更多的安全和秩序。苹果公司曾经因拒绝政府要求披露用户信息而获得自由主义者们的普遍赞誉。2015 年 12 月 2 日,美国加州圣贝纳迪诺发生了美国本土自"9·11"之后最严重的恐怖袭击,宣誓效忠"伊斯兰国"的赛义德·法鲁克(Syed Rizwan Farook)和塔什芬·马利克(Tashfeen Malik)在开枪射杀 14 人、射伤 20 多人后被警察击毙。联邦调查局查获了法鲁克的苹果手机,为了获得犯罪调查和反恐所需要的信息,在获得法院授权的情况下向苹果公司发出了解锁该手机的要求。但苹果公司拒绝合作,公司总裁蒂姆·

---

〔1〕 Alan Z. Rozenshtein, *Surveillance Intermediaries*, 70 Stanford Law Review 188 (2018).

库克(Tim Cook)还在公司网站上发布了一封公开信,谴责联邦调查局的要求"破坏了我们的政府旨在保护的那种权利和自由"。[1] 对苹果公司而言,这是一次成功的公众形象宣传。对于美国的国家安全和公众的生命安全而言,这不见得是件好事。

基本公共服务(包括国防和治安)领域的公、私权力关系是未来法治需要解决的首要问题。以政府为主要规制和防范对象的现有公法体系需要考虑技术革新和权力结构变化所带来的新问题:一方面将透明、公开、程序合法、说明理由等对公权力行使者的要求延伸到实际上行使着"准公权力"的私人(包括企业和个人),使算法等技术化的监控和决策手段不再是无法被问责的"黑箱";另一方面延伸和调整传统的公法概念体系(包括"公共服务")和规制手段,以应对现时代公私合作、公私共治的普遍现象。

2. 在技术日益智能化的时代,法律的日益技术化会使它很容易被技术所取代;而如果两者都趋向于只讲手段不问目的的工具理性,则人类将被引向不可知的未来,这个未来很可能是万劫不复的深渊。工具理性取代价值理性的趋势在现代化的早期便已经暴露无遗了。现代政治思想的奠基者霍布斯系统打造了人类无中生有地创造和管理世界的理论,法律和工程技术都是这种"创世"工作的工具。奥克肖特(Michael Oakeshott)敏锐地指出了"意志与人造物"在霍布斯思想中的核心地位,他发现霍布斯"通常不会提及理性,这一将人与上帝联系的人类心智的神性光亮;他提及的是推理(reasoning)"。[2] 霍布斯十分明确地写道:"旧道德哲学家所说的那种极终的目的和最高的善根本不存在。欲望终止的人,和感觉与映像停顿的人同样无法生活下去。幸福就是欲望从一个目标到另一个目标不断地发展,达到前一个目标不过是为后一个目标铺平道路。所以如此的原因在于,人类欲望的目的不是在一顷间享受一次就完了,而是要永远确保达到未来欲望的道路。"[3] 从某种意义上,人类的欲望种类从未改变,只是满足欲望的技术手段越来越先进。没有方向和目标地追求欲望的满足在以人工智能作为技术手段的时代比任何时候都更加危险。

---

[1] Tim Cook, *A Message to Our Customers*, https://www.apple.com/customer-letter, March 20, 2018.

[2] Michael Oakeshott, *Hobbes on Civil Association*, Liberty Fund, 1975, p. 27.

[3] [英]霍布斯:《利维坦》,黎思复、黎廷弼译,商务印书馆 1985 年版,第 72 页。

卢曼敏锐地指出:“人工智能研究关心的是如何操纵‘符号’,而不是如何形成意义。”[1]技术是在给定目的的前提下追求最优解决方案的活动,技术本身不是目的,也无法自动形成自己的目的。作为一种技术,人工智能也是服务于特定的人类目的的,我们应当追问:我们到底想用人工智能来干什么?

当然,认为人类总是很清楚自己的目的是人文学者一厢情愿的幻想。在许多时候,人并不清楚自己想干什么。霍姆斯曾经指出:“……我心目中一直认为一切都要靠科学,因为最终只有科学能够在其已经发展到的水平限度内确定我们的不同社会目标的相对价值,正如我曾经暗示的那样,正是因为我们对这些目标的权重往往只有盲目和无意识的估算,才导致我们坚持并扩大某一原则的适用范围,而让其他(或许同样重要甚至更加重要的)原则逐渐零落成泥。”[2]包括人工智能在内的科学技术可以打开我们的视野,帮我们看到人类可以走多远,并澄清我们可以选择的目的的疆界,但最终需要人类自己来做出选择。法律无法确定人类社会发展的终极目的,但必须体现一些基础性的底线价值(如人的尊严和平等)以及程序性的要求(如决策的公开性、透明性、公正性)。体现人类价值的法律框架不可能限定技术可以到达的目标,但却可以引导它的发展方向。

3. 人工智能所体现的技术理性有明显的化约主义倾向,我们可以借助它来提高效率,取代一部分无须创造性和价值判断的工作,但不能由它来作出事关人类福祉的最终决策。法律所调整的是人与人之间的关系,因此法律不必去直接规制技术,而应当规制使用技术的人。从更深的层面上讲,法律应当去规制被技术改变后的社会中的人,从而使技术对人类社会的影响能够朝着善和正义的方向去发展。人不应当允许自己的自我认识被技术所左右;他应当向反抗任何导致主体性丧失的支配关系一样去反抗对技术的依赖;如果他想要拯救自己的人性和自主性,他就应该把自己从技术和支配所导致的异化中拯救出来。

法律和技术都是人造物,越“先进”的法律和技术越是经过无数层人为

---

〔1〕 Niklas Luhmann, *Theory of Society*, Vol. Ⅰ, trans. by Rhodes Barrett, Stanford University Press, 2012, p. 315.

〔2〕 Oliver Wendell Holmes, *Law in Science and Science in Law*, 12 Harvard Law Review 462 (1898 – 1899).

设计之递进后远离自然的人造物，自然的人的因素很容易在层层递进中消失。如果我们最终用算法化的法律来制定和实施算法的法律，人最终就会成为可有可无的存在。人必须是算法的立法者和控制者，法律的算法与算法的法律不应成为一个闭环，它们中间必须有人作为起点和终点。要将社会生活的复杂事实带入一定的法律秩序，规范塑造者需要在相关事实和基于规范文本的秩序标准之间保持“目光之往返流转”。能够做到这一点的只有训练有素的法律人。

（郑戈/文）*

---

* 郑戈，上海交通大学凯原法学院教授，博士生导师。本文原刊于《中国法律评论》2018年第2期。

“人工智能+法律”发展的两个面向

在沙特首都利雅得举行的Future Investment Initiative大会上，机器人索菲亚登台亮相，并宣布了自己的独特身份。当主持人安德鲁·罗斯·索尔金（Andrew Ross Sorkin）询问索菲亚为何看起来如此高兴时，她表示：“我为获得这种优待感到非常荣幸和自豪，我是历史上第一个获得公民身份的机器人。”[1]

——网易科技报道

美国当地时间2017年10月18日，谷歌人工智能DeepMind团队在*Nature*上发表论文，宣布新版的AlphaGo Zero计算机程序可以突破人类知识的局限，迅速实现自我学习。新版阿尔法狗从零开始自学围棋，仅用3天时间，就以100比0的成绩击败了旧版的AlphaGo，这是人类人工智能史的重大突破。[2]

——百度科技报道

近年来，人工智能（Artificial Intelligence，AI）机器人研发、部署、安装与使用的运动式发展，在引发全球讨论的同时，也鼓励着政府监管和法律责任的创新。例如，无人机在成为大众消遣工具的同时，还在反恐战争中发挥着

---

〔1〕 小小：《沙特授予一个机器人公民身份，但它有人的权利吗？》，载网易科技2017年10月27日，http://tech.163.com/17/1027/09/D1OCBSK100097U80.html。据Futurism报道，由总部位于我国香港特区的人工智能机器人公司Hanston Robotics设计的机器人索菲亚（Sophia），已经被沙特阿拉伯王国授予了公民身份。这是有史以来机器人第一次被给予这样的优待，但也引发了“机器人权利”之争。索菲亚在演讲台上的表现非常出色，甚至熟练地避开了向她提出的“机器人自我意识”的问题。

〔2〕 蔡鼎：《新版阿尔法围棋横空出世：自学3天，100:0碾压李世石版“旧狗”》，载每经网，http://www.nbd.com.cn/articles/2017-10-19/1155201.html。AlphaGo Zero除了独立地学会了人类花费数千年时间发现的围棋规则外，还自行学会了非常有趣的围棋策略，并且许多走法都“极具创造性”。

重要作用;自动化智能机器可以取代工厂中的体力劳动者,由此带来了劳动力市场的革命;人形机器人在学校协助教导学生、在日托机构中照顾老年人;辅助机器人技术还广泛应用在医疗领域,不管是在鉴别诊断还是对自闭症患者的心理治疗或在复杂的外科手术中,都能发现智能机器人的身影。机器人在家庭、工作、社会公共层面的广泛存在,不仅带给人类新的机会与挑战,同时还改变着人类的行为方式。[1] 2017 年 7 月 8 日国务院发布的《新一代人工智能发展规划》(以下简称《规划》)认为,经过 60 多年的演进,人工智能进入了一个新的发展阶段。特别是在移动互联网、大数据、超级计算、传感网、脑科学等理论创新、技术创新的多因素共同驱动下,人工智能加速发展,呈现深度学习、跨界融合、人机协同、群智开放、自主操控等新特征。大数据驱动知识学习、跨媒体协同处理、人机协同增强智能、群体集成智能、自主智能系统成为人工智能的发展重点,类脑智能助推人工智能发展进入新阶段。当前,新一代人工智能相关学科发展、理论建模、技术创新、软硬件升级等整体推进,正在引发链式突破,推动经济社会各领域从数字化、网络化向智能化加速跃升。[2] 新一代人工智能是国际竞争的新焦点、经济发展的新引擎,它带来社会建设的新机遇,而发展的不确定性也带来新挑战,改变就业结构、冲击法律与社会伦理、侵犯个人隐私、挑战国际关系准则等问题,将对政府管理、经济安全和社会稳定乃至全球治理产生深远影响。[3] 面对 2030 年要建成

---

〔1〕 [美]Danit Gal:《联合国的人工智能政策》,孙那、李金磊译,载搜狐网 2017 年 1 月 15 日,http://www.sohu.com/a/132199558_556637。

〔2〕 《国务院印发关于〈新一代人工智能发展规划〉的通知》(国发〔2017〕35 号),载中华网财经,http://finance.china.com/news/11173316/20170720/30991028.html。《规划》描绘了我国新一代人工智能发展的蓝图,确立了"三步走"目标:到 2020 年人工智能总体技术和应用与世界先进水平同步;到 2025 年人工智能基础理论实现重大突破、技术与应用部分达到世界领先水平;到 2030 年人工智能理论、技术与应用总体达到世界领先水平,成为世界主要人工智能创新中心。《规划》确定六方面重点任务:一是建立开放协同的人工智能科技创新体系,从前沿基础理论、关键共性技术、平台、人才队伍四个方面进行部署;二是培育高端高效的智能经济,发展人工智能新兴产业,推进产业智能化升级,打造创新高地;三是建设安全便捷的智能社会,发展便捷高效的智能服务,提高社会治理智能化水平;四是强化人工智能对军事和国防安全的支撑;五是构建泛在安全高效的智能化基础设施体系,加强网络、大数据、高效能计算等基础设施的建设和升级;六是设立新一代人工智能重大科技项目,形成以新一代人工智能重大科技项目为核心、统筹当前和未来布局的"1+N"人工智能项目群。

〔3〕 《国务院关于印发〈新一代人工智能发展规划〉的通知》(国发〔2017〕35 号),载中华网财经,http://finance.china.com/news/11173316/20170720/30991028.html。

“更加完善的人工智能法律法规、伦理规范和政策体系”的目标，我们要做的事情很多很多。

一、机器人、人工智能及其法律面向

人工智能最早的表现形态是机器人，以替代人类难以实现的更大数据计算、更细微量度操作或更恶劣环境等重复劳动为目标。华盛顿大学法学院 Ryan Calo 教授是美国最具影响力的机器人法律方面的专家之一，他通过研究美国近 50 多年来所有涉及机器人的案件后，发现机器人涉法问题的争论早已有之。他认为机器人法律简史可以通过以下四个案例来描述[1]：案例一，肖像权案。20 世纪 90 年代初，三星做了一个广告，广告中的机器人使用了女星 Vanna White 的肖像特征，而 Vanna White 认为这一举动侵犯了她的公开权及肖像权，她以各种方式起诉三星公司，最终，她赢得了这场官司。这是一个典型的关于人类是否能拥有自己版本权利的案例。法庭也由此开始考虑是否能够视机器人为演员从而征收娱乐税。案例二，木马捣乱案。有一名网页开发者在 Twitter 上向当地的一个时装秀发布了一个死亡威胁，然而被逮捕后他却表示对此事毫不知情，调查后发现，始作俑者是他编写的一个程序，最终他被无罪释放，一则“无犯罪实施者”的案件形成了。案例三，太空机器人律师案。2015 年 11 月，奥巴马签署法案鼓励私人公司进行太空探索，包括那些对小行星矿产感兴趣的公司。Calo 教授表示，在未来，这种工作肯定是交给机器人，不难想象各种法律问题会由此而生，说不定太空机器人律师会成为一个正式的工作头衔。案例四，无人驾驶车案。关于无人机和自动驾驶机器人的法律机制更为复杂，许多法律尚需实施，以便控制他们的法律风险。

Calo 教授论及的这些法律案，涉及诸多法律问题，比如：机器人是否拥有肖像权，或由此衍生的人格权？是否应该像对待人类一样给予机器人权利呢？如果机器人犯罪了，机器人是否具有刑法意义上的“主观能动性”，他是否要受到法律的约束与制裁？机器人行动的程序是由人编写的，相应的法律责任由谁承担，抑或按比例分担？是否允许无人驾驶车辆在道路上行驶呢？车辆管理部门该如何给机器人做视力检查及驾驶培训？当一辆自动驾驶汽车发生道路交通安全事故，谁负责赔偿损失？紧急状态时，计算机应该选择

---

[1] 《4 个案例——深度解密你所不了解的机器人法律简史》，载搜狐网 2016 年 3 月 26 日，http://www.sohu.com/a/65846007_335773。

撞向一只动物还是冲下公路？

艾丹米勒也认为，随着机器人崛起和“机器人法律”出现而引发的其他重要问题，我们必须面对：其一，机器人规制必须要针对特定机器人并结合具体场景而定。这就要求对特定领域的“机器人行为”产生的微观与宏观效果有深刻的认识。其二，（完善的）现有法律类型能够被合理地应用，并对机器人予以规制。其三，机器人法律受到社会“深层次规范结构”的影响。其四，如果该结构是实用主义的，那么在不远的将来，智能机器人就会被当作人类来对待。那就意味着，智能机器人应当被赋予法律人格，并因此有能力取得并持有财产以及订立合同。其五，反对将机器人当作人类一样对待的理由源自认识论与本体论层面。这些观点都关系到机器人是否能思考（它们不能）以及成为人类意味着什么。[1]

机器人发展的最新形态是新一代人工智能。人工智能是研究、开发用于模拟、延伸和扩展人的智能的理论、方法、技术及应用系统的一门新的技术科学，该领域的研究包括机器人、语言识别、图像识别、自然语言处理和专家系统等。斯图尔特·罗素（Stuart Russell）和皮特·诺维格（Peter Norvig）在《人工智能：一个现代路径》中提出了八个不同的人工智能定义，分成四类：像人一样思考（thinking humanly）；像人一样行为（acting humanly）；理性思考（thingking rationally）；理性行为（acting rationally）。[2] 人工智能可以模拟人的意识及思维的信息过程，能像人那样思考、像人那样行为，甚至超过人的智能。

就此，《规划》在对人工智能理论、技术和应用作出前瞻性布局的同时，呼吁加强人工智能相关法律、伦理和社会问题研究，建立人工智能法律法规、伦理规范和政策体系。《规划》力挺智慧法庭建设，提出促进人工智能在证据收集、案例分析、法律文件阅读与分析中的应用，实现法院审判体系和审判能力智能化。更为前瞻性的是，《规划》提出“人工智能 + X”复合专业培养新

〔1〕［德］霍斯特·艾丹米勒：《机器人的崛起与人类的法律》，李飞、敦小匡译，载《法治现代化研究》2017 年第 4 期。

〔2〕［美］Matthew U. Scherer：《监管人工智能系统：风险、挑战、能力和策略》，曹建峰、李金磊译，载《信息安全与通信保密》2017 年第 3 期。

模式,法学赫然在列,法学教育的变革已然箭在弦上。[1]

1987 年,在美国波士顿的东北大学举办的首届“国际人工智能与法律会议”(ICAIL),旨在推动人工智能与法律这一跨学科领域的研究和应用,并最终促成了国际人工智能与法律协会(IAAIL)在 1991 年的成立,人工智能的法律面向包括但不限于十大主要议题[2]:法律推理的形式模型;论证和决策的计算模型;证据推理的计算模型;多智能体系统中的法律推理;自动化的法律文本分类和概括;自动提取法律数据库和文本中的信息;针对电子取证等法律应用的机器学习和数据挖掘;概念上的或者基于模型的法律信息检索;完成重复性法律任务的法律机器人;立法的可执行模型。日本学者关心的议题包括:人工智能与宪法(表达自由、隐私、法律下的平等、正当程序);人工智能与民法(知识产权、合同、不法行为——尤其是产品责任);人工智能与刑法(利用人工智能实施高科技犯罪:冒充、欺诈、金融犯罪、网络犯罪);人工智能与劳动法(雇佣环境的变化、通过人工智能进行雇佣管理与否);人工智能与国际法(安全保障、恐怖犯罪对策、人工智能武器)等。[3]

二、人工智能法律规制的理论构造

人工智能运动式发展,不仅在全球范围内逐步建立起自己的生态格局,而且开始深度介入人类的社会生活。

(一)人工智能三定律/八原则

人类与机器人/人工智能的关系将掀起一场对于隐私、尊严及安全的讨论。随着机器人/人工智能的适应性和自主学习能力不断增强,它们可能不再是人类使用的简单工具,“类脑”人工智能可能超越人类的智力,这将对人类控制机器人构成挑战。一旦机器人自我意识崛起,高度自主、独立判断且

---

〔1〕 曹建峰:《法律人工智能十大趋势》,载搜狐网 2017 年 8 月 5 日,http://www.sohu.com/a/162390641_455313。《规划》要求,建设人工智能学科。完善人工智能领域学科布局,设立人工智能专业,推动人工智能领域一级学科建设,尽快在试点院校建立人工智能学院,增加人工智能相关学科方向的博士、硕士招生名额。鼓励高校在原有基础上拓宽人工智能专业教育内容,形成“人工智能 + X”复合专业培养新模式,重视人工智能与数学、计算机科学、物理学、生物学、心理学、社会学、法学等学科专业教育的交叉融合。加强产学研合作,鼓励高校、科研院所与企业等机构合作开展人工智能学科建设。

〔2〕 曹建峰:《法律人工智能十大趋势》,载搜狐网 2017 年 8 月 5 日,http://www.sohu.com/a/162390641_455313。

〔3〕 [日]新保史生:《日本政府对人工知能的发展战略和法律应对框架》,储陈城编译,载微信公众号“中日刑事司法”2017 年 10 月 27 日,http://mp.weixin.qq.com。

不受人类直接控制的人工智能机器人甚至可能威胁人类的生存。欧盟议会法律事务委员会(JURI)参照美国科幻小说作家艾萨克·阿西莫夫(Isaac Asimov)在1950年出版的短篇小说集《我,机器人》中提出的“机器人学三大法则”(也被称为“机器人学三定律”),将其作为立法框架,提出了机器人自我意识觉醒后的行为规范。据此,我们可以为人工智能设定三个原则,即“人工智能三定律”[1]。第一定律:人工智能机器人不得伤害人,也不得见人受到伤害而袖手旁观;第二定律:人工智能机器人应服从人的一切命令,但不得违反第一定律;第三定律:人工智能机器人应保护自身的安全,但不得违反第一、第二定律。人工智能三定律必须在一个大前提之下方可成立,即人工智能不得伤害人类整体,或因不作为使人类整体受到伤害,有义务保护人类的整体利益,以契合阿西莫夫在《机器人与帝国》中补充提出的“第零法则”[2]。日本学者新保史生提出机器人使用的八原则,被称为“新保试案”:人类优先原则;服从命令原则;保护秘密原则;限制利用原则;安全保护原则;公开透明性原则;个人参加原则;责任原则。

（二）法律吸纳风险理论

人工智能技术在造福人类的同时也增加了人类受危害系数,这恰恰能够验证技术的负面性与风险的不确定性的关联。传统法律治理体系无力解决新一代科技革命带来的社会问题,这恰恰能够验证法律的确定性与风险的不确定性的背离。当前,人工智能发展的规制,其实是基于风险的制度选择和法律安排,我们应“通过法律化解风险”,“通过法律吸纳风险”,“将风险社会置于法治社会的背景之中”,即对智能革命时代的法律制度乃至整个社会规范进行新的建构。[3] 人们对人工智能安全问题的普遍忧虑,涉及人类基本权益的生命与健康、尊严与隐私、安全与自由。1986年,德国学者乌尔里希·贝克在《风险社会》一书中首次在学理上提出了“风险社会”的概念,贝克认为,人类面临着威胁其生存的由社会所制造的风险。现代化正在成为它自身的主题和问题,因此变得具有反思性。[4] 风险概念表明人们创造了一

〔1〕 於兴中:《当法律遇上人工智能》,载《法制日报》2016年3月28日,第7版。

〔2〕 《关于机器人时代的伦理,阿西莫夫早就给出了三条法则》,载搜狐网2017年4月3日,http://www.sohu.com/a/131831765_483391。

〔3〕 吴汉东:《人工智能时代的制度安排与法律规制》,载《法律科学(西北政法大学学报)》2017年第4期。

〔4〕 吴汉东:《知识产权的制度风险与法律控制》,载《法学研究》2012年第4期。

种文明,以便使自己的决定将会造成的不可预见的后果具备可预见性,从而控制不可控制的事情。在风险理论中,人工智能存在现代性的负面影响,因此有必要采取风险措施,即预防性行为和因应性的制度。对风险社会问题的法学研究,其重点是法律制度与法律秩序。一方面,"法律制度的价值和意义就在于规范和追寻技术上的可以管理的哪怕是可能性很小或影响范围很小的风险和灾难的每一个细节。"[1]另一方面,法律秩序客观上表征了法律制度实施的效果,大致是人类社会生产生活基本方面实现法律化和制度化。现代社会是法治社会,制度风险及风险法律控制是风险社会法学研究理论的基本内涵。风险社会是一种"全球风险社会",风险的空间影响超越了地理边界和社会文化的边界。

(三)法律责任理论

中国科学院科技战略咨询研究院吴焦苏提出了Graceful AI,不仅考虑AI的责任,还考虑AI的技术、伦理和法律之间的界限。Graceful AI以网络行为学的策略相关性原理(SCP)为基本模型,其策略相关系数的上界是图博弈矩阵的最小特征值的倒数,下界是图博弈矩阵的最大特征值的倒数,在上下界之间的行为才是亲人类行为,过之属道德过载(Moral Overload),略少属道德负担不足(Moral Underload),过多低于该阈值,则是法律管辖的范围。[2] 这也正是当前人工智能发展面临的主要法律挑战,即人工智能法律化规制的具体面向:法律责任划分和法律责任承担问题。法律责任是由于违反了第一性义务(如违约、侵权等)而引起的第二性义务(如赔偿等),是因为特定的法律事实而引起的对损害进行补偿、赔偿或接受处罚的特殊义务。人工智能机器人的法律责任是否当然包括现有的民事责任、行政责任、刑事责任、违宪责任和国家赔偿责任?此外,法律责任除了分责,还有归责、免责、偿责等诸多方面。某种程度上,人工智能机器人作为拟制人,与所有参与到机器人的发明、授权和分配中的自然人或(和)法人,甚至承保相应险种的保险公司,在归责、免责和偿责等诸多方面均是法律空白,需要在既有规范之外制定新的法律责任规则。

---

〔1〕[美]T. W. 舒尔茨:《制度与人的经济价值的不断提高》,载[美]R. 科斯等:《财产权利与制度变迁》,刘守英译,上海三联书店1999年版。

〔2〕齐昆鹏:《"2017人工智能:技术、伦理与法律"研讨会在京召开》,载《科学与社会》2017年。

三、人工智能法律规制的立法探索

人工智能从产品到技术都在迅猛发展，现在是人工智能立法的准备阶段、摸索阶段、积累阶段，也是人工智能立法的促进阶段，可以先制定促进人工智能发展法。立法应该优先考虑对人们生活已经有影响的领域，比如自动驾驶、服务类机器人领域，应该率先启动立法立项工作。人工智能的法律应对，有必要进行体系性的讨论和专题式的研究，主要包括：功能风险与法律制度、权利利益相关的风险；由于对于法律课题的讨论刚刚开始，需要进行个别性把握；分别列举可能出现的风险等。

（一）联合国的人工智能法律与伦理

联合国教科文组织（the United Nations Education, Scientific and Cultural Organization）与世界科学知识与技术伦理委员会（World Commission on the Ethics of Scientific Knowledge and Technology）联合发布的报告（2016 年），主要讨论了机器人的制造和使用促进了人工智能的进步，以及这些进步所带来的社会、法律与伦理道德问题。报告呼吁在国际层面上应该在以下几个方面加强立法控制：数据和隐私保护；创新关于机器人与机器人制造者之间的责任分担机制；预警机制的建立；对机器人在实际生活场景中的测试；在涉及人类的机器人研究中的知情同意权；智能机器人的退出机制；为应对自动机器人的广泛应用将给人类教育和就业带来的巨大影响而建立全新的保险制度。[1]

在制造一个机器人需要不同的专家和部门合作的情况下，谁该为机器人的某次操作失灵负责任？联合国的报告援引了阿萨罗（Asaro）提出的结论，即机器人以及机器人技术造成的伤害，很大一部分由民法中产生责任的相关法律调整，因为机器人一般被视为通常意义上的科技产品。从这个角度看，机器人造成的伤害很大一部分归责于机器人制造者和零售商的“过失”“产品警告的缺失”“没有尽到合理的义务”。在阿萨罗看来，这种归责制度会随

---

[1] 联合国作为全球最重要的国际组织，在 2016 年最新发布的人工智能报告中，表达了其对人工智能的关注；同时，为应对人工智能及机器人技术的发展带来的各种问题，其提出了全新的思考方式与解决路径，这对世界各国的人工智能监管具有重要的参考意义。详细分析参见［美］Danit Gal：《联合国的人工智能政策》，孙那、李金磊译，载搜狐网 2017 年 1 月 15 日，http://www.sohu.com/a/132199558_556637。

着机器人越来越自动化及智能化而逐渐被废弃。[1] 然后,一个新的平衡机器人制造者、销售者和最终使用者的责任分担机制会被逐渐创造出来。[2] 而高度智能化的机器人如何独立承担责任值得我们深入研究。

(二)欧盟的立法建议

早在2015年1月,欧盟议会法律事务委员会(JURI)就决定成立一个工作小组,专门研究与机器人/人工智能发展相关的法律。2016年5月,法律事务委员会发布《就机器人民事法律规则向欧盟委员会提出立法建议的报告草案》[3],讨论欧洲首份管制机器人的建议立法草案,旨在为民用机器人的使用制订法律框架。报告对机器人可能引发的安全风险、道德问题、对人类造成的伤害等情况作了讨论,呼吁制定"人类与人工智能\机器人互动的全面规则",这或是首个涉及管制机器人的立法草案。报告要求欧盟为民用机器人制订法律框架,探讨是否需要为机器人安装"死亡开关"、研究机器人抢走人类工作的应对措施等。专家认为,此次立法将有利于人类应对机器人革命带来的社会震荡。[4] 同年10月,法律事务委员会发布《欧盟机器人民事法律规则》。在此基础上,2017年2月16日,欧盟议会投票表决通过一份决议,包含了立法建议,并要求欧盟委员会就机器人/人工智能提出立法提案。法律事务委员会提出的立法建议涉及多个方面,主要包括:成立一个机构,专门负

[1] Asaro P. M. ,*A Body to Kick,but Still No Soul to Damn:Legal Perspectives on Robotics*,in Lin P. ,Abney K. ,and Bekey G. A,eds. ,Robot Ethics:The Ethical and Social Implications Ofrobotics,MIT Press,2012,p. 169 – 186.

[2] 对此,一个可行的解决办法,即采取责任分担的解决途径,让所有参与到机器人的发明、授权和分配过程中的人来分担责任;另一个解决办法就是让智能机器人承担责任,因为智能机器人确实拥有前所未有的自主性,并且拥有能够独立决策的能力。这两种责任分担方式展现了两种极端,既无视了人类在科技发展过程中的固有偏见,也忽略了科技被居心叵测的使用者用做他途的可能性。详细分析参见[美]Danit Gal:《联合国的人工智能政策》,孙那、李金磊译,载搜狐网2017年1月15日,http://www. sohu. com/a/132199558_556637。

[3] United Nations Educations,Scientific and Cultural Organization (UNESCO) and World Commission on the Ethics of Scientific Knowledge and Technology (COMEST),*Preliminarydraft Reports on COMEST on Robotics Ethics*,http://unesdoc. unesco. org/images/0024/002455/245532E. pdf. ,2015.

[4] Lielvwang:《全球首个涉及管制机器人的立法草案或将落地欧盟》,载中国机器人网2017年1月17日,http://www. robot – china. com/zhuanti/show – 3112. html。EU Parliament, *Draft Report with Recommendations to the Commission on Civil Law Rules on Robotics*,http://www. europarl. europa. eu/sides/get Doc. do? pub Ref = –//EP//NONSGML + COMPARL + PE – 582. 443 + 01 + DOC + PDF + V0//EN,2016.

责欧盟的机器人和人工智能;确立人工智能伦理准则;重构智能机器人的责任规则;长远考虑,也许可以赋予复杂的自主机器人法律地位(所谓的"电子人");明确人工智能在知识产权领域的"独立智力创造";注重隐私和数据保护;推进标准化工作和机器人的安全性;针对具有特定用途的机器人和人工智能系统(主要包括自动驾驶汽车、护理机器人、医疗机器人、无人机、人类修复和增强等)出台特定规则,进行特殊监管;关注人工智能的社会影响;以及加强法律政策领域的国际合作。[1]

(三)美国的草案

2016 年,美国弗吉尼亚州州长签署了一条关于送货机器人的法律,它将允许送货机器人合法在全州的人行道上行驶,它也是目前美国第一条关于送货机器人的立法。两名弗吉尼亚州的立法者 Ron Villanueva 和 Bill DeSteph 与爱沙尼亚一家做地面送货机器人的公司 Starship Technologies 合作制定了这条法律的草案。根据最新法案规定,送货机器人被允许在道路上自动行驶,但速度不能超过每小时 10 英里(约每小时 16 千米)或者重量不得超过 50 磅(约 23 千克)。虽然法案没有要求机器人一定要在操作者的视线范围内行驶,但它还是需要操作者进行远程控制,以防止其在道路运行的过程中失控。这条州立法案的规定并不是唯一固定的,各个城市可以根据本地的运营条件对它作出适当的调整,如市议会可以指定更严格的速度限制或禁止送货机器人上路等。目前除了弗吉尼亚州之外,美国的另外两个州爱达荷州及佛罗里达州也在提出类似的立法草案。[2]

(四)英国的监管与目标

2013 年英国挑选出"机器人技术及其自动化系统"作为其"八项伟大的科技"计划的一部分,并且宣布英国要力争成为第四次工业革命的全球领导者。英国下议院的科学和技术委员会在 2016 年发布的《机器人技术和人工智能》报告,侧重阐述了英国会如何规范机器人技术与人工智能系统的发展,以及如何应对其发展带来的伦理道德、法律及社会问题,报告认为积极响应并且负责任的监管措施能促成监管的介入和领导体制的建立。英国政府总

---

[1] 司晓、曹建峰:《论人工智能的民事责任:以自动驾驶汽车和智能机器人为切入点》,载《法律科学(西北政法大学学报)》2017 年第 5 期。

[2] 朱若淼:《送货机器人在美国合法上路了,还有了第一条关于机器人法案》,载《好奇心日报》2017 年 3 月 3 日,http://www.qdaily.com/articles/38275.html。

是落后于工业进步、学术研究和不断增加的公共关注，在政府决策机制中引入人工智能，制造了非常有趣的关注点，在为社会创造利益的同时，也带来了新的伦理、法律和社会问题。下议院的科学和技术委员会在伦理道德和法律方面的重点关注点包括：人工智能的安全与管控；管理——标准与规则；鼓励公众对话；研究——资金支持与创新。[1]

（五）日本的机器人革命战略

作为“机器人超级大国”，日本政府希望开发推广机器人技术，缓解劳动力短缺问题，提高生产效率，于 2014 年 9 月成立了“机器人革命实现委员会”，召开会议讨论与“机器人革命”相关的技术进步、监管改革以及全球化标准等具体举措。日本经济产业省将委员会讨论的成果进行汇总，2015 年 1 月编制发布了《日本机器人战略：愿景、战略、行动计划》，机器人革命战略的三大支柱包括：作为世界机器人创新的据点——彻底强化机器人创新能力；成为世界上主要的机器人使用大国；领导世界走向机器人新时代。同时其建议制定机器人发展“五年计划”。日本的机器人革命战略涉及人工智能与宪法、民法、刑法、劳动法、国际法等诸领域的法律问题，法律法学界正加紧研究。

（六）人工智能立法规制的中国方案

《新一代人工智能发展规划》在对人工智能理论、技术和应用作出前瞻性布局的同时，还呼吁加强人工智能相关法律、伦理和社会问题研究，建立人工智能法律法规、伦理规范和政策体系。在前文人工智能法律规制的理论构造基础上，我们依次从人工智能的权利能力、行为能力、责任能力等方面进行相应的立法规制。

1. 人工智能机器人享有法律权利。对应“人工智能三定律”第三条“人工智能机器人应保护自身的安全”，若要赋予人工智能机器人保护自身的权利，必然与一般的基本权利保护范围由自然形成不同，人工智能机器人的基本权利形成必须通过立法来确定基本权利的范围。具有高度智慧、独立意思表示能力和独立决策行为能力的高智能机器人是自然人和服务类机器人之外的特殊主体，其享有的法律权利及对应的法律义务都应当在立法中予以明确界定。

---

〔1〕 腾讯研究院：《人工智能各国战略解读》，载《个人图书馆》2017 年 1 月 13 日，http://www.360doc.com/content/17/0301/09/35919193_632883078.shtml。

2. 人工智能机器人类型化立法技术管控。“这是最好的时代，也是最坏的时代”，狄更斯在《双城记》中的开篇语，同样适用于“未来已来”的人工智能时代。既希冀于人工智能机器人带来的高效率、高精度、高细度的“三高”智能时代，又忧虑于人工智能优于人类的学习深度、优于人类的工作强度、优于人类的生活态度以及可能颠覆人类的潜在风险。面对这种具有共生性、时代性和全球性的风险，不高估、不怯懦，不低估、不自大，以权利能力、行为能力等基本法律概念为切入点，通过分级、分类管控的方式化解、吸纳人工智能风险。例如，参照自然人民事行为能力的分类，将人工智能机器人按照智能程度高低分为无民事行为能力者、限制民事行为能力者，智能程度低的人工智能机器人属无民事行为能力者，智能程度高的人工智能机器人属限制民事行为能力者，其行为须经相关责任主体追认方可生效。如此，权利享有者顺理成章地成为责任的承担者。

3. 全区链备案制的法律责任规制。自然人之权利始于出生，终于死亡，无民事行为能力人的法律责任和限制民事行为能力人的大部分法律责任由其监护人承担。对于人工智能机器人，其权利应当始于登记备案时，登记备案是必经的法定程序，人工智能的设计者、生产者、销售者、使用者、监管者都是法律责任的可能承担者，任何一方不得擅自更改人工智能数据，人工智能数据“黑匣子”只在主管部门授权或司法部门鉴定时提供。唯有如此，才可以倒逼人工智能行业自律，亦能保证整个生产使用链条在程序上的可追责性。

4. 投保强制责任险。具有深度学习能力、独立意思表示能力的高智能机器人，性质界定远不是学界流行的工具说、电子奴隶说、代理说等[1]所能囊括的。高智能机器人致人损害的责任一种可能是产品责任，毫无疑问，由产品的设计者、生产者、销售者承担损害赔偿责任；另一种可能是“类脑”机器人的损害故意，责任划分上，单方面将赔偿责任归给使用者或管理者等“实际控制人”，显然不妥，而投保强制或许是以法律手段调整新型人机权责关系最有效的方式。

四、法律科技人工智能化的可能路径

“现代法律制度的每一个建构性要素及其运作过程的每一个环节，都表

---

〔1〕 袁曾：《人工智能有限法律人格审视》，载《东方法学》2017 年第 5 期。

现出很强的技术性特征，这使得法律成为一种典型的社会技术。……法律技术本身也是法治的基本条件之一。"[1]人工智能在法律领域的运用，即法律科技（LawTech）的发展趋势/重点规制领域包括但不限于：智能化的法律检索将深刻影响法律人进行法律研究（检索）的方式；人工智能将推动法律文件自动化生成；在线法律服务、人工智能机器人法律服务等替代性商业模式（alternative business structure）不断涌现，促进法律服务标准化、商品化、自动化、民主化；基于人工智能和大数据的案件预测将深刻影响当事人的诉讼行为或改变法律纠纷的解决模式；在线法院（online court），以及人工智能法律援助，将促进司法可得性（access to justice），帮助消除司法鸿沟（justice gap）；人工智能和机器人将成为法律系统的主要进入点；律师市场评价将使法律行业更加透明，可能带来"马太效应"；法律人工智能职业将作为法律行业的新兴职业而不断涌现；法律教育与人工智能等前沿信息科学技术将日益密切地结合起来；计算法律（computational law）以及算法裁判，或将成为法律的终极形态。基于这些预判，我们需要对其尽早作出规制设计。

在智能发展引擎的驱动下，法律的人工智能化可能遍及立法的人工智能化、司法的人工智能化、执法的人工智能化等领域，其发展进程亦离不开法律规制，人工智能技术在法律领域的开发应用必须跨过一个鸿沟，即法理学原则在智能开发领域的有效运用。有学者指出，擅长法律推理的人工智能应当可以解决以下问题：根据案例的类比推理（包括真实案例和假设案例）；根据规则推理；多种推理方式的结合；处理定义不严密及含义开放的概念；设计论证和解释；处理各项知识的例外和期间的冲突，比如规则间的冲突；包容法律知识基础的变化，尤其是法律概念的变化，处理非单一性因素引起的变化，即由于更多新知识的出现而使原有的真理不再成为真理，因之而起的变化；模拟普通常识；模拟人的意向和信念知识；承担理解自然语言的功能。[2]

不难看出，法律的人工智能化过程中，不得不面对以下具体问题：其一，人工智能法律语言的规制；其二，人工智能法律解释的规制；其三，人工智能法律推理系统的规制。无论是人工智能法律检索还是人工智能司法裁判，都必须基于最基本的法律语言而展开，这一点恰恰是人工智能需要攻克的难题。因为现有法律语言存在模糊性，不同学者对法律概念的内涵和外延认知

---

〔1〕 周少华：《法律理性与法律的技术化》，载《法学论坛》2012 年第 3 期。

〔2〕 於兴中：《法理学前沿》，中国民主法制出版社 2015 年版，第 102－105 页。

有差别，对某一法律问题的理解可能在法律职业共同体内部就有多种解释，而机器语言只做单向的精确推理，如果需要穷尽推理结果，必须在法律语言的确定性、法律解释的一致性和法律推理的多维性等方面预先加以规制。

法律的人工智能化在智慧司法中的运用应当是"有限智能化"[1]，尤其现阶段该应用主要集中于数据检索环节，更需要兼顾效率与公正，权衡案件的共同性和差异性。微软亚太科技有限公司副总裁王枫在"人工智能与未来社会：趋势、风险与挑战"学术研讨会上鲜明地指出，"没有数据的人工智能是一个理论和空谈，数据的完整性、专业性和准确性是最基本的"[2]。人工智能发展的原始助推力不是算法、不是推理，更不是软件系统，而是大量的数据，所涉数据的来源、数据的使用都不可避免地带来安全隐患或产生隐私侵权行为，这就需要在道德伦理与法律之间寻求一个平衡点，在保护数据信息安全使用的前提下，通过人工智能系统促进法律职业技术改革，总之，法律的人工智能化不仅追求效率，更要兼顾公平与正义。在使用数据方面，遵循目的明确、最少够用、公开告知、知情同意等基本原则，通过数据使用主体权限、数据使用者登记备案、数据使用流向注入标签水印等方式严格规范数据使用，对于滥用数据或窃取使用数据的行为，在查明责任主体的前提下，以民事和刑事责任予以规制。

五、结语

人工智能从技术到产品都在发展成熟的过程中，这一过程也正是人工智能立法的准备阶段、摸索阶段、积累阶段。在人工智能立法方面，目前而言，尚没有立法成就特别突出的国家，这是全人类面临的新课题。有学者提出，我们应坚持以人为本的原则，建立全流程监管体系，明晰法律责任制度，明确数据信息保护与隐私权保护，强化涉及人工智能发展的知识产权保护，加强国际合作，加快制定专门的人工智能发展法。一部体系和结构完整的人工智能发展法既需要廓清人工智能机器人的基本权责义，还需要厘清人（法人）机之间的责任分配以及责任承担方式，更需要不同领域相关法律的配合和补充。

人工智能已然提升至国家战略层面，毫无疑问，立法也将紧随科技进步

---

〔1〕 黄京平：《刑事司法人工智能的负面清单》，载《探索与争鸣》2017年第10期。

〔2〕 2017年8月28日，由上海市社联《探索与争鸣》杂志社和华东政法大学政治学研究院共同主办的"人工智能与未来社会：趋势、风险与挑战"学术研讨会在上海社联大楼召开。

的步伐。当前,围绕自动驾驶、服务机器人等应用基础好的领域,我们应加快立法进度,将人工智能复杂环境中的突发事件纳入法律规制的范围,探索归纳该场景下突发事件的应对主体、问责机制,为后续立法提供借鉴。

（张清、张蓉/文）*

---

* 张清,扬州大学法学院博士生导师、广陵学院院长,江苏省重点智库—中国法治现代化研究院研究员,研究兴趣包括但不限于:法理学、法律社会学、宪法学、人权法学。张蓉,扬州大学法学院博士候选人,陆军军事交通学院镇江校区讲师。项目来源:司法部国家法治与法学理论研究重点项目(16SFB1001)、江苏省"六大人才高峰"高层次人才资助项目(2014-JY-018)。本文系江苏省高校优势学科"文化传承与区域社会发展"建设项目(PAPD)、江苏高校区域法治发展协同创新中心研究成果。

当法律责任理论遭遇认知神经科学

一、问题：性骚扰者的"意志"与"责任"

在既有的法律责任理论体系中，无论是民事责任还是刑事责任，"故意"都具有特殊的意义。有时即便没有产生特定的法律后果，只要出于"故意"而实施了特定行为，就要承担法律责任。也就是说，"故意"体现了行为人的主观心理状态，体现了行为人的个人自由意志，因此直接影响着对过错的界定。但是，关于如何界定"自由意志"，乃至什么是"自由意志"这样的问题，却是很复杂和困难的。随着哲学、心理学与认知神经科学的发展及其与法学的交叉与对接，这些问题变得更加复杂但也因此而更具吸引力。

一个关于性骚扰的案例，可以展示自由意志与法律责任问题的复杂性与魅力：有一个40岁的中年男性，多年来在各方面一直表现正常。只是自2000年以来，他开始大量收集色情杂志，并以很高的频率访问色情网站，而他看的很多色情资料都是关于或指向儿童和未成年人的。同时，他经常光顾妓院，而这是以前从未发生过的事情。

根据他的陈述，他也有过思想斗争，觉得这样做令人难以接受并竭力想避免这些行为。但是他无法戒除，仍然一直持续着这些基于性冲动而实施的行为，因为他说这样做带来的"快乐"程度"超过了"内心的焦虑感带来的痛苦。后来，他甚至开始向自己处于青春期的继女动手，在继女告诉妻子后，他妻子才发现他对色情资料，尤其是儿童色情材料有着日益强烈的兴趣。他被隔离出家门并被诊断为患有恋童癖，被强制服用药物进行治疗。再后来，法官认定他的行为构成了犯罪，判决他在两种惩罚之间进行选择，一种惩罚是12个阶段的性瘾治疗与矫正，另一种则是进监狱，他选择了前者。但他因为在矫正中心很难遏制自己的性瘾而不得不被投入监狱。在入狱前一晚，他到了弗吉尼亚大学医院急诊科，说自己头疼，医院以恋童癖进行诊治但收效甚微。后来他说自己想自杀，担心自己会强奸自己的房东，再往后他又说不能保持身体平衡,最终他接受了神经学的检查。

检查之前,医院检索了他的医疗史,发现他16年前有过失去意识2分钟的经历,近2年还有过偏头疼和高血压,此外没有其他明显的神经学上的后遗症。此外,之前他没有性偏差行为,也没有接受过心理治疗,没有心理疾病的家族史。他曾当过惩教人员,并在1998年获得过硕士学位并成为老师。值得一提的是,在进行神经学检查期间,他骚扰过检查组的女性。经过Folstein简易精神检查发现,他记忆力正常,描图试验能力正常,他能自发地语言输出、重复,理解和阅读的能力没有受到影响,但字迹不清晰。他拼写、韵律学能力正常,嗅觉、视觉正常,同时也没有运动性失用症。

磁共振表明,其颅前窝底聚集并挤占了前额叶的位置。组织病理学检查表明他脑部患有血管外皮细胞瘤。在切除了肿瘤几天后,病人的行走和膀胱控制改善,他还成功地通过了匿名的性爱狂测试。7个月后,他被认为不会对其继女产生威胁并被送回家。但在2001年10月,他又开始头疼并开始秘密地收集色情资料,经磁共振检查,发现肿瘤又开始生长。于是他在2002年2月又被实施了切除手术,手术后他的精神状态检查得分是满分30分,其他各方面也都正常。[1]

关于这个人的信息和故事就到此为止了。很多著名案例中的人物,如罗伊诉韦德案中那位出生的孩子、布朗诉教育部案中那位上学的孩子,他们引发了重大的、具有深远影响的案件,但他们之后的故事却不再受人关注并最终淡出了人们的视野,最终他们成为消逝了的案例名人。而这个人及其直接引发的案件当然无法与前述的案例相提并论,但在学术意义上,它引发的问题与思考却未必次于它们。我们可以考虑把此人的行为置换到中国,并假设此人猥亵继女的行为达到了构成猥亵罪的程度,我们的法律与法官将如何对待。在表层意义上,法官应如何、基于哪些理论与规范进行定罪量刑值得在学理上进行深度的思考,在更深层意义上,这个案例涉及如何理解自由意志和法律责任。

在虚拟案件的中国场景下,我们从犯罪构成的角度进行分析,无论是三要素说还是四要素说,都无法回避犯罪嫌疑人的主观性问题,在这个案件中,问题的关键在于:此人的行为是故意吗?或者,更进一步地问,这个故意是不

---

〔1〕 Jeffrey M. Burns & Russell H. Swerdlow, *Right Orbitofrontal Tumor with Pedophilia Symptom and Constructional Apraxia Sign*, 60 Arch Neurol 437 – 440(2003).

是基于真正的“自由意志”？这就涉及更为深入乃至神秘的问题——“什么是自由意志？”

从对此人的描述来看，他进行过“思想斗争”，他所作出的决定是“反思性的”，甚至进行过非常“理性”的“计算”：他知道骚扰继女是不对的，应该受到谴责的，但是他通过对自己的偏好衡量后认为骚扰带来的快乐程度超过了道德焦虑感带来的痛苦。同时，他的这种涉嫌犯罪的行为又是病态的，某种意义上是“外来的”。因为从对案情的陈述来看，是脑部的肿瘤对特定脑区的压迫，使他产生了病态的需求，并在这个病态的需求下形塑了非常态的偏好和非常态的偏好衡量标准。但是，毕竟这个肿瘤长在他的脑子里，我们能说是外在的来源导致他涉嫌犯罪行为吗？而且即便是，这能否构成阻却犯罪或责任的理由？比如，一个人在被外源性强迫的情况下犯罪而成为胁从犯，可以成为其从轻处罚的理由，但是并不妨碍他被认定构成犯罪。根据《刑法》，“精神病人在不能辨认或者不能控制自己行为的时候造成危害结果，经法定程序鉴定确认的，不负刑事责任……尚未完全丧失辨认或者控制自己行为能力的精神病人犯罪的，应当负刑事责任，但是可以从轻或者减轻处罚”。判断一个成年人是否为无行为能力人，要看其是否为精神病人，而判定他是否为精神病人有医学和法学标准。从对该案的陈述来看，他肯定不是严重的精神障碍患者，因此不是无行为能力人，他是否属于“难以辨认或控制”自己的行为也颇令人怀疑[1]，即便“难以控制”，也未必属于限制行为能力人，就像我们从来不会把一个毒瘾发作或酒后不能控制自己的行为的人视为限制行为能力人或无行为能力人一样。

二、思考：法律责任理论中的自由意志

从权威的法理学理论与教科书来看，我国现有的法律责任理论是一种“综合性”理论。之所以说它是“综合性”的，是因为它是在批评、整合了三种具有较大影响力的责任理论之后形成的，这三种理论分别为道义责任论、社会责任论和规范责任论。

道义责任论立足于道义论，主张一个人之所以要承担法律责任，是因为他的行为是错的，而之所以有这种错误的行为，是因为他的主观意志是错误的。这里的主观意志来自自由意志理论，即相信人的意志是自由的，有根据

---

〔1〕 蔡伟雄：《精神障碍者刑事责任能力评定标准研究》，载《中国司法鉴定》2008 年第 6 期。

自己的自由意志行事的能力，并为自己的意志行为承担相应的后果。简言之，道义责任论的框架是：人有自由意志并按照自由意志行事，承担法律责任是实践自己自由意志的代价。之所以惩罚这个人，是因为他基于自由意志所实施的行为是错的，他的行为具有主观的过错甚至恶性。[1]

社会责任论则是一种决定论和后果论。它以社会本位的价值观作为理论基础[2]，主张自由意志是不存在的，人的行为受制并取决于客观环境。这一客观环境包括了各种自然、社会规律和必然性。法律责任的有无和轻重源于该行为所产生的环境和带来的社会危害性。而确定法律责任的目的不在于制裁当事人的行为，而在于维护利益与社会秩序[3]，让当事人的行为重新符合社会秩序的要求，不再危害社会。简言之，社会责任论的核心是：之所以惩罚这个人，是因为他的行为是有害社会的，与他的主观意志无关，因为人受制于客观规律，不具有自由意志。

规范责任论强调规范，应该把是否合乎规范作为判断是否承担责任的标准。[4] 如果某人某一行为违反了规范，那么该人就会得到规范的否定性评价，也因此将承担不利的后果，即法律责任。规范是一种凝聚物，其中既有社会的价值观，也就是道义论的色彩；也有客观的社会结果，也就是后果论的色彩。从这个意义上看，规范责任论是一种道义论和结果论的融合。[5]

既有的、权威的责任理论是规范责任论的一种延续，它接受了道义论的自由意志，采纳了后果论的社会效果，同时强调了责任的来源——指出它来自居于统治地位阶级或集团所设立或秉持的某种标准。由此可见，权威的道德理论坚持类似于"主客观相结合"的立场，但在这一理论体系中自由意志具有无法取代的一席之地。

自由意志是一个看起来似乎很容易理解但实际上极其复杂，甚至让人感到非常迷惘的话题，哲学、心理学和神经科学对它都有不同的理解，这些理解会直接或间接地影响法学中自由意志的内容与定位。因此，自由意志并非一

---

〔1〕 [美]戈尔丁：《法律哲学》，齐海滨译，三联书店1987年版，第178页；陈兴良：《刑法公正论》，载《法学研究》1997年第3期。

〔2〕 余军：《法律责任概念的双元价值构造》，载《浙江学刊》2005年第1期。

〔3〕 [法]迪尔凯姆：《社会研究方法论》，胡伟译，华夏出版社1988年版，第5页。

〔4〕 张明楷：《期待可能性理论的梳理》，载《法学研究》2009年第1期。

〔5〕 张文显：《法理学》(第3版)，高等教育出版社、北京大学出版社2007年版，第169页；张文显：《法哲学范畴研究》(修订版)，中国政法大学出版社2001年版，第114－115页。

个孤立的问题,探讨自由意志,需要将它和决定论的问题结合起来。

三、追问:自由意志是否存在?

(一)自由意志存在论

柏拉图关于"依靠人的责任心"这一论述明确肯定了人的选择自由[1]。亚里士多德认为,"德性依乎我们自己,过恶也是依乎我们自己。因为我们有权力去做的事,也有权力不去做。我们能够说'不'的地方,也能够说'是'"[2]。这些都意味着,人们具有自我意志,自我意志能够做出选择并据此决定自己的行为。伊壁鸠鲁认为,一个真正意义上快乐的人并不认为有一种命运能主宰万物。人们的意志和行为是自由的,能够为自己设定权利义务,并接受由此带来的包括责任在内的所有后果。用他自己的话来说,就是给自己带来"批评和赞扬"[3]。

神学家则对自由意志有几乎一致的看法,在很多人看来,除了加尔文教,可能所有的基督教派别作为人生的精神解释都必须承认自由意志这个概念。[4] 比如,奥古斯都就认为,不同的人得到幸福或者不幸的生活,归根结底是其意志的问题,即意志的自愿性,亦即意志能够进行自愿的选择。这种自愿性表现为一种独立的心灵能力,这种能力体现在两方面:一方面是独立于欲望或理性等内在力量的心灵能力;另一方面是独立于上帝的救助或魔鬼的欲望等外部力量的心灵能力。[5] 洛克采纳了神学家的观点,他认为,"我似乎觉得这是一切自由的源泉;那种被称为自由意志的东西似乎就存在于此","很明显,自由在于随自己的意志去做或不去做、去做或克制不去做的能力。"[6]

近代的法律制度,很显然受到自由意志思想的影响,甚至可以说立基于这一思想之上,由此强调所谓自治、自我决定,强调通过行使个人的自由意志来为自己设定权利义务,并由此承担相应的责任。无论私法中的意思自治还

---

〔1〕 [德]文德尔班:《哲学史教程》(下),罗达仁译,商务印书馆1997年版,第257页。

〔2〕 周辅成:《西方伦理学名著选辑》(上),商务印书馆1964年版,第306页。

〔3〕 [古希腊]伊壁鸠鲁、[古罗马]卢克来修:《自然与快乐》,包利民等译,中国社会科学出版社2004年版,第33－34页。

〔4〕 [美]里奇拉克《发现自由意志与个人责任》,许泽民、罗选民译,贵州人民出版社1994年版,第74页。

〔5〕 吴天岳:《试论奥古斯丁著作中的意愿概念》,载《现代哲学》2005年第3期。

〔6〕 [美]里奇拉克:《发现自由意志与个人责任》,许泽民、罗选民译,贵州人民出版社1994年版,第87页。

是公法中的自决权都和自由意志有不可分割的关联。

(二)自由意志不存在论

哲学家中也有很多反对自由意志存在的,其中持坚定的决定论立场的人士被称为"硬决定主义者",如斯宾诺莎(Spinoza)、霍尔巴赫(Holbach)、普利斯特里(Priestley)、斯金纳(Skinner)等人[1]。但对自由意志理论进行更为直接和强有力的挑战来自心理学家和神经科学家,他们不是求助于形而上学的思辨,而是通过实验与行为"以实证之",因此更具有杀伤力与说服力。本杰明·里贝特(Benjamin Libet)即是其中的一个杰出代表,以他为代表的几位学者的文章构成了对现代科学心理学的哲学挑战。他近期的文章中直接地指出:"如果'现在就行动'的过程是无意识地发生的,那么就不是有意识的自由意志实施的。"[2]

里贝特等人在严格意义上运用了"自由意志"这一概念,他们主张,个人的自由意志需要满足以下条件:首先,它要源自内部,而非对外部刺激的应激反应;其次,不存在直接控制个体主观意图和行为表现的外部力量;最后,个体可以通过内省感知到是他们自己发出动作,并按照其愿望自由地开始或结束动作。[3] 他在进行了一系列实验之后,认为人的行为受人的意识支配这样的说法是不尽准确的,人们在做任何动作的时候,都是先作出某个心理决定,这个决定通过神经系统向运动器官发出指令,然后行为主体才意识到自己的决定。或者说,人们意识到自己的行为之前,决定早就作出了。[4]

---

[1] Derk Pereboom, *Living Without Free Will*, Cambridge University Press, 2001, p. XⅧ.

[2] Mele A., *Free Will: Action Theory Meets Neuroscience*, in C. Lumer, eds., Intentionality, Deliberation and Autonomy: The Action – Theoretic Basis of Practical Philosophy, Farnham, Surrey, Ashgate, 2007, p. 257 – 272.

[3] Libet B. et al., *Time of Conscious Intention to Act in Relation to Onset of Cerebral Activity (readiness – potential): The Unconscious Initiation of A Freely Voluntary Act*, 106 Brain 623 – 642 (1983). 董蕊、彭凯平、喻丰、郑若乔:《自由意志:实证心理学的视角》,载《心理科学进展》2012 年第 11 期。

[4] 该实验的基本步骤如下:为了测出实验对象的心理活动所对应的脑电图,实验人员在他们的头部贴上用于做脑电图的铁片。然后,实验人员要求志愿者在感受到某些外来信号时做出一些简单的动作,并且在要做动作之前告诉实验人员他们要做动作了。从所记录到的脑电图发现,这些被实验的对象打算要进行动作的特征脑电图显示的时间,比他们自己报告要进行动作的时间,要早出大概 500 毫秒。Benjamin Libet, *Unconscious Cerebral Initiative and the Role of Conscious Will in Voluntary Action*, 8 The Behavioral and Brain Sciences 529 – 566 (1985). 中文的实验内容简介见 http://blog.sina.com.cn/s/blog_4acb1eb20100gvs6.html。

在里贝特工作的基础之上，哈佛教授温格（Wenger）则进行了更进一步的研究[1]，温格认为意志是一种体验，他提出了“表面上的心理因果关系理论”（theory of apparent mental causation）：当人们将自己的意向（thought）解释为他们行动（action）的原因时，人们就体验到了自由意志（conscious will）。在他看来，自由意志是一种体验，对进入意识中的意向和观察到的行为之间的因果推断的体验。在他的实验中，真被试并没有真正控制鼠标，真正控制鼠标的是假被试。真被试的行动和鼠标的移动到特定地点之间并没有真正的因果关系，只是一种表面上的因果关系，但真被试认为是自己控制的，他体验到了自由意志。据此，温格认为自由意志并不存在，只是一种幻象，他的著作也因此命名为《自由意志的幻象》。[2]

但是，需要强调的一点是，如果说哲学家们对自由意志的探讨是立足于哲学思辨进行的话，神经科学家的探讨则更多是从经验论证进行的。如果说哲学家们论述的是自由意志这一存在或实体，心理学家或神经科学家探讨的则更多的是个体对自由意志的体验。也就是说，哲学家更多的是从本体论意义上探索自由意志是否存在，心理学家更多的是从经验论的视角探索人们是否能够体验到自由意志，而自由意志在本体意义上是否存在，并不是其研究范围与对象。电影《黑客帝国》中的一个情节可以用来形容这一关系：一个经受不了侦探史密斯的刑讯而背叛了锡安的人，吃着牛排时说，我知道这是虚拟的，但是我能够感受到牛排的鲜美多汁。在影片中，无论他吃的牛排还是所遭受的刑讯，从导演或观众的视角来看，都是虚拟的程序或数码片段，但

---

〔1〕 温格及其同事设计了一个非常复杂而巧妙的实验室情境。在这个情境中，实验员让被试与实验者的助手（伪装成被试）一同参与一个任务，任务的目的是通过操纵鼠标将屏幕上的指针停留在特定目标物上。真假被试同时控制鼠标，实验者告知被试，当音乐响起时，他们就可以停下，但是不必立即停下。实际情况是在进入音乐之后，假被试听到的指导语与真被试是不同的，当真被试停下时，指针就只由假被试控制着达到目标物，真被试在这个阶段就有可能体会到虚假的控制感——这里可以延伸被理解为虚假的自由意志体验。研究发现，在改变真假被试停下的时间差（10 秒或 1 秒等）之后，随着间隔时间的减少，真被试对自己要指针停下的意向的评分就越高。也就是说，虽然此期间指针并不是由真被试控制，但是因为与真被试预期指针的运动方向一致，所以时间越短，被试越会产生自由意志的错觉。Wegner D. M. and T. Wheatley, *Apparent Mental Causation – Sources of the Experience of Will*, 54 American Psychologist 480 – 492（1999）. 中文实验介绍见：康德的彼岸（网名）：《有一种错觉叫自由意志》，载果壳网 2011 年 7 月 12 日，http://www.guokr.com/article/50325/#id14。

〔2〕 Wegner D. M., *The Illusion of Conscious Will*, MIT Press, 2002, p. 74 – 78.

当事人的感受却是鲜活的，因此才有了无法承受刑讯而叛变的情节。与之类似，如果说哲学家们研究的是牛排或刑讯在本体论意义上是否存在，心理学家和神经科学家则更像是研究吃牛排或遭受刑讯的体验，而对其是否存在则表示不属于其研究范围。将这一逻辑进一步推进，就会像有些学者所坚持的那样：为自由意志建立一个科学模型是心理学永远无法完成的任务。[1]

（三）兼容论

强调存在自由意志的观点走到极端，是认为个人的自由意志能够引发各种行为，世界的发展变化受个人意志的决定。强调不存在自由意志的观点走到极端，则认为世界的发展变化是被决定了的，个人的意志不能决定世事的发展变化。对于自由意志与决定主义之间的关系，常见的哲学回答分为两大类：兼容主义和不兼容主义。不兼容主义主张自由行为与决定主义不兼容。在他们看来，决定主义没有给自由行动留下空间。兼容主义则主张自由行为与决定主义可以同时存在。虽然当前绝大多数的兼容主义者认为决定主义者是不正确的，但他们确信：即便决定主义是正确的，人们也能够自由行为。[2]

兼容主义的基本观点是，当精神正常的人们在没有受到强制或被迫的情况下有意识地行为，他们就是自由行为。[3] 从这个角度来看，兼容主义者秉持的是消极自由的立场。他们在非常弱的意义上定义自由意志，认为只要一个人没有被枪指着脑袋命令，他的行为就可以说是基于自由意志进行的。[4] 兼容论者以一种与科学无关的方式界定自由意志，他们完全将注意力集中于

---

[1] Hinsen K. ,*A Scientific Model for Free Will is Impossible*,107 Proceedings of the National Academy of Sciences 1(2010).

[2] Mele A. ,*Free Will:Action Theory Meets Neuroscience*,in C. Lumer,eds. ,Intentionality,Deliberation and Autonomy:The Action - Theoretic Basis of Practical Philosophy,Farnham,Surrey,Ashgate,2007,p. 257 - 272. Pereboom D. ,*Living Without Free Will*,Cambridge University Press,2001,p. 89 - 158.

[3] Mele A. ,*Free Will:Action Theory Meets Neuroscience*,in C. Lumer,eds. ,Intentionality,Deliberation and Autonomy:The Action - Theoretic Basis of Practical Philosophy,Farnham,Surrey,Ashgate,2007,p. 257 - 272. Pereboom D. ,*Living Without Free Will*,Cambridge University Press,2001,p. 89 - 158.

[4] Susan Pockett,*The Concept of Free Will:Philosophy,Neuroscience and the Law*,25 Behavioral Sciences & The Law 281 - 293(2007).

特定的行为是否受到限制，或行为者是否能够“自由”地选择。[1] 值得注意的是，“决定”和“随机”并不是非此即彼的，并不是一个“随机”的事件就排斥了“决定”，也不是被“决定”的事情就完全排除“随机”性事件。它们的兼容体现为：在某一个层面上随机的行为，在另一个低层面上可能就是决定论的结果。比如，电脑中“随机”数字产生器就只是一种决定论的运算法则，很多表面上的无序过程都是被决定了的。神经系统中一种随机性扰动信号，被称为“噪音”，噪音是一种“干扰”，它是一种来自源信息之外的随机波动或不规则的波动，它会扭曲信息的传播或模糊源信息，因而给信息处理带来很大的问题，并影响到神经系统功能的所有方面[2]，但是这种在某个层面具有干扰性的“噪音”可能会在下一个层面决定某个具体的神经活动。因此，在一个层级上是“随机”和“自由”的行动，在另一个层面可能是被“决定”的；在一个层面是被“决定”的，在另一个层面又可能是“随机”和“自由”的。比如，一个阿尔茨海默病[3]患者的行为可能是随机的，但他的行为又是受他大脑所接收的外部信号而形成的脑部活动所决定的。

四、挑战：认知神经科学对法律责任理论提出的问题

如果认知神经科学能给既有的法律责任理论带来一些影响的话，这些影响应该不是对后果，也就是社会危害性客观方面的评价（当然，如果同样的物理性后果分别来自故意或者过失，其社会危害性也会不同，在此我们暂且不谈），而是对主观方面也就是自由意志的影响。某一行为是否基于自由意志而做出，将影响该行为是否以及如果是将在何种程度上承担法律责任。认知神经科学对法律责任理论提出的问题可以分为两个层面：第一，在部门法哲学意义上，在刑法学层面上涉及如何理解“期待可能性”；第二，在法哲学的根本意义上，涉及在本体论意义上如何理解“故意”。

（一）对“期待可能性”有怎样的影响？

在当前的权威教科书里，犯罪构成已经由原来的四要件转为三要件，“有责性”是决定法律责任的标准，它包括原来犯罪主体的刑事责任能力、原来的犯罪主观方面的内容。责任阻却事由，除了前已述及的犯罪的故意、过失、动

---

〔1〕 Susan Pockett, *The Concept of Free Will: Philosophy, Neuroscience and the Law*, 25 Behavioral Sciences & The Law 281 – 293(2007).

〔2〕 Faisal A. A., Selen L. P. J. and Wolpert D. M., *Noise in the Nervous System*, 9 Nature Reviews Neuroscience 292 – 303(2008).

〔3〕 一种神经疾病，如老年性痴呆。

机、目的等问题,还包括缺乏期待可能性。

按照所谓学界通说,把期待可能性理解为与责任能力、故意及过失并列的第三责任要素。[1] 期待可能性虽然是指向行为人的主观方面,是对行为人主观选择的期待,但是与故意或过失不同,它不是"纯心理要素"[2],而是立足于法规范,对身处具体状况下的行为人的具体行为中所蕴含的主观性进行评价。期待可能性判断必须考虑行为当时的实际情况、有无特殊事由存在等。与故意、过失这些主观性归责要素相比,期待可能性更具客观性,是独立于故意、过失之外的归责要素之一。[3]

期待可能性理论来自德国法院 1897 年对"癖马案"所作的判决:行为人受雇于人驾驶双匹马车多年,其中一匹马有用它的尾巴绕住缰绳并用力压低马车的毛病。行为人多次要求换一匹马,但是,雇主没有答应他的要求。某日该马劣性发作,行为人采取了所有紧急措施,但马仍然撞伤他人。法院判决行为人无罪,理由是很难期待被告人坚决违抗雇主的命令,不惜失去职业而履行避免其已预见的伤害行为结果发生的义务。[4]

在刑法理论上,对于如何定位和判断期待可能性有着种种不同的观点。有的主张国家标准说,强调立足于国家法秩序,亦即法律规范,期待行为人做出合法行为;有的主张平均人标准说,利用类似中位选民的标准对人的行为进行衡量;有的则主张行为人标准说,即做出某行为时,该行为人能否做出其行为之外的适法行为的可能性。从该理论的目标来说,除了更为恰当地确定当事人责任之外,更主要的是让个人面对国家强权时有所救济或依靠,因此国家标准说似与此相悖;此外,行为人标准强调站在行为人的立场,设身处地考虑他做出选择的可能性,更具有"具体问题具体分析"的特点,因此其相对于平均人标准更为合理。[5]

在癖马案中,法官考虑并强调的是作为受雇于他人的马车夫面对雇主压力时无奈服从的心理状态,并以此作为令其不承担法律责任的理由。期待可

---

[1] 马克昌:《德、日刑法理论中的期待可能性》,载《武汉大学学报(社会科学版)》2002 年第 1 期。

[2] 陈兴良:《期待可能性问题研究》,载《法律科学(西北政法大学学报)》2006 年第 3 期。

[3] 冯军:《刑事责任论》,法律出版社 1996 年版,第 252 页。

[4] 冯亚东、张丽:《期待可能性与犯罪动机》,载《北京大学学报(哲学社会科学版)》2008 年第 6 期。

[5] 马克昌:《德、日刑法理论中的期待可能性》,载《武汉大学学报(社会科学版)》2002 年第 1 期。

能性这个理论的目的是立足于当事人的立场，设身处地从当事人所处的具体环境中考量其是否应该承担责任，这种具体环境在癖马案中体现为当事人由于经济社会地位的弱势地位不得不向雇主屈服。如果说这种来自客观形势所造成的“外在”压力使得法官认定当事人不应承担法律责任，那么前述脑中长有肿瘤并且这一肿瘤和当事人的行为具有密切相关性的情况下，当事人的行为虽在情感上令人厌恶，在外在行为上有和癖马案类似的损害后果，但就其具体情况而言，可能较癖马案中的当事人更为“身不由己”，因此从规范评价的角度来看，令其承担法律责任不仅与人们的公平感相悖，而且还因为欠缺“他行为可行性”而使得当事人没有他行为的期待可能性。当然，也就无须承担法律责任。可见，从期待可能性理论的立场与原理出发，就不得不考虑当事人的生理心理特征，考虑当事人的情感与理性。比如，对于一个强迫症患者，他可能会由于对尖锐物的恐惧感而闭上眼睛，也可能为了多洗一次手而耽误其他的事情。作为非当事人，一般人可能很难理解和接受他的选择和决定，但是根据既有的规范似乎也很难认定他为特殊刑事责任能力人。有学者指出，期待可能性的有无与大小是意志自由有无与大小的外在尺度。只有在行为人具有意志自由的情况下，行为人的行为才具有期待可能性。[1]而责任认定中的自由意志，则来自特定人在特定情形下的心理活动、精神状态和神经活动。因此，认知神经科学的发展，为运用期待可能性确定当事人法律责任、对责任阻却事由进行“具体问题具体分析”，提供了更为丰富的知识，令当事人标准在适用时所依据的知识更为丰富，同时也使得期待可能性理论本身及后续的责任认定更加复杂化和更具科学性。

（二）“故意”是兼容论下的自由意志吗？

兼容论意味着在一种弱决定论的前提下承认和接受自由意志的存在与影响。在康德看来，决定论与非决定论有着不同的适用空间，当人与自然现象打交道时，应该诉诸自然因果性，这种因果性是自然必然性，受自然规律的决定，是一种他律；当然与其他人打交道时，应诉者自由因果性，这种因果性是基于人的理性而决定的。马克思在继承了这和二分法之后继续前进了一步，他的历史唯物主义强调：(1)人类的生产劳动作为最基本的实践活动，本身就是因果性和目的性（自由意志）的统一；(2)历史因果性正蕴藏在这种基

〔1〕 陈兴良：《刑法哲学》，中国政法大学出版社2004年版，第60页。

础性的生产劳动中。[1] 因此，历史并不是受自由意志任意打扮的“小姑娘”，自由意志是在特定的历史条件所允许的范围内发挥自己的作用。所以，尽管历史背景与社会经济环境决定了梁山伯注定不能跟祝英台生活在一起，但他们仍然可以根据自己的自由意志来选择殉情。[2] 可见，马克思认为历史发展有其规律与必然性，但也有自由意志的空间，因此他应该属于一个弱决定论者和兼容论者。但在既有的决定论与自由意志关系的视域中，受关注的只是自由意志是否拥有一定的选择空间，至于自由意志应该遵循什么样的道德责任这一点并未受到关注。[3]

兼容论者不关心行为是如何被引起的，他们只是认为，在没有外部压力的情况下，就可以说行为是基于自由意志做出的。从知识的角度来看，这是一个相当弱意义上的定义。但这个定义对于应付我们日常的事件和行为来说，是难以拒绝的，在很大程度上，这一定义也是绝大多数法官、律师和陪审员言及自由意志时所指的。如果这就是法律意义上对自由意志的定义，如果所有的法律都只是关注限制行为的东西是否存在，那么在法庭上，神经科学实验就没有太大的用处。

但是，幸或不幸的是，并非所有的法律都是这样，比如犯意的问题。为了充分确定某行为是有罪的，必须要确定它是故意的和有意识的。否则，这个行为就是意外或自动的，因此其应受谴责性的程度较低。因此，问题就变为：违法行为是否有意识地被引起的？在更一般的意义上，意识能否一直都是行为的即时原因？比如在引言所提及的案例中，那个长了脑部肿瘤之后就表达出对色情有力偏好的男子，他的行为是有意识的吗？是他自动产生的，还是一种“外来”压力（肿瘤）使他产生的？他所经历的思想煎熬或反思性思考，能否证明或否定他是或者不是“故意”？关于“违法行为是否有意识地被引起的”这个问题在一定程度上就与科学研究对接起来。如上所述，科学已经开始研究这个问题了。

在一个成熟的法律制度中，一般会认为意志自由和随之而来具有在好与坏之间进行选择的能力，是让一个人承担法律责任的前提。[4] 神经科学的

---

〔1〕 俞吾金：《决定论与自由意志关系新探》，载《复旦学报（社会科学版）》2013 年第 2 期。
〔2〕 苏力：《制度变迁中的行动者——从梁祝的悲剧说起》，载《比较法研究》2003 年第 2 期。
〔3〕 俞吾金：《决定论与自由意志关系新探》，载《复旦学报（社会科学版）》2013 年第 2 期。
〔4〕 Morissette v. United States, 342 U. S. 246, 250 – 51 (1952).

新进展看起来表明我们的行为是被大脑的物理活动所决定的，如果这是真的，法律责任就是不可能的了。[1] 在这个阶段，必须承认研究的结果是非终局性的，对于意识是否引发行为这一问题不要匆忙得出结论。有学者指出，即便在这个阶段，得出如下结论也是非常理性的：如果意识确实引发行为，那么也远非传统意义上所说的那样。如果能够证明所有所谓的自愿行为在实际上都是无意识地被引发出来的，那么我们就必须直面法律受到的挑战。一个可能的解决思路是承认心理是一种意识和无意识元素的混合物，判断一个特定心理是否应该被作为定罪的条件，要看它在何种意义与程度上有意还是无意地做出触犯行为。[2]

五、回应：传统责任理论的反击

有些传统的法学家注意到认知神经科学对法学可能会产生影响，他们对神经科学保持了一定的开明姿态，指出在一些个案中法律责任可能发生变化，使我们相信当事人无法真正控制自己的行为。但他们同时也自信地指出，神经科学看起来不可能让我们对责任理论和制度，尤其是不可能让刑事责任的理论产生根本性的变化。有论者还干脆否定了那种认为神经科学知识会让法律制度干涸与消散的这种担心。[3] 与此同时，有法学学者在对认知神经科学研究之后强调，法律对人的定位基本上是大众心理学模式的，强调行为是基于欲望、信任或目的而进行的。他认为，现实并不像一些神经科学家所宣传的那样，当前的责任原则与实践不会发生巨变，更不会被放弃。有理由相信，我们当前对人的主体性的理解不会消失。至少在目前，立足于自由意志理论的法律与道德原则是安全的。[4]

（一）是规则而非自由意志确定法律责任

斯蒂芬·莫尔斯认为神经生理学的决定论对自由意志的挑战会失败。理由有三：第一，自由意志运用法律规则的标准；第二，自由意志对于刑事责

〔1〕 Stephen Morse, *Determinism and the Death of Folk Psychology: Two Challenges to Responsibility from Neuroscience*, 9 Minn. JL Sci. & Tech. (2008).

〔2〕 Susan Pockett, *The Concept of Free Will: Philosophy, Neuroscience and the Law*, 25 Behavioral Sciences & The Law 281 – 293(2007).

〔3〕 Greely H. T., *Law and The Revolution in Neuroscience: An Early Look at the Field*, 42 Akron L. Rev. 689(2009).

〔4〕 Morse S. J., *Determinism and the Death of Folk Psychology: Two Challenges to Responsibility from Neuroscience*, 9 Minn. JL Sci. & Tech. 34(2008).

任不是基础性的;第三,对于那种认为决定论和责任不兼容的主张,不管决定论是否基于神经科学或其他原则的理论与发现,在哲学上对此都有回应。[1] 在他看来,自由意志不是责任的基本问题。神经学的决定论和基因决定论、心理学或社会学决定论是同一谱系的,这些决定论即便是真实的,也与实证法规范无关。这是因为:法律处理有关责任的真实的问题,包括精神状态的形成、理性的能力、强制等。但它从不处理自由意志存在与否的问题。[2]

1. 规则是构成性的

在莫尔斯看来,包括神经科学在内的学者在指涉自由意志原则和使用自由意志一词时,意旨很宽松,而这导致了后续学术争论的混乱。当前法律与道德的责任观是,责任取决于精神状态,精神状态使得身体静止或行动。当人们运用精神因果联系这样的观点以及与之相随的理性和规则的理论来解释人类行为时,就有了与自然科学不同的解释工具。规则的内容并不仅是描述发生了什么,而是扮演了一个使其发生的角色。[3] 也就是说,规则是构成性的,规则决定了这个行为是否犯罪及是否承担责任。

在逻辑上,法律责任的概念遵守法律自身的属性和法律意义上对人这一概念的界定。值得注意的是,法律要求人们具有某种普遍的能力,并非要求人们践行这种能力。不践行这种能力并不意味着没有这种能力。实际上,具有强大理性能力的人也常会不理性甚至愚蠢地行为。[4] 普遍的理性能力不是自我定义的,它必须按照一些关于理性和能力的观念来进行经验的和规范的界定。比如,法律责任要求人们能够理解适用规则的理由、规则的命令以及违反规则的后果。尤为重要的是,因为能力方面的问题而免责这一学理与实践问题不是心理学、精神病学方面所能决定的,甚至不是医学和自然科学所能决定的问题。在何种程度上缺乏能力,因而不用承担责任,是一个规范性的道德、社会、政治问题并最终成为法律问题。莫尔斯强调:没有一个关于责任或免责的法律的普遍标准提到自由意志是否存在。没有行动、没有理

---

〔1〕 Morse S. J., *Determinism and the Death of Folk Psychology: Two Challenges to Responsibility from Neuroscience*, 9 Minn. JL Sci. & Tech. 2(2008). 但是,对于第三点,对于主张决定论和自由意志兼容论的观点,他并没有进行回应。

〔2〕 Morse S. J., *Determinism and the Death of Folk Psychology: Two Challenges to Responsibility from Neuroscience*, 9 Minn. JL Sci. & Tech. 5(2008).

〔3〕 John R. Searle, *End of the Revolution*, 49 N. Y. REV. of Books 33, 35(2002).

〔4〕 张薇薇:《如何自由地从"父爱"中获致福祉?》,载《国外社会科学》2012 年第 6 期。

性、受到强制等都是理由，但这些都没有提强意义上的自由意志。[1]

2. 神经科学是"新颅相学"

决定论是一个备受争议的问题，虽然有很多哲学家和科学家都认为世界是被决定的，或者说是有因果关系的，尤其是在亚原子层面上。他们主张所有的事情都有理由，这些理由按照宇宙物理规律运作，这些事情由之前的理由以符合宇宙物理规律的方式引发，形成一道持续的因果链，直到追溯到第一状态。同样，根据这一观念，也可以从第一状态推导出未来，就像数学家拉普拉斯所说的那样："将来就如过去一样历历在目。"这种观点以机械决定论放逐了自由意志。[2] 但莫尔斯坚持认为，我们没有能力确认这种观点是真是假。[3] 他将强意义上的决定论作为自己论战的靶子，指出如果决定论是真实的，人们的所作所为都是由一系列的原因引发的，那么我们很大程度上就是不理性的，不可能承担责任。人们没有反因果的自由，在这样的宇宙中，责任如何才是可能的？对于决定论者来说，生物学上的原因，包括哪些来自大脑的原因，并没有比非生物学的或社会的原因给责任理论带来更新或更重大的挑战。在一个存在普遍因果关系或决定论的世界里，生物学上的因果关系对人们生活希望的威胁，并不比心理学或社会因果关系更大。因此，他强调：法律责任问题归根结底还是要回溯到形而上问题，而不是科学问题，不管是神经科学的、基因的、心理学的、社会学的还是占星术的，但没有任何决定性的论断能够解决形而上的问题。决定论与责任问题的分析讨论已经有数千年的历史了，而这些论述中没有一个是能够让所有人都信服的。[4]

以往曾经有颅相学的理论，认为人的颅相决定了他的行为[5]，甚至有学者坚定地认为人的智力与大脑的尺寸有着直接的联系，并断言这种关系

---

[1] Morse S. J., *Determinism and the Death of Folk Psychology: Two Challenges to Responsibility from Neuroscience*, 9 Minn. JL Sci. & Tech. 8 – 9 (2008).

[2] [英]菲利普·鲍尔：《预知社会——群体行为的内在法则》，暴永宁译，当代中国出版社2007年版，第25页。

[3] Greene J. and Cohen J., *For the Law, Neuroscience Changes Nothing and Everything*, 359 Philos Trans R. Soc. Lond B. Biol. Sci. 1781 – 1783 (2004).

[4] Morse S. J., *Determinism and the Death of Folk Psychology: Two Challenges to Responsibility from Neuroscience*, 9 Minn. JL Sci. & Tech. 14 (2008).

[5] Rafter N., *The Murderous Dutch Fiddler Criminology, History and the Problem of Phrenology*, 9 Theoretical Criminology 65 – 96 (2005).

“无可争议”。[1] 神经科学只不过是关于责任的普遍可能性争论中最新的幽灵，一种“新颅相学”而已。[2] 目前，法律的主流立场仍然是无法动摇的，只要人类仍然认为自己是有意识、有理性和不受强制的主体，那么与他们的行为相伴的就是道德责任与法律责任。

主流的学术立场和法律实践都强调人是有意识、有理性的主体，他们在没有受到强制的情况下实施了某种法律禁止的行为，就要承担相应的责任。除非认知神经科学能够否认这一立场和实践，也就是证明人不是行为主体，而是某种装置，否则只要出现了侵害的行为与结果，就需要相应的主体承担责任。

（二）仍然“健在”的人

格里尼（Greene）认为，神经科学有希望把“心灵黑箱”变成“透明的玻璃瓶”，通过对大脑的剖析，所有对行为的解释最终会成立，神经科学能证明是大脑机制而非精神状态在起作用。[3] 中国也有学者认为，至少神经科学可以把决策如何作出的过程进行去黑箱化，可以把黑箱变为“灰箱”。[4] 有研究表明，神经科学确实能够通过脑区活动来预测是否会做出购买行为。对即时性购买活动进行脑区活动检测的准确性，远超过自述性的研究。这些观点主张，特定脑区对于特定种类的心理过程起着重要作用。[5] 但是在莫尔斯看来，格里尼的实验和观点对于一般受过教育的人和科学家而言确实有冲击力，但是横核、脑岛和中前大脑皮层不是在“衡量”与“决定”。衡量和决定的是人，而不是大脑几个脑区的电波活动。[6]

在莫尔斯看来，将格里尼的理论延伸到极致，就意味着所有行为都是人们脑区和神经传递素的产物，而这个时候“人”却消失了。也就是说，在神经科学家的视野里，“人”不见了，“人”的行为被缩减、化约或还原为大脑和脑

[1] 陈巍：《从颅相学到认知科学——脑研究的百年演进》，载《科技导报》2010年第15期。

[2] [美]布赖恩·伯勒尔：《谁动了爱因斯坦的大脑》，吴冰青、吴东译，上海科技教育出版社2009年版，第279－287页。

[3] Greene J. & Cohen J., *For the Law, Neuroscience Changes Nothing and Everything*, 359 Philos Trans R. Soc. Lond B. Biol Sci. 1781－1783(2004).

[4] 葛岩、秦裕林：《行为—心理研究范式从“黑箱”移至“灰箱”》，载中国社会科学网，http://www.cssn.cn/zhx/zx_kxjszx/2014/t20141117_1401788.shtml。

[5] Tierney J., *The Voices in My Head Say ‘Buy It!’ Why Argue?*, New York Times, p. 16 (2007).

[6] Morse S. J., *Determinism and the Death of Folk Psychology: Two Challenges to Responsibility from Neuroscience*, 9 Minn. JL Sci. & Tech. 24－25(2008).

区的活动。没有了"人",自然也就没有了主体,没有了主体自然也就没有了法律主体,当然就更不会有法律责任。莫尔斯还用归谬法指出,按照一些心理学家和神经科学家的逻辑,关于行为的因果关系的新发现会不可阻挡地导致一种纯粹的大脑与行为之间的机械关系,因此莫尔斯认为人的行为是机械的。按照这种逻辑,在一场谋杀案中,不是杀手开枪杀人,而是他的手所扣动的扳机杀人,是他的外围神经引发他的手指肌肉扣动,因而是他的中心神经控制外围神经杀人等。而在这场谋杀中,解释杀手行为的时候,杀手的欲望、信仰和目标等都没有起到真正的作用,因而在讨论案件的时候无须出席。因此,这种完全颠覆了我们的道德理论与责任理论的观点是可笑和不成立的。[1]

莫尔斯对格里尼等人批评的重点不在于他们要搞清楚这些脑细胞及其联系,而在于他们的假定,他们假定可以把心灵还原为一定层级的神经网络。当然,我们有可能有能力运用新的神经科学技术成功地预测行为,并对人的行为加以引导和约束。意识不到形成目的的原因,不意味着他没有形成目的,只是没有充分意识到他在做什么。现在,脑成像技术使得探索人脑在更为复杂的心理过程中的活动成为可能,并能确定这一过程背后的生物学基础。但是这与放弃责任理论有根本的不同,因为如果将格里尼的理论进一步贯彻,会发现人和草履虫没有什么根本性区别了,这几乎是"人是机器"的认知神经科学版。[2]

总之,至少现有的认知神经科学知识无法将人的行为完全还原为某个或某些神经或神经系统的活动。就像我们知道,人是由原子构成,但我们无法将人的行动还原为原子们具体活动的集和。实际上,人的行为是一种复杂的、层级繁复的化学反应与物理活动的融合,在现有的科技条件下,我们仍然无法把行为还原成具体哪些化学反应和物理活动的组合。即便能够还原,我们也会发现,物理活动和化学反应"硬硬地还在",而作为主体的人却消失了。

六、小结

既有的主流法律责任理论是规范论,它具有主客观两方面的色彩。客观方面强调人们的行为产生的社会效果与影响,主观方面则强调基于自由意志的人们的心理状态,并由此认定有无过错以及过错的程度,并在此基础上确

---

〔1〕 Morse S. J., *Determinism and the Death of Folk Psychology: Two Challenges to Responsibility from Neuroscience*, 9 Minn. JL Sci. & Tech. 20 – 24 (2008).

〔2〕 [法]拉·梅特里:《人是机器》,顾寿观译,商务印书馆2010年版,第17–18页。

定法律责任。就其主观方面而言，既有的法律责任规范论立足点是大众心理学，强调立足于具体的场景，从外在的行为推定人们的心理状态并将其作为认定过错与否及程度的标准。认知神经科学的发展，给包括法学在内的传统各学科都带来了一定的冲击，但无须把这种冲击视为洪水猛兽，不必担心这种冲击会让作为主体的"人"消失在法律体系中，更不必担心这种冲击会摧毁自治、自由和它们背后的自由意志。这种冲击，更多的是在经验层面、科学层面而非规范层面，是间接地影响某些法律概念和认知的理解，而非直接地修改或从根本上摧毁既有的理论体系。换言之，认知神经科学可能会对法律责任认定的主观方面产生影响，如果社会责任论成为通说或主流，那么认知神经科学不会影响法律责任的产生与认定。尽管道义论非常强调主观意志，规范论将主观意志视为重要的组成部分，但它们都是立足于大众心理学，强调从外在行为的表现来推导主观心理状态。这也是莫尔斯这样看起来颇为时尚的学者（因为作为七十多岁的老教授，他还能乐于阅读大量认知神经科学文献）却坚守传统学术立场的原因。就本文的论题而言，认知神经科学可以让我们重新或更深切地理解认识自由、意志及与之密切相关的行为与责任，对责任产生的主观方面确认、客观方面的认定都会产生潜在的影响，甚至可能会影响个案的事实认定与责任承担。但至少在短期内，其难以挑战现有的法律责任理论。

如果神经科学以后能够阐明神经系统和意志的各个方面所立足的计算，那么它有可能在未来影响到我们对意志的理解，对大脑网络的进一步阐释可能会为对构成意志的诸元素分类提供更好的方式。神经科学有希望表明，意志不是一个单一的行动，而是一种多个分离过程的集合，这些过程集合起来产生各种可能的可变与智慧的行动。正像有的科学家所说的那样，就目前而言，神经科学最重要的贡献是使我们就自愿行为的性质形成新的问题，并为探讨这些问题提供新的方式。[1] 而这些后续的成果，有可能深化我们对自由意志和相应责任承担的理解与探讨。

（郭春镇/文）*

---

〔1〕 Adina L. Roskies, *How Does Neuroscience Affect Our Conception of Volition*?, 33 Annu. Rev. Neurosci 109 – 130(2010).

* 郭春镇，厦门大学法学院教授，博士生导师。

法循证学

——循证方法在法律领域的引入

一、法循证学的定义

不管是在法律纯粹化，还是法治多元化语境下[1]；也不管是在立法、监察、司法、执法和守法的哪个法治环节；更不管在法律适用中，法律规则下的选择与对法律规则的选择之间法治含义有多么不同，甚或对法律规则及其适用的事先、事中、事后评估（典型者如立法前后的评估），等等，上述所有以找法并适法为特征的法治活动，也都可简化为一种可与医疗决策相媲美的决策活动。也即，立法的核心即立法决策，监察的重点是监察决策，司法裁判可等同为司法决策，行政决定早就被当作一种行政决策，而守法更多被视同为理性人的守法抉择。这样，在医治社会疾病的法律与诊疗生理疾病的医学之间，就具有了一种基于决策（decision/policy making）及其程序的内在共通性。它进而也就为我们借鉴循证医学（Evidence – Based Medicine，EBM 1992）的成功经验[2]，在法律和法学领域引入循证方法，提供了知识保障与范式背书。

循证科学（Evidence – Based Science，EBS 2004），是循证医学历经 20 多年的发展，逐步渗透到循证公共卫生保健（Evidence – Based Healthcare，EBHC 1997）等循证实践领域（evidence – based practices），并最终达致一般方法论意义上的循证方法（evidence – based approach）后的知识产物与学科体系。循证方法由医学专业领域不断对外拓展，现已成为各学科领域的通用研究方法和现代学术的路径依赖。循证科学的前述认知发展路径不仅制约了法律和法学领域对循证研究的理解与引入，还必然衍生出会影响到其后续相关研

---

〔1〕 刘光华：《经济法的语境论研究进路》，载《兰州大学学报（社会科学版）》2002 年第 2 期。

〔2〕 李幼平、杨克虎主编：《循证医学》，人民卫生出版社 2014 年版，第 1 – 3 页。

究工作的展开、研究方法的推广与研究成果的交流等核心问题。所以,我们非常有必要,从初始就借鉴包括系统评价(systematic review)在内的循证方法在医学、社会学、管理学、教育学等学科领域的拓展实践,以及新兴交叉学科的汉语翻译语法、命名惯例和定义规则,对法律和法学领域引入循证方法后的新生事物,有一个基本的界定。

以系统评价为代表的循证方法,在引入社会科学各相关学科领域并加以探索应用后,都受到了尊重并被置于学科引领位置,催生了包括诸如循证医学、循证管理学、循证教育学、循证经济学等在内的"循证 +"学科。大有后来者居上、为传统社会学科开辟新领域、另立新门户的味道。而从汉语法学与其他学科领域的交叉经验来看,也产生了如下(公认的)"法学 +"新学科、新领域和新方法。择其要者,如法哲学、法经济学、法社会学、法医学、法律与文学,等等。这显示了法学作为人类最古老的学科之一,所始终葆有的那份"舍我其谁"的尊严。而且,如果说对前述循证社会科学领域新名词的命名规则进行词序调整,如医药循证学、管理循证学、教育循证学等,可能也不会有多少现实违和感,即使会感到些许不自然。但是,如果对法学交叉学科领域的命名进行词序颠倒,那么,我们将会得到一个迥异的结果:经济法学、社会法学、艺术法学、医事法学等。因为,颠倒词序后的经济法学等表明其是一国(尤其是中国)特定法律系统现实存在的有机组成部分;而法经济学等则更多表明其是一种法学新方法或者交叉学科研究新范式。那么,综合上述两个方面,也考虑到法律和法学领域还存在一个与其名称非常类似的法律亚部门或者专业学科——证据法学(Evidence Law),我们认为,对于以系统评价为代表的循证方法在法律和法学领域的引入,以及由此所能形成的法学新领域、法治新活动和研究新方法,可以汉语命名为"法循证学"(Evidence - Based Law),而不是循证法学。[1]

进而,再根据循证方法的国际重镇考克兰协作网(Cochrane Collaboration)中关于系统评价的权威定义,可将系统评价解释为:针对界定清晰的具体论题,使用明确规范的研究方法,甄别、筛选和严格评价相关研究成果,进

[1] 实际上,法循证学和循证法学二者,在英译上不存在分歧;而且,在不严格意义上,二者也可以混用。当然,基于法学学科和法律实践的特殊性,特别是汉语法学的表达习惯,我们认为,还是命名为"法循证学"为佳。

而收集和分析从中获得的研究数据的评估活动。[1] 同时,比较借鉴循证学科其他领域的成长经验,如在循证医学领域广为接受的 David Sachett 教授(1996)的定义:循证医学是慎重、准确、明智地应用当前所能获得的最佳研究证据来确定患者的治疗措施。其目的在于将最好的研究证据与临床医生的技能、经验及病人的期待、价值观三者完美结合,并在特定条件下辅助实践。[2] 我们认为,法循证学,是针对明确、具体而实际的法治决策议题,借助循证方法甄别、筛选相关法律文献证据,进而依据本土法治资源、主流法律价值和法治实践经验来严格评估证据,最后再辅之以成本—效益分析来获取最佳实用性决策结论的方法、流程与活动。

与循证方法的上述本质紧密相连,所有的循证证据(符合循证评价标准的研究文献)、本土资源、主流价值、实践经验等法循证学要素,皆服务于特定法治语境下的法治议题。其中,高质量的循证法治决策证据,既包括本土的循证证据,也不排斥外来的循证证据。但迄今为止,即使在国际循证社会科学领域最权威的 Campbell 协作网的图书馆中,虽规则上允许,但在事实上却并没有英文之外的其他语种尤其是中文的系统评价报告被收录。当然,中、外文循证决策证据二者之间的权衡取舍,并非只是简单的"中体西用"或"洋为中用"的主从关系,又取决于相关主题下研究文献的证据质量高低与数量多寡。其中,涉及法学与医学之间的学科差异特别是科学性差异,例如,除了心理疾病和精神疾病学外,医学被公认是研究现象的自然科学的经典组成部分,而法学不仅肯定不是自然科学,而且,至今人们还纠结于它到底是人文学还是社会科学,抑或到底是科学还是艺术的两难问题中。[3] 事实上,即使形式理性色彩极为浓厚的西方法治,其法治经验也表明,法律和法学具有更关注具体人际关系的利益冲突、价值判断和道德情操等本相。

广义的循证方法,与传统法学实证研究方法之间,具有方法论上的亲缘关系。中义上的循证方法,是指包括原始数据的实证研究、研究文献的二次评价研究和决策转化研究在内的所有基于证据的研究方法。它们需要借鉴

---

〔1〕 Systematic Reviews "...reviews of a clearly formulated question that use explicit methods to identify, select, and critically appraise relevant research and to collect and analyse data from the studies that are included in the review."

〔2〕 李幼平、杨克虎主编:《循证医学》,人民卫生出版社 2014 年版,第 2 – 3 页。

〔3〕 郑戈:《法学是一门社会科学吗? ——试论"法律科学"的属性及其研究方法》,载《北大法律评论》1998 年第 1 期。

循证医学和其他循证社会科学领域的应用经验,进行法律和法学化改造后才可适用。而狭义的循证方法,则主要是指 Campbell 协作网(也包括考克兰协作网)所规范与认可的、以系统评价与 meta 分析为代表的定量分析和定性分析方法。循证方法从循证医学到循证社会科学再到循证学的发展路径,不仅显现了循证方法从狭义向中、广义的内涵式扩展态势,同时也是其自身不断适应新的研究领域,并不断自我改造和革新的过程。循证方法在新时代中国特色法治和特色法学中的引入,已是大势所趋。事实上,包括中国司法界尤其是律师界在内的法律实务领域,早已开始先行先试,并品尝了大数据人工智能(AI)为法治决策所摆上的第一场"螃蟹盛宴"。[1]

总之,循证方法进入法律领域和法学研究,是传统经验实证研究方法对互联时代大数据和信息技术潮流的积极顺应,而非"天降神兵";是对传统法治决策机制和法学定量实证研究方法的吐故纳新,而非颠覆性革命。

二、法循证学的方法特征

循证科学的核心思想,即决策应尽可能以客观证据为依据。由此,小到医生开具每一个处方,中到公共设施、公共事业和公共服务领域的政策制定与项目执行,大到国家宏观政策和法律的制定与实施,都应该关注其决策的科学性并对决策效果进行评估,也都应当参考当前可得的最佳证据进行。

这样,就使得循证方法作为一种全新的法学研究方法,有了如下特征:

(一)法循证方法具有方法的科学性

恰如表 1 所示,比之主流法学研究中的非系统评价研究,法循证方法作为系统评价方法在法律和法学领域的应用,具有方法的科学性特征。系统评价在内的循证方法所具备的清晰研究目标、可重复方法步骤、可比较研究结果和客观研究结论等特质,实际上就意味着法循证学研究需要借用自然科学的科学目的、科学精神和科学方法(scientific method),借助科学证据(scientific evidence)来对相对主观的法治实践活动及其实效做出科学评价。换句

---

〔1〕 包括基于 IBM 超级电脑 Watson、可部分替代律所法律助理法律数据检索分析工作的机器人律师 Ross,已在美国法律实务中投入实践;中国第一代人工智能法律机器人——法小淘,也开始辅助律师工作。由 Alpha 支撑的一套集律所管理、法律大数据和专业服务为一体的智能办案系统 Icourt,至今已俨然成为一所全新的人工智能法学院。具有中国最高人民法院背景的"法信——中国法律应用数字网络服务平台",自其于 2016 年 3 月 31 日上线以来,就因其为法律人提供一站式专业知识解决方案、类案剖析、同案智推服务,向社会大众提供法律规范和裁判规则参考等,而深受好评。

话说，不同于既往以价值定性为主的法学研究方法，循证方法在法律法学领域的引入，因其研究对象的确定性、研究方法的逻辑性、研究步骤的可重复性，使每个法循证学研究结论都具有了形式上的一般性和内容上的唯一性。也因此，包括系统评价在内的循证基础上的法治决策，又被认为是“质量运动”(quality movements)的有机组成部分。拜互联网和人工智能技术所赐，循证方法第一次也是真正架通了大数据与法律和法学领域高质量决策之间的桥梁。

表1　系统评价与非系统评价比较

比较项	比较对象	
	系统评价(systematic review)	非系统评价(non－systematic review)
研究问题	窄且专的问题	宽而泛的问题
研究策略	明确公示且能重复	不清
研究定位	评价指标明确具体且能重复	不清
研究方法	方法和利益目标明确具体，包含研究质量评估和敏感性分析	不清
研究结果	多注重特征研究，研究结果的相关构成要素均可比较	常因研究而异
研究结论	结论来自数据或证据推导	结论来自缺乏证据支撑的个人立场、观点和方法

资料来源：Wong R.，*Systematic Review and the Cochrane Collaboration*，Oncology Rounds 5 (10)，(2003)，Available from www. Oncologyrounds. ca。

（二）法循证方法具有目标的靶向性

法循证方法是一种(套)内生于医疗活动、根植于医学规律的全新研究方法与工具，不管是其针对不同医疗决策环节的特定问题所发展出的不同循证方法，如二次研究、原始研究和转化研究；还是这些方法内部的具体操作规程，如二次研究方法中的meta分析与系统评价的再评价，原始研究方法中的病因及危险因素研究、卫生经济学研究，转化研究方法中的临床实践指南、临床决策分析，以及针对上述不同循证方法所研发的不同工具或者不同研究证据质量评价标准、证据分级标准与证据推荐强度、流程和方法(grade)，等等。这些透明的结构化研究方法，都充分展现了循证方法鲜明的问题导向性和实践操作性。而这种方法的循证特色,恰与法律实践和法学研究突出的实践性特征相吻合,并与针对近年来中国法治研究中出现的盲目移植西方理论结论、不接转型中中国法治地气的学术现象,以及针对它所提出的"多谈些问题,少讲些主义"的学术理路之间,也是心有戚戚焉。工欲善其事,必先利其器。借助循证方法,我们就可以在纷繁复杂的法治决策面前,充分利用科学研究方法和工具之长,在卓有成效的证据研判基础上精准施策。在此意义上,法循证学研究将真正逼近法学理论与法治实践相契合的道路。

(三)法循证方法具有知识的系统性

循证方法,尤其是系统评价方法,作为一种文献综述形式,具有区别于传统文献综述的两大特征:一是系统性,即它能依照确定的标准、流程和策略,穷尽所有前期海量研究文献;二是规范性,即它能够严格按照事先制定的标准、流程和策略,评价现有文献的质量,进而还能甄别、筛选和整合最佳研究证据,为法治决策服务。这样,循证方法就对传统法学文献综述方法的"随意性评价"(haphazard reviews)局限,进行了弥补和超越。[1] 循证方法在法学研究中的引入,就可以真正为法学研究领域的所谓文献研究方法正名,并充实,使循证方法成为名副其实的文献研究法,并被纳入法学研究基本范式的家族,进入规范的法学研究方法队列,为法学所有领域研究的开展奠定坚实基础。不仅如此,法循证学方法的系统性,还体现在其定性研究与定量研究相结合的方法特征上。以系统评价为例,虽然其初设目标是定量评价,但若系统评价纳入的研究缺乏可用数据,或者数据异质性过大,无法进行 meta 分析时,也可以进行定性描述。当然,此时的定性描述,依然是建立在实证研究证据基础上的。

(四)法循证方法具有独特的学术评价性

作为一种法学研究方法,法律和法学领域的循证方法,目前面临着当年文学及文学评论方法进入法学领域时的同样尴尬与相似境遇。从文学(评论)方法与法律结盟之初到现在,"法律 + 文学"的方法杂交,衍生出了三个不同的产物,即文学中的法律(law in literature)、作为文学文本的法律(law as literature)和法律与文学(law and literature)。而综观今天的大数据法学研究,似乎也在重复着当年"法律 + 文学"的老路。具体而言,在大数据法学研

---

[1] Mark Petticrew and Helen Roberts, *Systematic Reviews in the Social Sciences: A Practical Guide*, Blackwell(2006).

究大旗下，聚集着大数据的法学（law of big data，如关注大数据时代的隐私权保护）、作为大数据的法学（law as big data，人是数据的集合体）以及法学的大数据化（big data of law，法律法学数据库的建设）。实际上，法学与大数据方法交叉与结盟的有效性，取决于一个共同的质点，即对法学文献与法律规则，如何依据循证方法的特定甄别、评价标准，将其纳入（或排除）于法治决策证据，进而形成决策数据，以备未来循证法治决策实践应用。依此，研究者在依照科学流程和规范工具展开法循证学研究的过程中，不仅要对海量数据中徒有其名、名不副实、文不对题或自相矛盾的研究成果（决策证据或数据）进行甄别、筛选，而且，还要根据证据/数据的真实性、有效与否及效力大小等质量标准，进行分类整合，甚至对研究结论进行再甄别、筛选和整合（如系统评价的再评价）。故此，在某种程度上，法循证学研究实际上充当了对现有法学研究成果真伪（证据的名与实）、研究水准高下、学术逻辑是否自洽、学术传承及流派有无等的专业、客观的同行评价（peer review）。

当然，恰如所有法学研究方法一样，专长于法治决策的法循证方法，其自身也是优缺点并存，它与主流法学研究方法之间互补共生。对于价值论规范法学方法、分析实证法学方法及法社会学方法等三流研究方法，它既无心排斥，也无力替代；相反，所有的适格法学研究文献被循证证据化后所形成的大数据，虽然可以呈现为某种数据比例、数据流趋势以及数据关系，但却无法单纯通过数据自身完成客观言说，仍然需要研究者结合社会系统、法治语境、主流价值和逻辑修辞，对文本进行点面结合的解读分析，最后才能得出一个主客观和谐统一，价值、文本和制度三维支撑的循证结论。[1] 换句话说，循证学方法在法律和法学领域的引入，为传统法学研究方法真正走出象牙塔，并与法治实践牵手协作插上了科学方法和大数据的翅膀。

三、法律领域开展循证研究的意义

如上所述，法治活动，不管是立法、执法、司法和守法，还是法治环节中的每一次或重大或微小的法治决定与选择，尤其是重大的法治决策活动，实际上都是一次与循证医学非常类似的循证决策，或者是有效证据基础上的法治决策。回顾人类社会的既往决策史，在有经验的领域，我们依赖自身的生活经验或者长老的生存智慧来决策；在没有经验的地方，依赖天命与神灵来裁

---

〔1〕 刘光华：《经济法的分析实证基础》，中国人民大学出版社 2008 年版，第 293 – 296 页。

判。近代以来,以文艺复兴为代表的西方社会,则更多地依赖逻辑推理,包括从公理出发的演绎推理和从实据出发的归纳推理,进行法治决策。前者衍生出了大陆法系,而后者又催生了英美法系。

虽然,源自西方的狭义法治决策,都属于超越有限经验和感性情绪的理性决策。但是,可能囿于人类理性的有限性,同时,更是囿于经验数据本身在质与量两个方面的主观、割裂和阙如,再加之缺乏有效的技术手段如互联网和大数据、信息处理技术等的保障,使得即使是立法、执法、司法和守法等这种理性的决策,也因为决策证据的单薄、片面和非科学性,而显得漏洞重重。只能采取"摸着石头过河"的实用主义路线,新三年,旧三年,缝缝补补又三年。其所预设的理想主义,始终为人所诟病。法律及其法学研究活动,一直不敢面对技术和艺术的纠问。

其后,随着上述制度障碍、技术瓶颈和观念桎梏被打碎与突破,法学领域也频频被身披科学主义(理性主义)铠甲、手持技术分析与数据统计长矛的所谓帝国主义学科——前有经济学、后有社会学等所征服。"法律 + 经济学"和"法律 + 社会学"所衍生出的法经济学、社科法学等方法和领域,渐次成为法学研究尤其是成果发表的新宠,风头甚至盖过了其母体。而包括最新的"法学 + 大数据"所正在孕育的大数据法学,以及我们在此讨论的法循证学等,依然是这一法律和法学领域的理性主义新风潮的产物。

这一法律和法学领域的新风潮,依我们的判断,依然是人类在 20 世纪末至 21 世纪初,利用新的时代条件和资源,对包括法学在内的理性主义研究范式的又一次修补与深耕。如同大数据在电子商务领域精准营销方面的实例所揭示的那样,如果有足够数量和质量的关于法治决策的大数据,依赖大数据的统计和分析,我们就可以基本实现法治决策的"自动售货机化"和"法律计算机化"这一人类近代法治梦想。实际上,今天中国司法系统中已经采行的包括法信系统在内的法律智能裁判系统,就怀揣着这样的法治实践梦想。

首先,随着这一梦想步步逼近现实,至少在中国特色法治实践中,权力、关系、人情、金钱等法外因素对法治公平正义价值的干扰,就可能会被降到最低限度。中国特色法治梦想的公平正义之光,就更有可能照进每一个案件和被每个案件当事人所感知。应该说,伴随第四次科技革命,中国社会经济实现直道超车的同时,也为包括法治在内的特色国家治理方式的弯道超车提供了可能。

其次，实践中，循证方法在法律领域引入的更积极意义还在于：它将为中共十八大以来围绕特色法治和法治国家建设所提出的科学、民主和法治决策，公众参与集思广益，提供更加坚实有效的决策证据支持；使得科学、民主和法治决策，不仅基于高质量的循证证据有了载体，而且循证的科学方法、海量高质证据和规范操作流程，也为决策的科学、民主和法治注入了真实的内涵与贯通的活水。

最后，通过相关循证法治决策证据大数据库的不断积累和完善，最终将助力整个特色法治体系、法学体系建设这一宏大目标。我们未来的法治决策，将不再依赖个体性的经验、不再依赖脱离本土实际的西方理论结论（尤其是所谓的法律移植）。循证基础上的法治体系和法学体系，才能真正讲出兼具民族性和世界性的法治故事。

当然，循证方法在法律和法学研究领域的引入，在理论上还具有如下重大意义：

1. 循证方法作为一种定量和定性相结合的实证方法，尤其是其在传统医学、社会学、教育学、管理学等领域所引发的前瞻性和颠覆性工作实绩，必将使其成为未来国际学术发展需要追随的新方法和攻占的新高地。为此，在中国法学研究中引入包括系统评价在内的循证方法，有利于中国法学研究在这一国际学术前沿进行跟踪甚至实现赶超；也有利于国际化程度非常欠缺的中国法学研究成果，能够借助循证方法的国际优势，与国际相关领域的循证研究成果之间真正实现相互对接与互相转化。

2. 循证方法在法学领域的引入，还有利于不断丰富和完善中国法律人的研究方法工具箱。不仅会在由比较研究、历史研究、实证研究等所组成的传统法学研究方法家族中增添新丁；而且，有助于长期依赖价值推演的中国法学研究，依托新时代提供的新技术和新资源，为其价值和立场找到客观数据基础，使中国特色法学研究迈上跨越发展的新台阶。

3. 讲求“让证据说话”、遵循证据决策的循证方法，其在法律和法学领域的引入，还特别有利于矫正既往中国法学研究成果中普遍存在的直觉式感想、禅宗式顿悟、辞赋式会通的方法倾向，以及只可意会不可言传，更不可比较、评价和实操的文风特征。有利于把日益自言自语、私人评述式的法学研究，从泥淖中拯救出来。纠正现有法学理论研究成果与法治实践措施，尤其是各环节的法治决策之间相互脱节的“两张皮”现象。

4. 循证方法在法律法学领域的引入，还有利于借助国际化、专业化与体系化的学术评价体系与标准，总结过去 40 年来，转型中国汉语法学和特色法治成果。达到去伪存真、去芜存菁、刺破泡沫的学术净化功效，凝结学术共识、预判学术发展前景的学术引领功能。

当然，内生于医疗活动和医学规律的循证方法及其工具，就整体上而言，虽然是一种二次研究方法，典型者如系统评价与 meta 分析、系统评价的再评价等，但它也不排斥包括社会调查、实验等在内的原始研究方法。特别需要指出的是，基于法律和法治自身的政策研究与宏观复杂决策特性，盛行于临床实践指南、临床决策分析、卫生技术评估、卫生政策研究，包括循证卫生决策（evidence – based policy making）、知证卫生决策（evidence – informed policy making）等在内的转化研究方法，可能更加契合法循证学研究的内在气质。

四、结语：法循证学研究前景

缘起于西方临床流行病（clinical epidemiology）医学实践的循证方法，是伴随着循证医学的突飞猛进及其向循证（管理）决策（evidence – based management/policy – making）的成功推广，而被包括法律和法学在内的西方社会科学界所逐步接受的。目前，在西方法律和法学界，受到 20 世纪以来以法经济学为代表的法律交叉学科的熏陶与鼓舞，逐步在其法学研究和法治决策领域，由广及狭地学习、引进、反思和实践循证思想与方法。除了在经典的刑事司法领域开展法循证学研究外，如 Campbell 协作网和 Campbell 图书馆为载体的国际法循证学研究，还出现了循证公司法（Evidence – Based Cooperation Law）、循证医事法（Medical Evidence – Based Law）等全新概念与理论探索，其共同点皆在于思考循证方法在特定法律领域的功能与地位，例如，Evidence – Based Law：Its Place in the Criminal Justice System 等；另外，还出现了“以严格有效证据，促增政府绩效”（Increasing Government Effectiveness Through Rigorous Evidence About What Works）为愿景的非政府和非营利组织——循证政策联盟（Coalition for Evidence – Based Policy），以及由美国乔治·马森大学犯罪学、法律和社会系（Department of Criminology，Law and Society at George Mason University）2008 年创建的专事犯罪和刑事政策科学研究方法的科研平台——循证刑事政策中心（The Center for Evidence – Based Crime

Policy, CEBCP), 等等。[1] 更需要指出的是,美国第一百一十四届国会还于2016年通过了《循证决策委员会法案2016》(H. R. 1831 - Evidence - Based Policy - Making Commission Act of 2016)。可以预见,随着人工智能在法律和法学领域的日益推广,大数据技术的日渐成熟以及在法学研究领域的深入应用,法循证学研究必将成为法治决策和法学研究的一种新锐力量和不可逆趋势。

在上述背景下,尤其是受益于循证方法在中国医学进而在社会科学领域的声誉日隆,近年来,中国法律和法学界也有学者开始尝试将循证方法引入法律问题的分析评价与法治决策。对此,我们已经依照循证方法的规范要求,通过全面检索、甄别、筛选中文主要学术期刊数据库和 Web of Science 中已公开发表的国内外法循证学相关文献,运用包括 citespace 在内的文献计量学方法,对适格文献进行分析评价,对循证方法在中国法律和法学研究中的引进及应用现状和国际法循证学研究现状,分别进行了全景式描述,为中国法循证学研究探测描绘了其学术基线,也为其未来发展找到了基础性的学术支点和国际坐标。

(刘光华/文)*

---

[1] CEBCP was founded in 2008 and is the home of Transnational Criminology. It was housed within the Department of Criminology, Law and Society at George Mason University, seeks to make scientific research a key component in decisions about crime and justice policies. The CEBCP carries out this mission by advancing rigorous studies in criminal justice and criminology through research - practice collaborations, and proactively serving as an informational and transnational link to practitioners and the policy community, http://cebcp.org/.

* 刘光华,兰州大学法学院教授,主要研究方向:法学方法论(法循证学)、转型中国法治(经济法、社会法)及其解释构建方法。基金项目:兰州大学中央高校基本科研业务费专项资金资助(Supported by the Fundamental Research Funds for the Central Universities)科研创新团队建设项目——循证方法(evidence - based approach)在法学研究中的引入(16LZUJBWTD010)。

试论作为新兴权利的代际权利

——从人类基因编辑事件切入

一、"基因编辑人"[1]:从理论成为事实

在2018年前,除专业人士外,绝大多数人对于人类基因编辑技术及相关问题尚不甚了解。[2] 即便是2018年的11月26日前,中国人文社科界学者也没有对此给予太多关注和讨论[3]。然而自2018年11月26日始,这项技

---

[1] 为了最大限度地尊重和保障因人类基因编辑技术而诞生的"基因婴儿"之权益,本文将使用"基因编辑人"这一更一般的概念来指涉这类现象。

[2] 所谓基因编辑,是指对目标基因进行删除、替换、插入等人工操作,旨在获得原有物种的新功能或新表型,或者甚至创造新物种。作为生命科学发展迅速的重要研究领域,基因编辑技术的开发及应用使得生物体的遗传改造达到了前所未有的深度与广度,为解析特定基因的功能立下了汗马功劳。其实,早在近些年来基因编辑技术就已经获得了突飞猛进的发展,并被广泛运用于农作物的性状优良、产量提高等方面。当前,CRISPR/Cas9技术在拟南芥、水稻、土豆、玉米等植物中得到普遍应用。此外,基因编辑技术,尤其是CRISPR/Cas技术已经广泛运用于各物种的基因编辑,除了常见的模式生物,如线虫、果蝇、斑马鱼、小鼠等,还有猪、狗、猴等大型动物,以及水稻、小麦等常见农作物。不过,虽然CRISPR系统已广泛应用于动物胚胎实验,但对人类胚胎的基因编辑并不多。目前来看,主要有2015年的Liang等人、2016年的Kang等人及2017年的Tang等人曾进行过相关研究,并对此项技术的安全性、准确性及效率等都有很大提升,但都未突破科技的伦理底线,是在法律的合理限度内展开的。然而随着人类首例基因编辑人的诞生,我们不得不严肃而迫切地反思和讨论个人权利的边界问题。参见卢俊南等:《基因编辑技术:进展与挑战》,载《中国科学院院报》2018年第11期;张梦娜等:《基因编辑新技术最新进展》,载《中国细胞生物学学报》2018年第12期;郭倩颖等:《胚胎基因编辑的研究进展》,载《发育医学电子杂志》2018年第3期。

[3] 据既有文献,国外主要有:[美]迈克尔·桑德尔:《基因改良的道德标准》,载[美]迈克尔·桑德尔:《反对完美:科技与人性的正义之战》,黄慧慧译,中信出版社2013年版;[美]弗朗西斯·福山:《我们的后人类未来:生物技术革命的后果》,黄立志译,广西师范大学出版社2017年版。国内主要有:李久辉等:《法国〈生命伦理法〉立法之路及其伦理学思考》,载《中国医学伦理学》2013年第4期;秦天宝:《论我国基因隐私保护的立法模式选择》,载《政法论丛》2013年第6期;朱振:《反对完美?关于人类基因编辑的道德与法律哲学思考》,载《华东政法大学学报》2018年第1期;方秀丹:《人类基因编辑技术面临的伦理问题及对策研究》,昆明理工大学2018年硕士学位论文。

术则因一事件而广为人知。因为正是在这一天,正式宣布了人类历史上第一对基因编辑婴儿"健康出生"这一爆炸性新闻。据称这对双胞胎的一个基因经过了修改,由此使得她们出生后即获得天然抵抗艾滋病的能力。可以说在当今的自媒体时代,这则新闻产生的影响范围远远超出了全球科学群体,迅速席卷了整个人类社会。这意味着,当人们还在将主要目光集中于未来的"智能人"(或人工智能)时,基因编辑后的"基因人"已骤然来到了现实世界,成为无法改变的客观事实。这种将基因编辑技术用于人类胚胎并孕育出了生命的"壮举"几乎受到异口同声地批评和谴责。其理由:一是技术层面的,认为当前基因编辑技术用于人类胚胎尚不够成熟,存在脱靶以及未知的可能风险等;二是伦理层面的,认为这种基因技术用于人类胚胎违背科学伦理;[1]三是安全层面的,认为这种行为将会对人类的基因库造成永久且不可逆转的污染和改变,威胁到人类整个基因库的安全性;[2]四是个人权利层面的,从这两个婴儿角度强调如何保护好其个人隐私的伦理[3]。另外,对于这种技术适用于人体可能面临的伦理问题也已有人进行了较为系统的梳理并提出了一些解决措施[4]。

如果说上述讨论与研究还只是对于未来风险可能的理论准备与防范预测,那么随着首例基因编辑人的出生,人类不得不面对无法改变的既定事实。

---

[1] 艾丹:《科学伦理的底线没有试探的"自由"》,载《湖北日报》2018 年 11 月 28 日,第 7 版。

[2] 方舟子:《人类胚胎研究容不得半点轻率》,载《环球时报》2018 年 11 月 28 日,第 15 版。

[3] 晁星:《"基因编辑"背后的伦理之门谁来守》,载《北京日报》2018 年 11 月 28 日,第 3 版。

[4] 有人总结,其伦理方面的问题有:一是在基因编辑技术评判标准、研发的基本态度、基础研究和临床前研究进行时机、生殖细胞进行基因编辑的合理性四个方面存在争议;二是技术风险性、安全性和毒理性不可预见;三是对人类尊严的亵渎,非医疗目的基因编辑的滥用可能会引发"优生运动",同时可能造成对人类生殖细胞系统的改变;四是责任伦理的缺失,人类基因编辑技术应用责任伦理主体不明确,缺少责任伦理监管。要解决人类基因编辑技术面临的伦理问题,第一,要统一对人类基因编辑技术应用的认识,推进医疗目的基因编辑的技术研发,禁止非医疗目的生殖细胞基因编辑;第二,要尊重和保障生命健康权、知情权、隐私权等个人权利;第三,要制定基因编辑国际范围伦理原则,坚持公益原则、不伤害原则以及知情同意原则;第四,要健全基因编辑治疗的法律法规及准入与审批机制;第五,要提高科学家和从医人员等从业人员的责任意识。通过伦理、法律等手段,为基因编辑技术的应用保驾护航,在具备这些基本前提下,再将基因编辑技术应用于临床,以充分发挥其增进人类福祉的价值。参见方秀丹:《人类基因编辑技术面临的伦理问题及对策研究》,昆明理工大学 2018 年硕士学位论文。

对于此次行为，也有人从法教义学角度，试图从民法、行政法乃至刑法角度对这一行为的法律责任进行分析和探讨。但问题是，暂且抛开现代法律自身的滞后性、刑法的谦抑性及“罪刑法定”等不论，即便是假定依据现有法律追究了当事人的责任，也无法解决现代法律面对涉及高新科技的权利而带来的未知结果和风险。由此，对于此行为给人类带来的后果，有人甚至不禁要问，“‘基因编辑婴儿’打开了潘多拉魔盒?”[1]，有人则从追问的视角不禁问道，“‘基因编辑’背后的伦理之门谁来守”[2]?

由上可知，学界对于人类基因编辑技术的限度从伦理、道德、法律等方面进行了一些研究，并就立法模式、隐私权利保护等方面提出了理论建议。不过，既有研究从法哲学角度对此进行反思性研究尚不足。我们知道，法学乃权利之学，而这种权利本位其实是与权利自身的边界密切相关的。不过，权利的边界是止于自身的义务，还是止于公共的善，或是止于大的不伤害，人们对此存有不同的论争。但可以肯定，权利应当存在合理性边界。若从这个视角讲，针对上述事例，则有研究并未意识到这样一些问题：谁应当具有作为决定基因编辑人是否诞生于世间的权利？其未来的父母、相关专业人士或医学伦理委员会之类的组织应当拥有此权利吗？是否父母基于生育权、专业人士基于科学探索自由权、医学伦理委员会基于职业权力可以单独或共同行使决定权？这些问题背后更深层次和根本的问题是：作为当代人之父母的生育权与作为其子女及其后代的后代人免于陷于不可知风险的自由与权利之间的张力问题。这不仅意味着在当下人工智能、互联网、生物工程等新科技爆炸式发展所带来的未知风险对传统的个人权利带来的法理和法治层面的新挑战，而且也使整体人类日益加速成为风险的命运共同体。由此，在当下人类风险命运共同体时代，对作为新兴权利的代际权利理论进行梳理、反思和阐

---

[1] 仲崇山等：《“基因编辑婴儿”打开了潘多拉魔盒?》，载《新华日报》2018年11月28日，第15版。

[2] 晁星：《“基因编辑”背后的伦理之门谁来守》，载《北京日报》2018年11月28日，第3版。

释就显得不仅必要而且迫切〔1〕。

二、代际权利是“虚妄”的吗？

从既有文献看，“代际权利”目前多在社会学等领域被使用，并非是个常用且共识的概念〔2〕，而“后代人的权利”概念则更多被使用〔3〕。然而，从逻辑上讲，若“代际权利”得以证成，其前提问题应是“代”及“代际”命题的成

---

〔1〕 在国内，新兴权利理论最早由姚建宗教授提出，认为新兴权利之“新”既可以从以时间和空间为核心的形式标准来判定，又可以从以权利的主体、客体、内容和情境为核心的实质标准来判定。此后，新兴权利研究成为权利法学研究的一个新热点，不仅产生了系列学术成果，还由国内多家高端学术期刊联袂以“新兴(新型)权利与法治中国”为主题连续举办了多次学术研讨会，迄今将至第六届，产生了很大反响。目前主要成果如：姚建宗：《新兴权利论纲》，载《法制与社会发展》2010 年第 2 期；侯学宾、郑智航：《新兴权利研究的理论提升与未来关注》，载《求是学刊》2018 年第 3 期；姚建宗、方芳：《新型权利研究的几个问题》，载《苏州大学学报(哲学社会科学版)》2015 年第 3 期；张建文：《新兴权利保护的合法利益说研究》，载《苏州大学学报(哲学社会科学版)》2018 年第 5 期；陈阳：《互联网新型权利司法证成——以法官解释权为视角》，载《学习与探索》2018 年第 9 期；王方玉：《权利的内在伦理解析——基于新兴权利引发权利泛化现象的思考》，载《法商研究》2018 年第 4 期；等等，共数十篇。

〔2〕 以中国知网为例，截至 2018 年 11 月底，通过“代际权利”为篇名搜索，可见文献仅有董海军：《代际权利与话语：“80 后”社会评价的变迁——基于长沙、杭州两地的调查》，载《中共天津市委党校学报》2012 年第 3 期；[美]John Aron Grayzel：《代际权利与责任语境下的青年展望——来自非洲的启示》，朱国栋、杨桂萍译，载《中国青年研究》2008 年第 5 期；田忠辉：《“80”后文学的代际权利与社会权力》，载《文艺争鸣》2009 年第 12 期。遗憾的是，这些文献并未对“代际权利”进行详尽的阐释和限定，由此“代际权利”实质上是混乱而模糊的。

〔3〕 国内有少数学者使用“未来世代权利”，如刘雪斌：《论未来世代权利的法哲学基础》，载《内蒙古社会科学(汉文版)》2007 年第 1 期。而多数学者则使用“后代人权利”，如刘雪斌：《论后代人权利的法律保护》，载《贵州师范大学学报(社会科学版)》2008 年第 5 期；刘卫先：《后代人权利理论批判》，载《法学研究》2010 年第 6 期；刘卫先：《后代人权利论批判》，法律出版社 2010 年版；刘卫先：《自然体与后代人权利的虚构性》，载《法制与社会发展》2010 年第 6 期；刘卫先：《对跨共同体学说的几点质疑——以否定“后代人权利”为视角》，载《太平洋学报》2010 年第 9 期；刘卫先：《回顾与反思：后代人权利源流考》，载《法学论坛》2011 年第 3 期；刘卫先：《质疑“后代人权利”的代际契约说基础》，载《中州学刊》2011 年第 1 期；刘卫先：《后代人权利：何种权利？——一种权利视角的考察》，载《东方法学》2011 年第 4 期；刘卫先：《审视后代人权利理论之法规依据——以否定后代人权利为视角》，载《广西大学学报(哲学社会科学版)》2011 年第 5 期；李冰强：《虚幻的权利与现实的义务——对〈后代人权利论批判〉的本质解读》，载《政法论丛》2013 年第 5 期；罗飞、马永双：《代际伦理视野下的后代人权利保护问题研究》，载《产业与科技论坛》2014 年第 4 期；梁增然：《保护环境是后代人权理论的立论目的——读〈后代人权利论批判〉感言》，载《公民与法(法学版)》2014 年第 4 期；徐祥民：《环境保护走向何方——评〈后代人权利论〉批判》，载《荆楚学刊》2014 年第 3 期。

立。然后才是不同代之间的权利关系问题，由于当代人享有权利应该不是理论问题，所以这其中应又以“后代人权利”成立为前提。由此，是否存在不同的“代”以及不同代的不同权利是否成立就构成了代际权利这一概念是否“虚妄”的两个核心要素。

（一）人类存在不同的“代”吗？

从生物学上讲，“代”是一种自然界物种划分、物种进化与更替的事实性存在。任何有生命的物种都是通过不同“代”而实现生命的延续的。可见，“代”是一种生物事实的存在。而代际关系则意味着上下相邻两代之间的关联，如生物学说的遗传与变异等。换言之，生物学意义上的“代”意指物种的传宗接代，一代先于一代，新一代的诞生与发展伴随着上一代的老化与衰亡。就作为高级动物的人而言，其本身就是生命自然的组成部分，其自身的延续依然也离不开这种代际传递，而这种代际关系发生在家庭中并成为家庭成员间社会关系的前提与基础，由此，对于代际关系较早给予系统关注的是社会学家。

早在1928年，德国社会学家曼海姆（Karl Mannheim）在其《代际问题》中就对代际关系与代际问题从社会学研究角度进行了专门研究。不过，对于人类不同“代”（generations）给予提及并关注的却要久远得多。在西方，古希腊的柏拉图就提及了“每个家庭由现在世代、未来世代及他们的祖先所组成”[1]的主张。而明确论及代际问题的则属英国的埃德蒙·柏克（Edmund Burke），他曾说过，国家“乃是一切科学的一种合伙关系，一切艺术的一种合伙关系，一切道德的和一切完美性的一种合伙关系。由于这样一种合伙关系的目的无法在许多代人中间达到，所有国家就变成了不仅仅是活着的人之间的合伙关系，而且也是在活着的人、已经死了的人和将会出世的人之间的一种合伙关系”[2]。

就我国而言，传统思想对于人类不同“代”际关系的关注与其说是基于生物学上的，毋宁说是对社会伦理层面的强调。作为主流传统思想的儒学其实旨在解决的就是代际伦理问题，在先秦儒家思想体系里，“仁”为其核心，“孝”与“爱”则是其两翼。而“孝”并非父对子的单向度的道德要求，而是与

〔1〕 高景柱：《正义的历史维度——以罗尔斯的代际正义理论为中心的考察》，载《中南大学学报（社会科学版）》2014年第6期。

〔2〕［英］埃德蒙·柏克：《法国革命论》，何兆武等译，商务印书馆1998年版，第129页。

“慈”作为父对子的道德责任共同双向的代际契约伦理观,因而才有“父不慈,则子不孝”。

就我国法学界而言,代际问题往往被忽视,而与其相关的内容探讨隐含于对“后代人权利”主张的阐释之中。然而,人类不同的“代”是否成立却是讨论“后代人权利”的前提性问题。因为如果人类不同的“代”本身就是无法成立的伪问题,何谈后代人权利呢? 国内较早讨论后代人权利的“论未来世代权利的法哲学基础”[1]及“论后代人权利的法律保护”文献中可以证明这一点。在前文中作者认为,“当代人的行为引起了资源消耗、核废料、环境污染以及基因改变等一系列问题,这些问题都不可避免地影响了后代人利益,对后代人的生存和发展构成了威胁”,由此“对于作为一种新型权利的未来世代权利如何保护已经成为一个重要的法哲学问题”[2]。而在后文的一开始作者就提出,“在20世纪中叶以后,随着科技发展和经济进步引起的资源消耗、核废料、环境污染以及基因改造等问题,不仅影响同代人的利益,而且已经严重影响了后代人的利益,这种情况对于后代人乃至整个人类的生存和发展构成了威胁”,接着就从“后代人权利的内容”“各国对后代人权利的法律保护”“国际社会对后代人权利的法律保护”进行了阐释[3]。可见,作者实际上是将当代人与后代人之分作为一个不争事实来看待并认可的。

而对于人类不同“代”的问题化反思则是由学者对当代人与后代人二分的荒诞性的质疑开始的。这种观点认为,“代际理论的根本错误在于虚构了多个人类主体,即所谓过去世代的人类、现在世代的人类和将来世代的人类”[4]。接着,该文进一步论证了代际论者之所以会犯这种错误,其原因在于错误地把本为集合概念的人类被偷换为类概念的人类。而集合概念所反映的是作为一个整体的事物,即一个“一”,而类概念所反映的则是一类个体,即多个“一”。由此,“当他们说过去世代、当今世代和未来世代,并把它

---

〔1〕 该学者最早使用的是“未来世代权利”概念,而后来一直使用的是“后代人权利”,可见在他那里,两个概念是不做区分的。参见刘雪斌:《论未来世代权利的法哲学基础》,载《内蒙古社会科学(汉文版)》2007年第1期。

〔2〕 刘雪斌:《论未来世代权利的法哲学基础》,载《内蒙古社会科学(汉文版)》2007年第1期。

〔3〕 刘雪斌、赵融:《论后代人权利的法律保护》,载《贵州师范大学学报(社会科学版)》2008年第5期。

〔4〕 徐祥民、刘卫先:《虚妄的代际公平——以对人类概念的辨析为基础驳“代际公平说”》,载《法学评论》2012年第2期。

们放在辩说公平、签订契约的双方或多方的位置上时,实际上便把集合概念的人类改变成了类概念的人类。这个类概念是对过去世代人类、现在世代人类和将来世代人类的一般称呼,事实上,语境中,人类是唯一的集合体,它只是'一',没有甲乙丙等同类项"[1]。

对于上述对"后代人权利"以及后面将讨论的代际权利看似连根拔起式的质疑与反思,有学者给予了回应,指出"判断环境法上的'代际公平说'是否'虚妄',既应建立在科学的逻辑论证基础之上,又应建立在法律社会价值的判断与选择基础之上",而前文以集合概念、类概念二分为基础的预设路径实质上忽略了逻辑的事实要素,因而其进一步展开必然也无法达到论证结论(价值的正确)。[2] 然而,论者的这种回应尽管揭示了对后代人及其权利质疑者的唯逻辑论,但是却也存在不足。在本文看来,对当代人与后代人之分进行质疑的论者实质上是对后代人本身的误读。而进行回应的论者依然仅是在其所预设的逻辑层面上的展开而已。在质疑论者的另一长文中,借用其他学者的表述对"后代人"进行了界定,是指"和现在的世代没有重叠的那些世代",即"那些将生活在未来,但是直到现在最后一个活着的人死亡后还没有出生的未来世代"[3]。其实这种对后代人的理解是对以前诸多学者观点的认可,如有学者就认为"未来人不在场,只是一个虚构的主体"[4]。

然而,需要反思的是,是否就如质疑论者所言,当代人与后代人之间应当截然二分?以及在何意义上二分?在本文看来,之所以包括质疑论者在内的诸多学者认可不同代际之分,是因为其将研究问题的视角仅仅限定在了生态环境问题上。因为后代人权利理论的兴起本身就是因环境危机以及人们环境保护意识的增强而得到发展,并得到众多学者支持的,从环境法学领域开始,并逐步扩展到法哲学、政治哲学等领域。[5] 由此,不论是从较早在《动物

---

[1] 徐祥民、刘卫先:《虚妄的代际公平——以对人类概念的辨析为基础驳"代际公平说"》,载《法学评论》2012 年第 2 期。

[2] 郭武、郭少青:《并非虚妄的代际公平——对环境法上"代际公平说"的再思考》,载《法学评论》2012 年第 4 期。

[3] Lawrence B. Solum, *To Our Children's Children's Children's: The Problem of Intergenerational Ethics*, Loyolal of Los Angeles Law Review 35, p. 171(2001). 转引自刘卫先:《后代人权利理论批判》,载《法学研究》2010 年第 6 期。

[4] 魏波:《存在意义的传承见证代际公平》,载《江西社会科学》2006 年第 11 期。

[5] 刘卫先:《后代人权利理论批判》,载《法学研究》2010 年第 6 期。

及未来世代权利》中提出后代人享有权利的约尔·范伯格(Joel Feinberg)[1]到主张代际平等及代际信托论的爱蒂丝·布朗·魏伊丝(Edith Brown Weiss)[2],还是将环境问题、时间距离、非同一性和未来人偏好问题视为代际正义可能性论证的困难立场[3]、坚持"未来人与现代人交涉"[4]、"'在场'的当代人与'不在场'的后代人之间的伦理关系,其实质是当代人对后代人所承担的单方面的义务"[5]等观点,大多未摆脱环境生态的视角。

而从更宽泛的角度看,生态环境只是人类生存和发展的外部因素和条件,尽管它非常必要。其实,除了作为外部条件的生态环境外,人类自身也是其得以延续和发展的必要前提和要素,甚至是更为根本的目的性要素。尽管生态环境情况会影响人类自身的生存、繁衍与发展,但作为人类生存外部条件的生态环境与人类自身的内部环境生态并非一回事。如果说人类之所以关注生态环境问题是因为科技的发展导致人类对外部自然资源环境的认识、改造、利用能力的不断增强的结果,那么随着人工基因编辑等生物新技术的不断提高,人们已经具有了对人自身生物信息的认识、改造和利用的能力,从而使人类自身的生物信息也成为一种内在的资源、环境生态并使其被侵犯和破坏成为现实的可能。

由此,如果我们对于后代人的理解仅仅限定于传统的环境生态的保护与有效利用的视角,则当代人与后代人之间似乎是在场与不在场的关系。然而,如果将当代人与后代人关系置于人自身所带的生物信息也是一种环境生态,也需要环境生态保护的视角,则两者的关系就不可能是在场与不在场的关系,而是通过人类共同的基因世代延续并传递下去,即便是在遥远的未来世代,人类的基因编码都具有无法割裂的连续性与共同性,不论人类自身主观上是否意识到并承认它。

恩格斯的两种生产理论充分说明了这一点,他说,"历史中的决定性因

---

[1] Joel Feinberg, *The Rights of Animals and Future Generation*, p. 4 – 5, 13 – 14 (January, 2019), http://site.voila.fr/bibliodroitsanimaux/pdf/FeinbergtheRightsofAnimalsandFutureGeneration.pdf.

[2] Edith Brown Weiss, *The Planetary Trust: Conservation and Intergenerational Equality*, Ecology Law Quarterly 11(4), p. 495 – 581(1984).

[3] 刘雪斌:《代际正义研究》,科学出版社2010年版,第67页。

[4] 周谨平:《论代际道德责任的可能性基础》,载《江海学刊》2008年第3期。

[5] 邬晓晔:《代际伦理:可持续发展伦理的新维度》,载《内蒙古社会科学(汉文版)》2008年第1期。

素,归根结底是直接生活的生产和再生产。但是,生产本身又分为两种。一方面是生活资料即食物、衣服、住房以及为此所必需的工具的生产;另一方面是人类自身的生产,即种的繁衍……"[1]传统对环境生态问题的关注是基于第一种生产,却忽略了人类自身生产更为根本和目的性的方面。即便是有个别学者意识到了这一点,如谈到了通过人工方法改变人的一些基因强加给后代人并且难以预料的长远后果[2],认为"即使不存在试图通过基因技术控制全人类的野心家,基因技术也确实对后代人的生存和人类进化构成严重的威胁"[3],但并未对此进行系统讨论,更未意识到两种生产视角所导致的对后代人的不同乃至冲突式理解。

可见,"代"(或世代)不仅是家庭意义上的,还是社会意义和时序意义上的概念。[4] 人作为主体,并非唯一样态,而是作为类主体、群体主体以及个体主体的同时存在。[5] 作为未来世代的后代人与当今世代不仅是有可能存在重叠,而且是必然存在重叠关系。[6] 由此,对后代人的理解不仅仅是未来的、遥远的、不在场的后代,而还应该关注与我们重叠、交叉、共同生活的眼前的后代人。

(二)后代人应当有其权利吗?

即便是后代人作为独立的存在得到认可,也并非意味着后代人就可以成为权利的主体,因为作为权利主体需要具备一些必要条件。可以说,当今世界是个"权利时代"[7],人们习惯用"权利"去应对和解决各种问题。然而,对于何为权利,"就像问一位逻辑学家一个众所周知的问题'什么是真理?'同样使他感到为难"[8],范伯格则干脆将权利这一概念视为"简单的、不可定义的、不可分析的原始概念"[9]。国内学者曾对权利概念起源及其发展历史

[1] 恩格斯:《家庭、私有制和国家的起源》,载《马克思恩格斯选集》(第四卷),人民出版社1966年版,第2页。

[2] 汪堂家:《代际伦理的两个维度》,载《中州学刊》2006年第3期。

[3] 刘雪斌:《论代际正义的原则》,载《法制与社会发展》2008年第4期。

[4] Joerg Chet Tremmel, *A Theory of Integenerational Justice*, Earthscan, 2009, p. 19 – 21.

[5] 杨盛军:《环境代际非正义之主体原因及其对策探析》,载《济南大学学报》2009年第3期。

[6] 高景柱:《论正义与代际关系》,载《云南大学学报(社会科学版)》2018年第6期。

[7] [美]路易斯·亨金:《权利的时代》,信春鹰等译,知识出版社1997年版,第1页。

[8] [德]康德:《法的形而上学原理——权利的科学》,沈叔平译,商务印书馆1991年版,第59页。

[9] [美]J. 范伯格:《自由、权利和社会正义——现代社会哲学》,王守昌、戴栩译,贵州人民出版社1998年版,第91 – 92页。

进行过详细的考察和论述[1],也有学者对权利学说进行了较为全面而详细的梳理归纳[2]。囿于论旨及篇幅,本文并不打算对权利本身重点讨论和阐释,而主要是就国内目前对后代人权利质疑者对权利的误读进行剖析。这些质疑者中最具代表性的是刘卫先教授。他在论证后代人权利虚构性时,专门对权利的虚构性进行了揭示。刘教授认为,权利以文化为存在的环境、以个体主义为权利的主体哲学、以自由为权利的主导价值,是利益有限度转化的结果,总之既有权利主体,"无论是'美国殖民者'、'奴隶'、'女人',还是'印第安人'、'劳动者'和'黑人',都属于'现实中的人'。自然体权利和后代人权利只不过是一种理论的虚构"[3]。

然而论者对权利的这种梳理与阐释却存在误读,最为要害的在于其仅仅是一种历时性视角下对权利过去的回顾,这导致忽略了权利在共时性视角下对现实乃至未来问题及风险的智慧性应对意义。首先,论者指出,权利以文化为其存在的环境,"文化是人所创造的,文化的主体只能是人"[4],然而权利还是人类在应对和解决各种困难和风险时形成的智慧性结晶,而其自身也会随着实践问题及风险的变化而发生变化。也就是说,权利不仅面向过去和现在,还应当关照未来;不仅是静止的,还是随着人类面临的问题及风险而变动的;不仅是作为文化意义上的"地方性知识",还是可以被普遍适用的实践智慧。其次,论者还指出,权利以个体主义为其主体哲学,权利主体的个体主义蕴含着"权利主体的主动性和权利功能的向内性"[5]。然而,这种权利哲学只能是一种古典自然法传统意义上的,是一种原子式的个人主义,即第一代权利意义上的理解,而后来的第二代、第三代权利理论所倡导的社会权、生存与发展权、环境权等都对这种原子式个人主义进行了修正。[6] 由此个体主义在哈耶克(Friedrich Hayek)的方法论意义上更有意义。然后,对于论者

---

[1] 夏勇:《人权概念起源——权利的历史哲学》,中国社会科学出版社2007年版,第3-50页。

[2] 张文显:《法哲学范畴研究》(修订版),中国政法大学出版社2001年版,第300-305页。

[3] 刘卫先:《自然体与后代人权利的虚构性》,载《法制与社会发展》2010年第6期。

[4] 刘卫先:《自然体与后代人权利的虚构性》,载《法制与社会发展》2010年第6期。

[5] 刘卫先:《自然体与后代人权利的虚构性》,载《法制与社会发展》2010年第6期。

[6] 对于人权划代理论,学者有不同的分法。参见齐延平:《和谐人权:中国精神与人权文化的互济》,载《法学家》2007年第2期;徐祥民:《环境权论——人权发展历史分期的视角》,载《中国社会科学》2004年第4期;徐显明:《和谐权:第四代人权》,载《人权》2006年第2期;邱本:《论人权的代际划分》,载《辽宁大学学报(哲学社会科学版)》2017年第3期。

所主张的权利以自由为主导价值，同样更多是在第一代权利理论意义上来谈的，而并非适用于所有权利。因为除了自由外，还有安全、平等、正义、效率等价值，而其间的价值位次并非一成不变，而是因特定社会问题及风险所需而表现不一，且因在具体部门法中所要解决的特定问题而不同。最后，在论者论证“利益转化为权利的限度”中，将权利转为权利限定为以下条件，即利益的客观存在、对利益进行权利保护必须体现主体的独立人格需求等。[1] 这样，论者的利益范围仅仅限于既存的确定的可见利益，而将避免不可知的未来风险的安全等利益排斥在外。同时，对于利益保护权利主体的独立人格需求也仅适用现实中且具备完全权利行为能力的主体，而尚不具备完全权利行为能力却处于未来可能风险的不安全中的主体却被排斥在外。

总而言之，正是论者的这种历时性视角，将权利仅仅固定于过去既有的认识，从而使权利的主体仅被限定为现实的具有完全权利行为能力的独立的个体，这才导致其所指出权利理论的不足。而权利理论从来都是处于自我发展变化中的，都是其所处的特定时空下人类面临的问题与挑战的有效应对的智慧。在当下科技新时代，人类基因编辑技术等使得我们面临前所未有的新风险、新问题、新挑战，权利理论自然也应当自我发展，不仅能够为既定的现实问题进行有效应对和提供救济，还应当能够有效防范和避免人类所面临的各种未知风险。由此，后代人权利应当是新科技时代下权利理论的新发展，是一种新兴权利，而代际权利则是对当代人与后代人之间权利的张力与有效安排进行的新思考。

三、代际权利的法理基础：人类命运共同体下的代际正义

如果上述后代人权利暂且得以确认，但也只是概念层面上，作为新兴权利的代际权利以及作为其重要前提支撑的后代人权利依然缺乏背后的深层次法理基础。由此，本文将在法理层面对其进行更加深入的理论讨论与阐释。

（一）后代人权利的既有理论基础反思

从既有研究看，学者将后代人权利的理论证成建立在代际正义下的代际契约论、代际平等下的代际信托论以及跨代共同体理论等。在环境法领域代际契约论以克里斯汀·西沙德－弗莱切特（K. S. Shrader－Frechette）为代表，

---

[1] 刘卫先：《自然体与后代人权利的虚构性》，载《法制与社会发展》2010年第6期。

他认为:在我们和后代人之间存在一种可称为代际接力式的相互性——跨越时间的链式相互性。退一步讲,即使不通过相互性,而只通过人的理性、正义等要素也可以达成社会契约。而"某些形式的契约之所以能够形成,不是因为达成了预先安排好互惠利益的协议,而只是因为契约的一方主动选择了接受义务"〔1〕。而这种代际契约理论则是以西方传统社会契约论为基础的,尤其受到了约翰·罗尔斯的正义理论影响,甚至直接借用了罗尔斯的"原初状态"假设和"无知之幕"理论。〔2〕罗尔斯认为,"将正义延伸到包括我们对未来各代人义务(包括正义储存的问题)"〔3〕,是其正义理论遇到的难题之一,不过他认为,由于"无知之幕"是彻底的,"在假设所有其他各代都要以相同的比率来储存的基础上,他们愿意在每个发展阶段储存多少。……(他们)必须选择一个能分派给每一个发展水平以一种合适的积累率的正义的储存原则"〔4〕。而这种对各代人利益的考虑却与其所假设"无知之幕"的"原初状态"的两个条件存在矛盾:一个是"原初状态"当事方是理性的,其动机在于"努力为自己寻求一种尽可能高的绝对得分"〔5〕,而此种情况下契约的达成实质上是一种作为互利的正义;另一个是"原初状态"当事方身份,罗尔斯要求人们从现时的角度来解释和对待不同时代的人,实质上是一种作为公平的正义。这样,代际契约所要实现的作为公平的正义与代内契约所秉持的作为互利的正义之间同时出现在"无知之幕"的"原初状态"下的当事方那里。而作为互利的正义是建立在理性自利或互利互惠基础之上,而作为公平的正义则要求当代人为后代人做出让步和牺牲,承担义务和责任。可见,两者之间存在难以调和的矛盾,而"罗尔斯在探讨其一般正义论和代际正义理论时,往往把这二者混为一谈"〔6〕。也正是如此,有学者"质疑'后代人权利'的代际契约说基础",认为社会契约论中"契约的达成和实现的四个核心要素,即'缔约方力量平等、缔约方参与和保持契约的原因一致、契约的维持受到社会

---

〔1〕[美]维西林、[美]冈恩:《工程、伦理与环境》,吴晓东、翁端译,清华大学出版社2003年版,第204、206－207页。

〔2〕韩立新:《环境价值论》,云南人民出版社2005年版,第199页。

〔3〕[美]罗尔斯:《政治自由主义》(增订版),万俊人译,译林出版社2011年版,第226页。

〔4〕[美]罗尔斯:《正义论》,何怀宏译,中国社会科学出版社1988年版,第288页。

〔5〕[美]罗尔斯:《正义论》(修订版),何怀宏等译,中国社会科学出版社2009年版,第111页。

〔6〕杨通进:《罗尔斯代际正义理论与其一般正义论的矛盾与冲突》,载《哲学动态》2006年第8期。

控制功能的制约、缔约双方具有互惠性'”,在代际契约的情况下,“都是无法实现的”[1]。

如果说代际契约所依凭的代际正义是作为公平的正义,那么这种能够使得第三方(后代人)受益的正义原则,因“原初状态”的正义环境要求大家相互间是冷淡的,因此不可能是基于对于他们的直系后裔义务,由此,有学者认为,即使客观上承认在原初状态下的人们选择了这样一个能够使第三方受益的作为公平的正义原则,那也仅是一种偶然的结果,这就意味着人们也可以反对建立这样的一个义务。这种缺乏严格服从义务的选择之结果,也就“不可能在现在世代和作为第三方的未来世代建立任何具有约束的正义关系”[2]。

这样,代际正义下的代际契约论无法给后代人权利提供具有说服力的法理基础,也就无法支撑起作为新兴权利的代际权利理论。之所以如此,在本文看来,其更为深层的原因是不论是罗尔斯还是弗莱切特,他们所着力解决的只是作为人自身之外的世界,如资源、生态环境等利益。这种哲学认识论依然是一种主客体二分观。也正是如此,罗尔斯才会用正义储存原则来试图解决当代人与后代人之间的分配正义问题。他们都忽视了作为人自身的生物信息等也是一种资源和生态环境,这种由人自身生物信息等构成的资源生态环境随着人类的再生产得以不间断的延续。对于这种人类自身共有的内在资源与生态环境,不论是过去世代,还是当今世代,或是后代人,人类自身都是作为一个整体的共有者。我们不能用也无需用基于仁慈和道义的“代际契约论”及其“正义储存原则”来解决这一问题。

对于代际平等下的代际信托论则以爱蒂丝·布朗·魏伊丝为代表。她认为,人类各不同世代之间是一种针对地球环境资源的信托关系,每代人“既是受托人又是受益人”,作为受托人,他“不仅是为了相邻近各代的利益,而且为了所有未来各代的利益”[3]。可以说,这种代际平等理论旨在解决全球环境生态危机,不愧为一种伟大设想。不过,有论者指出,这种理论构想在逻辑上存在循环论证之悖谬且实为虚构的结果。论者所指出的其虚妄的困惑

---

[1] 刘卫先:《质疑“后代人权利”的代际契约说基础》,载《中州学刊》2011 年第 1 期。

[2] 刘雪斌:《论一种作为公平的正义》,载《法制与社会发展》2006 年第 5 期。

[3] Edith Brown Weiss, *The Planetary Trust: Conservation and Intergenerational Equality*, Ecology Law Quarterly 11(4), p. 505 – 507(1984).

在于:环境问题是世代的公平问题还是整个人类的生存问题?地球环境是否为人类的财产?"地球权利"的主体到底应该是谁?代际信托何以可能?后代人的权利是否比当代人的义务更有利于保护"后代人的利益"?等等。[1]对这些困惑是否虚妄,限于篇幅及论旨,本文不再详尽剖析,不过可以指出的是,其中前三个困惑之所以会出现,其背后依然是现代哲学上的主客体二分观的必然产物。这种主客体二分观将人自身视为认识、利用、改造人之外一切物质的主体,而人之外的一切物质则是作为人之主体被认识、被利用、被改造的对象而存在。主客体之间是截然的认识与被认识、利用与被利用、改造与被改造的关系。由此,此论者才会问道,到底是地球环境是人类的财产还是人类属于地球?而对于代际信托何以可能问题,论者指出,作为代际信托的委托关系成立的前提是委托人(后代人)对委托事务享有权利,而代际信托理论的目的则是为了证成后代人享有环境权,这样就出现了循环论证的逻辑悖谬。[2] 这或许正是揭示了代际平等下的代际信托论的软肋之处。而对于后代人的权利是否比当代人的义务更有利于保护"后代人的利益"问题的困惑,与其说是证成了代际信托论的虚妄,不如说是给我们提出了新的研究课题。尽管对于谁能够代表后代人行使这种权利,后代人权利的具体内容是什么等问题至今尚未达成广泛共识,但这并非意味着后代人权利不存在,更不意味着讨论和阐释后代人权利的重要价值,只是表明后代人权利依然是值得我们深入讨论的重要论题。

跨代共同体论的主张者往往将其理论渊源追溯至英国的柏克,而其代表人物则是乔治·赖特(George N. Wright)等。柏克认为,国家"乃是一切科学的一种合伙关系,一切艺术的一种合伙关系,一切道德的和一切完美性的一种合伙关系。由于这样一种合伙关系的目的无法在许多代人中间达到,所以国家就变成了不仅仅是活着的人间的合伙关系,而且也是在活着的人、已经死了的人和将要出世的人们之间的合伙关系"[3]。赖特从柏克的这段表述中诠释出支持后代人权利的跨代共同体论。从后来托马斯·潘恩对其将国家与社会完全等同起来以及萨拜因(George Holland Sabine)对其"对社会的

---

[1] 刘卫先:《后代人权利理论批判》,载《法学研究》2010年第6期。

[2] 刘卫先:《后代人权利理论批判》,载《法学研究》2010年第6期。

[3] [英]埃德蒙·柏克:《法国革命论》,何兆武等译,商务印书馆1998年版,第129页。

崇拜代替了对个人的崇拜"[1]的批判就可证明这一点。而后跨代共同体论更多受到社会学界的关注,如齐格蒙特·鲍曼(Zygmunt Bauman)地对共同体的讨论[2],本尼迪克特·安德森(Benedict Anderson)的"想象的"共同体论[3],以及桑德尔(Michael J. Sandel)、费迪南·滕尼斯(Ferdinand Tönnies)等。这些都是基于当代人间共同体的本能、习惯或思想的共同记忆等产生的某种共同关系的心理同感。这一点也可从阿夫纳·德-沙利特(Avner De-Shalit)对共同体的三个特征得到论证,即"人们在日常生活中的互动、文化交流与道德相似性"[4]。然而,仅凭处于人心理上同感以及长辈与晚辈之间感情上的仁爱,可能会随着时间的推移,经过几代后就会淡化甚至消失。由此,有学者认为,人类共同体即便存在,"也只能是所有当代人的集合体,对于永远未出生的'场外'后代人而言","不可能成为人们所说的人类共同体的现在的成员,因为尚未出生的后代人不能与当代人形成相互交流和联系"[5]。戈尔丁(Golding)也发现,跨代共同体论存在两个困境,即当代人无法与后代人共享生活以及当代人与后代人缺乏道德上的相互作用。[6] 由此,如同代际契约论,通过跨代共同体论证成当代人对后代人的义务是不充分的。对此,有论者认为,即便是在主张当代人与后代人确实可以构成跨代共同体的代表性人物之一沙利特那里,也只是推出"'当代人负有义务',而不是后代人的权利"[7]。

由上可见,不论是社会学领域,还是其他政治学等领域,不论是对跨代共同体论持赞成还是反对态度,其共同前设依然是将后代人界定为与当代人没有交际的永远未出场的"未来"人,没有看到人类自身再生产中由人自身生物信息而勾连在一起的不间断的延续性和共有性。而随着人类基因编辑技

---

[1] 刘玉安等:《西方政治思想史》,山东大学出版社2003年版,第377页。

[2] [英]齐格蒙特·鲍曼:《共同体》,欧阳景根译,江苏人民出版社2007年版,第1页,载《〈共同体〉序曲·译注》。

[3] [美]本尼迪克特·安德森:《想象的共同体:民族主义的起源与散布》(增订版),吴叡人译,上海人民出版社2005年版,第6页。

[4] Avner De-Shalit, *Why Posterity Matters*, Routledge, 1995, p. 22.

[5] 刘卫先:《对跨代共同体学说的几点质疑——以否定"后代人权利"为视角》,载《太平洋学报》2010年第9期。

[6] Avner De-Shalit, *Why Posterity Matters*, Routledge, 1995, p. 19.

[7] 刘卫先:《对跨代共同体学说的几点质疑——以否定"后代人权利"为视角》,载《太平洋学报》2010年第9期。

术的日益成熟，对人自身生物信息的认识、改造等在技术上成为可能，也使得人自身的生物信息成为区别于传统的人之外在的资源、环境、生态的一种人内在资源和生态环境。

（二）作为代际权利法理基础的人类命运共同体下的代际正义

由上可知，既有的作为后代人权利理论基础的几种观点都存在诸多问题且受到多方面质疑与挑战，显然已经无法为新科技时代所带来的新问题提供充要的法理依据。随着人类基因编辑技术等新科技的迅猛发展，人类不但在改造作为人类生存必要条件和基础的资源、环境生态方面的能力得到了很大提升，而且也从技术上掌握了认识、利用和改造人自身的生物信息等方面的能力。由此，有学者断言，“在人类发展的历史过程中，人类的力量从未像现在这样强大，以至于他的决定和行为所造成的影响可以超越时间的限制，影响到无法预测的未来”〔1〕。然而这种影响给人类带来的不仅仅是美好的东西，还可能伴随着前所未有的巨大风险。由此，我们应当对此有足够的认识和理论准备，以尽可能地防范和避免这种未知风险。

如前所述，既有的对后代人及其权利问题的讨论显然并未认识到这一点，还仅仅出于对传统的人之外部的世界视角且将其作为人类生存的必要条件和前提来展开的。在本文看来，即便是我们暂且承认范伯格的设想，即由一个基于权利的当代人与未来世代的正义共同体。〔2〕然而面对人类编辑技术等新科技浪潮，后代人权利以及建立在其上的代际权利应当有一种新的法理基础。在本文看来，这个法理基础应当是人类命运共同体下的代际正义。

人类命运共同体概念本来是个政治术语，由习近平主席于 2017 年 1 月 18 日在联合国日内瓦总部的演讲中提出，旨在就解决全球性难题提出的中国方案，即“构建人类命运共同体，实现共赢共享”〔3〕。不过人类共同体理念也已成为学界的一个热门话题，目前主要关注以下方面：追溯人类命运共同

〔1〕 周光辉、赵闯：《跨越时间之维的正义追求——代际正义的可能性研究》，载《政治学研究》2009 年第 3 期。

〔2〕 乔尔·范伯格认为，我们为了我们的子女、我们的下一代保护环境，是一种爱的行为；而我们为了我们遥远的后代保护环境，则主要是一个诉诸于未来世代权利的正义事件。See Joel Feinberg, *The Rights of Animals and Unborn Generations*, in E. Partridge, ed., Responsibility to Future Generations, Prometheus Books, 1981, p. 139.

〔3〕 习近平：《共同构建人类命运共同体——在联合国日内瓦总部的演讲》，载《人民日报》2017 年 1 月 20 日，第 1 版。

体理念的思想渊源和发展历程;探讨人类命运共同体的内涵及特征;分析构建人类命运共同体的原则;研究人类命运共同体理念的价值观基础和伦理意义;从国际关系视角的分析研究。[1] 可见,上述研究主要着眼于当代人之间的关系问题而忽略了人类中的当代人与后代人之间的关系问题;多从国与国之间关系视角而非人与人视角;多从作为人类生存的外部条件的资源与环境生态保护而忽略作为人自身内部生态环境的人的生物信息保护问题。不过,本文认为,面对人类基因编辑技术所带来的风险与挑战,人类命运共同体概念可以通过诠释其新内涵而为代际权利提供法理基础。

如果说过去的共同体要么是"基于血缘、地域、情感或伦理",要么是"基于共同利益抑或私人利益形成的一个联合体"[2],那么在人类基因编辑技术下,整个人类由于共同的生物信息而成为一个联合体。这种因人类共有基因等生物信息而形成的命运共同体不以社会学意义上的道德、风俗、伦理等方面的共同记忆和心理同感为要件,也无需基于作为人类生存之必备条件的外部资源和环境生态而构建,而是基于不以人的意志为转移,人们无法否认的客观事实,即人类共有的生物信息。如果说我们之前还可以对其视而不见,那么随着人类基因编辑技术的发展,人类自身生物信息所面临的未知风险使我们不得不对自身内部资源和生态环境安全进行问题导向的思考,这使得人类成为一种基于基因等生物信息安全的命运共同体。

由此,在人类基因编辑技术等新科技下,我们应当对人类命运共同体概念作如下理解:一是这种人类命运共同体理念不再是外在的、心理上的、文化上的认同,而成为一种无法否认的事实存在,不再以国别、民族、地域为区分,而是基于每个人固有且人类共有的生物信息资源和环境。二是这种将人类命运勾连起来形成的共同体不仅仅是由于作为人类生存之必需的外部资源、环境生态等,而且源于人类自身所共同固有的基因等生物信息。这种人类共有的生物信息将过去世代、当今世代以及未来世代的"我们"紧紧地联系在了一起,成为一个命运共同体。三是此种意义上的人类命运共同体所应关注的不再仅仅是人自身外部世界的资源及利益分配与储存问题,而更强调如何

---

〔1〕 高景柱:《论代际正义视域中人类命运共同体的构建》,载《国外理论动态》2018 年第 11 期。

〔2〕 高景柱:《论代际正义视域中人类命运共同体的构建》,载《国外理论动态》2018 年第 11 期。

应对、预防和避免人类自身生物信息这种内在资源、环境生态面临的风险乃至危机问题。四是这种人类命运共同体关注的与其说是利益,不如说是面对未知风险的安全。五是这种人类命运共同体理念因人类基因编辑技术使得当代人与所谓不在场的后代人紧紧地联系在了一起,因人类基因编辑事件而使得当代人的行为带给后代人的未知风险成为必然。

如我们所知,自16世纪开始,法律已经成为社会控制的最主要手段和方式[1],而法律对社会控制的实现则是通过权利义务的分配来达致的。就人类基因编辑而言,这种技术带给当代人的可能是利益和权利的实现,而对于后代人而言更多则是未知风险的安全利益问题。在此基础上,从法理角度,如何有效应对和控制这种未知风险同样也需要权利与义务的分配来实现。换言之,就人类基因编辑行为而言,如何在当代人生育权所体现的利益与后代人避免未知风险权利(或生物信息安全权)的安全利益之间进行协调也需要一种权利义务分配的法理思维。这就涉及当代人与后代人间的代际正义问题。

需要强调的是,本文并非在罗尔斯意义上来使用代际正义的。罗尔斯所指的代际正义还是基于对人类外在的资源和环境生态等人生存必需条件意义上来讲的。而本文所说的这种代际正义则是基于由人类基因等共有的生物信息连接起来,将当代人与后代人紧密勾连起来的人类命运共同体下的代际正义。这种代际正义不是为了在当代人与后代人之间分配人自身之外的资源环境,而旨在在当代人利益与权利的实现与后代人应当有的避免未知风险之权利之间进行协调与分配。如果说罗尔斯的代际正义中当代人对后代人负有的正义储存原则所依凭的作为公平的正义与当代人间分配正义所凭持的作为交换的正义间存在混乱和矛盾的话,那么这种基于人类共有的生物信息而形成的人类命运共同体下的代际正义则可以避免这一点。因为由于当代人与后代人共有共享人类基因等生物信息构成了人类得以生存和延续下去的最基础和最根本的要素,因此当代人和后代人共同负有维护人类自身生物信息的内在生态环境之安全的义务。而后代人因还未成为现实,不可能存在对人之生物信息破坏或构成风险的可能,因此,这种义务最突出的则应当由当代人来承担和履行。也正是由于人自身的生物信息为整个人类所共

[1] [美]罗斯科·庞德:《通过法律的社会控制》,沈宗灵译,商务印书馆1984年版,第9-13页。

有且构成人类得以延续的最根本的内在要素，当代人与后代人之间的这种共同义务就无需再经过代际契约、跨代共同体论来提供法理基础。当代人对后代人的这种维护人自身生物信息安全的义务其实就是为了维护自己的安全，也是为了维护整个人类自身的内在安全。

由此，如果说基于维护人自身生物信息安全的人类命运共同体理论旨在解决“类概念”下的整个人类的自身的内在生态环境，那么其下的代际正义则旨在解决如何为了更好有效地实现前一目标在“集合概念”意义上的当代人与后代人权利与义务的权衡〔1〕。这样，人类命运共同体下的代际正义理论不但可以有效解决“类概念”与“集合概念”意义上“人类”这一概念的逻辑矛盾，而且还可以为代际权利提供更坚实且有解释力的法理基础。

四、作为新兴权利的代际权利

如果我们承认代际权利，那么它到底是一种什么权利呢？这种权利与以往的权利理论存在什么关系呢？本文认为，代际权利是建立在传统权利理论基础之上的新兴权利。它不仅为我们如何解决新科技下人类面临的新风险挑战提供一种更有效的理论解释，而且还可能是我们认识和分析当下问题的方法论，为人类的新风险的有效控制提供可能路径和思路。

（一）作为新兴权利的后代人的权利

如前所述，代际权利的成立需要以后代人权利存在为前提。从某种意义上讲，之所以将代际权利视为新兴权利，在很大程度上是因为后代人权利的新兴性。由此，首先需要讨论的是后代人应该享有权利。然后才能讨论后代人享有的是一种新兴权利。由于权利理论如此复杂，对其进行详尽讨论将超出本文论旨。正如有学者所总结的那样，权利意指资格、主张、自由、利益、选择等观点〔2〕，但权利并非仅仅意味着对当代的现实人而言的，还需要关注虽未来到世间但应该成为现实人的人。详言之，权利所说的资格主要是指现实中的人的资格，但不应当剥夺后代人的资格；权利所说的主张主要是指当代人的主张，但不应剥夺后代人的发表其主张的机会和可能性；权利所说的自由主要是指当代人的自由，但不应当剥夺后代人的潜在自由；权利所说的

〔1〕 对于通过“人类”这一概念的“类概念”与“集合概念”二分来质疑人类“当代人”与“后代人”分割观的讨论，参见刘卫先：《后代人权利理论批判》，载《法学研究》2010 年第 6 期；徐祥民、刘卫先：《虚妄的代际公平——以对人类概念的辨析为基础驳“代际公平说”》，载《法学评论》2012 年第 2 期。

〔2〕 张文显：《法哲学范畴研究》（修订版），中国政法大学出版社 2001 年版，第 300－305 页。

利益主要是指当代人的既定的利益,但不应当剥夺后代人承担未知风险之安全利益;权利所说的选择主要是指当代人的选择,但不应当剥夺后代人选择的机会和可能性。如果仅将权利理论限定在上述所说的当代人,则这种权利是不正义的,而且也与现实立法不相符。

之所以有学者将权利主体限定在具有意思自治的权利行为能力的现实的当代人,是因为这混淆了权利的享有和权利的行使之间的区别。其实,在当前的部门法中,类似的立法也体现了权利享有主体并非仅限于完全权利行为能力范围内。譬如,我国《民法典》第16条就规定"涉及遗产继承、接受赠与等胎儿利益保护的,胎儿视为具有民事权利能力。但是,胎儿娩出时为死体的,其民事权利能力自始不存在"。这种立法也是对世界立法普遍经验的借鉴,旨在规定非现实人权利的享有避免使之失去可能的利益和权利的机会。其实,在我国目前已将胎儿在涉及遗产继承、接受赠与等诸方面视为具有民事权利能力的权利主体,即便是对于其在生命权、健康权等人身方面是否应成为权利主体,学界也已有很大呼声。尽管这种规定是基于对胎儿作为准现实人的权利保护之必要且仅限于作为纯受益人范围,但其同样也无法参与现实人的意思自决。另外,对于限制行为能力或无行为能力的法律主体而言,即便是现实人,也因其无法凭自我理性之意志决定行使相应权利而需要监护、代理等制度来弥补解决这些问题。

由此,从理论上讲,作为准现实人之具体个人的后代人享有最低限度的权利并非毫无正当性理据。如果说因为"后代人权利"理论因古典自然法之自然权利建立在虚幻的流沙之上就完全排斥,那么当代人权利理论也面临同样困境。即便是早期将古典自然法基于批判和排斥的分析法学,也日益意识到完全拒斥权利的不可能性和不可欲性,并提出了作为"最低限度内容的自然法"[1]。从某种意义上讲,这也为代际权利理论提供了理论上的可能性与可行性。

一种权利之所以可称为新兴权利,是相对于传统的既有权利而言的。对其"新"的标准"既可以从以时间和空间为核心的形式标准来判定,又可以从权利的主体、客体、内容和情景为核心的实质标准来判定",其"产生在根本

---

[1] 哈特认为,"这些以有关人类、他们的自然环境和目的的基本事实为基础的、普遍认可的行为原则,可以被认为是自然法的最低限度的内容"。[英]哈特:《法律的概念》,张文显等译,中国大百科全书出版社1996年版,第188-189页。

上乃是应社会的发展而在法律制度需求上的'自然'反应"。[1] 就后代人权利而言,其"新"之处至少体现在如下方面:

1. 后代人权利主体是与当代人相对的后代人。如前所述,既有权利理论主要关注和解决的是现实当代人间的法律问题和法律关系的,其权利主体是当代人或由当代人组成的组织等。其前设是所有参与法律关系的当事方都是具有完全权利能力和行为能力的理性人。由此,意思自治、诚实信用、等价有偿等才成为现代法律基础的民事法的基本原则,刑法中犯罪的构成才会强调犯罪动机、犯罪目的等。即便是对于限定行为能力、无行为能力的法律关系的考虑也会涉及,但也仅是例外性规定。而后代人权利主体不可能是具有意思表示的客观存在的客体,而是将传统法中的非完全行为能力主体作为常态。由此,这就注定了后代人权利具有权利主体方面的新兴性。

2. 后代人权利的客体是防范和避免可能给后代人带来的未知风险。我们知道,传统法理中,法律关系中权利和义务的客体通常意指"主体的意志和行为所指向、影响、作用的客观对象",往往要求其具有"客观性""有用性""可控性"等特征,主要包括物,人身、人格,智力成果,行为,信息等。[2] 可见这种对权利客体的界定是建立于具有意思表示的现实当代人前设之上的。而对于后代人权利,其客体不是因其自身的意志行为所指向、影响或作用的对象,而是指当代人的行为给后代人所造成的影响的对象,即给后代人带来的未知风险。由此,后代人权利客体并非传统意义上的物,人身、人格,智力成果,行为,也不是一般意义上的信息,而是自身生物信息的安全或风险防范。这对既有权利客体理论具有很大挑战,也具有新兴性。或许也正是基于此,张文显教授在其《法理学》中颇具开放和智慧地将权利的"其他客体"列入其中[3],这为适应后代人权利客体的理论发展提供了可能。

3. 后代人权利所保障的是一种特殊的利益。在传统权利理论中,权利所保护的通常是权利主体的利益,然而这种利益往往被界定为客观、可控的有利的东西,是一种正面、积极的界定,适合于当代人之间关系的调整。而后代人权利所保障的利益则是一种对后代人免于处于风险和危险的安全利益,虽

---

[1] 姚建宗:《新兴权利论纲》,载《法制与社会发展》2010 年第 2 期。
[2] 张文显:《法理学》(第 5 版),高等教育出版社 2018 年版,第 157 – 159 页。
[3] 张文显:《法理学》(第 5 版),高等教育出版社 2018 年版,第 159 页。

然这种风险可能是未知的，但是风险一旦成为现实，则其带来的危害是无法估量且不可逆的。如果说传统权利所保障的利益是一种既有利益的可得或不减损，而后代人权利所保障的利益则是一种对未来风险可能性地避免，由此可以视为一种负面清单式的消极性规定。这种权利所保障利益与彩票购买人类似，只不过彩票购买者是通过对价获得中奖的机会，而后代人权利所保护的利益是因人类命运共同体下的代际正义使得后代人免于处于未来风险的可能性，即前者是机会的获得，后者是机会地避免。

4. 后代人权利实现的方式是享有。以当代人为权利主体的传统权利的实现方式可能是享有，也可能是行使。享有并不要求权利人有完全权利行为能力和明确的意思表示，以获得利益而不需要承担义务为限，可以视为一种消极的权利。而通过行使方式实现的权利则需要通过明确的意思表示和行为来达致。这种权利需要以权利主体具有相应行为能力为要件，是典型的当代人权利的思维和实现模式。而后代人权利只以享有为唯一实现方式，并不要求其在场，更不需要具有意思表示，也不需要后代人对当代人承担同等的对价或义务，而是以纯粹利益的获得为目的，即免予处于未知风险的这种特殊利益，这在某种意义上类似于柏林所说的“免于……的自由”[1]。

（二）作为一种未知风险控制方式的代际权利

如果说后代人权利是一种新兴权利，那么代际权利则是建立在这种理论基础上的一种新兴权利思维方式和权利样态。这种代际权利是以当代人权利和后代人权利共同认可为前提的，旨在如何寻求当代人权利与后代人权利间的协调和均衡，以更好地实现人类命运共同体下的代际正义。

从权利发展史看，代际权利可以被看作是建立在过去类型化、进化式权利理论之上的修正和提升，也可视为我国权利本位理论的新发展。对于权利的发展历程，有学者从人类人权发展历程维度认为西方人权史经历了“自由权本位的人权、生存权本位的人权和发展权本位的人权三个历史阶段”[2]，也有学者将人权史划分为“初创期、发展期和升华期”，其“核心性人权分别是自由权、生存权和环境权”[3]，甚至还有学者提出了作为第四代人权的和

---

〔1〕［美］以赛亚·伯林：《自由四论》，陈晓林译，台北，联经出版事业公司1986年版，第243页。

〔2〕齐延平：《和谐人权：中国人权与和谐精神互济》，载《法学家》2007年第2期。

〔3〕徐祥民：《环境权论——人权发展历史分期的视角》，载《中国社会科学》2004年第4期。

谐权〔1〕。限于本文论旨,笔者不打算对这些权利理论本身进行过多阐释。不过,从中可看出,这些都是类型化、单向度的权利理论,即关注和强调权利自身的正当性及其彰显,甚至将不同权利间的关系视为一种进化式的替代关系,却对权利自身的合理边界不甚关注,也未对权利间的关系进行重点阐释。过去几十年来,权利本位理论在我国一直处于主导地位,也对中国法理、法治和法学的现代化理论与实践起到了巨大的促进和支撑作用。不过,此理论同样更多关注权利本身的证成及实践、权利与义务的关系等,权利间关系及权利的合理限度等方面同样不是其重点关注的对象。而本文所述的代际权利理论不同于上述既有权利理论,而是着重强调当代人与后代人权利间的紧张关系,从而使得权利自身得到更为合理的安排和规制。

可见,这种代际权利看似是建立在前述"后代人权利"理论之上,又与之存在显著差异的权利理论,其核心不在于寻求、彰显某种具体的类型式权能,更多是在揭示隐藏于权利背后的当代人与后代人权利之间的张力。这种权利张力关系不仅仅限于生态环境领域,或者甚至可以说,与生态环境维度间并未存在直接的关联,而是一种作为准现实人的后代人所应享有的最低限度的权利与作为其上一代人之间的权利关系。如果说"后代人权利"理论是基于对人与自然和谐关系之追求的类权利,那么本文所说的代际权利则旨在强调构建人类安全命运共同体关系的人与人之间的关系,而这种关系的建构是建立在对不同代际权利的合理安排和尊重基础之上的。这种新兴权利与旧有传统权利之间的冲突和协调不仅贯穿法律权利实践的始终,同时也"彰显着权利发展的真实样态"〔2〕。

对于本文提出的作为新兴权利的后代人权利及代际权利论,或许有论者会提出质疑。因为依据法律思维,权利与义务作为双向调整机制,共同构成法律思考和解决问题的特有方式,由此一般认为权利义务具有结构上相关、数量上等值、功能上互补和价值上主次等关系〔3〕,因而在当代人与后代人、权利和义务之间应当有不同组合,即当代人权利与当代人义务、当代人权利与当代人权利、当代人义务与当代人义务、后代人权利与后代人权利、后代人义务与后代人义务、后代人权利与后代人义务、当代人权利与后代人权利、当

〔1〕 徐显明:《和谐权:第四代人权》,载《人权》2006年第2期。
〔2〕 姚建宗:《新兴权利论纲》,载《法制与社会发展》2010年第2期。
〔3〕 张文显:《法理学》(第5版),高等教育出版社2018年版,第134-138页。

代人权利与后代人义务、当代人义务与后代人权利及当代人义务与后代人义务共十对。这样,当代人权利与后代人权利仅是其中一个组合而已。其实本文对其他几种组合并非视而不见。对于包含当代人权利与当代人义务、当代人权利与当代人权利、当代人义务与当代人义务这三对组合的纯当代人间的代内权利义务关系并非本文论旨,显然超出了本文的讨论范围。就后代人权利与后代人权利、后代人义务与后代人义务、后代人权利与后代人义务这三对组合属于纯后代人间的代内权利义务关系,由于其权利义务关系主体都不在场且也属于其代内关系,显然也没有讨论的必要。剩下的四对组合即当代人权利与后代人义务、当代人权利与后代人权利、当代人义务与后代人权利、当代人义务与后代人义务。也就是说,除了本文所讨论的作为代际权利的当代人权利与后代人权利这对组合外,另外三对最具挑战性和讨论的必要,因为其中揭示了这些问题需要我们思考,即后代人是否对当代人负有义务?通过当代人与后代人间的义务分配是否可以达到当代人与后代人间的权利分配?对于第一个问题,如果承认后代人对当代人也应负有义务,那么是什么义务,其限度在哪里?如果不承认这一点,则意味着当代人对后代人只能牺牲和承担义务,这对当代人也不公平。对于第二个问题如果成立,则意味着代际权利可能被完全虚化和颠覆。

对于第一个问题,本文认为后代人的义务只是一种消极意义上的,只为当代人权利的享有和行使提供正义法理基础,而后代人的权利则可以为当代人权利的享有和行使进行适当限制提供正义法理基础,两者并非水火不容。对于第二个问题,当代人与后代人之间是义务关系的协调还是权利关系的协调,从逻辑上看,两者似乎可以达到同样的效果。然而,权利思维是一种尊重主体的目的思维,是认识和分析问题的法理思维,而义务思维只能是为了实现维系和扩大权利提供保障的手段思维。由此,用于协调当代人与后代人之间的权利关系的代际权利思维才是符合现代社会人作为主体的思维,这种代际权利旨在为对人工基因编辑等新科技带来的未知风险的有效控制提供一种视角和可能。在本文看来,代际权利作为人类未知风险的控制方式,至少可以给我们提供以下启示和要求:

其一,当代人和后代人不但负有维护人类生活之外部资源、环境生态的义务,而且负有维护人类共有的生物信息等内在资源、环境生态免予处于未知风险的共同责任。面对人类基因编辑技术等新科技,人类已不可否认地成为另一种意义上的命运共同体。如何维护人类自身生物信息等安全利益已对我们构成现实性威胁和前所未有的挑战,这已成为需要我们思考和解决的现实难题。

其二,当代人权利的享有和行使应当审慎和保守,以不使后代人置于未知巨大风险为限。尽管当代人权利的享有和行使具有正当性依凭,但也不应毫无限度和节制。如果说约翰·密尔将当代人间之自由的限度归结为应遵循"不伤害(或不干涉)原则"[1],那么当代人权利享有和行使的限度还应止于给后代人带来未知巨大风险的可能性。这不仅是对后代人权利(如生物信息完整权)的尊重以及对后代人的人格尊严的承认[2],也是为了维护人类命运共同体的安全利益。

其三,后代人权利的享有也同样有其正义的限度。就人类基因编辑等新科技而言,对后代人权利的尊重以不对其构成未知巨大风险为限,而不应使当代人权利的行使和享有受到过多限制。如果说罗尔斯针对如何解决当代人与后代人间的资源、环境生态等人类生活必需的外部条件提出了储存原则,那么针对人类基因编辑等技术对人自身生物信息资源和生态环境的污染和破坏,应当采用并遵循一种类似我国古代天人合一、"道法自然"[3]的中国智慧。

五、余论

面对人类基因编辑等新科技带来的风险和挑战,这种风险"往往不是一般意义上的风险,而是特大风险(mega - risks)"[4],使得我们不仅处于乌尔希里·贝克(Ulrich Beck)所谓的风险社会,而且该风险可能危及全人类,甚至导致整个人类的毁灭,因此需要我们进行审慎而严肃地对待。这需要整个人类的广泛而深入地持续思考和讨论。如何才能找到控制和防范这种前所未有的风险的更有效方式,可能不是一件简单的事。本文的讨论至多只是一

---

〔1〕 对于权利的自由限度,约翰·密尔论述道:"……这种自由,只要我们所作所为并无害于我们的同胞,就不应遭到他们的妨碍,即使他们认为我们的行为是愚蠢、悖谬或错误的。第三,无害于他人的目的而彼此联合,只要参加联合的人们是成年,又不是出于被迫或受骗",即"不伤害"或"不干涉"原则。参见[英]约翰·密尔:《论自由》,程崇化译,商务印书馆 1959 年版,第12 - 13 页。

〔2〕 高景柱:《论代际正义视域中人类命运共同体的建构》,载《国外理论动态》2018 年第 11 期。

〔3〕 《道德经·第二十五章》。

〔4〕 邱仁宗:《脆弱性:科学技术伦理学的一项原则》,载《哲学动态》2004 年第 1 期。

个尝试，如果所阐释和讨论的后代人权利和代际权利能够成为引起对此问题广泛关注和讨论的开始，如果还能引起方家质疑和批判性思考，那就再幸运不过了。

（钱继磊/文）*

* 钱继磊，法学博士，齐鲁工业大学政法学院副教授。本文原刊于《政治与法律》2019 年第 5 期，系山东省社科规划优势学科项目“新时代中国法理学范畴及其体系研究”(19BYSJ04)阶段性成果。

行政自制中信息工具的法理阐释

——行政伦理柔性制度化的可能与限度

一、引言

行政机关的自我规制，亦称行政自制，是“行政系统或者行政主体对自身违法或不当行为的自我控制，包括自我预防、自我发现、自我遏止、自我纠错等一系列内设机制”[1]。其要义在于行政机关即使在无权威渊源要求时，仍对行使权力进行自愿的限制，旨在进行自我控权。[2] 行政自制内在地包括道德内核与法律框架两个层面，本质上是行政伦理的制度化。[3] 从道德层面上来说，行政自制体现的是一种自律与负责的行政伦理。行政自制是打造具有高度社会责任感的行政权力、构建责任政府的必由之路。[4] 从法律层面上来说，虽然行政主体的德性培育是行政伦理建设的终极目标，但制度环境尤其是法律制度却是其前提条件，自律、负责的行政伦理必须经由制度加以塑造、重构、强化，在这个意义上讲，行政伦理制度化是兼具制度理性与伦理价值的理性选择。[5]

如何实现行政伦理的制度化而为行政机关自我规制？按照制度的刚性/柔性或者说规制工具的直接性/间接性的渐进程度来区分，行政自制最刚性/

---

〔1〕 崔卓兰、于立深：《行政自制与中国行政法治发展》，载《法学研究》2010 年第 1 期。

〔2〕 关于行政自制“自我控权”的法治性质论述可参见［美］伊丽莎白·麦吉尔：《行政机关的自我规制》，安永康译，载《行政法论丛》2010 年第 1 期；崔卓兰、于立深：《行政自制与中国行政法治发展》，载《法学研究》2010 年第 1 期；崔卓兰：《行政自制理论的再探讨》，载《当代法学》2014 年第 1 期。

〔3〕 “行政伦理的制度化”包括他律与自律两种方式，行政自制属于行政自律。参见廖炼忠：《论当代中国行政伦理制度化的界限》，载《哲学研究》2015 年第 7 期。

〔4〕 关保英：《论行政权的自我控制》，载《华东师范大学学报（哲学社会科学版）》2003 年第 1 期。

〔5〕 廖炼忠：《论当代中国行政伦理制度化的界限》，载《哲学研究》2015 年第 7 期。

直接性的制度/工具无非是通过“削弱权力”达到“控制权力”的目的，如之前深圳市试点开展的行政内部分权改革[1]、环保法中的区域限批制度[2]以及近期兴起的“行政权力挂起”[3]等。然而，无论是规制抑或自我规制，其工具应是多元的，除了权力的“实质弱化”之外，还有权力在程序上的“作茧自缚”[4]，此外，所谓的“信息工具”也越来越成为现代规制中的新型工具，[5]倍受环境风险规制[6]、金融法律规制[7]、食品安全风险规制[8]、消费者权益保护[9]等规制领域的青睐。随着信息工具在规制之中的地位崛起，作为“对规制的规制”的行政自制领域也涌现了诸多信息工具，从渐已成熟的政府信息公开到方兴未艾的政府责任清单皆在其列。相较前述其他自我规制的工具而言，相对间接的信息工具体现了行政伦理的柔性制度化，丰富了行

[1] 崔卓兰、于立深：《行政自制与中国行政法治发展》，载《法学研究》2010 年第 1 期。

[2] 尹婷：《作为行政自制手段的区域限批：性质判断与司法控制》，载《行政法学研究》2019 年第 3 期。

[3] 所谓行政权力挂起，是指对行政执法机关具有法定依据的行政权力，在上一年度内未使用的，暂停其使用；如确需使用，须提前申报并事后备案的一种权力约束和动态管理机制。参见熊樟林：《权力挂起：行政组织法的新变式？》，载《中国法学》2018 年第 1 期。

[4] 季卫东：《程序比较论》，载《比较法研究》1993 年第 1 期。

[5] 应飞虎、涂永前：《公共规制中的信息工具》，载《中国社会科学》2010 年第 4 期；邢会强：《信息不对称的法律规制——民商法与经济法的视角》，载《法制与社会发展》2013 年第 2 期。

[6] 相关讨论可参见以下文献：金自宁：《作为风险规制工具的信息交流——以环境行政中 TRI 为例》，载《中外法学》2010 年第 3 期；王清军：《环境治理中的信息工具》，载《法治研究》2013 年第 12 期；李修棋：《论环境法中的信息规制》，载《中国政法大学学报》2015 年第 1 期；邓集文：《中国城市环境治理信息型政策工具选择的政治逻辑——政府环境治理能力向度的考察》，载《中国行政管理》2012 年第 7 期；韩晓莉：《大数据时代环境治理信息性政策工具的元工具性探讨》，载《社会科学家》2015 年第 11 期。

[7] 相关讨论可参见杨东：《互联网金融的法律规制——基于信息工具的视角》，载《中国社会科学》2015 年第 4 期；谢贵春、冯果：《信息赋能、信息防险与信息调控——信息视野下的金融法变革路径》，载《北方法学》2015 年第 6 期；唐士亚：《信息配置、声誉机制与监管优化——股权众筹治理的新范式》，载《江汉学术》2017 年第 6 期。

[8] 相关讨论可参见吴元元：《信息基础、声誉机制与执法优化——食品安全治理的新视野》，载《中国社会科学》2012 年第 6 期；吴元元：《食品安全信用档案制度之建构——从信息经济学的角度切入》，载《法商研究》2013 年第 4 期；戚建刚：《我国食品安全风险监管工具之新探——以信息监管工具为分析视角》，载《法商研究》2012 年第 5 期；戚建刚：《向权力说真相：食品安全风险规制中的信息工具之运用》，载《江淮论坛》2011 年第 5 期。

[9] 相关讨论可参见应飞虎：《论结果导向的信息披露》，载《中国社会科学》2019 年第 5 期；应飞虎：《消费者立法中的信息工具》，载《现代法学》2019 年第 2 期；应飞虎：《消费者评价制度研究》，载《政法论丛》2018 年第 1 期。

政伦理制度化的路径,也契合良法善治的理念。

那么,一般而言,什么是行政自制中的信息工具?纵观前述诸多规制领域中的信息工具,实际上很难精准地对此下定义,而毋宁从功能的角度予以概念阐释。就行政自制领域而言,首先应明确信息工具所要解决的问题主要有信息不完全以及信息不对称。其次应明晰信息工具对于不同对象具有不同的侧重点:信息公开主要是针对公众而言,而信息共享则主要针对行政机关内部与不同行政机关之间。[1] 因此,如果某种规制工具能解决信息不完全或者信息不对称的问题,达致信息公开与共享的治理格局,从而立足于信息的角度而为行政自我规制,那么便可称其为信息工具,且该项信息工具是可欲的。据此,政府信息公开、政府责任清单、行政裁量基准、行政评价、科层约谈等因关涉行政过程中信息的公开、细化、增强、流动、反馈等,故可统称为行政自制中的信息工具。据此功能主义的定义,信息工具的"工具箱"将随着行政法治的深入发展、行政自制的日益探索而丰富多元。

值得在法理上思考的是,行政自制缘何需要信息工具?经由信息工具而为行政自制如何可能?信息工具如何实现行政伦理的柔性制度化?这是在"可能"意义上的追问。更进一步地,行政伦理的柔性制度化有何之失?行政自制中信息工具的"自我控权"功能限度止于何处?能否在功能上寻求再造而在一定程度上打破限度的桎梏?这是在"限度"意义上的追问。本文试图初步回应这双重追问,尝试阐释信息工具在行政自制、行政伦理制度化乃至行政法治框架内的定位及作用。

二、行政自制缘何需要信息工具:迂回消解"自我控权"的自制悖论

从权力结构上来说,行政自制能有效降低行政权控制的成本。这是因为:首先,构成行政自制的权力仍然仅为行政权,没有其他附加的权力;其次,权力的行使者兼具管理者和矫正者的双重角色,这种一体两面的行政自制结构具有比较高的效率。[2] 从控权功能上来说,行政自制是为了弥补立法、司法、社会力量在事前或事后控制行政权力的功能性不足。[3]

诚然,行政自制在上述"结构—功能"的意义上能规范行政权的行使,但

---

〔1〕 王芳:《政府信息公开与共享的成本收益分析》,载《南开管理评论》2004 年第 5 期。

〔2〕 关保英:《论行政权的自我控制》,载《华东师范大学学报(哲学社会科学版)》2003 年第 1 期。

〔3〕 于立深:《多元行政任务下的行政机关自我规制》,载《当代法学》2014 年第 1 期。

这种自我控权的法治逻辑是否可能以及在多大程度上可能则不无疑问。首先,行政自制极有可能陷入自我解救的“明希豪森困境”[1]。行政自制意味着行政机关自我控权或者自我施加责任,本质上属于行政自律,然而基于经济人的假设,行政机关自律在理论上并非理所当然,在实践中也有诸多困难;即使基于责任政府的要求,行政自律也是较高的伦理标准。其次,因为用来控权之权也是行政权,所以行政自我控权的另一面也可以说是行政机关自设权力,由此可能导致行政权自我膨胀,消解行政权的外部规制。诚如有学者所言:“政府规制具有自我膨胀的内在特性。规制者会从供给一方推动规制的膨胀……他们总是会找到更多的借口,建立起更多的规则,利用政府赋予的合法权力来创造出更多的规制。”[2]

以上症结一方面是由对于行政权及其自我规制的不信任所致,另一方面也是由对行政自制的规制工具选择欠缺明辨所起。固执于“权力增减”的行政自制会一直在“自我控权”的悖论里打转绕圈。如果不直接从“权力”的角度来看,而间接地从“信息”的视角来观察,则行政权的不当运用或者滥用等问题在一定程度上可归因于行政机关天然地对于信息的保密与截留,导致行政机关与公民之间、行政机关内部之间的“信息不对称”。作为信息优势方的行政机关或某一行政部门因此占据着权力支配的地位,具有权力行使的广阔空间。基于此种信息论的视角,可为行政自制的另一种方法便是创建“信息工具”,通过打破“信息孤岛”、解决信息不对称而达致控权的目的。这种经由“信息工具”重新进行权力配置或者进行权力削减的策略虽然迂回、柔性,但与直接着眼于“权力”的规制方法相较而言,更有利于消解行政自制的“自我控权”悖论,因其并不直接触及权力本身,“明希豪森困境”以及权力自我膨胀的问题能在一定程度上得以缓解。

具体而言,行政自制中的信息工具得以实现行政权自我规制的功能主要借助于几项子功能来实现,包括但不限于信息的收集与反馈、公开与增强等。在本文的语境中,有关规范性文件的备案审查[3]、行政科层约谈[4]、行政

---

[1] 关于“明希豪森困境”的论述参见[德]罗伯特·阿列克西:《法律论证理论——作为法律证立理论的理性论辩理论》,舒国滢译,中国法制出版社2002年版,“代译序”(舒国滢)第1-2页。

[2] 胡税根、黄天柱:《政府规制失灵与对策研究》,载《政治学研究》2004年第2期。

[3] 沈岿:《行政自我规制与行政法治:一个初步考察》,载《行政法学研究》2011年第3期。

[4] 卢超:《社会性规制中约谈工具的双重角色》,载《法制与社会发展》2019年第1期。

督查[1]、行政评价等可以归为信息收集与反馈工具,因其涉及信息在科层体系之间往返流动;政府信息公开、行政裁量基准、政府责任清单等可以归为信息公开与增强工具,因其涉及相关信息在行政机构内部及对公众公开或者细化加强,旨在解决信息不完全或者信息不对称的问题。当然,信息的收集与反馈、公开与增强并非截然无关,各种信息工具可能兼具两种功能,"理想类型"[2]式的区分也仅是为了凸显某项信息工具的最突出特征。

进一步的问题是,信息工具能够在一定程度上迂回柔性消解行政自制的自我控权悖论,然而,在当前高速发展的社会中,仅仅强调行政权的消极控制而忽视行政权的积极行使也是有失偏颇的。那么,通过信息工具的自我控权是否会过度束缚行政权力、影响行政效率发挥、无益于公民福祉增进?

首先,对于任何一种规制而言,所应遵循的前置性原则是应选择与规制目标高度匹配的规制工具。[3] 行政自制的目标是既要给行政权行使的空间,又要保证其在合法合理的范围之内,在二者之间追求一个最佳均衡。由此反观行政自制中的信息工具,一方面,政府责任清单、行政裁量基准、行政评价等都以"清单""基准""指标体系"之类的"规则化"面貌呈现,且通过体现"形式理性"的行政科层体系自上而下予以实施,因此契合现代行政法治的"规则之治"要义,能有效地从"规范""体系""制度"的角度来达致自我控权,具有"刚性"的特质。另一方面,如前所述,其从"信息"的角度来进行自我控权,对于行政机关而言,成本较低、动力较足,在自我控权的同时也能保证行政权的有效运用,因而具有"柔性"的特质。故此,行政自制中的信息工具功能应定位为"经由规范化体系的柔性自我控权",恰好在刚性与柔性之间取得平衡,因而契合行政自制的目标,规制工具与规制目标之间具有相当充足的"亲和性"。

其次,有学者指出:行政效率具有明显的纯经济性和数量化倾向,缺陷在于:第一,作为比值的"效率"概念不包含价值判断,这导致了其忽视行政实践中所应体现的正义和"最高的善"。第二,"效率"理论没有解决"为谁执

---

[1] 盖威、郭圣莉:《行政督查法治化的现实问题、理论依据及路径研究》,载《中国行政管理》2015 年第 2 期。

[2] [德]马克斯·韦伯:《社会科学方法论》,李秋零等译,中国人民大学出版社 1999 年版,第 32 页。

[3] 应飞虎、涂永前:《公共规制中的信息工具》,载《中国社会科学》2010 年第 4 期。

政"的问题,混淆了不同社会政治制度条件下行政管理的本质区别。[1] 因此,应考量行政法治的效能维度,从行政效率迈向行政效能,基于执政为民的立场将正义、善等价值判断纳入其中,[2]"超越效率的片面工具理性"从而"关切产出的价值可欲性、价值权衡与协调"[3]。从这个角度来看,行政自制中的信息工具有利于提升行政效能。其一,信息工具维护着行政效能之中的"价值立场"。信息工具旨在解决行政机构内部、行政机构与公众之间信息不完全和信息不对称的问题,蕴含了信息正义以及行政法治的价值判断,同时也将"面向公众"纳入行政过程之中。其二,信息工具保障着行政效能之中的"效率追求"。定位为"经由规范化体系的柔性自我控权方式"的信息工具不可能因自我控权而阻碍行政过程中正当的效率追求。信息工具的"双重规范化"既具有负向控权的作用,也具有正向激励的功能,其与行政效能的提升并不相悖。一方面,信息工具的规则化能将分散的信息集中化、繁复的信息精简化,这能为行政权的行使提供有效的信息基础;另一方面,科层体系的权威性与约束力也助推信息工具自上而下的效能发挥,使行政过程更加及时、有效与便利。

就此而论,信息工具因其"迂回""柔性"故并不会过度束缚行政权力、影响行政效率发挥、无益公民福祉增进,反而在一定意义上具有正向的促进作用。举例而言,行政系统内部根据行政效能原则进行的全方位监督审查,并非采用"合法—违法"的二元符码判断工具,而是更加倾向于运用沟通、督促(如专题询问)或计算打分(如绩效评估)等信息工具,[4] 如此则在行政自制之中并不直接将行政权力禁锢于非此即彼的合法性判断,而是在尊重并促进行政效能的基础上通过信息工具的收集与反馈、公开与增强功能为柔性自我规制。

---

[1] 马春庆:《为何用"行政效能"取代"行政效率"——兼论行政效能建设的内容和意义》,载《中国行政管理》2003 年第 4 期。

[2] 注重行政效能不仅在理论分析上具有必要性,而且在实证法律体系中也具有正当性。我国《宪法》《公务员法》《行政许可法》等法律规范均有行政效能原则的依据与要求。参见宋华琳:《中国行政法学总论的体系化及其改革》,载《四川大学学报(哲学社会科学版)》2019 年第5 期。

[3] 沈岿:《论行政法上的效能原则》,载《清华法学》2019 年第 4 期。

[4] 沈岿:《论行政法上的效能原则》,载《清华法学》2019 年第 4 期。

三、行政自制的信息工具如何可能:经由“规则之治”与“科层体系”达致柔性自我控权

行政自制的发展动力之一是马克斯·韦伯(Max Weber)所谓的“法理型统治”。[1] 法理型统治意味着处于科层制之中的行政机关按规则办事的法治原则,而这意味着行政自制中信息工具的可能运用取决于两个层面的“制度化”基础:微观层面的“规则之治”与宏观层面的“科层体系”。

(一)规则之治

解决行政过程中信息不完全或者信息不对称的问题,首要的是要实现信息对于行政机构以及公众来说的“易获性”,即降低信息获取成本以及根据信息来决策的成本。在现实世界中,人们有限的信息处理能力与生活实践中出现的信息繁复、信息分散、信息过载等形成张力甚至冲突。缓解这一对紧张关系的途径在于:一是提高人们的信息处理能力;二是使生活中的信息更为精简、集中和适度。这两种途径最终有赖于信息工具的规则化。对于行政自制中的信息工具而言,规则化涉及信息的收集、加工、整理、鉴别、转换、输出等各类环节。全环节的规则化能有效拉近信息的表现形式与受众乐于接受的形式之间的距离,降低信息解码费用。[2] 具体而言,行政机关所采用的裁量基准、责任清单、行政评价等工具都以信息披露规则化的方式而进行柔性自我控权。

裁量基准是“行政机关根据授权法的旨意,对法定授权范围内的裁量权予以情节的细化和效果的格化而事先以规则的形式设定的一种具体化的判断选择标准”[3]。首先,行政裁量作出须依凭相应的信息,一般而言,决策的信息越充分,则行政裁量更具有合理性。裁量基准便是通过细化情节和格化效果两种主要方式来增强行政裁量的信息。其次,裁量基准虽然是一种具体化的判断标准,但仍是以规则的面貌出现,这种规则化[4]使裁量基准的信息能反复适用,降低行政裁量的信息成本。

---

[1] 沈岿:《行政自我规制与行政法治:一个初步考察》,载《行政法学研究》2011 年第 3 期。

[2] 吴元元:《信息能力与压力型立法》,载《中国社会科学》2010 年第 1 期。

[3] 周佑勇:《行政裁量基准研究》,中国人民大学出版社 2015 年版,第 37 页。

[4] 周佑勇教授认为,裁量基准是控制裁量权滥用的一种“规则化”的行政自制。本文亦持相同观点。参见周佑勇:《裁量基准个别情况考量的司法审查》,载《安徽大学学报(哲学社会科学版)》2019 年第 5 期。

政府责任清单则是另外一场行政机关自上而下自我规制的深刻革命。[1] 2013年中共中央、国务院发布的《关于地方政府职能转变和机构改革的意见》指出："梳理各级政府部门的行政职权，公布权责清单，规范行政裁量权，明确责任主体和权力运行流程。"2014年国务院总理李克强在第八届夏季达沃斯论坛开幕式致辞中强调"法定责任必须为"，提出在"权力清单"和"负面清单"之后还要理出"责任清单"。2015年中共中央办公厅、国务院办公厅《关于推行地方各级政府工作部门权力清单制度的指导意见》进一步指出："通过建立权力清单和相应责任清单制度，进一步明确地方各级政府工作部门职责权限，大力推动简政放权，加快形成边界清晰、分工合理、权责一致、运转高效、依法保障的政府职能体系和科学有效的权力监督、制约、协调机制，全面推进依法行政。"在具体实践层面上，自2014年浙江省人民政府公布全国首张责任清单之后，各地政府纷纷编制起责任清单，形成行政机关"权力清单+责任清单"的清单治理模式。从信息工具的角度而言，政府责任清单实际上包含了两方面的意义：其一，关于政府须承担之责任的信息增强与公开。与权力清单"法无授权不可为"的法理意蕴不同，责任清单依循"法定责任必须为"的法治逻辑，将政府必须作为的法定职责加以细化并公开，本质上是通过行政机关关于自身的信息增强而为行政自制，同时也通过信息的公开接受公众的监督。其二，政府责任的相关信息并非杂乱无章，而是以规则化的清单面貌呈现。规则化的责任清单能有效地将信息加以分类、概括，降低信息搜索与甄别的成本，从而使责任的归属更为明确，降低诿责风险。

行政评价制度是指行政机关通过设定内部标准而进行自我考量、自我评价，由行政机关自愿实施。[2] 区别于来自社会公众等行政系统外部的评价，行政评价限于在行政系统内部进行，从逻辑上来说主要包括行政机关上级对下级的评价、同级行政机关之间的相互评价、行政机关下级对上级的评价、行政机关的自我评价。[3] 基于行政伦理观，行政评价制度有利于增强行政权力规范运行的自觉性和责任性。从信息论的角度来看，"用权主体自身对权

---

〔1〕 刘启川：《责任清单编制规则的法治逻辑》，载《中国法学》2018年第5期。

〔2〕 崔卓兰、杜一平：《行政评价法律制度体系标准的具体构架》，载《社会科学辑刊》2011年第4期。

〔3〕 崔卓兰、杜一平：《行政自我评价法律制度探讨》，载《行政法论丛》2011年第1期。

力运行流程和职责熟悉度较高,权力运行绩效信息采集渠道会更通畅和准确,通过自我评估指标体系监测也可在一定程度上避免违法违规行为,健全干部勤政廉政和作风建设长效机制”[1]。一方面,行政评价是对行政机关作出绩效评定和声誉判断的信息流动和反馈机制,其遵循的是“行为—评价改善—再行为—再评价—再改善”这样一个循环往复的逻辑。[2] 另一方面,采取自我评估指标体系而为行政评价也是一种信息工具的规则化,规则化的指标体系使这种信息的流动和反馈更为集中和具有针对性。

以上所列举的裁量基准、责任清单、行政评价等信息工具都包含两层意蕴:一是信息披露,二是信息披露的规则化。这种“规则之治”构成了信息工具得以发挥功能的微观前提。

(二)科层体系

从微观及宏观来看,规则化的信息工具之所以可能,还在于行政机关的“科层体系”为其运用提供了法治框架。

自我规制是组织存在的自组织形式,其动力部分来源于科层制的压力。[3] 科层体系最显著的特征是上下级之间“命令—服从”的关系。对于行政自制的信息工具而言,科层体系被视为一种信息压力传导机制。一方面,为了经得起公众的检视和监督,亦即化解公众所带来的对于政府的评价信息/声誉压力,上级行政机关希望通过行政自制约束下级行政行为的随意性,同时也可分担或转移问责风险。另一方面,由国务院发起的“依法行政建设工程”,也能形成来自科层体系最上方的信息压力,在行政系统之内进行自上而下的自我规制。[4] 例如,国务院于2004—2010年发布的《全面推行依法行政实施纲要》《关于加强市县政府依法行政的决定》《关于加强法治政府建设的意见》三个顶层文件,即在行政系统内部形成自我规制的压力与动力。[5]

科层体系的规范性和权威性保证了行政自制中信息工具运用的一致性和约束力,使规则化更加稳固。在形式上,为维护其领导和权威,上级行政机

---

[1] 胡税根、翁列恩:《构建政府权力规制的公共治理模式》,载《中国社会科学》2017年第11期。

[2] 崔卓兰、杜一平:《行政自我评价法律制度探讨》,载《行政法论丛》2011年第1期。

[3] 于立深:《多元行政任务下的行政机关自我规制》,载《当代法学》2014年第1期。

[4] 沈岿:《行政自我规制与行政法治:一个初步考察》,载《行政法学研究》2011年第3期。

[5] 崔卓兰:《行政自制理论的再探讨》,载《当代法学》2014年第1期。

关一般会更严格地要求下级遵守、执行行政自制的相关信息工具。在内容上，行政机关的最高决策者试图控制下位决策者作出决定的实体内容，确保不同决策者作出的决定之间在信息实质内容上的相对一致性。[1] 例如，行政裁量基准这项信息工具便通过上下层级的领导关系、内部的执法考核、行政复议等制度，产生了强大的拘束力与执行力。[2] 在这个意义上说，相对于立法和司法等外在控制，裁量基准代表的是一种行政“自律”；而在行政科层体系之中，则更多的是裁量基准制定者加之于执行者的“他律”。[3]

质言之，行政自制的信息工具经由“规则之治”与“科层体系”的双重规范化/制度化，达致柔性自我控权。当然，从更为广阔的法治视野来看，这种双重规范化/制度化的行政自制更多是立足于传统形式法治的语境，而如果基于实质法治或者更精确而言的“开放反思型的形式法治”[4] 的语境，则由“规则之治”与“科层体系”提供的“可能”将面临“限度”的挑战。

四、行政自制信息工具的功能限度：规范化/制度化的双重困境

行政自制中的信息工具之所以可能，从性质上来说是因为“规则之治”与“科层体系”之中蕴含的“规范性”。吊诡的是，“规范性”也是信息工具发挥功能的限度之源。信息工具的规范化/制度化不可避免地面临法学上“规范与事实”之间的经典冲突，由此带来双重困境：一则立足于事实本身来看，重要事实未充分规范化，某些信息工具因并未将重要之事实进行规则化和体系化，导致规范性不足而在实现自我控权的功能上受限；二则着眼于规范本身而言，规范未充分回应更多事实，因此，某些信息工具在行政自制的实践中因不能包容更多事实而容易失之僵硬，影响行政效能的发挥。前者在于某些信息工具的规范性过弱，后者在于某些信息工具的规范性过强，二者看似矛盾，实则反映不同信息工具在行政自制中的复杂实践面向。

（一）第一重困境

理论上来说，经由双重规范化/制度化的行政自制中的信息工具具有规范特性。然则这是一个应然层面上的命题；在实然层面上，因事实无法完全规范化，故并非所有的信息工具都具有等量齐观的规范性，这取决于信息工

---

[1] 姜明安：《论行政裁量的自我规制》，载《行政法学研究》2012 年第 1 期。
[2] 郑春燕：《现代行政中的裁量及其规制》，法律出版社 2015 年版，第 147－148 页。
[3] 周佑勇：《行政裁量基准研究》，中国人民大学出版社 2015 年版，第 13 页。
[4] 沈岿：《公法变迁与合法性》，法律出版社 2010 年版，第 19－23 页。

具的法治化与规范化程度,亦即取决于“规则之治”与“科层体系”这两个法治变量与规范因子的实现程度。在一定意义上,一项信息工具的事实规范化程度愈高,愈趋向于法治化构造,亦即愈服从“规则之治”和愈纳入“科层体系”,则其规范性愈浓厚。据此而论,行政自制中信息工具的规范性具有程度之别,而对于某些信息工具而言,因重要事实未充分规范化,故难以发挥自我规制的功能。

例如,政府责任清单,其虽然以清单的方式公示政府所应承担的责任,具有规则化的特点,然而细细深究,这种规范性也并不完全。

就其外部形态而言,按各地方政府的相关实践可分为依附型责任清单、一体型权责清单、独立型责任清单三类。依附型责任清单仅在权力清单中嵌入有关责任的部分事项,并未独立设置责任清单。一体型权责清单以权力清单和责任清单之名存在于一张表单中,通常表现为“一表两单”的形式,其具有固有缺陷,如权力清单与责任清单设置初衷并不完全相同,将其置于相同规则下加以构建并不妥当等。就独立型责任清单的内部构造而言,各地方政府的实践也是形态迥异。仅包括职责内容的“单一职责型清单”就呈现出二元、三元、四元、五元、七元结构;既有职责内容,又有追责内容的“职责追责型清单”,也有四元、六元、两表多元结构。[1]

这种杂糅的外部形态与多元的内部构造会导致一系列问题。其一,责任清单的信息公开与增强功能大打折扣。从信息论的角度来看,责任清单的目的在于使政府须承担何种责任的信息详细明了地公之于众,这是所谓的“重要事实充分规范化”,然而,在依附型责任清单与一体型权责清单之中,关于政府权力的信息与政府责任的信息混而为一,背离了责任清单的信息功能初衷。其二,责任清单的规则化不增反减。依附型责任清单与一体型权责清单虽名曰清单,但由于关于政府责任的信息并不独立予以规则化,导致信息无法完全最大限度地集中化、精简化,信息甄别和搜索成本随之提高。其三,即使是采用独立型责任清单,其内部也既无统一的规则化构造,又欠缺来自科层体系顶部的指引与约束,由此导致不同地方政府的责任清单纷繁杂乱。

再如,科层约谈,这项信息工具的规范性程度也较低。首先,在“科层体系”层面上,在食品药品安全治理、环境污染风险治理、安全生产经营专项治

---

〔1〕 刘启川:《独立型责任清单的构造与实践——基于31个省级政府部门责任清单实践的观察》,载《中外法学》2018年第2期。

理活动中,科层约谈发挥了组织激励的作用,在短期内赢得了一定的治理效果,但这种运动式执法并非“科层体系”治理的常规之态。[1] 其次,在“规则之治”层面上,各类不同的科层约谈是否遵循正当的约谈程序、享有一套科学的约谈规则等也是在所应深思熟虑的问题之列。如果不在“科层体系”以及“规则之治”两个维度上最大限度地解决科层约谈的规范性问题,那么,科层约谈也便仅是信息的流动,其无法经由规范化的体系获致柔性自我控权的法治意义,也便不能称其为法治化的行政自制信息工具。

(二)第二重困境

“规范未充分回应更多事实”这第二重困境同样渗透于“规则之治”与“科层体系”这两个体现规范性的层面之中。

在“规则之治”这个层面上,基于信息论的考量,规范与事实之间的张力源于信息工具的规则化不可避免地要对信息作出一定的筛选与重制,因此,实践中的信息不可能完完全全地得以反映在规则之中,这是规则化过程中所必然要付出的信息成本。此外,规则化所隐含的是一种较为普适性的知识,其与地方性知识之间也具有不可磨灭的张力。问题在于,生活中的信息乃是源源不断地产生的,而且规则在实际运行过程中也会生成信息、产生知识。那么,规则对信息作出的筛选与重制是否仅仅为一次性的?规则是否应固守僵化教条的立场而对生活实践中更多的事实熟视无睹?若是,则会导致事实与规范之间的“龟兔赛跑”、渐行渐远,最终规则将因丧失事实回应性而成为一厢情愿的独白梦呓。

在“科层体系”这个层面上,科层严密的规范性也易滑向僵硬性的极端。科层体系如果过于强调下级对上级的绝对服从,则会截断信息在科层之间的流动,造成信息不对称与信息不完全等困境,导致科层的规范性与社会事实之间的深层矛盾。其一,上级为了维护地位的权威性和权力的排他性,通常会截留信息,避免向下级传递,下级因此无法完全理解上级的真实意图,由信息偏差导致执行偏差。其二,下级比上级则天然地拥有更多与执行具体情况相关的信息,比如执行过程中的各种资源、执行过程中面临的问题与困难、行政相对人以及公众的政策反应等。信息的不对称会导致下级利用自身的信

---

〔1〕 卢超:《社会性规制中约谈工具的双重角色》,载《法制与社会发展》2019年第1期。

息优势行使较大程度的自由裁量权，诱发下级的逆向选择与败德行为。[1]其三，由于对科层金字塔体系的固守以及对行政官员“在其位谋其职”的过分强调，科层体系中同级之间也天然地会拒绝信息共享和流动。

五、行政自制信息工具的功能内向凝集：事实的深度规范化

化解“重要事实未充分规范化”这个困境的一条路径是，考量重要事实因素并尽可能将其纳入规范之中，由此可实现信息工具自我控权的功能向内凝集于“规范化体系”。这一路径可称为“事实的深度规范化”，根据信息工具原本的规范程度之别，可划分为“规范塑造”与“规范续造”两种方式，前者在于对原本规范性不高的信息工具予以规范化，以塑造规则；后者在于原本规范性较高的信息工具因在实际运用过程中出现规范“漏洞”而再次进行规范“填补”，以续造规则。

（一）规范塑造

仍以前文分析的政府责任清单的问题为例，其问题在于规范化程度不高。那么，进行规范塑造则要求在外部形态选择上，应采取独立型责任清单；在内部构造重塑上，理想的责任清单应当包括部门职责、职责边界、部门职责对应的权力事项、公共服务事项、事中事后监管、职责行使流程图、追责情形和追责依据。[2] 应当说，这种政府责任清单无论在外部形态还是在内部构造上统一化的设想在一定程度上能提高清单的规范化程度，使责任清单的信息公开与增强功能在规则化的基础上得以较大限度地集中发挥。

与仍需要实质性靠拢“规则之治”紧密关联的是，责任清单的“科层体系”因素也需要进一步强调。亦即，责任清单的规范塑造还有赖于来自科层体系顶端压力的信息标准化建设。根据2017年国务院办公厅印发的《开展基层政务公开标准化规范化试点工作方案》，政务公开的标准化规范化建设依托于权力清单和责任清单进行。其中，《关于推行地方各级政府工作部门权力清单制度的指导意见》已有关于权力清单的制度设计，而责任清单的顶层制度设计却付之阙如。[3] 因此，对于责任清单而言，在中央层面应尽快公布编制清单的标准指南和参考模板，统一规范省市县关于责任清单的名称、

---

[1] 程永林：《政策失灵、科层制损耗与治理机制研究》，载《广东外语外贸大学学报》2010年第6期。

[2] 刘启川：《独立型责任清单的构造与实践——基于31个省级政府部门责任清单实践的观察》，载《中外法学》2018年第2期。

[3] 刘启川：《通过责任清单实现政务公开法治化》，载《中国行政管理》2018年第7期。

编码、类别、依据和实施，使责任清单的建立、编制、公布、实施、监督和问责追责进一步规范化。[1]

（二）规范续造

规范漏洞的典型例证是行政裁量基准的逸脱，而困境的化解之道是“规范续造”，即对逸脱行政裁量基准的规则限制。

行政裁量基准的逸脱是指行政机关在具体执法过程中，根据个案特殊情况不予适用或变更适用裁量基准。[2] 我国已有的裁量基准文本中有相当的逸脱条款存在，如浙江省金华市《关于推行行政处罚自由裁量基准制度的意见》中的规定；在行政实践中，也有逸脱裁量基准的案例出现，如“周文明诉文山县交警大队案”。之所以能逸脱行政裁量基准，是因为行政裁量基准尽管可以实现形式正义，但忽视社会事实、过度规则化反而有悖并扼杀行政裁量权。[3] 这体现了“规范与事实”之间的经典张力。以系统论法学的视角观之，裁量基准属于“信息冗余”，个别情况属于“信息”。[4] 作为信息冗余的裁量基准，维系着法律系统中的“同等情况同等处理”，其功能在于制造稳定的规范预期与作出融贯的裁量决定，为此，裁量基准对行政裁量的复杂性进行了化简，亦即规则化。而裁量基准本质上具有法源地位与个别情况考量义务的双重属性，二者的关系在于相互映照、彼此否定，共同促进裁量基准的不断生成与发展。[5] 就此而言，基于个别情况考量的行政裁量基准逸脱之目的在于考虑行政实践当中的“事实”因素，使行政裁量所依据的信息更为完备，从而更好地实现裁量正义。

但是这其中潜藏着一定的风险，“逸脱条款可能会冲击行政相对人的信赖利益。蕴含在逸脱条款中的是‘特殊情况特殊对待’的理念，虽然其在名

---

〔1〕 袁维海、沈荣华、姚玫玫：《打造权责清单升级版的改革探索》，载《中国行政管理》2018 年第 8 期。

〔2〕 周佑勇、钱卿：《裁量基准在中国的本土实践——浙江金华行政处罚裁量基准调查研究》，载《东南大学学报（哲学社会科学版）》2010 年第 4 期。

〔3〕 熊樟林：《论裁量基准中的逸脱条款》，载《法商研究》2019 年第 3 期。

〔4〕 在卢曼的语境中，信息与信息冗余相区分。信息是一种为系统制造区别、改变系统状况的区别，而信息冗余则是对应该具有上述这种制造或改变潜力的信息之选择，其排除了对其他信息的需要（兴趣），使铁面无情成为可能。个别情况与裁量基准恰好对应这二者的范畴。参见[德]卢曼：《社会的法律》，郑伊倩译，人民出版社 2009 年版，第 185－186 页。

〔5〕 周佑勇：《裁量基准个别情况考量的司法审查》，载《安徽大学学报（哲学社会科学版）》2019 年第 5 期。

义上有时会被称为‘个案正义’，但在形式上易给人造成一种差别对待的感受，使行政机关陷入违背公平正义的泥淖之中”[1]。所以，行政裁量基准的逸脱虽考虑到了社会事实，但由于行政自制“双重规范化”的法治构造约束，其不得不进行“规范续造”，即逸脱裁量基准并非毫无拘束，而必须有相应的规则限制。有学者设计了必要性规则、从轻规则、总则化规则等诸项限制性规则，同时设计了事前启动规则、事中运行规则、事后监督规则等诸项适用规则。[2] 其中，说明理由制度是逸脱裁量基准“规范续造”的典型体现，“个案的特殊情况”必须是构成逸脱裁量基准的正当理由，并遵循正当的说明理由程序。[3] 而逸脱能否成功，亦即个别情况考虑能不能否定裁量基准的法源地位抑或相反，取决于“理由”（本质上也是“信息”）的对比与权衡。[4]

行政评价虽以指标体系的规则化面貌出现，具有较高的规范化程度，但往往只片面重视效率性指标，其评价指标体系不尽科学合理，因此有必要再次面向社会事实，以公民参与的满意度评价为基础，建立起与效率性指标相对的公平性评价指标，将其纳入规范化的指标体系之中。[5]

六、行政自制信息工具的功能外向延展：规范对事实的回应性

对于“规范未充分回应更多事实”这第二重困境而言，解决之策是对信息工具进行功能的外向延展——加强规范对事实的回应性，从而化解“规则之治”与“科层体系”中过度规范化以至于僵硬机械的难题。

（一）规则之治中的事实回应性

行政自制中信息工具的事实回应性主要体现为信息的流动性。具体到

---

〔1〕 熊樟林：《论裁量基准中的逸脱条款》，载《法商研究》2019 年第 3 期。

〔2〕 熊樟林：《论裁量基准中的逸脱条款》，载《法商研究》2019 年第 3 期。

〔3〕 周佑勇：《行政裁量基准研究》，中国人民大学出版社 2015 年，第 75 – 76 页。说明理由的重要性可以“周文明诉文山县交警大队案”为例，该案二审法院的判决瑕疵在于：并未阐明对个别情况考量而逸脱裁量基准的具体理由，从而造成说服力不足。［参见周佑勇：《裁量基准个别情况考量的司法审查》，载《安徽大学学报（哲学社会科学版）》2019 年第 5 期。］关于逸脱裁量基准必须说明理由，学界已形成一定的共识，可参见熊樟林：《论裁量基准中的逸脱条款》，载《法商研究》2019 年第 3 期；高秦伟：《论行政裁量的自我拘束》，载《当代法学》2014 年第 1 期；何海波：《论行政行为“明显不当”》，载《法学研究》2016 年第 3 期；王贵松：《行政裁量的构造与审查》，中国人民大学出版社 2016 年版，第 109 – 110 页。

〔4〕 周佑勇：《裁量基准个别情况考量的司法审查》，载《安徽大学学报（哲学社会科学版）》2019 年第 5 期。

〔5〕 胡税根、翁列恩：《构建政府权力规制的公共治理模式》，载《中国社会科学》2017 年第 11 期。

“规则之治”层面，则是从规则的可重复性与可检验性迈向信息的可接受性与可更新性。

以行政裁量基准为例，其对社会事实的回应性主要体现在两个方面：

1. 裁量基准的制定。裁量基准的制定是一个信息收集、加工和输出的过程。精准的信息来源是制定科学的裁量基准之前提，制定一个可信度高的裁量基准必须有足够的可证成性的信息，而信息的获得则须借助多种渠道。[1]关于获致信息的渠道，有学者主张应该以“裁量基准的质量要求”和“裁量基准的可接受性要求”为主要参考因素，在比较人民大众和行政机关预期目标是否一致的基础上，根据实际情形在“改良的自主管理决策”“分散的公众协商”“整体式的公众协商”“公共决策或共同决定”四种模式中选择适用。既不能完全忽视裁量基准制定的质量要求，按照“公共决策或共同决定”模式完全由公众来制定裁量基准；也不能完全忽略公众对裁量基准的可接受性，完全采用“自主式管理决策”模式制定裁量基准。具体而言，裁量基准并不按照民主化程度最高的立法程序来制定，但是为了增强裁量基准的科学性和相对人的可接受性，应建立起有限的公众参与机制，如广泛征求、听取一线行政执法人员和相对人的意见。此外，专家参与裁量基准的制定也有助于裁量基准的理性化和正当化。[2] 与此主张稍有不同的是，有学者认为确定执法标准具有较强的专业性和实践性，因此中肯的专家意见应有必要采纳，而征求公众意见则非必要，除非“关涉相对人权益较大得失，尤其需要公众理解、支持和配合的，那么就要考虑适度的公众参与了”。[3]

从信息工具的事实回应性来看，其并非主张毫无保留地对生活事实全部回应，原因在于：一是行政自制信息工具的本义在于为“规则之治”，事实与规范之间的鸿沟虽然可以缩小，但无法完全弥合，这决定了回应所有的事实并非必要。因此，也就没有必要就行政裁量的制定吸纳来自所有主体的所有信息。二是信息工具的构建也具有信息成本，不顾成本地吸纳全部信息而制定裁量基准也并非现实。基于以上两个限制因素和裁量基准的可接受性与可更新性的平衡考量，采取行政机关主导、部分公众参与的裁量基准制定模式可能更加适切。之所以需要行政机关主导，因裁量基准本身即是行政自制

---

[1] 郑雅方：《行政裁量基准创制模式研究》，载《当代法学》2014 年第 2 期。

[2] 周佑勇：《行政裁量基准研究》，中国人民大学出版社 2015 年版，第 69、155－156 页。

[3] 余凌云：《现代行政法上的指南、手册和裁量基准》，载《中国法学》2012 年第 4 期。

的一种信息工具,行政机关因其具有专业的信息资源,故应在创建信息工具的时候回应自身的行政实践,这也契合自制之意。之所以需要部分公众参与,是因为专家的论证意见、部分一线执法人员的经验与意见、行政相对人的意见、普通公众的意见等能有效弥补行政机关自身回应性的不足,当然,公众参与的程度应和参与所必须付出的成本结合起来权衡。

2. 裁量基准的公布。有学者主张,除非与公益相矛盾,裁量基准应公开,能为公众所获取。[1] 这是一种较大限度地公开。另有学者主张裁量基准的相对公开。从裁量基准作为一种自律技术来看,行政机关并不负有"必须公开"的义务,所以裁量基准可以采取"努力公开"的立场,同时在具体公开方式上也不并苛求。裁量基准的公开可以取决于其成熟度:已经成熟的裁量基准应当尽量公开,使之规则化;还不完全成熟的裁量基准可以在个案中以说明理由的形式向特定相对人公开。[2]

从信息论的视角来看,如果说裁量基准的制定吸纳相关意见是位于"入口"的回应性,那么裁量基准向社会公开则是位于"出口"的回应性,其不仅是为了向社会公开作出行政裁量的判准,也是为了接受社会的检视以及获得改进的空间,获致信息工具的可接受性与可更新性。问题在于,裁量基准的公开程度应放至多大?究其本质,裁量基准是行政自制的一种工具,所以我们可将问题置换为行政自制的程度应至何处方为妥当?这与自律的行政伦理与决心有很大的关系,所以相对而言,"努力公开"的要求是较为恰当的。此外,作为一项信息工具,裁量基准的公开也有信息成本,如裁量基准应公开的要求而需要反复论证及完善、裁量基准通过相关传播途径广而告之等,因此可以依据不同裁量基准的重要性与成熟度,选择"成本—收益"最佳均衡的公开方式。

上述关于回应性的法理分析同样适用于政府责任清单、行政评价等信息工具,如除了行政机关主导编制之外,专家也适于参与编制责任清单,但不应将公众参与作为强制性义务;[3]行政评价指标体系应在行政机关主导下,征求专家意见以及部分公众的意见。

---

[1] 王贵松:《行政裁量基准的设定与适用》,载《华东政法大学学报》2016 年第 3 期。

[2] 周佑勇:《行政裁量基准研究》,中国人民大学出版社 2015 年版,第 70 页。

[3] 刘启川:《通过责任清单实现政务公开法治化》,载《中国行政管理》2018 年第 7 期;刘启川:《责任清单编制规则的法治逻辑》,载《中国法学》2018 年第 5 期。

(二)科层体系中的事实回应性

行政自制中信息工具在"科层体系"层面上的回应性体现为经由连接政治系统与其他社会系统的声誉机制而使信息工具同样迈向可接受性与可更新性。

声誉是"关于某一客体特征和性质的一般看法和评价"[1]。政府声誉是"公众基于直接经验和间接信息感知到地对政府的总体印象和评价,是政府各个方面行为能力和行为效果的综合反映"[2]。我国的行政合法性建立在民主的基础之上[3],置于民主化背景之中的科层体系不可避免地要接受来自体系之外的检视,行政机关的声誉好坏关乎其政治合法性和道德责任感。而行政自制的信息工具与声誉机制处于深刻的互动之中。一方面,自我规制工具可以给行政机关带来持续的良好声誉[4];另一方面,声誉评价能促使行政机关对既有的行政自制信息工具进行调适与更新,使其更具有可接受性。

声誉机制发生作用的两个前提性条件在于,一是声誉评价的信息能有效进入科层体系之中;二是科层体系能有效消化声誉评价的信息,将声誉压力内化为改进动力。

首先,声誉评价的信息要有效进入科层体系之中有赖于"公民参与行政"在理念上的更新与组织上的再造。在理念上,要将公民参与行政从表象化的一项个人权利转化为本质上是一种追求"共同善"的工具。对公民参与行政的认识不能停留在其只是个人意志的表达、追求个人私利的手段,而要将其升华至有效充分地陈述理由以形成共识、实现对公共生活品质的提升。公民参与行政"既要防止行政机关蜕变为'上层分利同盟'或无效率的官僚机器,也要防止参与过程变成公民逐利的舞台,消解了公共性"。[5] 在组织上,因为当前行政法治已经走到了行政主体与相对人及社会组织之间权力共

[1] 徐贵宏:《政府声誉、政府能力与非政府组织对政府的信任》,载《公共管理学报》2009年第1期。

[2] 徐贵宏:《政府声誉、政府能力与非政府组织对政府的信任》,载《公共管理学报》2009年第1期。

[3] 沈岿:《行政自我规制与行政法治:一个初步考察》,载《行政法学研究》2011年第3期。

[4] [美]伊丽莎白·麦吉尔:《行政机关的自我规制》,安永康译,载《行政法论丛》2010年第1期。

[5] 王旭:《公民参与行政的风险及法律规制》,载《中国社会科学》2016年第6期。

享的时代，所以行政体系必须从封闭性、垂直型、独断性走向开放性、扁平化、回应性，与相对人及社会组织之间对接、耦合。行政机关、相对人与社会组织都是这个社会的多元治理主体，必须在有效沟通协商的基础上，形成互动合作关系。[1] 经由这两个途径，声誉机制与科层体系才有发生作用的接口，才能使声誉评价的信息能流动进入科层体系之中。

其次，科层体系将声誉压力内化为改进动力一方面要拓展"成本—效益"的衡量模式，另一方面不得不依赖于行政伦理的建立。政府由具体的行政官员和机构部门组成，其利益与社会公共利益并不必然一致。虽然公共选择学派假设政府官员为"理性经济人"有失偏颇，但在很多时候，行政官员确是以"成本—效益"的衡量模式来考量行政过程与行政行为，在这种简单的思维模式下会导致行政机关并不会进行自我控权，遑论对行政自制的信息工具加以改进。[2] 不过，若将"成本—收益"分析的模式加以拓展，则科层体系仍有可能有效消化声誉评价的信息。这种拓展在于行政机关不能简单地认为自我规制只会导致行政成本的增加，而要明确自我规制的多样收益，如控制本机关内其他人的权力行使、行政机关政策成文化、捍卫行政机关的政策选择在未来的地位、保护行政机关当下的自治、维护行政机关的声誉等。[3]

如果说"成本—效益"分析体现的是一种经济人的"自利"观点，那么根据行为法律经济学，人并不总是自利的，人性之中还有"有限自利"的一面，行为人会追求自我利益以外的价值。[4] 或许可以假设，现实中部分行政官员是基于自利的人性，运用"成本—效益"的工具来行使行政权或者为行政自制；另有部分行政官员基于有限自利的人性，将行政效能的发挥以及行政自制视为理所应当；当然也包括同一行政官员面对不同情形会在自利与有限自利的立场之间进行切换。现实的复杂性也就决定了一种自律的行政伦理之建立是相当必要的，这种行政伦理在于行政机关格外珍惜自己的声誉，并秉持公心、合法合理、规范有序地行使行政权力。就此而言，声誉机制通过科层体系内在的道德性发挥作用，从而行政自制也顺理成章、水到渠成。在这个意义上讲，行政自制就其本质而言是"行政自律意识、自省精神、克制品格

---

〔1〕 崔卓兰、丁伟峰：《治理理念与行政自制》，载《社会科学战线》2016 年第 3 期。

〔2〕 徐维：《行政机关自我规制动力探究》，载《行政法学研究》2012 年第 3 期。

〔3〕 徐维：《行政机关自我规制动力探究》，载《行政法学研究》2012 年第 3 期。

〔4〕 魏建：《理性选择理论与法经济学的发展》，载《中国社会科学》2002 年第 1 期。

得到发扬的产物,是行政机体内发、能动的自我组织、自我防控、自我更新的体现。同时,也是行政伦理道德传承和行政素养提升,行政文化日渐丰富之结果"[1]。

更进一步地,无论采取何种人性假设,声誉机制均有可能使行政机关进行自我规制,那么声誉机制如何促进行政自制信息工具的改进?声誉机制本质上也是一种信息工具,因此与行政自制中的信息工具具有"亲和性",更重要的是,两类信息工具也可以视为具有"阶层性"。可以将行政自制的信息工具视为"初级信息工具",将声誉机制视为"次级信息工具",那么,"次级信息工具"的功能在于对"初级信息工具"进行调适与补强。具体而言,信息工具如前所述具有两类主要的功能:信息的收集与反馈、信息的公开与增强。因此,一方面,"次级信息工具"能收集并反馈关于"初级信息工具"的评价信息,使"初级信息工具"得以改进,如公众对于行政的声誉评价就是一种"次级信息工具",而作为行政自制方式的行政评价则是一种"初级信息工具",两者之间的有机结合点在于公众评价的考量因素可能为行政评价指标体系所合理借鉴,以及公众对行政评价指标体系的意见也可能促使该指标体系趋于科学完善。另一方面,"次级信息工具"也能公开并增强"初级信息工具"的相关信息,如相对人、专家、社会公众对某项行政裁量基准或者某个适用裁量基准案件的讨论与评价不仅会扩大裁量基准的社会公开性,而且会促使裁量基准的某些信息模糊或不尽之处得以澄清,也可能倒逼行政机关在吸收公众意见之后对裁量基准予以信息更新并再次规则化。

七、结论

行政自制中诸如政府责任清单、行政裁量基准、行政评价等信息工具的运用本质上是行政伦理的柔性制度化,契合良法善治的理念。而这种柔性制度化的"可能"与"限度"需在法理上予以阐释。

在"可能"意义上,其一,要解答行政自制缘何需要信息工具。行政自制存在容易陷入自我解救的"明希豪森困境"、行政权自我膨胀等诸多悖论,而信息工具的功能在于经由规范化体系达致柔性自我控权,因此能迂回柔性消解"自我控权"的自制悖论。其二,解释行政自制的信息工具如何可能。行政自制中信息工具的可能运用取决于微观层面的"规则之治"与宏观层面的

[1] 崔卓兰、于立深:《行政自制与中国行政法治发展》,载《法学研究》2010 年第 1 期。

“科层体系”，两个层面上的双重规范化能在一定程度上解决信息不完全和信息不对称的问题，从而实现柔性自我控权。

在“限度”意义上，要厘清信息工具的功能限度止于何处。信息工具的规范化/制度化面临着法学上“规范与事实”之间的冲突，由此带来双重困境：其一，重要事实未充分规范化，某些信息工具的规范性过弱；其二，规范未充分回应更多事实，某些信息工具的规范性过强。

基于这双重困境，应在功能上寻求再造而在一定程度上打破限度的桎梏，主要包括功能内向凝集维度上的“事实的深度规范化”与功能外向延展维度上的“增强规范对事实的回应性”。

“事实的深度规范化”包括“规范塑造”与“规范续造”两种方式。前者在于对原本规范性不高的信息工具予以规范化，以塑造规则，如按照相对统一的标准化清单模板对政府责任清单予以构建；后者在于原本规范性较高的信息工具因在实际运用过程中出现规范“漏洞”而再次进行规范“填补”，以续造规则，如构筑逸脱裁量基准的限制规则、建构以公民参与满意度评价为基础的公平性行政评价指标体系等。

“增强规范对事实的回应性”即要增强“规则之治”与“科层体系”对社会事实的回应性，通过信息的充分流动与行政机关声誉机制实现信息工具从可重复性、可检验性迈向可接受性、可更新性，从而为最大限度地行政自我规制。

（余煜刚/文）*

* 余煜刚，广州大学法学院讲师，广州大学党内法规研究中心研究人员，复旦大学法学理论博士生。本文原刊于《政治与法律》2019年第12期，系2019年教育部人文社会科学研究青年基金项目“法经济学视角下企业社会责任（CSR）法律化的规则体系建构研究”（19YJC820068）以及广东省普通高校省级基础研究重大项目“国家治理体系现代化视阈中的政府责任研究”（2017WZDXM031）的阶段性研究成果。

人文与科技视野中的法哲学

基因编辑必然违背人性尊严吗？

随着被称为“基因魔剪”的 CRISPR/Cas9 技术的广泛应用，基因编辑能否应用于人体成为当前生命伦理学领域最热门的话题。CRISPR/Cas9 技术具有门槛低、成本低的“双低”特点，而可靠性和效率又相对比较高，能够有效而精确地添加、删除和改变一个生物体的完整遗传材料。[1] 基因筛选、试管婴儿、冷冻胚胎等都不会冲击人们的认识底线，因为这些人工辅助生殖技术的运用不会在根本上改变人出生的自然选择性，只是使得这种自然的过程按照技术的构想“必然地”发生。人工辅助生殖技术没有改变生命自然选择的本质，只是使选择的过程能够顺利地达到人们想要的结果。甚至体细胞的基因编辑也不会对人们的伦理认知造成大的冲击，因为体细胞的基因编辑针对的只是单独的个人。真正冲击人们伦理和法律认知的是对生殖细胞的基因编辑，因为这一技术的运用在根本上改变了人的出生是一个偶然的事实。正如赵汀阳所概括的，这是一个存在论级别的生命升级诱惑，即人试图超越人的概念而变成另一种更高级的存在。[2] 本文要讨论的就是这种类型的基因编辑，因为它构成了对伦理和法律认知的重大挑战。

正因为基因编辑的对象是人的生殖细胞，所以无论是出于治疗的目的还是增强的目的，这一类型的基因编辑都涉及人的“再造”。这样就会对道德哲学和法律哲学关于“人”的理解造成根本冲击，有可能会改变近代以来法

---

[1] 对这一技术的介绍以及在科学、伦理和监管措施上的研究参见美国国家科学院、美国医学院主编：《人类基因组编辑：科学、伦理和监管》，马慧、王海英、郝荣章、宋宏彬主译，科学出版社 2019 年版，第 10 页。这一报告所使用的术语是“基因组编辑”（Genome Editing），它是指通过添加、替换或删除 DNA 碱基对来改变基因组序列的过程。严格来说，“基因编辑”一词并不准确，因为编辑行为可针对不属于基因本身的序列（如调节基因表达的区域）。参见该报告第 10 页，为简化起见，本文继续使用“基因编辑”这一被广为接受的用法。

[2] 赵汀阳：《“自造人”：主体性思维的极端梦想》，载《探索与争鸣》2018 年第 6 期。

律关于人的定义、主体性、自由意志、行为自由、责任承担等的理解，而这些方面都是现代性法哲学不证自明的概念基础。因此，世界各国对基因编辑的官方态度都是非常谨慎的，基本都禁止人类胚胎基因编辑的临床应用，不允许以生殖为目的对人类胚胎或者受精卵进行基因编辑。中国政府在这个方面的态度尤为严格，其主要理由是人类基因组编辑违背了人性尊严。[1] 除了官方把违背人性尊严作为一个根本理由，反尊严论证也已成为目前国内学界尤其是宪法学界的主流观点。但是在理论上，人类生殖细胞的基因编辑必然违背人性尊严吗？这个问题并非可以简单回答的。在这个问题上实际存在三种观点：一是认为任何形式的人类胚胎基因编辑都违反了人性尊严，这是欧盟议会、世界多数国家政府以及国内某些宪法学者的看法；二是认为正是人性尊严支持了人类基因编辑，包括增强型的基因编辑，这个主张的代表性学者是德沃金；三是认为尊严是一个充满争议的、甚至是“愚昧的”概念，构成了科技发展的障碍，因此我们应该用自主性这个概念来代替尊严概念，这是 Ruth Macklin 和 Steven Pinker 等一些生物伦理学家的观点。

本文的主要目的就是要讨论人性尊严和生殖细胞的基因编辑之间的复杂关系，但是这需要一些前提。以 CRISPR/Cas9 为代表的基因编辑技术还处于不断的发展之中，还在不断地解决诸如脱靶等技术安全性问题。从理论上讲，现在还没有完全进行到伦理和法律规制的地步，因为安全性问题还没有完全解决，而安全性之后才可能产生伦理和法律规制问题。因此本文的讨论需要一些前提限定：第一，本文是假设在技术安全的情形下讨论基因编辑问题，或者说技术安全与否不是本文集中关注的问题；第二，本文所说的生殖细胞的基因编辑不包括增强性的技术运用，增强型基因编辑是另一个严肃的

---

[1] 2019 年 3 月 9 日两会期间，中国科学院院长白春礼说：就目前而言，在技术不成熟、相应的社会伦理问题未得到充分讨论解决之前，我们应当禁止对于人生殖系基因编辑的临床试验和应用；而对于基础性研究则可以允许科学家尝试探索，否则会影响科技创新的步伐。白春礼尤其指出：不法研究对生物技术的反人类利用，任其发展将有可能侵害至高无上的人性尊严和生命价值。参见刘欢：《中国科学院院长：基因编辑技术研发不能因噎废食》，载中国新闻网 2019 年 3 月 11 日，http://www.chinanews.com/gn/2019/03-11/8776670.shtml。

话题[1];第三,本文主要指向治疗性和恢复性的基因编辑技术运用,如运用这一技术来治疗严重的遗传性疾病。[2] 尽管目前基于生殖细胞的基因编辑在临床上是被禁止的,但是相关科学与技术的探索本身并不必然要被禁止,而且基因编辑技术的临床应用将来也许面临要开放的一天。我们讨论的正是这种技术运用所特有的一个伦理与法律困境,即它是否真的违背人性尊严。

在论证结构上,本文第一部分讨论人性尊严是否能作为讨论生命伦理学的一个有用概念;第二部分检讨目前禁止生殖细胞基因编辑的最重要的一个理由,即反尊严论,这是生命伦理学、宪法学领域广泛持有的一个看法;第三部分分析胚胎的道德定位,主张生物人与位格人的同一性;第四部分反思德沃金的人性尊严两原则,在对这个理论进行改造和发展的基础上,致力于探索一个合理的人性尊严理论并以此为基础为一种有限度的基因编辑辩护;第五部分尝试在宪法理论与实践上论证一种有限基因编辑的法理可能性;最后是一个简短的结语。

一、人性尊严:一个愚昧的概念?

在某些生物伦理学家看来,"尊严"是一个无用的概念,其主要功能就是压制生物医学的研究。Steven Pinker 在《新共和》(*The New Republic*)发表了一篇题为 *Stupidity of Dignity* 的论文,对尊严这个概念进行了全方位的批评。其主要的出发点有两个:一是认为尊严这个概念是保守派打压医学研究的工具;二是认为这个概念本身模糊不清。对于前者,Pinker 认为,尊严是神学保守主义以及阻挠性生命伦理学(theocon and obstructionist bioethics)用来妨碍

---

[1] 对增强型基因编辑技术应用于人类的反对意见参见 Michael J. Sandel, *The Case against Perfection: Ethics in the Age of Genetic Engineering*, The Belknap Press of Harvard University Press, 2007. Jürgen Habermas, *The Future of Human Nature*, Polity Press, 2003;朱振:《反对完美?——关于人类基因编辑的道德与法律哲学思考》,载《华东政法大学学报》2018 年第 2 期。

[2] 美国国家科学院和医学院关于人类基因组编辑的报告也指出,包括 CRISPR/Cas9 在内的新方法和过去的策略相比是一种更加精确、高效、灵活且廉价的基因组编辑方法。人们对其应用潜力表现出日益高涨的兴趣,尤其是在治疗和预防疾病方面,比如"通过编辑体细胞使病变器官恢复正常功能,或通过编辑人类生殖细胞预防新生儿及其后代的遗传疾病"。参见美国国家科学院、美国国家医学院主编:《人类基因组编辑:科学、伦理和监管》,马慧、王海英、郝荣章、宋宏彬主译,科学出版社 2019 年版,第 10 页。

医学进步从而扼杀人类福祉的工具。[1] 就后者而言,尊严本身就是一个有问题的概念。根据孙效智的概括,问题表现为八个方面:第一,尊严是一个可以随意操弄的主观性概念,无法提供一套客观的标准,这导致尊严很容易被利用以反对任何他们认为违反人性尊严的事情;第二,尊严是相对的,在不同的时空人们对尊严的理解是不同的;第三,尊严是可让渡的,它本身就是一个微不足道的价值;第四,尊严是有害的,有可能带来伤害;第五,尊严是自相矛盾的;第六,不应将特定的尊严概念强加到别人身上,否则会侵犯他人的自由与自主;第七,尊严是肤浅的表象,而非本质,它是人类知觉的一种现象(a phenomenon of human perception),真正重要的是"对位格的尊重"(respect for the person),而非引发此一尊重的知觉讯号;第八,尊严是一个没有用的概念,应以个人自主性原则(principle of personal autonomy)来取代它。[2]

实际上,Pinker 的观点是遵循 Ruth Macklin 的。早于 Pinker、Macklin 指出尊严"这个概念有着无可救药的模糊性……不澄清尊严的意义就援引这个概念,就只是在适用一个标语(slogan)而已"[3]。而尊严的模糊性尤其体现在各类人权公约和各种世界性宣言中,尊严似乎已成为它们的价值基石,于是也成了人权的来源。正如人权法学家 Oscar Schachter 所指出的,这一看法是难以置信的。他指出:"《赫尔辛基最后议定书》(*The Helsinki Final Act*)的第七原则宣称,所有的人权和基本自由都'源自人的固有尊严'(inherent dignity)。这一陈述应当在哲学的而非历史的意义上来理解。作为历史,如下相反的说法也许将会是更为正确的,即尊严理念反映了基本权利和自由的社会历史观念(sociohistorical conceptions),而不是产生了这些观念。"[4] Schachter 也曾指出,在人权宪章中,"人的尊严"往往没有明确的定义,"人的尊严的内在意义一直都留待直觉的理解";而一旦涉及这个概念的基础作用,直觉的理

---

〔1〕 Steven Pinker, *The Stupidity of Dignity: Conservative Bioethics Latest, Most Dangerous Ploy*, The New Republic(2008).(中译见[美]Steven Pinker:《尊严之愚昧:保守派生命伦理学最新、最危险的计策》,何建志译,载《法律与生命科学》2009 年第 3 期)另参见孙效智:《愚昧的尊严?》,载《政治与社会哲学评论》2010 年总第 33 期。

〔2〕 孙效智:《愚昧的尊严?》,载《政治与社会哲学评论》2010 年总第 33 期。

〔3〕 Ruth Macklin, *Dignity is a Useless Concept*, British Medical Journal(2003). 对该论文的一篇回应文章, See Suzy Killmister, *Dignity: Not Such a Useless Concept*, Journal of Medical Ethics(2010)。

〔4〕 Oscar Schachter, *Human Dignity as a Normative Concept*, American Journal of International Law(1983).

解就几乎不能令人满意："如果没有对人的尊严之意义保有一种合理清晰且一般性的观念，我们就不能轻易地为相关行动提供特定的意涵。"[1]

这两位论者对尊严概念的激进批评以及一些学者对人权公约尊严概念空洞化的评论在某种意义上都是成立的，但这是否意味着，尊严作为一个概念就没有意义了？其实并非如此。从概念性质上讲，尊严不是一个自然类概念，而是一个诠释性概念。诠释性概念意味着，对尊严这个概念存在不同的解释性观念（conceptions），因此它在本质上是一个可争议的概念（a contested concept）。[2] 于是现代政治哲学和法哲学发展出了多种尊严理论，根据 Jeremy Waldron 的概括，目前有四种代表性的尊严理论，它们分别是：基于自主道德能力（autonomous moral capacity）的康德式尊严理论、基于以上帝形象创造人之存在的天主教尊严理论、Waldron 和其他学者所提出并详加阐述的作为一种地位而非价值的尊严理论，以及德沃金在《刺猬的正义》中所发展的

---

〔1〕 Oscar Schachter, *Human Dignity as a Normative Concept*, American Journal of International Law(1983). See also Jeremy Waldron, *Is Dignity the Foundation of Human Rights*?, in Rowan Cruft, S. Matthew Liao and Massimo Renzo, eds., Philosophical Foundations of Human Rights, Oxford University Press, 2015, p. 121. Christopher McCrudden 也指出，缺乏尊严的定义并不是一个疏忽，尊严被写进伟大人权公约的序言并不是要传达尊严的任何特定意义，而是要在不能达成一致之处让尊严起到占位符号的作用，听起来有哲学味。See Christopher McCrudden, *Human Dignity and Judicial Interpretation of Human Rights*, European Journal of International Law(2008).

〔2〕 Concept 与 Conception 的最早区分，See H. L. A. Hart, *The Concept of Law*, Oxford University Press, 1961, p. 155 - 159。罗尔斯把这一区分发扬光大并用来区分正义的概念和正义的观念，See John Rawls, *A Theory of Justice*, Revised Edition, the Belknap Press of Harvard University Press, 1999, p. 5。一个争议性的概念往往伴随诸多清晰的观念，See Ronald Dworkin, *Taking Rights Seriously*, Harvard University Press, 1977, p. 134 - 136。关于争议性概念的一般性论述，See W. B. Gallie, *Essentially Contested Concepts*, Proceedings of the Aristotelian Society, Vol. 56, p. 167, 168 and 183(1955—1956)。不仅仅是尊严这个概念，比如法律、法治、自由、平等、民主等概念都具有这个性质，相关文献可参见 Isaiah Berlin, *Two Concepts of Liberty*, in Isaiah Berlin, Four Essays on Liberty, Oxford University Press, 1969; Ronald Dworkin, *What is Equality? Part 1: Equality of Welfare*, Philosophy & Public Affairs, Vol. 10, No. 3, p. 185 - 246(1981); Ronald Dworkin, *What is Equality? Part 2: Equality of Resources*, Philosophy & Public Affairs, Vol. 10, No. 4, p. 283 - 345(1981); Jeremy Waldron, *Is the Rule of Law a Contested Concept (in Florida)*?, Law and Philosophy(2002)。

一种尊严理论。[1] 这些不同的理论构成了我们理解尊严的有益基础和必要前提，而且这些理论背后的宗教神学、自然法理论和康德哲学是我们无法忽视和改变的学术遗产。

正是基于此，Waldron 直接批评了 Macklin 和 Pinker 对尊严概念的激进否定。他认为：除非我们确信尊严这个概念对我们理解其他概念既没有扩展也没有修正作用，否则放弃尊严就是不明智的；而 Macklin 和 Pinker 对这一点都没有提供说明，只是简单断言，只要参照自主性以及一两个基于尊严的医疗伦理学要求就可以穷尽尊严的意义内容。[2] 关于尊严这个概念存在的意义，Waldron 最后作了一个精辟的总结。他认为，我们发明尊严概念不是让它直接有用，而是让我们正视已经存在的理论冲突；可以说，对待尊严概念的正确态度应该是"因我们的道德和政治哲学遗产而坚持这个概念，于是探究尊严的内容及其与其他道德理念的关系就成了我们的责任。我不会假装说，在这里存在简单的答案：我们学术的遗产留给我们的是一个有待解决的难题，而不是一个在清晰性上取得辉煌成就的观念"[3]。

孙效智也同样批评了 Macklin 和 Pinker 对尊严概念的过于简单而粗暴的理解，并逐一进行回应。[4] 除此之外，孙效智还认为 Pinker 错置了问题，他不应该去批评保守派（坚持人性尊严派）的伦理原则，因为保守派的伦理原则与其没有本质差异，都认为医学研究的伦理有但书；而应该去批评保守派关于胚胎地位的主张。它们之间最大的分歧在于胚胎是否是人，或者更准

---

〔1〕 这个概括，See Jeremy Waldron, *Is Dignity the Foundation of Human Rights*?, in Rowan Cruft, S. Matthew Liao and Massimo Renzo, eds., Philosophical Foundations of Human Rights, Oxford University Press, 2015, p. 122。相关文献参见 Immanuel Kant, *Groundwork to the Metaphysics of Morals*, translated and edited by Mary Gregor, With an Introduction by Christine M. Korsgaard, Cambridge University Press, 1997, p. 42 – 46; John Paul Ⅱ, *Evangelium Vitae* (25 March 1995); Jeremy Waldron, *Dignity, Rank, and Rights*, Oxford University Press, 2012, p. 30 – 36; Ronald Dworkin, *Justice for Hedgehogs*, Harvard University Press, 2010, p. 202 – 214。

〔2〕 Jeremy Waldron, *Is Dignity the Foundation of Human Rights*?, in Rowan Cruft, S. Matthew Liao and Massimo Renzo, eds., Philosophical Foundations of Human Rights, Oxford University Press, 2015, p. 124, note 28.

〔3〕 Jeremy Waldron, *Is Dignity the Foundation of Human Rights*?, in Rowan Cruft, S. Matthew Liao and Massimo Renzo, eds., Philosophical Foundations of Human Rights, Oxford University Press, 2015, p. 124.

〔4〕 对 Pinker 八个批评观点的逐一回应，参见孙效智：《愚昧的尊严？》，载《政治与社会哲学评论》2010 年总第 33 期。

确地说，是否是“位格”（human person）。自由派（开放派）或保守派都不会否认最初始的胚胎是“人”（human being），他们分歧的关键点在于是否是位格。若认为人类胚胎不是位格，那么胚胎便无尊严可言，剩下的判断标准就只有相关医学研究能否带来巨大的利益和福祉。因此，Pinker 实质的伦理立场是主张胚胎不是位格，类似胚胎干细胞、复制这一类的医学研究不会伤害谁的尊严、不会危害到任何人，百利而无一害，只会给人类带来好处。[1]

经由上文的分析，可以看出：一方面，Macklin 和 Pinker 与所谓保守的伦理立场既有异又有同，他们都承认有伦理但书，但在胚胎是否是位格方面产生了分歧；另一方面，Macklin 和 Pinker 对尊严的批评是极端而简单的，人性尊严作为一个概念尽管存在缺陷，但通过适当界定之后能够成为有用和有效的。因此，本文的基本立场首先是承认胚胎在某种意义上拥有位格，但反对以此为根据而持有一种保守的观点，即认为对人类胚胎任何操作都是不被允许的；其次认为尊严的概念需要进行适当界定，以为一种严加限制的基因编辑辩护。下文论证的目的就是发展一种有意义的位格概念和尊严概念，使得二者能够融合起来共同为一种有限度的基因编辑技术的运用辩护。在此之前，我们还需要考察两种相反的关于尊严与基因编辑之关系的理论：其中的一种理论认为任何形式地对生殖细胞的基因编辑都侵犯了人性尊严，而另一种理论从自主性的角度认为，正是人性尊严支持了基因编辑。做这样一个考察的目的在于，我们应当在二者之间找到一个混合理论以证或一种合理的有限基因编辑。总之，我们需要做的是在具体场景中界定位格和人性尊严的含义，而不能不加分析与界定就适用到各种具体事物上，尤其是新兴事物上。

二、反尊严论与基因编辑

以侵犯人性尊严为名义反对任何形式的基因编辑，这是目前比较主流、

---

〔1〕 孙效智：《愚昧的尊严？》，载《政治与社会哲学评论》2010 年第 33 期。中文学界常用“胚胎是不是人”这样的提问方式，实际上这是不准确的，孙效智认为应使用位格这个概念。理由在于，比如 Peter Singer 这样的自由派学者也不否认人类胚胎是生物学意义上的人，而反对人类胚胎是位格。Singer 曾指出：“毫无疑问，从其存在的最初时刻起，从人类精子和卵子中孕育出来的胚胎就是人（human being）。”Peter Singer, *What's Wrong with Killing?*, in Peter Singer, eds., Practical Ethics, Third Edition, Cambridge University Press, 2011, p. 73. 于是准确起见，应该用“位格尊严”（dignity of human person）来取代“人的尊严”或“人性尊严”（human dignity）。在相关争议中，自由派学者的真实主张是，人作为生物学意义的人是没有尊严的，人必须作为具有理性与自我意识的位格才有尊严。参见孙效智：《愚昧的尊严？》，载《政治与社会哲学评论》2010 年第 33 期，第 180－181 页，第 10、11 个注释。

也是颇具政治正确的立场。世界各国政府、欧洲议会和一些伦理法律学者都普遍持有这个观点，它们的主要反对理由是，基因工程应用于人类违反了伦理道德和对人的尊重原则以及基本人权。比如在克隆人问题上，欧洲议会就认为任何形式的克隆人都是不道德的（unethical）、道德上令人厌恶的（morally repugnant）、违反了对人的尊重（respect for the person）并严重侵犯了基本人权。[1] 2015 年 2 月 27 日，50 多位欧洲议会议员曾就英国上议院 2 月 3 日通过的允许"三亲婴儿"技术用于临床实验的法案致信卡梅伦，认为三亲婴儿法案是不道德的，"违反了人类基本的道德标准和尊严，改变遗传基因是违法的，是不应该被允许的"，"这会为制造'转基因婴儿'敞开大门"。[2] 由此可见，欧洲议会的主要反对理由还是诉诸人性尊严或对人的尊重原则以及基本人权，但是欧洲议会并没有界定"尊严"或"尊重"的准确内涵，也没有阐明尊严的理论基础，似乎诉诸尊严就能找到一个绝对价值。

尊严作为绝对价值最典型地体现在人权公约对人性尊严的定位上，欧洲议会的议员们也许是受到了各种人权公约和各国宪法关于保护人性尊严的基本原则的影响，似乎都倾向于认为尊严是一个 Waldron 所说的"不可再简化的价值"（an irreducible value）。于是尊严成了推理的最终根基，到了尊严这里似乎就无需再深入下去了。而 Waldron 认为，在其他场合，人们通常接受尊严自身是有基础的，尊严基于什么以及人的尊严源自人类个体或人类物种（the human person or the human species）的何种特征，提出这些问题都是合理的。除了宗教神学、康德和德沃金的尊严理论外，Waldron 还专门提到了

〔1〕 即《关于克隆人类胚胎的决议》（Resolution on the Cloning of the Human Embryo），对这些核心观点的完整表述参见 Ronald Dworkin, *Playing God: Genes, Clones, and Luck*, in Ronald Dworkin, Sovereign Virtue: The Theory and Practice of Equality, Harvard University Press, 2000, p. 439.

〔2〕 崔云：《50 多位欧洲议会议员致信卡梅伦 反对三亲婴儿法案》，载环球网 2015 年 5 月 28 日，http://world.huanqiu.com/exclusive/2015-02/5777923.html? agt=15438。关于这一法案［The Human Fertilisation and Embryology (Mitochondrial Donation) Regulations 2015］的介绍与评述，See Rosamund Scott and Stephen Wilkinson, *Germline Genetic Modification and Identity: The Mitochondrial and Nuclear Genomes*, Oxford Journal of Legal Studies (2017)。中文报道参见石萌萌：《线粒体 DNA 替代疗法法案惹争议——世界首个"三亲婴儿"或将诞生》，载《科技导报》2015 年 2 月 28 日。

Kateb的尊严理论,因为这一理论涉及人类物种的特征。[1] 这些尊严理论有的是反基因编辑的,有的是赞同的。我们接下来就逐一考察它们对待基因编辑的可能态度,本小节余下部分将重点考察两种倾向于反对基因编辑技术的人性尊严理论。

1. 我们看一下带有比较强烈天主教价值观的著名新自然法学者约翰·菲尼斯(John Finnis)的观点。在对胚胎的形上定位上,菲尼斯认同Wade的理论,并对其观点进行了如下概括:“受精卵(the fertilized human ovum)在特定的意义上是人(不仅仅是植物人),而且甚至最初始的人类胚胎也已经拥有了一个身体,在其已经特定化的(但相当初级的)能力中,即在渐成的原基中,这个身体适于理解、知晓及选择。正如你或我都有说藏语或冰岛语的能力——尽管我们都缺乏这样做的能力,因此甚至最早期的人类胚胎也已拥有生物学能力,以适于支持特定的人之活动,诸如自我意识、理性和选择(只需要考虑时间以及对空气、水和其他营养的代谢转化)。他或她已经具有的积极潜能正好包括了人所特有的那些能力。”[2]菲尼斯接着对此做了一个非常好的总结,集中表达了其关于胚胎地位的看法:“他或她是一个具有潜在性的生物人和位格人(a human being and human person with potential),而不只是一个潜在的位格人或潜在的生物人(potential human person or potential human being)。”[3]这个区分似乎细微,但关系重大。前者意味着人类胚胎就是生物人和位格人,只是具有潜在的发展性;后者则意味着人类胚胎还不是完全的生物人和位格人,只是将来有成为位格人或生物人的可能性。这就是菲尼斯对胚胎的形上定位,即胚胎是位格。

菲尼斯并没有直接处理基因编辑的问题,因为当其发表关于生命伦理学的看法时,生物技术还没有进展到能够进行基因编辑的程度。但从其论述来看,他应该会反对人类生殖细胞的基因编辑,因为他反对繁殖性克隆、医疗性

---

〔1〕 Jeremy Waldron, *Is Dignity the Foundation of Human Rights?*, Edited by Rowan Cruft, S. Matthew Liao and Massimo Renzo, eds., Philosophical Foundations of Human Rights, Oxford University Press, 2015, p. 136.

〔2〕 John Finnis, *Intention and Identity* (*Collected Essays: Volume II*), Oxford University Press, 2011, p. 288; Francis C. Wade, *Potentiality in the Abortion Discussion*, The Review of Metaphysics (1975).

〔3〕 John Finnis, *Intention and Identity* (*Collected Essays: Volume II*), Oxford University Press, 2011, p. 288.

克隆,甚至反对试管婴儿的技术应用,更何况在对人的改变上更为重大的基因编辑技术。菲尼斯认为,胚胎(包括受精卵在内)就意味着一个真正的人的生命开始了,是一个独立、鲜活的个人和主体,而不是物。他认为胚胎应当享有权利:"初始胚胎拥有作为一个人类主体(a human subject)的利益和权利,后续胚胎平等地拥有此类利益和权利。……个体的生命始于配子配合(syngamy),而且通常将会不受打断地持续比如说九十个小时、九十周、九十个月、或九十年。"[1]菲尼斯认为,正常的出生体现了一种平等关系,而上述的克隆与试管婴儿技术体现的是统治和奴役关系。菲尼斯并不是没有注意到生殖技术所可能产生的善,但他依然反对各种生殖技术的运用。他指出:"选择通过试管、克隆或其他方式来生育一个小孩的人们使得那一选择只是作为一个隐秘目的的手段。此外,那一目的也许很好地能让孩子加入一种真切的父母子女交融的关系之中,并有益于他们分享个人的尊严。如果这一意图能实现,那么它不仅对于父母而且对于孩子来说都是善的。但依然未解决的是,生育孩子的选择是用一个道德上坏的手段来实现好的目的,因为孩子作为一个产品的初始地位是低人格的(subpersonal)。当实验室里有缺陷的产品被抛弃掉时,以及当实验室的剩余产品被用于毁灭性试验或开发并被用于消费时,那一地位的重要性就非常清楚了。"[2]

2. 我们考察一下一种带有康德主义色彩的尊严理论,为了使这一考察更具针对性,我们先看一下我国宪法学者在这个问题上的态度,然后在论文的最后一部分再转向讨论其他宪法学者对该事件的不同态度。我国宪法学者甚至是主流的观点都倾向于认为,基因编辑违背了人性尊严,因此要严加限制。在这个方面,有代表性的学者是韩大元教授。他虽然没有直接论述到其对人类胚胎基因编辑的态度,但从他对人性尊严的极为重视,可知他对人类胚胎基因编辑技术的运用是持极为谨慎的甚至是反对的态度的。在论述逻辑上,他以主体性来界定人性尊严,而这里的主体性是指人是理性、自治的主体;更为重要的是,人的主体性和尊严又界定了国家的义务:"国家存在的正当性在于尊重人的主体性,任何时候,任何情况下不得把人看作是一种工具、

---

[1] John Finnis, *Intention and Identity* (*Collected Essays: Volume II*), Oxford University Press, 2011, p. 297.

[2] John Finnis, *Intention and Identity* (*Collected Essays: Volume II*), Oxford University Press, 2011, p. 299.

客体或手段，国家仅仅是手段而绝非目的，国家的一切行为不得损害基本人权与人的尊严。"[1] 这一推导逻辑与德国宪法理论所持"人不是国家权力的客体"的信念如出一辙，都奠基于康德的人性尊严公式。

韩大元对基因工程的迅速发展非常忧虑，认为这些技术的应用可能使人丧失主体性，而人的主体性的失落又会导致人的宪法地位的不确定性。此外，韩大元似乎又诉诸反自然论证，他认为："任何违背自然的本质，把神圣的人降格为物，从而使人成为技术操控的对象的行为，实际上改变了人的定义。在这一点上，先进的基因技术和人工智能技术本身要经得起正当性与合法性的考验。"[2] 韩大元的反自然论证的核心主张是人不是物，不是客体，这最终也是为反尊严论证服务的。总之，韩大元的反尊严论证带有强烈的康德主义色彩，比如他论述道："基于人的尊严性，人只能作为主体而存在，任何时候都不能成为客体与工具，这是现代法治必须坚守的基本价值立场。一切有悖于人的尊严的行为都应该予以制止。"[3] 不能认为把人工具化的立场与菲尼斯的观点有相似之处，而基因编辑在某种意义上确实有把人工具化的嫌疑。

上述两种具体的尊严理论似乎都是反基因编辑的，虽然二者也许分享了一个共同的理据，即都认为人不能处于手段的地位，人不能被奴役，但二者立场差异很大。菲尼斯的理论前提非常明确，即人类胚胎（甚至是最初的受精卵）的形上定位是位格，道德定位是享有权利或尊严。菲尼斯把对人之生命的理解直接溯源到精卵细胞，人类胚胎甚至精卵细胞都是位格人；既然是位格人，就有尊严适用的可能性，所以在这个意义上可以说，人不能处于手段的地位。而在韩大元所引用的康德主义尊严观中，人的主体性（自主性）是根基；但是这一论证模式并没有把人溯源到人类胚胎，所以康德式尊严理论并不能在自主性和胚胎的（形上与道德）地位之间建立直接的关联。在理论上一般认为，康德人格主义伦理学的核心是自主性，尽管自主性构成了尊严的核心，但是尊严和自主性并不是在任何情形中都是一致的。比如，自主性的尊严观就难以辩护和说明一些边缘群体的道德地位，诸如胚胎、胎儿、儿童、没有道德自主和理性能力的精神病患者、植物人、严重的老年痴呆症患者等

---

〔1〕 韩大元：《维护人的尊严是文明社会的基本共识》，载《探索与争鸣》2018 年第 6 期。

〔2〕 韩大元：《维护人的尊严是文明社会的基本共识》，载《探索与争鸣》2018 年第 6 期。

〔3〕 韩大元：《维护人的尊严是文明社会的基本共识》，载《探索与争鸣》2018 年第 6 期。类似的论述参见韩大元：《当代科技发展的宪法界限》，载《法治现代化研究》2018 年第 6 期。

群体,这些群体没有自主性和理性能力,但是一样拥有平等的尊严。[1]

如果不是基于宗教神学价值观的论证,那么我们一般会认同自主性构成尊严观的核心。但是这还不够,要想辩护有限基因编辑的合理性,还必须以承认人类胚胎是位格为前提,同时还得对自主性理论进行改造,以适合作为位格的人类胚胎。如果承认人类胚胎或精卵细胞本身是带有潜在性的位格,本身具有尊严,那么携带严重遗传缺陷的基因将来会使得一个完全的位格人在某种意义上丧失自主性、理性能力或选择的可能性,这样就很难讲他或她过的是一种有尊严的生活。所以,理论辩护的任务就需要我们两线作战:一是辩护胚胎是位格;二是改造自主性理论。接下来的两小节,本文将分别阐述一种合理的位格理论和自主性理论,在此基础上再基于尊严理论全面为一种受限的基因编辑即治疗性或恢复性基因编辑的正当性辩护。

三、胚胎的道德定位:生物人与位格人的同一性

生物人与位格人的区分是生命伦理学中的一个重要区分,前者指的是物种意义上的"人",后者指的是作为理性个体的"人"。我们要在道德意义上探讨胚胎甚至受精卵有无道德尊严问题,就必须先界定它们的形上定位,即胚胎是否是位格。这又涉及两个问题:什么是位格? 人类胚胎是不是位格?当代生命伦理学关于后一个问题的争论又分成两派:传统派认为生物人与位格人在时间上是同一的,人存在则位格存在,二者相始终;而自由派则主张生物人与位格人是相对分离的,不具有理性能力或永远失去理性能力的人则不具有位格,比如,道德哲学家 Singer 认为,只有具有理性与自我意识(rationality and self-consciousness)的个体才是位格,否则就不是。[2]

孙效智曾对位格的概念问题进行过系统的研究,他的梳理和相关看法值

[1] 比如德国宪法中的人性尊严理论的核心是自主控制,这种解释有时会导致实践上的困难,比如欠缺自主控制能力的人可能就没有尊严。对此的批评反省参见庄世同:《法治与人性尊严——从实践到理论的反思》,载《法制与社会发展》2009 年第 1 期。关于德国宪法人性尊严理论之哲学基础的阐释,参见李震山:《人性尊严与人权保障》,台北,元照出版有限公司 2001 年版,尤其是第一章。

[2] 孙效智:《人类胚胎之形上与道德地位》,载《台湾大学哲学评论》2007 年总第 34 期。Singer 的观点参见 Peter Singer, *Practical Ethics*, Third Edition, Cambridge University Press, 2011, p. 74 – 75。自由派的主要代表人物是 Peter Singer、M. A. Warren 和 Jeff McMahan 等,除 Singer 外,其他的相关文献参见 Jeff McMahan, *The Ethics of Killing: Problems at the Margins of Life*, Oxford University Press, 2002。传统派代表性学者是 Robert Spaemann、Greogor Damschen 和 Dieter Schönecker 等。

得我们重视。孙效智总结了思想史上关于位格的各种界定和理解，比如，Boethius把位格定位为“理性个体”，洛克把位格描述为连续的意识流（person as a connected flow of consciousness），康德认为位格是自主的理性行动者（autonomous rational agent）。[1] 当代自由主义对位格内涵的界定基本延续了上述看法，比如，Singer 认为位格的特征包括：自觉、自我控制、未来与过去感、能与他人建立关系、沟通与好奇等。M. A. Warren 提出了五个判准：意识（特别是感知苦乐的意识）、理性思考、自发行动、沟通能力、自我概念与自觉。T. Engelhardt 追随康德的观点，认为只有有道德意识的道德主体才是位格。孙效智总结认为，自由派学者的位格特征基本是理性、自我意识与道德能动性（moral agency）等。[2]

在总结自由派学者看法的基础上，孙效智全面批评了这些主张。他提出了五点批评意见，其主要理由是：自由派学者把位格与位格之外在特征相等同，犯了 Kreeft 所说的功能主义（functionalism）的弊病。自由派学者过于看重位格特征在现实性上的有无，这在某种意义上是违反经验常识的。比如暂时性麻醉昏迷者、新生儿等可能还没有清楚的自我意识，但是他们是人而不能被视为物。孙效智以一种分析的思路诠释了自由派主张的不合理性，他指出对 Boethius 所说的“理性个体”来说，允许存在两种诠释：Pa“位格是事实上（现实地）具理性的个体”；Pb“位格是以理性为典型特征之物种的个别成员”。同样关于人的定义，以亚里士多德“理性动物”论为例，也存在两种诠释：Ha“人是事实上（现实地）具理性的动物”；Hb“人是以理性为典型特征之动物物种（homo sapiens）的个别成员”。自由派实际上差别对待了人与位格，以 Pa 理解位格，同时以 Hb 理解人；暂时性麻醉昏迷者、新生儿等是人，但不是位格。这样位格的概念就实质化，而人的概念则空洞化了。[3]

孙效智认为，导致自由派学者这种认识的根源在于把位格等同于位格特征，而没有认识到对位格来说，更为重要的是其特征背后的实体（substance），即具有主体性的主体（subject）。根据这一点，位格就不是自我意识，而是自

[1] Johannes H. C. Sun, *Are All Human Beings Persons*, in Gerhold K. Becker, ed., The Moral Status of Persons: Perspective on Bioethics, Rodopi, 2000, p. 40. 另参见孙效智：《人类胚胎之形上与道德地位》，载《台湾大学哲学评论》2007 年总第 34 期。

[2] 孙效智：《人类胚胎之形上与道德地位》，载《台湾大学哲学评论》2007 年总第 34 期。需要说明的是，本文在引证孙效智的论述时，对其所用的某些相关术语进行了重新翻译。

[3] 孙效智：《人类胚胎之形上与道德地位》，载《台湾大学哲学评论》2007 年总第 34 期。

我意识背后的那个“自我”(ego);于是孙效智认为:“‘主体’与‘自我’才是位格最重要也最常被忽略的存在模式(modus existendi),这种存在模式比起理性或自我意识来,更是理解位格的关键,具主体性的位格甚至不需要依靠位格的特征来进行自我指涉与自我界定,就能维持位格独特的同一性(identity)。”[1]自我具有独立性和连续性,无需外在特征来界定自身。这样不仅位格要以Pb来界定,而且人类个体也要由Hb来界定。位格与人类个体是同一的,每一个人类个体都是位格。人的成长是一个时间过程,要经历不同的生物学和人生历程的发展阶段,无论经历怎样的变化,他(她)都是那同一个自我。

以此为基础,我们就不难对胚胎进行定位了。在孙效智看来,抛开功能主义的错误思考方式,我们就能认识到,胚胎即使作为一团细胞也能发展出和你我一样具有各种完善位格特征的人;即使一个最初的胚胎,其内在的基因组就已确定其作为一个独一无二的、相异于任何人的人类生命的未来发展蓝图。[2]孙效智同样批评了“潜在位格”这个概念,他认为,位格必须是现实的,而不能是潜在的。如果是潜在的,那么位格就无法承载各种变化与发展。胚胎必须是现实的位格,才具有发展位格特征的潜能。于是结论就是,“胚胎是有潜能的位格,而非潜在位格”[3]。这样,孙效智以一种哲学的和世俗的方式完成了对菲尼斯的一个几乎同样命题的论证,他们对胚胎与位格之关系的表述几乎是一致的。

孙效智最后的结论是比较温和的,即根据谨慎论证的要求,胚胎具有或应当具有位格尊严。据此他反对为医学研究的缘故而“杀害”胚胎,这也是一种反自由主义的传统派主张。同时我们也应当看到,孙效智的讨论虽然是细致而根本的,但是他重在批评自由派学者对位格与位格特征的混用,以及对人的内涵的抽离。这些批评是有力的,但他并没有去批评(相反还承认)自由派对位格本身内涵的理解,即从理性、自我意识、道德能动性、自主的理性行动者等来界定位格本身。本文延续孙效智的结论,即把位格人与生物人相统一,丰富对人本身的理解;这样就把人类最初始的胚胎也视为位格,具有位格尊严。同时,在处理这些不同的位格内涵时,本文专门选择其中的一个

---

〔1〕 孙效智:《人类胚胎之形上与道德地位》,载《台湾大学哲学评论》2007年总第34期。
〔2〕 孙效智:《人类胚胎之形上与道德地位》,载《台湾大学哲学评论》2007年总第34期。
〔3〕 孙效智:《人类胚胎之形上与道德地位》,载《台湾大学哲学评论》2007年总第34期。

视为位格的最核心内容,即自主性,这也是一种康德主义传统的对位格内涵的解释。这些复杂而漫长的论证是要表明,如果我们把康德主义传统的对位格内涵的理解扩展到胚胎上面,那么就有助于我们在深刻的哲学意义上为胚胎本身具有人性尊严辩护。

虽然孙效智最终的观点是强势而保守的,但是我们也要看到,他大量的工作是对胚胎本身的性质进行定位,抛开最终的结论,关于胚胎的定位本身对于讨论基因编辑来说却可能产生不同的论证效果。比如一方面,这一关于胚胎之位格的定位挑战了像德沃金这样的自由派学者的观点,因为他更为强调具有完全理性和道德意识的人的自主性,认为应该优先保护其人性尊严,并没有从作为位格人和生物人相同一的胚胎的角度来考虑问题。另一方面,这一定位本身并不意味着就必然会支持菲尼斯等论者反基因编辑的主张。比如带有严重基因缺陷的胚胎,其未来的发展蓝图几乎是没有尊严可言的,其自我意识或自主的理性行动都是存在严重缺陷的,可以说其位格是不完善的。在这种情形下,基因编辑技术的运用更好地维护了作为一个未来人的尊严。在法律实践上,德国宪法的理论与司法判例就倾向于认为胚胎属于人性尊严的辐射范围,本身有生命权;而且德国宪法理论的人性尊严原则植根于康德的人性尊严公式,最起码是与这一公式相符合的。因此在某种意义上,这一论述逻辑一样可以对基因的有限编辑进行辩护,以治疗严重的遗传性疾病,真正维护一个未来人有尊严地生活。当然,下文还要对这些问题进行更为详细的论证。

上述的讨论完成了两个任务:一是确立胚胎的形上与道德定位,建立位格人与生物人的同一性,即人类胚胎(甚至是最初的精卵细胞)都是位格,在道德上具有尊严;二是通过确立胚胎的位格尊严,这样就把康德主义的尊严公式溯源到人类胚胎,确立自主性或主体性作为位格尊严的核心内涵。但是这一点并不意味着只具有消极的意义,即严禁对胚胎进行任何形式的操作;也可能具有积极的意义,但这需要我们对自主性本身进行改造,即把自主性变成一个积极的概念。在符合人性尊严的意义上实现自主性需要一些条件,而基因编辑正是这种条件的组成部分。总体上,关于自主性的改造涉及以下方面:一是使其范围扩展到作为位格的人类胚胎,而不以现实的理性能力为前提;二是取消尊严与自主性之绝对性的概念地位,从而建立一种有限制的自主和尊严观;三是扩大对自主性内涵的理解,使其从一个消极的概念转变为一个积极的概念,即一个至善主义的概念。只有在此概念下,我们才能在符合健康利益的意义上为潜在者的可能权利辩护。重新理解自主性,让我们先从反思德沃金的理论开始。

四、重新理解自主性:对德沃金人性尊严两原则的反思

德沃金极为强调人性尊严,人性尊严也构成了其政治和道德哲学的核心价值;但是德沃金从其尊严理论反而推导出了无限制的基因编辑运用,这在某些人看来又是反尊严的。德沃金的人性尊严理论几乎是"一路走来,始终如一",在多处进行论述,内涵基本不变。[1] 在《扮演上帝》这篇论文中,德沃金以人性尊严两原则(或伦理个人主义两原则)作为基础全面辩护了基因编辑技术的运用,甚至是增强型的基因编辑。第一个原则是:"任何人的生命,一旦开始,就应当成功而非失败,亦即那一生命的潜力应当被实现而不是被浪费,这一点具有客观的重要性;此外,就每一个人的生命而言,这一点具有同等的客观重要性。"[2] 这里的客观性意味着,它是适用于每一个人的,无论是亲近的人,还是陌生人。在此基础上,第二个原则更进一步认为:"拥有生命的一个人对各自的生命都负有一个特殊的责任,而且根据那一特殊的责任,他或她就有一个权利作出一些基本的决定,这些决定为其确定了一个成

---

〔1〕 在《民主是可能的吗?》一书中,德沃金把人性尊严建立在两个原则之上:第一个是内在价值原则(the principle of intrinsic value),即每一个人生都有一种特殊种类的客观价值,人生成功且潜能实现就是好的,否则就是坏的,而且这一点具有客观的价值;第二个是个人责任原则(the principle of personal responsibility),即每一个人对于实现其个人的人生成功,负有一种特殊的责任,这种责任包括他自己要去判断何种类型的人生于其而言将会是成功的。See Ronald Dworkin, *Is Democracy Possible Here? Principles for a New Political Debate*, Princeton University Press, 2006, p. 9 – 10. 而在其集大成之作《刺猬的正义》一书中,德沃金将人性尊严两原则分别称为"自我尊重原则"(principle of self – respect)和"真实性原则"(principle of authenticity)。前者指的是,"每个人都必须认真对待他自己的人生:他必须要接受,他的人生是一个成功的实现而非一个被浪费的机会,这是一件重要的事";后者指的是,"每个人都负有一种特殊的个人责任以确认什么算作他自己的成功人生;他负有一个个人责任通过一种他自己所赞成的融贯叙事或风格去创造那一人生"。See Dworkin, *Justice for Hedgehogs*, the Belknap Press of Harvard University Press, 2011, p. 203 – 204. 中文学界关于德沃金人性尊严理论的研究参见庄世同:《从合法性、平等到人性尊严:论德沃金法哲学的道德基础》,载《政治与社会哲学评论》2012 年总第 43 期;陈闵翔:《德沃金"人性尊严原则"之理论意涵与实践应用》,载《政治与社会哲学评论》2009 年总第 29 期。

〔2〕 Ronald Dworkin, *Playing God: Genes, Clones, and Luck*, in Ronald Dworkin, Sovereign Virtue: The Theory and Practice of Equality, Harvard University Press, 2000, p. 448.

功的生活将会是什么。”[1]

基于人性尊严两原则,德沃金对基因工程的各种操作方式进行了完全的辩护:“使人类未来世代的生命更长、更富有才华并因此取得更大的成就,这种超然的抱负(the detached ambition)本身并没有什么错。相反,如果扮演上帝意味着努力完善我们人类,在决心改进上帝审慎地或自然盲目地进化了亿万年的东西中加入我们蓄意的设计,那么伦理个人主义的第一个原则掌控着这份努力;此外,它的第二个原则,在缺乏确凿的危险性证据时,也禁止阻碍那些自愿引领这一努力的科学家和医生。”[2]在德沃金看来,增加人的潜能符合成功人生的定义,而且科学家、医生甚至父母有自我决定的权利来实现这种成功;因此,基因工程符合其人性尊严两原则。

除了对人的生命的理解过于单一而缺乏多元性[3]之外,这种辩护策略还有一个缺陷就是德沃金似乎并不认为人类胚胎或生殖细胞在其人性尊严两原则中具有重要的道德地位,而且自主性的重要性似乎也只是对已经存在的人而言的,潜在者的未来的自主性对于德沃金来说似乎并不在人性尊严的考虑范围内。一旦在覆盖范围上我们扩大理解人性尊严的第一原则,那么潜在者也应当具有客观的价值;而且一旦我们这样理解,则意味着人性尊严的第一原则与第二原则有可能是冲突的。也就是说,潜在者的未来自主性的实现或完善与既有的人的自主性的实现可能是冲突的。因此,人性尊严的第二原则应当受到限制,使得科学家或医生关于选择权的行使要以不伤害或完善潜在者在第一原则意义上所具有的生命内在价值为前提。

这包含着一种完善论的自主性观念,这一完善论是在两个意义上讲的:它既可以针对现有的人,也可能指向潜在的人。一方面,对现有的人来说,自主性的行使或人的自主决定不必然意味着是好的,而会受到一些条件的限制。因此自主性需要一些外部条件和个人的能力,这些条件和能力的完满使得个人的选择趋向于善。道德哲学的很多至善主义论者正是从这一点出发

[1] Ronald Dworkin, *Playing God: Genes, Clones, and Luck*, in Ronald Dworkin, Sovereign Virtue: The Theory and Practice of Equality, Harvard University Press, 2000, p. 449.

[2] Ronald Dworkin, *Playing God: Genes, Clones, and Luck*, in Ronald Dworkin, Sovereign Virtue: The Theory and Practice of Equality, Harvard University Press, 2000, p. 452.

[3] 这个层面的批评参见朱振:《反对完美?——关于人类基因编辑的道德与法律哲学思考》,载《华东政法大学学报》2018 年第 2 期。

批评了自由论者关于自主性的理解,并重构了自主性的观念。[1] 比如,拉兹认为,个人自主性理想背后的支配性理念是人们应当过他们自己的生活,也就是自主的人是其自己生活的作者,通过自己的决定能够控制并塑造自己的命运。[2] 拉兹尤其指出,人们需要某些特定的能力去过一种自主的生活(an autonomous life),这些能力对于自主的生活是必要的,因此自主的能力是"自主性"的次一级含义,也可以被称为"自主性的条件"(condition of autonomy)。拉兹具体列举了三个条件,即合适的心智能力(appropriate mental abilities)、充分的选择范围和独立性。[3]

另一方面,对于潜在者或具有潜在性的位格来说,完善论的自主性甚至具有根本的意义。对某些人来说,一个人过一种自主性的生活所需要的那些能力并不是自始拥有的,尤其是身体和心智能力。在基因编辑的技术没有发明之前,我们对这一类的人生缺陷是没有办法弥补的,只能提供一些外在的条件以改善他们的生活。因此对于具有严重遗传缺陷的人来说,如果不采用基因干预的手段,那么其未来的人生很难说过的是一种有理性能力和自主性的人生,也很难说是一种符合人性尊严的人生。James Griffin 曾在尊严与自主性之间以"规范的能动性"(normative agency)来建立一种强关联,并从自主性中推导权利的存在。Griffin 认为,应当采取规范的能动性来诠释"位格的尊严"(the dignity of the human person)。"规范的能动性"是有内在价值的,而在一个人的生活中,它的重要性就体现在其自主性中。在 Griffin 看来,现代自主性观念的核心在于自我决定(self - decision),但并不是人的每一个决定都是自主的,"许多决定都是由外在的诸多影响有效地决定的:比如,很大程度上由其他人所形塑的无意识驱动,诸如带有两个 Y 染色体之男性的基因变异等"[4]。一种完善的"规范的能动性"是尊严的核心,基因变异或

---

〔1〕 Joseph Raz, *The Morality of Freedom*, Clarendon Press, 1986. 关于"Perfectionism"的基本介绍, See Steven Wall, *Perfectionism*, in Gerald Gaus and Fred D' Agostino, eds., The Routledge Companion to Social and Political Philosophy, Routledge, 2017, p. 342 – 252。See also Steven Wall, *Perfectionism in Moral and Political Philosophy*, in Edward N. Zalta, ed., The Stanford Encyclopedia of Philosophy, URL = 〈https://plato.stanford.edu/archives/win2017/entries/perfectionism – moral/〉. 批评自由主义中立性的最新文献, See Matthew H. Kramer, *Liberalism with Excellence*, Oxford University Press, 2017。

〔2〕 Joseph Raz, *The Morality of Freedom*, Clarendon Press, 1986, p. 369.

〔3〕 Joseph Raz, *The Morality of Freedom*, Clarendon Press, 1986, p. 372.

〔4〕 James Griffin, *On Human Rights*, Oxford University Press, 2008, p. 150.

遗传等原因影响了自主的自我决定;而在现代技术条件下,这些先天的不利影响因素完全可以由基因编辑等生物技术手段来消除,而且由这一点也可以推导出权利的存在。这种意义上的自主性的完善属于基本能力(basic capabilities)[1]或条件的完善,是达到一般健康人的水平的完善[2],而不是任何增强意义上的完善。

这种意义上的完善应当说既经过了理性的辩护,也符合我们关于人性尊严的直觉理解。至此,本文完成了两个论证:一是把位格的概念延伸适用到或溯源到人类胚胎,甚至是最初级的胚胎形式;二是在尊严与自主性(以及规范的能动性)等概念之间建立内在的关联,并致力于改造对自主性的理解,使得自主性的重要意义能够有效地适用到人类胚胎上。这些论证的目标是要把一种完善论的自主性尊严理论适用到作为位格的人类胚胎之上,对人类胚胎甚至是其最初级的形式进行一定限度的基因干预(包括基因筛选、治疗或编辑等技术手段)的合理性进行辩护,论证其在道德哲学或法哲学上的正当性。当然,本文的最终目的不仅是要为这种意义上的人性尊严观以及有限制的基因编辑的合理性辩护,而且还要表明,这一点也可以得到宪法理论之诸种实践的强化论证。

五、辩护基因编辑的法律可能性:人性尊严的宪法实践

与中国宪法学者看重人性尊严的消极防御功能所不同的是,在德国的宪法实践中出现了人性尊严的"通货膨胀"现象。德国宪法法院的实践虽然还没有把人性尊严"通胀"到基因编辑领域,但也把基因编辑列为人性尊严适用的未定类型,即需要进一步的论证而不是当然不适用。韩大元的论述和德国宪法的实践代表了宪法理论的两种不同实践形式,虽然其背后的理论基础都诉诸康德主义的尊严观,但是他们对尊严的理解却是不一样的。从上文的论述可知,本文承认人类胚胎为位格,承认其为目的本身,并在此基础上论证

---

〔1〕 这里的基本能力(basic capabilities)指的是人的固有天赋(innate faculty)或天然禀赋(innate equipment),以区别于那些需要后天训练的内在能力,基本能力是使人的发展成为可能的那些先天条件。See Martha C. Nussbaum, *Creating Capabilities The Human Development Approach*, The Belknap Press of Harvard University Press, 2011, p. 23 – 24.

〔2〕 道德哲学家 Steven Wall 特别强调了自主性的心智能力和身体能力(Mental Capacities and Physical Powers),其中心智能力包括:有效地形成和执行计划与目标的能力,支持或参与计划与目标的能力;身体能力包括:基本的健康以及鉴于技术发展的状况,一个人为驾驭环境所需要的任何身体能力。See Steven Wall, *Autonomy as a Perfection*, The American Journal of Jurisprudence (2016).

了完善自主性的需要只能支持有限度的基因编辑。下文在梳理尊严之历史的基础上，将着重讨论德国宪法的理论与实践，最后再论述一般意义上的宪法人性尊严理论支持有限基因编辑的可能性。

根据学者的研究，"尊严"这个概念最早源自文艺复兴时期人文主义思想家 Giovanni Pico della Mirandola，其演讲《论人的尊严》(*De dignitate hominis*)最早对尊严进行了系统的论述。他把尊严理解为一个事实，即人是一个"最值得赞叹"(most worthy of admiration)的"伟大杰作"(great marvel)。这一理解方式与现今关于人性尊严的理解差异比较大，因此 Herbert Spiegelberg 认为，"人的尊严"(the dignity of man)是启蒙时代以后才逐渐发展的观念。[1] 尤其是康德道德哲学对人的尊严进行了深刻的哲学论证，认为只有人与人的道德能力才能担得起"尊严"这个概念；于是在康德之后，尊严这个概念越来越与人所具有的特殊尊贵性相连。[2] 但是实际上，自启蒙运动以来获得重视的是权利或自然权利的概念而非尊严的概念，尽管后来随着经验主义和功利主义哲学的兴起，自然权利话语也衰落了。[3]

从历史谱系学的角度看，权利构成了尊严的基础，而不是相反。直至 20 世纪中叶之后，基于纳粹暴行和对二战历史的深刻反思，尊严才重新获得理论和实践的重视。于是我们就发现了一个有趣的现象：在许多领域衰微或声名扫地一百多年后(大致从 18 世纪末到 20 世纪中叶)，自然权利的观念在人

---

〔1〕 Herbert Spiegelberg, *Human Dignity: A Challenge to Contemporary Philosophy*, World Futures: The Journal of New Paradigm Research, Vol. 9, No. 1 - 2, p. 42, 48 (1971).

〔2〕 孙效智：《愚昧的尊严?》，载《政治与社会哲学评论》2010 年总第 33 期，第 172 页，注释 4。拉丁语"dignitas"主要指卓越性和独特性，并不特别地适用于人。See Herbert Spiegelberg, p. 42. 只有在康德道德哲学的论证后，尊严这个概念才获得高度理性化的色彩，并特别地适用于人。

〔3〕 参见边沁对自然权利的批评。边沁基于其功利主义思想对自然权利学说进行了激烈批评，他认为该学说"从头到尾都是相当无聊的断言：它把处于争议之中的无论什么东西都视为一个基础性的和不可侵犯的原则"。See Jeremy Bentham, *Anarchical Fallacies: Being an Examination of the Declaration of Rights Issued During the French Revolution*, in Jeremy Waldron, ed., Nonsense Upon Stilts: Bentham, Burke and Marx on the Rights of Man, Methuen, 1987, p. 66. 他还认为，权利不能独立于法律而存在，因此自然权利就是"修辞上的胡言乱语——夸张的胡言乱语"(rhetorical nonsense - nonsense upon stilts)。See Jeremy Bentham, *Anarchical Fallacies: Being an Examination of the Declaration of Rights Issued During the French Revolution*, in Jeremy Waldron, ed., Nonsense Upon Stilts: Bentham, Burke and Marx on the Rights of Man, Methuen, 1987, p. 53.

的尊严这一新标签下就如此轻而易举地复兴了。[1] 于是从《世界人权宣言》和德国的宪法开始,许多国际公约和国家的宪法都规定了人的尊严的核心重要地位,都以保护或促进人的尊严为依归。比如《德国基本法》第 1 条,以及《世界人权宣言》第 1 条("人人生而自由,在尊严和权利上一律平等")。受此影响,和生命伦理有关的许多公约或宣言也都体现了尊严原则。比如,世界医学会《赫尔辛基宣言》第 10 条提到保护研究受试者的人性尊严是进行医学研究者的职责,1997 年联合国的《人类基因体与人权宣言》第 2 条提到每个人的尊严应受到尊重。[2] 在宪法上,人性尊严原则的典型体现就是《德国基本法》。

《德国基本法》第 1 条第 1 项规定:"人性尊严不容侵犯。尊重并保障人性尊严,乃所有国家权力之义务。"蔡宗珍认为,这一条表明德国抛弃了"二战"前魏玛宪法的价值中立性立场,明确人性尊严是宪法最高与绝对的价值,即使是修宪权亦不能动摇。她总结说:"人性尊严之保障彰显了基本法以个人固有价值、国家以人为本的人性图像,人不能被当成是国家权力的客体。人性尊严……是基本法最高、绝对的价值决定,不受法益之衡量,亦不得以比例原则加以调节。"[3] 根据蔡宗珍的看法,人性尊严不仅其本身是一项基本权,而且是一切基本权的根源与核心。

人性尊严在德国宪法中的地位是如此重要,以至于人性尊严在进入宪法实践的过程中发生了适用扩张的问题,即扩展到许多具体的案例上。这看起来似乎可喜可贺,实则并不一定是件好事。德国宪法学者 Hans – Jürgen Papier 指出:"凡是将一项基本原则、一个最高价值太过随意地扩张到日常生活的所有边际领域,并适用于法学案例解析上时,那就会卸除了这个基本原则的特殊性与无可争辩性的光环。凡是发展得太广泛,那就得小心不要失去深度。人性尊严之绝对保障的扩张,蕴含了将之相对化的危险;换句话说,凡是拿人性尊严这张'大钞'来支付微不足道、相对轻微的东西的话,那就别惊讶

---

[1] Jeremy Waldron, *Is Dignity the Foundation of Human Rights*?, Edited by Rowan Cruft, S. Matthew Liao and Massimo Renzo, eds., Philosophical Foundations of Human Rights, Oxford University Press, 2015, p. 126.

[2] 庄世同:《法治与人性尊严——从实践到理论的反思》,载《法制与社会发展》2009 年第 1 期;孙效智:《愚昧的尊严?》,载《政治与社会哲学评论》2010 年总第 33 期,注释 4。

[3] [德]Hans – Jürgen Papier:《当代法治国图像》,蔡宗珍、李建良译,台北,元照出版有限公司 2014 年版,第 11 页。

只找回了一些铜板。最近就出现了许多让人性尊严沦为'宪法的小铜板'的征兆,而且看起来,想让人性尊严也可以加以权衡的这一个趋势,似乎也越来越强。"[1]因此,关键就在于要探索人性尊严的核心内涵,它既有哲学上的基础,又根植于宪法判例。在哲学上,它来自康德的人性公式,以及这一公式的法学表达:人不能仅仅被当成国家的客体。[2] 人性尊严之保障刻画了基本法的人性图像,即个人的固有价值是核心。"人本身无论如何就是一种价值,而此等人的固有价值,同时是最先且是最高的基本权。"[3]而且德国宪法实践对人本身的理解,也已突破民法对人的权利能力和自然生命的限制,已把人的固有价值的辐射范围扩展到生前和身后的人,比如着床后胚胎的生命权。

讨论着床后胚胎的生命权实际上也就是探讨生命从何时开始,在既有民法理论看来,这一问题非常简单:人的权利能力始于出生,只有出生之后的人才有权利能力,也才能开始享有生命权。但是在宪法理论上,对生命权的保护从生命之始期就开始了。德国宪法法院的看法是:"个人(体)(Individum)之存在,自受精后十四天起。"[4]德国的胚胎保护法在立法理由书中也指出,立法之目的在于维护基本法对人性尊严和生命权的保护,将胚胎视为《德国基本法》第2条第2句人的生命(Menschliches Leben)。学者的见解则更为激进,比如宪法学者李震山就认为,这里的生命权应指值得作为基本权保护的生命,而非限于具人的要素(Personales Element)或个人为主。李震山在对德国相关宪法判例研究的基础上认为,我们现在对生命始期的理解已从"有生命意识"前推到"有生命现象"的个体,而后者则始于精卵融合或以无性生

---

〔1〕［德］Hans – Jürgen Papier:《当代法治国图像》,蔡宗珍、李建良译,台北,元照出版有限公司2014年版,第48 – 49页。"宪法的小铜板"语出Günter Dürig,参见该书第49页,注释11。

〔2〕语出Günter Dürig,他参照康德的人性公式作了这样一个概括,参见［德］Hans – Jürgen Papier:《当代法治国图像》,蔡宗珍、李建良译,台北,元照出版有限公司2014年版,第50页,注释14、15、16。德国宪法法院相关判决参见该书注释16。康德的话参见其《道德形而上学奠基》一书,See Immanuel Kant, *Groundwork to the Metaphysics of Morals*, translated and edited by Mary Gregor, With an Introduction by Christine M. Korsgaard, Cambridge University Press, 1997。

〔3〕［德］Hans – Jürgen Papier:《当代法治国图像》,蔡宗珍、李建良译,台北,元照出版有限公司2014年版,第51页。

〔4〕BVerfGE 39. S. 1 ff. 转引自李震山:《胚胎基因工程之法律涵意——以生命权保障为例》,载《台大法学论丛》2001年第3期。

殖技术形成胚胎之际。[1]

这实际上已经赋予人类胚胎以有限的位格地位，并以人性尊严为理论根据。胚胎保护立法处理的还是一个相对容易的问题，而“在一个尤其是受到科技进步所制约的动态性社会，持续会有触动终极价值判断之根基的新问题产生，且对此并无预先存在的、明白的解决方案可供使用”[2]。其中一个悬而未决的就是胚胎从受胎到着床于子宫黏膜期间的人性尊严保护问题，Papier 尤为关心着床前的胚胎是否为人性尊严的载体。紧接着他提出了两个和基因编辑的可能运用有关的问题：对着床前带有遗传缺陷之受精卵的基因矫治是否会侵害将由此受精卵孕育而生之人的尊严？于人性尊严之面向下进行评价时，是否要考虑到人性尊严主体之意志？[3] 虽然 Papier 没有给出明确的答案，但显然我们有比较充分的理由（最起码不存在明显的反对理由）认为，基因编辑可以符合人性尊严的宪法要求。对此问题，李震山的倾向性则是比较明显的，尽管他也并未详加论证。他提出了这样一个问题：胚胎的生命权是否应当包括透过基因治疗的方式而无瑕疵地来到人间的权利，这又包括两项权利：一是主张身体完整性的权利，二是放弃来到人间的权利。后者适用于因基因缺陷而导致的人工流产，李震山对此质疑，即允许堕胎是否使人因丧失其多样性而贬损人类生命之整体价值。[4] 对于前者，李震山并未着笔；但显然，相比于因基因缺陷而致人工流产（从未出现），经基因编辑而诞生健康的孩子，后者对于人性尊严之保护的积极意义怎么说都不过分。因此，基因编辑手段运用的合理性可以从身体完整权中获得证成。

六、结语

本文依次反思了各种人性尊严理论在人类基因编辑问题上的态度，致力于定位人类胚胎的形上与道德地位，主张生物人与位格人的同一性，并在此基础上证成一种有限度的基因编辑。在生命伦理学和宪法学领域关于基因

---

〔1〕 李震山：《胚胎基因工程之法律涵意——以生命权保障为例》，载《台大法学论丛》2001 年第 3 期。

〔2〕 [德] Hans – Jürgen Papier：《当代法治国图像》，蔡宗珍、李建良译，台北，元照出版有限公司 2014 年版，第 69 页。

〔3〕 [德] Hans – Jürgen Papier：《当代法治国图像》，蔡宗珍、李建良译，台北，元照出版有限公司 2014 年版，第 71 页。

〔4〕 李震山：《胚胎基因工程之法律涵意——以生命权保障为例》，载《台大法学论丛》2001 年第 3 期。

编辑的研究最常诉诸人性尊严，尊严似乎成了最终的和不可化约的价值。但其实在以尊严为基础而对待基因编辑的态度上，存在三种不同的观点：一是以主流观点为代表的尊严至上论，即一切形式的人类基因组编辑都是反人性尊严的；二是以德沃金为代表的尊严自主论，即各种类型的基因编辑都能获得人性尊严的辩护；三是以 Pinker 等生命伦理学者为代表的尊严愚昧论，即尊严是一个有害的概念。尊严是一个有用但又模糊的概念，我们应当适当界定而非抛弃掉它。尊严至上论诉诸一个空洞的尊严概念，无法在实质上论证反基因编辑的合理性。一方面，我们应当把位格的概念延伸适用到或溯源到人类胚胎；另一方面，应当在尊严与自主性之间建立内在的关联，并致力于改造对自主性的理解。通过对这些问题的讨论，本文最终是要以一种合宜的尊严和自主性理论、在承认人类胚胎（包括精卵细胞）位格人地位的基础上为一种有限度的基因编辑的正当性辩护，并期望能为最终的伦理和法律规制措施建立合理而有效的理论基础。

（朱振/文）*

---

* 朱振，吉林大学理论法学研究中心、法学院教授。本文原刊于《法制与社会发展》2019 年第 4 期，系教育部人文社会科学重点研究基地重大项目“权利视野下法治政府建设的理论与实践研究”（16JJD820005）的阶段性成果。

公共法哲学与法哲学的公共阐释

近年来，笔者以法哲学为基础，将法哲学和政治哲学相贯通，试图阐发一种旨在于中国情境中推进介入性学理分析和实体性理论建构的理论模式："作为转型法哲学的公共法哲学"。这种模式力图以"转型法哲学"的理论模式承载"公共法哲学"的思想立场。它从当下中国总体上处于卡尔·施米特意义上"制序"(ordering)阶段——现代法律/政治秩序仍待建构和收束的历史境况出发，试图通过中国现代转型的政治理想(价值理想)与实践约束条件之间的"反思性平衡"，探索适合中国情境的法哲学和政治哲学原理——正因"制序"阶段的情境限制，中国现代法律秩序的建构(立法)与现代政治制序的建构(立宪)是相互缠绕在一起的，因而其法哲学和政治哲学原理亦是相互交错在一起的。[1] 在新出版的学术专著《公共法哲学：转型中国的法治与正义》中，笔者既对这种理论模式的历史视野、问题意识、思想立场、理论依据、研究路径等进行了较为系统的论述，亦对中国情境中法治和正义的具体规范性要求进行了介入性的学理分析和实体性的理论建构。然而，笔者迄今仍未为"公共法哲学"提供一个相对厚实的认识论和方法论基础。

本文拟借用张江提出的"公共阐释"(public hermeneutics)这一概念，并借鉴(哲学)阐释学的相关论说，就法哲学的公共阐释进行探讨。不同于基于个人趣味或偏好的各种("观念争夺"式的)法哲学研究，法哲学的"公共阐释"旨在建设性地回应与中国现代法律秩序建构紧密相关的一个历史课题：如何对中国现代法律秩序所承诺的法律/政治价值观进行学理阐释？具体来

〔1〕 关于"制序"阶段法哲学和政治哲学的相互交缠，我们可以回忆一下西方思想家在现代性发轫和奠基时期的法政著作，如霍布斯的《利维坦》、洛克的《政府论》、卢梭《社会契约论》、康德《法的形而上学原理》等。在这个意义上说，本文对法哲学公共阐释的论述，其实也可视为对中国情境中政治哲学公共阐释的论述——如果我们回归政治哲学对理想政治秩序的建构，而不是把政治哲学完全降格为匠气十足的逻辑考辨和概念分析(如分析路向的政治哲学所做的那般)的话。

说,如何结合中国现代法律秩序建构(国家治理现代化和法治中国建设)的政治理想/政治哲学承诺与实践约束条件/结构化情境,推进中国现代法律价值观的学理阐释?特别是,如何确保这种学理阐释具有获得公共证成、形成集体共识的前景,进而使中国现代法律秩序所承诺的政治价值观在政治/法律共同体内具有充分的合法性基础?正是从这样的问题意识出发,法哲学的公共阐释与公共法哲学的理论旨趣是一致的:它是公共法哲学得以将自身展现为可分享、可对话、可辩驳的理论模式的认识论前提。

一、社会科学的意义解释与当代实践哲学的"阐释学转向"

在哲学阐释学的主流学术传统中,阐释学的主要适用对象是文本(text)。与此相适应,传统上与法律相关的阐释也主要适用于法律文本。事实上,不但早已形成了"法律阐释学"这一阐释学分支,而且对成文法——法律的文本形态的阐释是人类最早的阐释活动之一。那么,法哲学的理论阐释是否也适用于阐释学?这是我们首先需要从学理上厘清的问题。

从根本上看,阐释学源于人类就主体间共同关心的有意义事物(meaningful things)进行对话以达至相互理解和共识的需要。因此,阐释意味着对话,它内在地蕴含以语言为互动媒介的"主体间性"维度:它不是通过唯我论的"强制阐释"垄断对文本或类文本的阐释权,而是将自己的理解和阐释传达给他人,并通过持续的沟通和商谈达致彼此间的相互理解。因此,只要是人的阐释活动,就一定是在复数主体的互动和对话中进行的,而不是单个主体的自说自话。无论是伽达默尔所说的"视域融合"(fusion of horizons),还是哈贝马斯早期倡导的"批判阐释学"(critical hermeneutics),乃至后文将提到的张江的"公共阐释论",其学理逻辑之所以可以成立,都根源于他们对阐释所内在蕴含的主体间性的洞察和把握。正是这种主体间性维度的存在,使得"阐释"包含某种规范性的内涵,特别是围绕人们就阐释达致相互理解的实践可能性条件所提出的规范性要求。哈贝马斯经由早期的"批判阐释学"最终建构的"沟通行动理论"(特别是其"理想言谈情境"),重构了沟通行动没有边界和不受限制进行下去的诸多规范性要求,具体包括:每一个具有言说和行为能力的主体都可以参与商谈;每个人都可以质疑任何断言性主张;每个人都可以把新的断言性主张引入商谈中;每个人都可以毫不犹豫地表达其态度、欲求和需要;每个人都可以不受外在或内在限制地践习以上权利。[1] 这些规范性要求在很大程度上就可视为哈贝马斯对人类阐释活动得以顺利开展的实践可能性条件——哈贝马斯本人将其称为日常沟通得以顺利进行的"准先验前提"的建构。

然而,人们共同关心的有意义事物,既可能是有意义的文本,也可能是有意义的社会行动(meaningful social action)。换句话说,如果说阐释学的认识旨趣源于人类就共同关注的"意义"达致相互理解的兴趣,那么这种"意义"既可以是文本在语义学上的"意义",也可以是社会行动在语用学上的"意义",也就是人们遵循或调用类文本的历史文化传统,在社会世界的语言运用中所表征的意义(社会科学)或所建构的"意义"(实践哲学)。

(一)社会科学与阐释学:韦伯式的"解释社会学"

作为现代哲学阐释学的奠基人,伽达默尔本人并不否认将阐释学用于社会科学领域。在他看来,包括社会科学理论阐释在内的科学理解,同样是人们以语言为媒介进行的阐释活动,因此,也可纳入阐释学的范围之内。如果说阐释学是一门探讨理解和解释如何可能的学问,那么,只要我们对于社会世界的理解和解释存在障碍,阐释学就可以在这方面做出贡献。正如伽达默尔在题为《阐释学与社会科学》的一文中指出的,

> 社会科学意识到它们将其主题化的事实,在很大程度上是以言说为中介的。因此,诸多研究性工作的基础恰恰是不间断的沟通。……由科学组织和控制起来的社会,并没有排除我们对社会研究中存在阐释学维度的承认:沟通的过程,即探究观点的过程、语言影响的过程。[2]

由于有韦伯著名的"解释社会学"(interpretative sociology,国内社会学界一般翻译为"理解社会学")作为典范,将阐释学运用于狭义的社会科学(对社会世界的经验研究科学)领域,似乎是不言而喻的。韦伯的"解释社会学"在"行为"(behavior)与"行动"(action)、"说明"(explanation)与"解释"(interpretation)的基础上,将社会学研究定位为"对社会行动的解释性理解",而他所谓的"行动"是指具有主观意义的行为,而不仅仅是身体的动作。[3] 正

---

[1] Jürgen Habermas, *Moral Consciousness and Communicative Action*, trans. by Christian Lenhart and Shierry Weber Nicholson, MIT Press, 1990, p. 43 – 115.

[2] Hans – Georg Gadamer, *Hermeneutics and Social Sciences*, in David M. Rasmussen & James Swindal, eds., Jürgen Habermas Volum Ⅰ, Sage Publications, 2002, p. 115.

[3] Max Weber, *Economy and Society: An Outline of Interpretive Sociology*, in Guenther Roth & Claus Wittich, eds., California University Press, 1978, p. 4.

是因为凸显了对社会行动(行为的主观意义)的解释性理解,韦伯的社会科学研究超越了那种(排他性地)聚焦于对行为本身予以描述性说明的行为主义—实证主义传统。

不过,韦伯视野中的社会学或社会科学是针对社会世界的经验研究科学,它区别于实践哲学这类独断性/教义性学科(the dogmatic disciplines)。在界定"意义"的含义时,韦伯将经验科学中的意义与实践哲学中的意义明确区分开来:

"意义"可分为两类。这一术语首先指涉的是某个特定行动者在某种给定的具体情形中实际存在的意义,或者可归属于给定的多个行动者的平均或相类似的意义。其次,它指涉的是从理论上构想、可归属于在给定行动类型的一个或多个假定行动者的纯粹类型的主观意义。在任何情形下,它都不牵涉某种客观上"正确"的意义,或在某种形而上学的意义上"真实"的意义。正是它将诸如社会学和历史学这样的行动的经验科学,同像法理学、逻辑学、伦理学和美学这些领域的独断性/教义性学科区分了开来——后者试图确定出与它们的研究目标相联系的"真实"或"有效"的意义。[1]

可见,像法哲学、政治哲学、道德哲学这样的实践哲学会被韦伯视为"独断性/教义性学科",它们对实践秩序之"意义"的哲学建构落在了韦伯解释社会学的视野之外。换句话说,解释社会行动的实然"意义"是韦伯式解释社会学的旨趣之所在,但阐释实践秩序的应然"意义"则落在了其关切之外。

(二)当代实践哲学的"阐释学转向"

实践哲学对实践秩序之"意义"的哲学建构,是否具有阐释学的维度?当代实践哲学(特别是政治哲学)的发展,已对此做出了肯定的回答。从学理上看,实践哲学对实践秩序之"意义"的哲学建构,预设了一种黑格尔式的情境主义立场:实践秩序并没有普适性的"意义",只存在与特定伦理性共同体(家庭、族群乃至国家)相关联的"意义"。当代政治哲学和道德哲学的发展,不仅充分肯定了实践哲学的阐释学维度,甚至还出现了一种乔治娅·沃恩克(Georgia Warnke)所谓的"阐释学转向"(hermeneutic turn)。正如她指出的,政治哲学的晚近发展可以以"阐释学转向"予以评价:

所谓阐释学转向或解释转向,是指诸多重要的政治理论家不再基于(可

[1] Max Weber, *Economy and Society: An Outline of Interpretive Sociology*, in Guenther Roth & Claus Wittich, eds., California University Press, 1978, p. 4.

称之为)康德式的理据来证成正义原则或行动规范,即不再诉诸形式理性、人类行动的特征或合理选择的中立程序。毋宁说,这些哲学家认为,如果某个社会想证成其社会和政治原则,它所能做的只能是表明这些原则相对于该社会的适宜性,即通过显示这些原则表达了该社会之善目(goods)、习惯、历史和传统的意义。[1]

在沃恩克看来,这种"阐释学转向"不仅是沃尔泽、麦金泰尔这样的共同体主义者乐于采取的立场,像哈贝马斯、罗尔斯这样的康德主义者亦无可避免。对哈贝马斯来说,他那里与"道德性商谈""实用性商谈"相并列的"伦理性商谈",便充分容纳了政治共同体对自身(与文化传统相联系的)伦理生活的本真性想象。对罗尔斯来说,他的正义理论尽管是以普遍主义的面目出现,但实质上"仍反映了对道德人之平等和自由的盎格鲁—美利坚式或西方式理解"[2]。因为正如罗尔斯本人指出的,"使某种正义观念获得证成的,不是它对于某种先定并给定于我们的秩序具有真理性,而是它是否与我们对自身的较深层理解、我们的抱负及我们的下述认识相契合:考虑到嵌含于我们公共生活的历史和传统,它对我们来说是最合理的学说"[3]。这种学术转向,之所以具有阐释学的意义,乃因为"它把具有一套自身历史传统、习惯和规范的某种文化视为类文本。其目标不再是为政治原则的元条件选择建构程序;相反,它力图发现和阐明已然嵌含在某个共同体或者为该共同体所隐含的习惯、制度和行动规范"[4]。因此,在经过"阐释学转向"的实践哲学看来,"正义理论就变成了对某个社会的行动、习惯和规范意味着什么进行理解的尝试,也就是要阐明某种文化的共享理解是什么,从而使其可以就那些对自身有道理且有意义的正义原则达成一致"[5]。

在一篇题为《解释与人的科学》(*Interpretation and the Sciences of Man*)的文章中,查尔斯·泰勒从方法论角度对人文社会科学(特别是政治哲学)的阐释学维度,进行了较为深入的分析。在他看来,所谓"阐释",意味着要使文本或类文本中存在的某些相互联系但又令人困惑的意义变得更清晰。

---

[1] Georgia Warnke, *Justice and Interpretation*, Polity Press, 1992, p. 7.

[2] Georgia Warnke, *Justice and Interpretation*, Polity Press, 1992, p. 7.

[3] John Rawls, *Collected Papers*, in Samuel Freeman, ed., Harvard University Press, 1999, p. 306 – 307.

[4] Georgia Warnke, *Justice and Interpretation*, Polity Press, 1992, p. 5.

[5] Georgia Warnke, *Justice and Interpretation*, Polity Press, 1992, p. 5.

因此，阐释学的适用对象一般需满足以下三个条件：(1)我们可以谈及可被解释的意义(sense)或融贯性(coherence)；(2)这种意义可以用另一种方式来表达，从而使我们在为待解释对象的隐含意义提供更清晰的表达时，能够谈及解释；(3)这种意义是对于主体的意义。[1] 在泰勒看来，社会世界也存在类似于文本意义的意义，即"主体间性的意义"(intersubjective meanings)和"共同意义"(common meanings)，正是此类意义使一个社会得以凝聚为一个共同体。对这种"主体间性的意义"和"共同意义"的把握，采用经验主义、实证主义的客观主义方式是行不通的，唯有诉诸对传统的阐释和解释，并通过持续的"阐释学循环"使社会成员以语言为媒介对某种阐释和解释达成相互理解，始能奏效。他进一步指出：不同于自然科学和经验科学的真理评判适用于可验证性(verifiability)原则，阐释科学命题的真理性依赖于其洞见能否为阐释共同体成员所接受。这种洞见"不能通过收集原始数据、启动形式推理或把两者相结合而获得传播。它是无法形式化的"[2]。它只能依赖于人们的敏感性和洞察力。

二、法哲学的公共阐释：取向与共享视域

如果说当代西方实践哲学(特别是政治哲学)中出现的"阐释学转向"否弃了关于正义原则的普遍主义想象，转而"阐述适合于某个特定文化和社会的正义原则"[3]，那么对现代法律秩序仍待建构和收束的转型中国来说，其法哲学的"阐释学转向"更显必要。事实上，从苏力的"本土资源论"、梁治平的"法律文化论"到许章润的"汉语法学论"，从邓正来的"理想图景论"到魏敦友的"新三统论法哲学"乃至络德睦(Teemu Ruskola)关于法律东方主义的论说，尽管这些论说仍有进一步分辨的必要，彼此间亦互有辩驳，但它们表面上歧义的背后，其实共同推动着当下中国法哲学的"阐释学转向"：它们都反对直接舶取西方现代法律秩序的建构模式，主张把中国法律秩序的建构与中国特有的实践约束条件(历史/文化条件、社会条件乃至政治条件)深度结合起来。

(一)法哲学公共阐释的情境——普遍主义立场

笔者阐发的"作为转型法哲学的公共法哲学"，以转型中国现代法律秩

[1] Charles Taylor, *Interpretation and the Science of Man*, in Charles Taylor, ed., Philosophical Papers Vol. 2: Philosophy and the Human Sciences, Cambridge University Press, 1985, p. 27.

[2] Charles Taylor, *Interpretation and the Science of Man*, in Charles Taylor, ed., Philosophical Papers Vol. 2: Philosophy and the Human Sciences, Cambridge University Press, 1985, p. 53.

[3] Georgia Warnke, *Justice and Interpretation*, Polity Press, 1992, p. 158.

序的建构为根本关怀，主张以中国现代转型的政治理想与实践约束条件（政治与社会—历史条件）之间"反思性平衡"，探索具有公共证成前景的"中国法律理想图景"（中国现代法律价值观）。可以说，"作为转型法哲学的公共法哲学"，是一种蕴含"阐释学转向"的法哲学知识形态。不过，"作为转型法哲学的公共法哲学"也自觉顺应了法哲学的"公共转向"。[1] 因此，更确切地说，与之相适应的"阐释学转向"是一种"公共阐释转向"（turn of public hermeneutics）——前文之所以说推动法哲学"阐释学转向"的既有论说"仍有进一步分辨的必要"，正是认识到了把这种"阐释学转向"进一步提升为具有公共证成前景的"公共阐释转向"的必要性。

此处所谓的"公共阐释"，借用了张江近年来为促进阐释学的本土化和国际化而提出的一个理论概念。根据张江的论述，公共阐释具有以下六个特征：第一，公共阐释是理性阐释；第二，公共阐释是澄明性阐释；第三，公共阐释是公度性阐释；第四，公共阐释是建构性阐释；第五，公共阐释是超越性阐释；第六，公共阐释是反思性阐释。[2] 不过，张江关于"公共阐释"的论说，主要限于文本，并且其所预设的阐释共同体是否与具有特定历史/文化传统的政治/法律共同体相对应也是晦而不明的。本文所理解的"公共阐释"，其阐释的对象是类文本，或赵汀阳所说的"综合文本"（syntext）[3]，即特定时空政治/法律共同体所共享的历史/文化传统。更确切地说，这种"公共阐释"是围绕笔者所谓的"邓正来问题"——"基于中国文化认同的法律理想图

---

〔1〕 孙国东：《公共法哲学：转型中国的法治与正义》，中国法制出版社 2018 年版，第54－63页。

〔2〕 张江：《公共阐释论纲》，载《学术研究》2017 年第 5 期。张江关于"公共阐释"的其他论述，可参见张江、[德]哈贝马斯：《关于公共阐释的对话》，载《学术月刊》2018 年第 5 期；张江、[英] 约翰·汤普森：《公共阐释还是社会阐释：张江与约翰·汤普森的对话》，载《学术研究》2017 年第 11 期；张江：《"阐""诠"辨：阐释的公共性讨论之一》，载《哲学研究》2017 年第 12 期；等等。

〔3〕 赵汀阳曾构造了"综合文本"这一概念，并试图借助这一概念"构造一种文化哲学方法论，通过它可以使我们基于观念的逻辑体系的理解方式转向基于观念的生态体系的美学理解方式"。尽管赵汀阳没有明确借用"阐释学"的相关理论，但无论是他对"综合文本"有别于逻各斯主义（知识论、逻辑学）的美学品性的强调（人们不是因为某种文化观念是真理而接受它，只能因为被感动才接受它），还是他对解读者对文化这一"综合文本"的"叙事"（赵汀阳使用的概念是"故事"）进行解读时提出的要求（"一个文化本身是或必须是一个完整的故事"；"Syntext 又必须是一个活的故事"；等等），都是与阐释学的精神相契合的。参见赵汀阳：《长话短说》，东方出版社 2001 年版，第 64－79 页。

景问题”[1]进行的学理阐释。因此,其所谓的“公共阐释”是以政治/法律共同体为边界的,不具有世界主义—普遍主义内涵。换句话说,法哲学的公共阐释预设了一种情境——普遍主义(contextual - universalism)的阐释取向:就其凸显与转型中国的实践约束条件(政治与社会—历史条件)相契合来说,它是情境主义的(阐释学取向);就其强调阐释洞见在整个政治/法律共同体具有公共证成前景来说,它是普遍主义的(“公共”取向)。

(二)中国现代法律秩序的建构作为法哲学公共阐释的共享视域

将阐释学引入法哲学的理论阐释,预设了这样一种法律观:法律秩序不仅仅是“主权者的命令”或一套律令的集合,它还追求这套律令体系在法律/政治共同体内外的合法性(legitimacy),因此必须把自己塑造为一种关涉(何为正当的)道德承担和(何为良善生活的)伦理想象的价值秩序。换句话说,法律秩序还是关涉法律“意义世界”的价值秩序。那么,我们该如何推进法哲学的公共阐释?

为了确保法哲学的公共阐释具有公共证成的前景,我们首先需要限定我们的共享视域。正是某种共享视域的存在,使得不同的阐释者以及阐释者与受众之间具有了“视域融合”的可能性,从而使得某种具有道德或伦理内容的阐释洞见具备了获得公共证成的潜力。我们甚至可以把这种共享视域理解为另一种意义上的“前理解”(preunderstanding),即制约着我们据以对某种阐释洞见达致相互理解的认识前提。依笔者之见,中国现代法律秩序的建构,正是这样一种可在中国情境中为法哲学的公共阐释提供共享视域的“前理解”。

中国现代法律秩序的建构,既是中国自晚清以降法制现代化的历史使命之所系,亦是当下中国亟待推进和收束的历史课题。将法哲学公共阐释的共享视域限定于此,既是对这种历史使命和历史课题的积极回应,也有助于引导社会成员以公民身份不断践习公共商谈、积攒公共理性,从而为我们以公共证成形成关于“中国法律理想图景”的共识提供认知前提。

将中国现代法律秩序的建构作为法哲学公共阐释的共享视域,既是为了正本清源地直面当下中国的根本法律问题,亦是为了建设性地回应我们当下关于中国法律问题的争论。不过,要想使这种共享视域起着消除分歧、积攒

---

[1] 孙国东:《公共法哲学:转型中国的法治与正义》,中国法制出版社 2018 年版,第83 - 84页。

共识的积极作用,我们仍需以自己的实体性理论建构,切实推进法哲学的公共阐释。

1. 意识形态批判与沟通旨趣相结合

我们应如何切实推进法哲学的公共阐释?保罗·利科对于伽达默尔与哈贝马斯之间争论的评析启示我们:要把意识形态批判与沟通旨趣紧密结合起来——这种结合堪称使法哲学的公共阐释起到消除分歧、积攒共识作用的认知前提。

众所周知,哈贝马斯对伽达默尔哲学阐释学的一个批评意见是,伽达默尔对构成我们"前理解"的传统让步过多,忽视了这些传统中的意识形态性因素:正是这些意识形态性因素,扭曲了我们的沟通,从而使我们无法达致相互理解和共识。因此,哈贝马斯主张"批判阐释学",一个核心命题就是进行意识形态批判。在哈贝马斯关于人类认识旨趣的三分法中,他区分了经验科学的"技术性旨趣"、历史—阐释科学的"实践旨趣"(沟通的旨趣)和社会批判理论的"解放旨趣",并认为解放旨趣体现了认识和旨趣的统一,它所内在要求的意识形态批判,可以确保沟通没有边界且不受限制地进行下去。但正如伽达默尔指出的,"由于它力图穿透那些使舆论受到不良影响的被掩盖的旨趣,它隐含地认为自己具有免受意识形态影响的自由;而这意味着它把自己的规范和理想拥立为自明的和绝对的"[1]。

在1973年完成的一篇论文中,保罗·利科曾对哈贝马斯和伽达默尔之间的争论进行了评析。保罗·利科的立场大致位于哈贝马斯和伽达默尔之间。哈贝马斯说,将历史—阐释科学的"实践旨趣"与批判理论的"解放旨趣"分立,使得批判理论无法就社会世界的"意义"给出建设性的具体内容。他写道:

唯有将解放旨趣所推动的意识形态批判与沟通旨趣所推动的对过去遗产的再解释结合起来,始能为这种努力提供具体内容。单纯对扭曲的批判只是一个方面,另一半的努力是重新生成具有充分能力的沟通行动。如果我们无法体验针对任何事物的有效沟通,没有边界且不受限制的沟通这种范导性的理想,只能是一厢情愿的思考——如果不是现代社会中某种精神分裂需求

[1] Hans - Georg Gadamer, *Hermeneutics and Social Sciences*, in David M. Rasmussen & James Swindal, eds., Jürgen Habermas Volum Ⅰ, Sage Publications, 2002, p. 119.

的爆发的话。[1]

由此可见，为了形成关于"中国法律理想图景"的共识，我们需要同时做两个方面的工作：一方面，我们需对扭曲沟通的各种意识形态性言说进行反思和批判。在中国情境中，自由主义、新左派和新儒家是应予反思的三种主要意识形态性论说。这三种论说分别排他性地立基于政治理想主义的道德直觉、政治现实主义的政治直觉和政治温情主义的伦理自觉。它们都具有直觉主义的阐释取向，不具有公共证成的前景。[2] 另一方面，我们还需对那些与"中国法律理想图景"相适应的具体规范性要求，进行实体性的理论建构。正如保罗·利科指出的，"如果不能从我们沟通中的实践旨趣获得具体内容，解放的旨趣就是空洞和贫乏的"[3]。正是经由这种"破立并举"的公共阐释，我们始能将解放旨趣的社会批判与实践旨趣的沟通行动结合起来，从而为我们通过公共商谈积攒关于"中国法律理想图景"的共识提供认知前提。

2. "法律价值观"vs. "法律价值"

要想切实推进法哲学(特别是现代法律价值)的公共阐释，我们还须把"法律价值观"(legal conceptions of values)与"法律价值"(legal values)区分开来——这一区分堪称使法哲学的公共阐释起到消除分歧、积攒共识作用的逻辑起点。

所谓"法律价值"，是指自由、平等、民主、正义、法治等现代性价值本身；所谓"法律价值观"，是指特定时空的法律共同体关于这些价值的观点，即关于法律价值的具体规范性要求的某种观点及与之相适应的制度和实践模式。"法律价值"与"法律价值观"的区别，在很大程度上指向了"法治文明(政治文明)"与"法律文化(政治文化)"的区分：法律价值属于具有跨文化普适性的法治文明(政治文明)范畴，法律价值观则属于具有情境依赖性的法律文化(政治文化)范畴。换言之，现代法律价值，作为现代法律秩序的价值本原所在，集中体现了现代法治文明(政治文明)的普遍要求；但法律价值观，作为特定法律共同体关于现代法律价值的观点，既是现代法治文明(政治文

[1] Paul Ricoeur, *Ethics and Culture: Habermas and Gadamer in Dialogue*, in David M. Rasmussen & James Swindal, eds., Jürgen Habermas Volum Ⅰ, Sage Publications, 2002, p. 141.

[2] 孙国东：《公共法哲学：转型中国的法治与正义》，中国法制出版社 2018 年版，第37－38页。

[3] Paul Ricoeur, *Ethics and Culture: Habermas and Gadamer in Dialogue*, in David M. Rasmussen & James Swindal, eds., Jürgen Habermas Volum Ⅰ, Sage Publications, 2002, p. 140－141.

明）的具体表现形式，也是一国法律文化（政治文化）——文化和政治认同的核心要素。

对中国这样的非西方的法治后发国家来说，区分“法律价值”与“法律价值观”至关重要：它可以使我们在有效抵御西方“法律价值观”的同时，积极探索适合自己的“法律价值”的制度化方式。进言之，它可以有效避免“现代化＝西化”的文化本质主义取向，从而在抵御西方文化殖民主义的同时，避免落入文化民族主义的窠臼之中，进而为非西方国家的“另类现代性”（alternative modernity）保留想象和探索空间。近年来，知识界关于“普世价值”与“反普世价值”，“宪政论”与“反宪政论”的意识形态性争论，其实就是因为未能区分“价值”和“价值观”所致：一方用西方化的法律价值观绑架了现代性价值；另一方一味地拒斥这种价值观，但却忘了解救被对方绑架的现代性价值。打一个可能不太恰当的比方，后者的反应，就像警察把绑匪和人质一块击毙一样，过于仓促和草率而失之审慎和理性了。显然，唯有区分了（法律）价值与（法律）价值观，我们始能在有效抵御西方价值观的同时，积极探索适合自己的现代（法律）价值观。[1]

对法哲学的公共阐释来说，将“法律价值观”与“法律价值”区分开来意味着我们需围绕适合于中国情境的“法律价值观”进行公共阐释。更确切地说，我们需基于中国现代法律秩序建构的政治理想与实践约束条件之间的“反思性平衡”，围绕法律价值在中国情境中的具体规范性要求及相应的制度和实践模式，进行实体性的理论建构，从而切实推进法哲学的公共阐释。

三、法哲学的公共阐释：认知性原则与认识论要求

要想使法哲学的公共阐释进入实际操作层面，我们必须进一步探讨其认知性原则和认识论要求。

（一）法哲学公共阐释的认知性原则

所谓“认知性”（cognitive），是指可以在乔治·米德意义上“不断扩大的共同体”（ever wider community）内按照知识的逻辑予以争辩、修正和分享的。唯有秉持认知性原则，某种阐释洞见始能为阐释共同体成员在非强制的条件下认同和接受。

在实践哲学和社会科学的研究中，非认知性的态度主要表现为两种形

[1] 孙国东：《公共法哲学：转型中国的法治与正义》，中国法制出版社2018年版，第4－5、512－513页。

态：一是由言说立场上的非自主性带来的非认知性，即以其他场域的运行逻辑代替学术场域的学理逻辑。这种非学术逻辑主要表现为三种形式：(1)以强调自上而下的服从为旨趣的权力逻辑；(2)以服务于委托人的利益为旨趣的市场逻辑；(3)以迎合于社会风尚为旨趣的传媒逻辑。二是由言说内容上的不可分享性带来的非认知性，即基于个人价值偏好的学术言说。与此相适应，法哲学公共阐释的认知性原则至少包括两方面的内容：

1. 确保阐释立场具有公共性的公道性原则

关涉阐释立场的公道性(impartiality)原则意味着：我们需采用独立于权力逻辑、市场逻辑、传媒逻辑等的自主学术立场，基于法律共同体的公共善，对适合于中国情境的法律价值的具体规范性要求，进行公共阐释。

之所以强调公共阐释要具有独立于权力逻辑、市场逻辑、传媒逻辑的自主立场，是因为这些非学术逻辑常常具有更为内在、但却无法通过公共检验的目标。一般来说，政治场域的权力逻辑对法律/政治秩序稳定性的重视，要远胜于对政治秩序正义性的守护；经济场域的市场逻辑对委托人(包括市场主体或市场化的行政主体)利益最大化的重视，要远胜过对委托人利益与社会利益或公共利益的平衡；社会场域的传媒逻辑更容易张扬的是(部分)社会成员的"众意"(will of all)乃至"私意"(private will)，而不是法律/政治共同体的"公意"(general will)。[1] 唯有秉持独立于权力逻辑、市场逻辑和传媒逻辑的公道性原则，我们始能守护学术立场的公共性，从而在捍卫法律秩序的正义性、确保各种宗派性利益与社会利益或公共利益的平衡、促进法律/政治共同体"公意"的聚合等基础上，推进对中国情境中法律价值观的公共阐释。

2. 确保阐释内容具有公共性的可证成性原则

关涉阐释内容的可证成性(justifiability)原则意味着：我们要以那种超越个人价值偏好且具有公共证成前景的实体性内容，对中国情境中法律价值的具体规范性要求进行公共阐释。

对法哲学的公共阐释来说，其阐释的内容之所以要求具有可证成性，根源于其所关涉的法律/政治共同体层面的伦理性认同，在现代条件下唯有通过公共商谈始能获得道德上的证成。此论题并非自明，请容笔者稍加展开。

---

〔1〕 孙国东：《公共商谈与学术研究的公共性：兼谈社会科学自主性的两个向度》，载《中国社会科学评价》2018 年第 1 期。

自康德与休谟开启了道德认知主义与非认知主义（表现形式包括：情感主义、直觉主义等）之争以来，道德哲学中关于道德问题（特别是伦理问题，即价值问题）是否具有可认知性历来众说纷纭。面对这种二元对立，如果我们只是选择其中一种立场，难免会面临另一种相对立场的诘难。据笔者个人体会，一种可促进相互理解的思考路向，不是仅仅从道德哲学的概念层面去分析这两种取向的优劣，而是将其置于政治社会的实践需要和运行逻辑中进行分辨。沿着这样的思路，我们就不能把政治或法律共同体层面的集体认同，完全还原为个体层面的自我认同。事实上，诸多关于道德认知主义与道德非认知主义的争论，恰恰是把两者等同起来，进而以自我认同的不可通约性来解构集体认同的可能性，其推理的逻辑是：由于个体间的价值取向是不可通约的，因此法律/政治共同体的集体认同是不可能的——这是规范性政治哲学论者惯于采用的论说取向，也就是以道德哲学冒充政治哲学，把针对道德世界的道德哲学理论径直套用为针对政治社会的政治哲学论说。[1]

与自我认同相比，法律/政治共同体层面的集体认同更具有政治性，因而更有可能、也更有必要达成主体间的相互理解或共识。自我认同内在地依赖于主体中心视角，它是从主体中心的第一人称单数（“我”）视角追问“我应当追求怎样的善好生活？”集体认同则是从第一人称复数（“我们”）视角追问“我们应当追求怎样的善好生活？”正因其复数性，集体认同内在地蕴含主体间性的维度。正是在这个意义上，哈贝马斯分别将自我认同和集体认同称为“伦理—存在”问题和“伦理—政治”问题，其言外之意是：自我认同更具有无需向他人负责的存在性，集体认同更具有向批判开放的政治性。举例来说，如果单从个体层面来看，一个信奉儒家的人与一个藏传佛教的信徒，他们在伦理—存在层面可能是不可通约的（事实上，在多元化的现代社会，这种通约也是不可欲的）；但在政治或法律共同体层面，其所倡导的集体认同并不是要在两者之间居其一，而毋宁是通过确立两者“各美其美，美人之美”的正当性界限，以确保它们“美美与共”——质言之，它更具追求程序上的正当性（rightness），而非实体内容的本真性（authenticity）。因此，伦理—政治意义上的集体认同所追求的伦理生活，不是仅仅对“我们”中的某些人或部分人来

[1] 关于“道德世界”与“政治社会”的区分，参见孙国东：《公共法哲学：转型中国的法治与正义》，中国法制出版社 2018 年版，第 402－403 页。

说是可欲的,而意味着“对我们所有人来说同等地善好”(equally good for all of us),其证成的方式仍需诉诸程序性的道德普遍主义原则,即公共商谈原则。[1] 在现代条件下,要在法律/政治共同体内部解决价值分歧、寻求价值共识、形成集体认同,公共商谈是唯一合乎道德的方式——舍此,我们均需诉诸某种程度的强制,如武力强制或国家强制力威慑下的软性强制。

(二)法哲学公共阐释的认识论要求

与上文提到的两个认知性原则相一致,法哲学公共阐释至少包括两方面的认识论要求:

1. 采取“反思性的情境主义”立场

“反思性情境主义”(reflective contextualism)的思想立场,既反对当下中国新左派、新儒家乐于秉持的“封闭的中国特殊论”,也反对自由主义惯于采用的“去情境化的普遍主义”——从这个意义上说,它试图超越中国知识界的“左”“右”之争。这种“反思性的情境主义”主张:中国特有的某些迥异于西方的结构化情境,如具有轴心文明遗产的文明型国家、具有大一统传统的超大规模型国家(中华民族多元一体格局)、社会主义党治国家等,是我们反思西方现代性模式的依据,但就现代转型的政治理想来说,它们本身也是反思的对象。就其充分观照了转型中国的结构化情境来说,它是“情境主义”的;就其充分守护了现代转型的政治理想来说,它是“反思性”的。

从现代化理论的角度看,这种“反思性的情境主义”预设了一种艾森斯塔特—吉登斯式的“反思性现代性”(reflective modernity)立场:现代性是以反思性和能动性的态度创造理想(社会政治和法律)秩序的谋划。从社会理论的角度看,它蕴含了一种非结构主义的社会立场:在社会变迁中,行动者(actors)作为“施动者”(agents)与结构形成了互动的关系,而不仅仅受结构的支配。唯有采取“反思性的情境主义”立场,我们始能在政治理想与实践约束条件之间,进而在政治和法律谋划的正当性、可欲性与可行性之间,保持

---

[1] Jürgen Habermas, *Between Facts and Norms: Contributions to a Discourse Theory of Law and Democracy*, trans. by Williiam Rehg, MIT Press, 1996, p. 161.

“反思性平衡”。[1] 可以说,正是这种“反思性的情境主义”立场,可以使我们摆脱经济场域的市场逻辑、社会场域的传媒逻辑特别是政治场域的权力逻辑的支配,进而以自主的公道性立场推进中国情境中法哲学的公共阐释。

政治理想与结构化情境之间的“反思性平衡”,使得由“反思性情境主义”所引导的公共阐释,与知识界两种常见的论说取向明显区分开来。不同于(历史学界盛行的)历史实证主义对历史真相的执着,法哲学的公共阐释对中国特有的结构化情境的识别和洞察,其实是对具有不同时间性的“传统”的阐释。这种阐释是基于对未来的想象而对我们共享传统和共同历史记忆的建构,就是说,是对未来的想象决定了我们对过去的阐释,而不是对过去的因循决定了对未来的想象(正是现代性的出现,扭转了过去与未来的线性关系)。如果借用E.霍布斯鲍姆和T.兰格的说法,这是基于未来而对传统的“发明”:“‘被发明的’传统之独特性在于它们与过去的这种连续性大多是人为的(factitious)。总之,它们采取参照旧形势的方式来回应新形势,或是通过近乎强制性的重复来建立它们自己的过去。”[2] 不同于(部分公共知识分子或政治哲学论者)对中国现代政治/法律秩序的乌托邦想象,法哲学的公共阐释对于中国现代政治/法律秩序的建构,充分观照了中国特有的结构化

---

[1] 刘擎在汉语学界率先阐发了“批判语境主义/批判情境主义”方法论,试图借此把“中西之争”重新纳入“古今之辩”的阐释框架中。他所谓的“批判语境主义/批判情境主义”,试图对“语境”本身展开批判性考察,并尤为注重其内部紧张与动态变易。它试图超越“文化本质主义”与“激进建构主义”这两种极端的观念,主张“将中国文化传统理解为各种张力关系——包括核心与边缘,统一与多样,内部与外部,延续与断裂——之间辩证互动的实践发展”。Stephanie Lawson 曾对政治理论研究中的历史或文化情境主义,进行过较为系统的分析和反思。他认为,文化情境主义预设了内外的绝然二分,从而“使‘局外人’无法批判性地接触‘他者’及其实践,拒斥‘外部’批判的合法性,进而为现时代其他成问题的二元对立特别是西方与非西方之分,打开了方便之门。”因为“一旦把某个东西贬斥为‘西方理论’或‘西方认识论’,并将其归结为文化和/或历史的‘特异性(specificity)’,人们势必会假定由其自身之特异性所奠基的某种完全不同的‘非西方’之存在。这种粗糙的二元对立性的解释和具体化,在当代关于世界政治的文化主义取径中大行其道。它们亦会催生如下假设:‘文化’及同源的情境概念具有自我合法化(self – legitimating)的性质;与此同时,其通常仅仅是扭转了它们所反对的文化等级体系,并借此偏袒在地性的保守主义、威权主义和国家主义意识形态和议程。”请分别参见刘擎:《在中国语境下的自由主义:潜力与困境》,载《开放时代》2013 年第 4 期;Stephanie Lawson, *Political Studies and the Contextual Turn: Methodological / Normative Critique*, Political Studies, Vol. 56, p. 598, 593 (2008)。

[2] [英]E.霍布斯鲍姆、[英]T.兰格:《传统的发明》,顾杭、庞冠群译,译林出版社2004 年版,第2 页。

情境，并注重政治理想与实践约束条件之间的平衡，因此它对政治理想的建构是罗尔斯意义上的“现实主义的乌托邦”(realistic utopia)想象，它对实践约束条件的把握是吉登斯意义上的“乌托邦现实主义”(utopian realism)把握。

对法哲学的公共阐释来说，这种“反思性的情境主义”意义重大。它意味着我们需在促进中国现代法律秩序建构的政治理想与实践约束条件之间“反思性平衡”的基础上，建构关于这些实践约束条件及其未来改易更化路向的学理“叙事”(narratives)，正是这种学理叙事既塑造了我们关于共享传统的历史记忆，也建构了我们关于未来的政治哲学想象。因此，它对传统的态度，不是保守主义乃至守旧主义的因循态度，而是一种面向未来的反思性调用态度。借用哈贝马斯的说法，它意味着“对传统的批判性调用”(a critical appropriation of traditions)[1]。

2. 践习“理性的公共运用”

为了充分凸显学术论说的公共性，康德曾把学术研究视为“理性之公共运用”(the public use of reason)的典型方式。不同于“理性之私人运用”，学术研究作为“理性之公共运用”的典型方式，意味着学者“作为整个共同体的乃至作为世界公民社会的成员”面向无限时空的读者言说，其理性之运用是“任何人作为学者在全部听众面前所能做出的那种运用”[2]。在康德看来，“学者”身份具有内在的公共性；它并不专属于特定职业，任何公民只要是在践习“理性的公共运用”，他/她就是在以“学者”身份言说。因此，“学者”与其说是一种职业，不如说是一种态度，即“通过自己的著作而向真正的公众亦即向全世界讲话”[3]的态度。

“理性的公共运用”并不是人类与生俱来的禀赋，相反，它是现代性对于人类(特别是学者)的一种期待或要求，是人类(特别是学者)应当努力习得、自觉践履的一种能力。对于大多数人来说，从自己信奉的某种宗教、哲学、道德整全性学说(comprehensive doctrines)出发进行言说，是更符合其本性的言说取向。然而，在现代条件下，随着政教分离带来的社会世俗化运行(改革开

---

〔1〕 Jürgen Habermas, *The Inclusion of the other: Studies in Political Theory*, in Ciaran Cronin & Pablo De Greiff, eds., MIT Press, 1998, p. 97.

〔2〕 [德]康德:《历史理性批判文集》,何兆武译,商务印书馆 2005 年版,第 26 页。

〔3〕 [德]康德:《历史理性批判文集》,何兆武译,商务印书馆 2005 年版,第 27 页。

放以来中国的“社会大还俗”正是社会世俗化运行的表征),任何宗教、哲学、道德整全性学说都已丧失了相对于所有社会成员的认知性,即可分享性。正是为了确保言说内容的认知性,“理性的公共运用”要求学者自觉抵御宗教、哲学、道德整全性学说的影响,以那些可分享的价值、理论和知识进行学术言说,而不是去兜售包含任何价值独断主义色彩的价值、理论和知识。

四、法哲学公共阐释的方法论:以中国情境的正义为例

与法哲学公共阐释的认知性原则和方法论要求相适应,法哲学公共阐释的一个方法论出路是:采取“政治哲学建构与社会—历史分析相结合”的研究路径,通过中国现代转型的政治理想与实践约束条件之间的反思性平衡,对适合于中国情境的法律价值的具体规范性要求,进行实体性的理论建构。

采取政治哲学建构与社会—历史分析相结合的研究路径,可以通过问题导向的跨学科研究,同时把握法律的政治与社会—历史之维,从而对中国情境中法律价值的具体规范性要求进行公共阐释。在现代条件下,法律的政治与社会—历史之维意味着:(1)法律具有政治哲学承诺,是法律/政治共同体实现其政治理想的工具;(2)法律具有政治制约性、社会制约性和历史/文化制约性——其中法律的政治哲学承诺和政治制约性共同构成了法律的政治之维,法律的社会制约性和历史/文化制约性构成了法律的社会—历史之维。[1] 采取“政治哲学建构与社会—历史分析相结合”的研究取径,可以通过政治哲学建构把握中国现代法律秩序建构的政治哲学承诺(法律价值的理念形态),同时通过社会—历史分析把握中国现代法律秩序建构的实践约束条件(法律价值的政治与社会—历史制约条件),进而通过政治哲学承诺与实践约束条件交互比勘所达致的“反思性平衡”,对中国情境中法律价值的具体规范性要求进行公共阐释。

接下来,让我们以中国情境的正义为例,说明如何推进法哲学的公共阐释。

法哲学和政治哲学中关于正义的争论,与其说是关于正义价值之地位的争辩,不如说是关于“正义观”,即正义价值的规范性要求的争论。在关于正义观的讨论中,诸多中国论者常常把罗尔斯版本的正义理论奉为圭臬,认为它(特别是其中蕴含的“自由优先性”原则)具有跨文化的普适性,但却忽视

---

[1] 孙国东:《公共法哲学:转型中国的法治与正义》,中国法制出版社2018年版,第139-146页。

了罗尔斯本人的论说中所蕴含的情境主义预设——正是因为洞察到了罗尔斯正义理论对西方特别是美国文化情境的依赖，前文提到的乔治娅·沃恩克将其视为当代西方政治哲学"阐释学转向"的一个表征。在《正义论》的初版中，罗尔斯论证自由优先性原则的根本理由是：在文明发展的特定阶段，人们对收入和财富的需要有边际递减效应，对自由的需要则有边际递增效应。罗尔斯指出：

> 随着文明状况的改善，相对自由的利益（兴趣）而言，进一步的经济和社会收益对于我们的善的边际意义在递减，而随着平等自由的践习条件更充分的实现，自由的利益（兴趣）变得更加强烈。从原初状态的观点来看，在超越某个临界点以后，为了更多的物质财富和更好的办公设施而只承认某种较少的自由，就开始变得、进而始终是不理性的。[1]

借用加尔布雷思的说法，罗尔斯其实隐含地指出：唯有在"丰裕社会"，始能推演出自由优先性的正义原则。尽管主要由于哈特的批评，罗尔斯后来重新阐述了自由优先性的理由，但他的重新阐述主要是通过把自由的优先性专断地确立为处于原初状态的人们一致认可的"最高阶的利益"而实现的，在很大程度上陷入了"套套逻辑"（tautology）：因为自由是"最高阶利益"，所以自由具有优先性。即使在重新阐述的文本中，罗尔斯也承认："尽管关于自由的基本利益具有明确的目标，即有效确立各种基本自由权项，但这些利益并不总是具有主导性。这些利益的实现，会使得特定的社会条件及对需要和物质需求的特定程度满足成为必要，而这解释了为什么特定自由权项有时会被限制。"[2]那么，如果沿着罗尔斯的逻辑，对"特定的社会条件及对需要和物质需求的特定程度满足"还没有充分实现的国家（比如当下中国）来说，这意味着什么？显然，我们更应自主地建构适合中国情境的正义原则及其规范性要求，而不是径直套用罗尔斯的正义观。这里的关键，便是识别和洞察制约转型中国正义实现的结构化情境（政治与社会—历史条件）。

正是沿着罗尔斯的学理逻辑，笔者在其他场合曾采用政治哲学建构与社会—历史分析相结合的研究路径，探索性地建构了适合于中国情境的"底线正义"原则。前文提到，法哲学公共阐释的一个关键在于：我们需在促进中国现代法律秩序建构的政治理想与实践约束条件之间"反思性平衡"的基础

---

[1] John Rawls, *A Theory of Justice*, Belknap Press of Harvard University Press, 1971, p. 542.

[2] John Rawls, *Political Liberalism*, Columbia University Press, 1996, p. 476.

上，建构我们关于这些实践约束条件及其未来改易更化路向的学理“叙事”。我们如何通过政治哲学建构与社会—历史分析相结合，建构关于正义的实践约束条件及其未来改易更化路向的学理“叙事”？笔者个人的阐释，是从制约当下中国社会正义实现的一种结构化情境，即社会成员普遍具有的“反正义的公平”观念出发的。通过分析“反正义的公平”观念的思想渊源（中国文化中的机会公平传统）、意识结构（20世纪人民共和革命所形成的“后习俗的”道德意识结构）、话语基础（当代中国实践哲学中的权利话语），特别是更具有结构性和塑造性的“背景制度”（当下中国缺失正义的社会基本结构），我们可以洞察到三种可从社会基本结构层面超越“反正义的公平”观念的正义议程：(1)保障经济正义/分配正义（落实“实质性的机会公平”和“差别原则”）；(2)建构公共商谈（公共自主）的政治机制；(3)厉行法治。沿着罗尔斯本人的学理逻辑，我们很容易经由一个三段论式的推理，证成在中国情境中确立经济/分配正义优先原则的正当性：在“非丰裕社会”，即人们未普遍享有必要、甚至体面生活条件的社会，财产是大多数人（普罗大众）自尊或人格的基础→在“非丰裕社会”，为了确保实质性的人格平等，国家和社会有义务保障经济正义，既要充分保障公民以平等人格获取教育和培训机会、参与职务和地位公平竞争的必要物质条件，也要充分保障“最少受惠者”人格独立所必备的生活条件→作为“非丰裕社会”，转型中国应当坚持经济正义（分配正义）的优先性。沿着这样的逻辑，同时参照转型中国的其他结构化情境（党治国家的政治架构；转型中国不存在罗尔斯式“差别原则”的适用前提，即基于市场经济、全民教育和社会保障的“公平的社会合作体系”正在形成或有待突破，而且社会中大量“最少受惠者”的贫困恰恰与这种社会合作体系形成过程的不正义紧密相关；等等），我们可以把有助于促进“反正义的公平”观念正向调适性变迁的“底线正义”诸原则及其具体规范性要求表述如下：

经济正义（分配正义）原则——国家和社会应当保障：(1)拥有同等资质和才能且对自身资质和才能有同等利用意愿的社会成员，以实质性的平等人格获取教育和培训机会、参与职位和地位公平竞争的必要物质条件（实质性的机会公平原则）；(2)具有奋斗志向的“最少受惠者”人格独立所必备的生活条件，而不论其自然禀赋如何（差别原则）；

政治正义原则——经济、政治与文化的不平等安排以及基于“共同善”

对权利的限制,应同时满足如下两个条件:(1)在政治共同体内得到充分的民主商谈(商谈民主原则);(2)以法律的形式确立下来,并在法律适用中平等地适用于所有人(法治原则)。[1]

以上关于中国情境中正义的规范性要求的阐释,是一种探索性的研究。但这种探索却是沿着具有公共证成前景的方向进行的,因此,它旨在推进法哲学的公共阐释。这种公共阐释,旨在通过政治哲学建构与社会—历史分析的深度结合,以认知性的态度(以公道性原则确保言说立场的公共性、以可证成性原则确保言说内容的公共性)和"反思性情境主义"的立场,自觉践习康德—哈贝马斯意义上的"理性之公共运用",并基于此把握现代法律价值在中国情境中的具体规范性要求,从而为法律/政治共同体成员最终通过公共商谈和公共证成形成我们关于现代法律价值的集体性自我理解,提供学理基础和认知前提。

(孙国东/文)*

[1] 孙国东:《公共法哲学:转型中国的法治与正义》,中国法制出版社 2018 年版,第 304 – 385 页。

* 孙国东,复旦大学社会科学高等研究院教授、博士生导师。本文系国家社科基金一般项目"当代西方马克思主义法治理论研究"(项目批准号:7BFX015)的阶段性成果。

基因改造、人性与人类价值

——辩护一种自然主义的“人类改进”概念

近几年来，基因筛选、治疗和改造技术发展迅速，“婴儿定制”也从科幻题材变为现实。胚胎种植前基因诊断（PGD）和遗传学筛查（PGS）已投入医疗实践，商业性机构也已着手开展基因筛查和胚胎性状定制。目前，美国的 Jeffrey Steinberg 医生通过其私人诊所提供性别和瞳孔颜色的婴儿定制服务，下一步，肤色和发色也将纳入定制范围。[1] 严格地说，Jeffrey Steinberg 的“婴儿定制”更多地从属于试管婴儿培育过程中胚胎的筛选，胚胎的基因仍然是源于父母双方的自然遗传。只不过，常见的胚胎筛选是基于预防疾病与缺陷的医疗性目的，而这种定制婴儿则出于满足父母对婴儿外观特征的偏好。而随着 CRISPR 等前沿基因改造技术的突破性发展，生物工程师可以做到准确敲除、插入甚至改写人类基因，实现对胚胎基因的编辑与改造。南方科技大学的贺建奎自 2017 年开始着手进行人类胚胎的基因编辑并成功制造出世界第一对基因改造婴儿“娜娜”和“露露”。消息公诸于世，震惊寰宇，举世哗然。[2] 然而这并非个例。在向弗兰肯斯坦（Henry Frankenstein）末路狂奔的道路上，中科院的生物工程师也不甘人后。继 2019 年 1 月宣布敲除猕猴胚胎获得了五只生物节律紊乱体细胞的克隆猴[3]之后，又于 4 月将人脑与认知功能相关的人类基因片段 MCPH1 植入猕猴胚胎，从而培养出智力超

---

〔1〕 参见媒体对 Jeffrey Steinberg 医生的访谈：*This is how fertility doctors are able to design a baby's eye color*, Hello Giggle（May 20, 2019），https://hellogiggles.com/lifestyle/how-fertility-doctors-design-baby-eye-color。

〔2〕 《广东初步查明“基因编辑婴儿事件”》，载《人民日报》2019 年 1 月 22 日，第 12 版。

〔3〕 《中国科学家育出世界首例生物节律紊乱克隆猴》，载财新报，http://science.caixin.com/2019-01-24/101373885.html。

常的猕猴〔1〕。

这些科研与医疗实践都表明,无论国内外,基因工程的技术进展和应用将深刻地重塑人际的关系,影响人的身份认同,并且相应地带来伦理、道德以及法律与公共政策上的诸多严峻挑战。这些影响和挑战都间接地与我们人类通过基因工程追求生物学上的人类改进(human enhancement)从而"成为更完善的人"这一观念有关。那么,在法律上,我们是否应该允许以基因工程的方式追求"人类改进"?对这个问题的回答依赖于伦理和道德领域的深层观念反思。由此,合理的思考顺序似乎是先大致厘清伦理与道德领域的诸多考量,在此基础上再探讨法律与公共政策的应对策略。然而,即便在伦理与道德领域,给出明确的回答似乎也困难重重。

一、三个困难

初步看来,这是简单的应用伦理学问题,通过适用现有的普遍道德原则或理论就可以给出圆满的解答。但即便在极为初步的思考之后,我们也会立刻意识到这个问题的困难程度。在伦理与道德的层面回答存在以下三个困难:

1. 这个问题涉及的概念存在极大的不确定性。我们必须对何谓"人类改进"有一个相对精准和确定的看法或定义,才能够回答"是否允许改进"这个问题。依照构词方式,需要依次考虑:何谓"改进"?什么又是对"人类"而言的"改进"?"改进"的概念本身就存在相当的不确定性。Jeffry Steinberg 实施胚胎筛选进而选择出父母偏好(或社会偏好的)生物学性状,是否属于"改进"?当事人辩称自己的骇人作为是出于"治疗"的目的,敲除致病基因,使孩子获得对抗艾滋病的能力。那么,预防性治疗到底属于"治疗"还是"改进"?改进的发起者和改进对象是谁?是由父母决定改造胚胎基因进而改进了未来孩子的生物学性状,还是国家拥有决定权?对于这些问题,一旦界定清楚了改进的概念或用法,我们就可以展开实质性的分析。然而,更困难的问题在于,改进的对象是人类或"就人类而言"的改进。我们如何界定什么样的基因改变"就人类而言"更好?类似的问题也可以放到猕猴身上。对猕猴的智力改进,是否"就猕猴而言"更好?如果初步看起来答案是肯定的,那么将智力相关基因——如果可能的话——移植到草履虫身上,是否"就草履

〔1〕《如果将人脑基因转给猴子,会发生什么?》,载新浪科技 2019 年 4 月 19 日,https://tech.sina.com.cn/d/a/2019-04-19/doc-ihvhiqax3930517.shtml。

虫而言”更好？这看上去是个复杂的问题，蕴含规范性判断，而不只是概念界定问题。

2. 除了概念上不确定性之外，我们还面临相关但又相对独立的另一种不确定性，即道德设定〔1〕(moral profile)的不确定性。所谓道德设定，大致是指，某种道德相关的实践处于怎样的社会、政治、经济以及法律等制度性背景或语境之下。需要注意的是，道德设定并不仅仅是人们讨论某个道德问题时给定的背景或语境，道德设定本身也可以并且应当是规范性或评价性判断的对象。例如，是否由政府积极主导并运用国家福利性公共医疗资源提供改进服务，这一设定既会影响我们判断我们对“应否改进”问题的答案，同时，改进是否应当由公共财政负担这一设定“本身”也是道德争论的焦点。类似的道德设定问题还有，如果改进技术是由市场提供，即私人自己承担相应医疗负担，是否应当允许？在不同的道德设定下，反对与支持改进的理由将有很大的不同。在私人市场提供改进的情况下，人们会提出强有力的基于“平等”的理由来反对私人的基因改进实践，〔2〕而同样的理由在前一个道德设定中似乎并不成立或其作为理由的力量并不那么强。在国家提供改进服务并向所有公民开放的设定下，出于保全人类基因多样性的理由似乎会比私人市场提供基因改造技术更强有力。就如同商品市场的多样性，基因改进技术的市场也可能塑造出不同的多样基因偏好。这两个例子表明，在反对或支持人类改进这个一般性问题上，必须要明确在怎样的道德设定下来展开讨论，然而同时，讨论的结果也将对这些道德设定提供批判性的看法。这显然又增加了讨论的复杂与困难程度。

3. 除了概念、道德设定的不确定性之外，对“是否改进”的反对或辩护还面临多元价值(或理由)结构复杂性的挑战。由于这些价值(或理由)性质的差异很大，有些是出于伦理或道德的，伦理上牵涉到德性论(aretaic)自我追

---

〔1〕 对道德设定的讨论，See Mark Greenberg, *The Moral Impact Theory of Law*, Yale Law Journal 123, 2013, p. 1308。

〔2〕 Allen Buchanan, Dan W. Brock, Norman Daniels, and Daniel Wikler, *From Chance to Choice: Genetics and Justice*, Cambridge University Press, 2001, p. 220 – 222.

求的价值[1],个人道德上牵涉到自主(autonomy)的价值[2],政治道德上牵涉包括社会正义、资格平等在内的诸多价值。这些价值或理由之间存在复杂的结构,这就意味着,对单一价值的集中讨论许多时候只能让我们在局部上获得一个倾向于支持或反对的初步结论。有一些理由如出于葆有人性的人文主义价值的考虑或许是全局性的,但恐怕即便是这种理由也需要和其他理由相权衡[3]。另外,考虑到上文讨论的概念和道德设定的不确定性,理由的结构会进一步复杂化。就概念不确定来说,有一些通过基因工程实现人类改进的理由似乎就被取消了"理由"的资格。例如,利用基因改进制造出一小时跑完马拉松的超级运动员,这种身体素质的增强和人类体育卓越这一内在价值完全无关,因此,如果我们将体育表现纳入人类改进的概念中,自我提升的理由(至少在体育相关改进上)就无效了。在道德设定不确定性这边也是如此。社会正义这一理由的强度取决于我们预设由市场来供给私人基因改进服务还是将基因改进纳入公共福利、医疗保险。这些价值和价值或理由和理由之间的结构是如此庞大且复杂,使得讨论的参与者很难给出一个考虑周全的全局性判断。

二、何谓人类改进?

由于上述三个困难的存在,对"人类改进"这一主题的伦理、道德讨论很难获得确定而有效的结论,更遑论确定法律应对这一实践的总体原则与具体策略。人们的伦理道德关切与具体法律制度设计总是基于一定的独特"人类改进"概念和相对明确的道德设定,同时,为了得到相对可靠的结论,通常只能集中地考虑其中一种或几种价值。因此,本文也必须界定并为一种"人类改进"的概念辩护,确定与人类改进相关的诸多道德设定,并且就某一种或几种特定价值与理由展开规范性反思。本文接下去的部分将首先大致确定相关的道德设定(人类改进实践的方式以及相关社会、经济、政治和法律语

---

[1] 在自我慎思考虑(prudential considerations)这一边,可能涉及节制的美德,节制和自我管理、专注力等相关心理能力的提升有关;在道德考虑(moral considerations)这一边,可能涉及同情、勇敢,同情、勇敢和同理心、决断力等心理能力的提升有关。尽管并非以德性论的面目出现,Persson 和 Savulescu 也主张提升人的(心理学意义上的)道德能力,尽管他们的考虑更多是结果论式的。See Ingmar Persson and Julian Savulescu, *Unfit for the Future: The Need for Moral Enhancement*, Oxford University Press, 2012, Chap. 10.

[2] Jürgen Habermas, *The Future of Human Nature*, Polity Press, 2003.

[3] Matthew Liao, *Selecting Children: the Ethics of Reproductive Genetic Engineering*, Philosophy Compass 35, 2008, p. 982 - 983.

境),然后试着在概念上界定并在规范性层面上为一种与自然主义人性观相适应的"人类改进"概念辩护。最后,为了展现这种概念的规范性力量,本文将示范性地引入"自主"价值来展开辩难和讨论,以初步证明自然意义上"成为更好的人"的至善主义理由具有相当的强度。

出于论证次第的需要,允许我先大致限定"人类改进"这一实践相关的道德设定。与人类改进相关的重要道德设定大概有以下几个要素:(1)法律(或习俗)所规定(或约定)的家庭组织形式;(2)开展基因改进技术的服务提供者(私人部门或公共部门)以及这一服务的性质(市场化的商业行为或公共福利);(3)基因改进的发起者(父母还是国家);(4)基因改进的大致方式(筛选胚胎还是改造现有胚胎)。

相应地,笔者所要讨论的人类改进大概有下面这一些道德设定作为前提:(1)以法律上的"核心家庭"这种现代家庭组织形式组织家庭,通常而言,父母对未成年子女负有极强的抚养义务,同时在生育权与抚养权等领域也享有较大的特权或自由。(2)通过基因工程实现的人类改进主要是由私人部门(如私人医院、诊所等)提供投资并开展服务,换言之,我们所讨论的人类改进并非公共福利或社会保障的一部分。(3)这里所讨论的"人类改进"是由父母决定对其双方诞生的胚胎实施基因改造,从而在某种程度上"提升"即将诞生的孩子在诸多方面的能力或表现。这就排除了某种曾经在历史上臭名昭著的"优生学"(eugenics)顾虑。[1] (4)这里的"基因改进"是指基于对现有胚胎进行基因改造的技术来实现,而并非在多个胚胎中筛选拥有最佳基因的胚胎。[2] 当然,以上这四个要素也许并未穷尽所有道德上重要或值得被考虑的因素。在这里,这些初步的限定只不过大致框定实质性讨论的界限,以便将一些道德考虑,如家长主义政策、优生学等排除出去。此外,这些作为讨论前提的预设也并不表明笔者在规范性评价上支持这些设定,而仅仅是提供了一个相对比较明确的讨论起点,以便限缩需要考察的问题域,有利

---

[1] 因此,本文将放弃使用"优生学"这个概念,因为这个概念在语义上已经包含强烈的规范性倾向并且承担了太多的历史包袱。对优生学历史的简要介绍,See Allen Buchanan, Dan W. Brock, Norman Daniels, and Daniel Wikler, *From Chance to Choice: Genetics and Justice*, Cambridge University Press, 2001, Chap. 2。

[2] 对这一区分及其意义的讨论,See Matthew Liao, *Selecting Children: The Ethics of Reproductive Genetic Engineering*, Philosophy Compass 35, 2008, p. 973 – 974。

于更集中有力地展开后续的实质性讨论〔1〕。

在初步厘清道德设定之后,我们就可以开始着手处理最核心的概念以及相关的规范性问题:何谓“人类改进”? 在概念上,“基因改造”(genetic modification)并不等于“基因改进”(genetic enhancement)这一点毫无争议。但在实际事例中,在“改进”和“改造”之间做出清晰区分却并不容易。比如,Jeffrey Steinberg 的诊所所提供瞳孔、皮肤和头发颜色的定制是否是一种“改进”? 类似的问题似乎对于人类之外的其他生物也有效。将认知功能相关的人类基因片段 MCPH1 植入猕猴胚胎,从而培养出智力超常的猕猴,对于被改造的猕猴而言是否是一种“改进”?

从科技史角度看,有效的现代医疗技术起源和发展相当晚近〔2〕,更不必说利用生物工程技术对自身进行改造。这就导致人类非常擅长于改造自然以便适应自己的需要,但比较缺乏对自身直接进行生理改进的经验。与此形成鲜明对比的则是人类对其他生物进行生物学上生理改进的能力。我们对其他物种生物学性状的改进有长久而纯熟的经验。史前人类的主要谋生技能——游牧和农耕,全部依赖人类先民对野生动物(如羊、马和牛)和植物(如水稻、大麦和玉米)的驯化。时至今日,品种狗还在体现我们人类无与伦比的生物改造能力。仅仅从体态、毛色、性情来观察,很难相信不同品种的狗都属于犬科(Canis lupus familiaris),更难以相信它们会是灰狼(Canis lupus)的亚种。如果将远古人类对诸多灰狼幼体的筛选和改进与 Jeffry Steinberg(应父母的要求)对晚期智人胚胎的筛选和改进作一个比较,这两种“改进”——尽管其对象不同——似乎存在一些共通之处。这两种筛选和改进都是出于改进发起者的需要和偏好,只不过前者是人类对其他物种的改进,而后者是人类对自身下一代的改进。这当然是不折不扣的改进,只不过需要进一步区分这种“改进”的受益方究竟是改进发起者还是改进的对象。对于需

〔1〕 比如,尽管设定私人部门通过市场的方式提供人类改进服务,这并不表明笔者总体上支持人类改进的商业化。考虑到社会正义或平等的价值,国家至少应当在范围上限制基因改造的选项。反过来,设定公共部门通过社会福利性质的医疗服务提供人类改造也会面临很多问题。在类似义务教育的强制改造的情形下将面临家长主义干预过度从而损害自主价值的责难,而在自由改造的情况下又面对社会正义的顾虑——公共资源在治疗疾病方面仍短缺的情况下为何优先满足额外的改进。

〔2〕 现代意义上的“科学的”医学 19 世纪才出现。See Roy Porter, *The Greatest Benefit to Mankind: A Medical History of Humanity*, W. W. Norton & Company, 1999, Chap. 11.

要看家护院并帮助驱赶羊群的牧民(发起者)来说,狗的诸多区别于野生灰狼的生理和心理性状当然是一种改进,然而,对狗(改进对象)本身却并不一定如此。我们甚至可以说,被人类驯化的狗不是好狼。当我们说某只品种狗由于毛太长、四肢太短、呼吸系统机能不健全不是一匹好狼的时候,我们的判断标准并不是针对人类(改进发起者)的需要和偏好,而是对于改进对象狼"自身而言"。

对于前一种意义上的改进,我们可以将其称作"发起者而言的改进",是指改进发起者对改进对象生物学性状的改变满足了改进发起者自身的需要和偏好。而对于后一种意义上的改进,我们可以将其称作"对象而言的改进",是指对改进对象生物学性状的改变是对被改进对象自身有利或对其自身而言是一种积极的"好"。

在这一区分的基础上,我们可以确认,改变人的瞳孔、皮肤和毛发颜色或许在"发起者而言的改进"意义上对孩子的父母而言是一种"改进",它满足了父母对孩子生物学性状的偏好;但对孩子自身而言,这并非一种真正的改进,我们看不到一个孩子瞳孔、皮肤和毛发颜色的改变对其自身是任何意义的"好"[1]。或许有人会反驳,从生物学角度看这当然不是"对于孩子自身而言"的一种"好",但从社会文化建构的角度看,却可以是一种社会习俗或文化构成的社会性的"好"。不难想象,假设在一个习俗上尊崇黑肤色的社会中,以社会的标准看,黑肤色这个生物学性状将赋予拥有这一性状的人以高贵的社会地位。对于拥有这一生物学性状的个体来说当然是一种实实在在的"好"。在人类文明史上,远在基因技术发明之前,也不乏——尽管原始甚至粗暴——人类改造自身生理性状的做法,如南美印加、玛雅人对幼童头型的改造或中国古代居民对幼女脚型的改造。在社会的意义上,这些改造或许是一种"改进",并且这样的"改进"或许也能够真的在某些方面有益于被改造的对象。例如,某个妇女由于拥有改造得来的"三寸金莲"生物学性状而在婚嫁市场上有更高的议价和选择能力。然而这种"改进"显然并非对于改造对象"真的好"。恐怕不会有人会认为把女性的脚严重扭曲到变形并令其一生都活在生理痛苦和脚部功能严重残缺的状态之下,对裹脚的女性是一

[1] 笔者当然不否认瞳孔、皮肤和毛发的性状可能在某些自然生存环境下是一种"好"。例如,在热带地区,阳光强烈,深肤色有助于应对紫外线对人体造成的损伤。在这里,我们需要判定的是这些性状是不是一般意义上的"好"。

种“好”。这种看法也可以拓展到其他的生物。尽管在某种审美传统或习俗下,病梅的病态对审美者来说是一种美[1],但对于某一株受到这些对待——“斫其正,养其旁条,删其密,夭其稚枝,锄其直”——的蔷薇科杏属落叶乔木的梅(Prunus mume)来说,这是“遏其生气”的无妄之灾。[2] 类似地,因为转入人类基因而获得记忆力提升对于猕猴自身而言或许也并非一种“好”。

至此为止的讨论表明,人类改进必须是就改进对象自身而非改进发起者偏好而言的改进,且这种改进是一种独立于社会文化建构的真正的“好”(或“更好”)。值得注意的是,这两个初步结论并非出于讨论清晰性的需要而对“基因改进”概念的人为语义设定,更是探求何谓真正的“基因改进”活动或辩护一种合理的对“基因改进”的理解。

现在的问题就转化为何谓“真正的好”? 在本文中,笔者将建议一种自然主义的理解,将“真正的好”理解为自然的“好”(natural goodness)。这种对“好”的独特理解和“人性”(human nature)的观念有关。

三、自然意义上的“好”

在已有的关于人类改进的整体讨论中,基于人性的论辩在其中占有重要的一席之地。以桑德尔和福山为代表的人类改进反对者忧虑一旦放任这种“普罗米修斯式野心”,我们人类也许会出于主观目的和欲望改变人的本质(human nature)[3],进而丧失人性(humanity),也就是那些“界定了我们是谁并应向何处去的本质属性(essential property)”[4]。初步看上去,这个基于人性的论证就是“必须保有人性”。其论证的简单结构是“改变人性在道德上不被允许,而基因改进将会改变人性,因而不允许基因改进”[5]。

---

[1] “以曲为美,直则无姿;以欹为美,正则无景;以疏为美,密则无态。”(清)龚自珍:《龚自珍全集》,王佩诤校,上海古籍出版社 1999 年版,第 161 页。

[2] “ 有以文人画士孤癖之隐,明告鬻梅者,斫其正,养其旁条,删其密,夭其稚枝,锄其直,遏其生气,以求重价;而江、浙之梅皆病。文人画士之祸之烈至此哉!”(清)龚自珍:《龚自珍全集》,王佩诤校,上海古籍出版 1999 年版,第 161 页。

[3] Michael Sandel, *The Case against Perfection*, Harvard University Press, 2009, p. 26 – 27.

[4] Francis Fukuyama, *Our Posthuman Future: Consequences of the Biotechnology Revolution*, Farrar, Straus and Giroux, 2003, p. 101.

[5] Matthew Liao, *Selecting Children: the Ethics of Reproductive Genetic Engineering*, Philosophy Compass 35, 2008, p. 982.

然而,这个过度简单化的人性论证在笔者看来显然是失败[1]的:问题的关键并非从形而上学的角度看,基因改造后的人类是不是还是人类或是否还保有人的本质。对于这样的论证,如果说人性等同于我们晚期智人现有的生物学属性,我们会进一步有"为什么不允许改变人性"这样的疑问。要回应这个疑问,关键的推理在规范性论辩这一边。基于简单人性论证的基因改造批评者必须从无数种生物学属性中识别出那些在规范性层面上重要的人类既有属性,并且通过这些属性的道德重要性来说明我们有真正道德上的理由来保有这些既有属性。盲肠与回肠之间有阑尾或许是人的普遍生物学属性,但由于阑尾并不承担生理功能反而可能导致疾病,我们可以想象,如果通过基因改造让人生下来就没有阑尾或许会更好。[2] 看上去这么做并不存在道德上的障碍,甚至可以说在条件成熟的时候我们有理由这样做[3]。因此,基因改进的支持者完全可以主张,基因改进的重点在于增进"人类的好"(human good),至于是不是突破了某些现有智人(homo sapiens)种群的生物学属性使得被改进后的人群成为"转基因人类"(transhumans),这并不是关切的焦点。只要存在道德上强有力的理由,可以通过基因改造"保障安全、提升能力、改善健康并且提高生活品质"[4],我们就有理由甚至有义务这样去做。

如果上述判断是对的,那么主张简单版本"保有人性"论证的基因改进反对者和主张"成为转基因人类"是一种道德义务的支持者之间或许并不存在真正的"理论分歧"。他们大概都会认可曾任布什政府生物伦理委员会主

---

[1] 如果说人的性状(内隐的基因以及其他外显的生理、心理与行为性状)独特性界定了人性,并且我们应当保全或发展如此被理解的人性,就会出现 Williams 所讥讽的状况:"如果人们不加思考地执迷于从人与其他动物的典型差别入手来界定人性,并出于这样的人性原则而行动,人们最后将会面对这样的一套道德要求:花尽可能多的时间生火;保持并拉大人类自身相对于其他动物的独特生理差异;不分季节地发生性行为;戕害生态环境;杀生取乐。" See Bernard Williams, *Morality: An Introduction to Ethics*, Cambridge University Press, 1976, p. 64.

[2] 晚近的免疫学研究表明阑尾或许承担了一定的免疫功能。See R. R Bollinger, A. S. Barbas, E. L. Bush, S. S. Lin and W. Parker, *Biofilms in the Large Bowel Suggest an Apparent Function of the Human Vermiform Appendix*, Journal of Theoretical Biology 249, p. 826 – 831 (2007).

[3] 如果实施此类手术的风险极小、成本极低,笔者相信我们有足够的理由切除阑尾。

[4] J. Harris, *Enhancing Evolution: The Ethical Case for Making Better People*, Princeton University Press, 2007, p. 28.

席 Leon Kass 给出的一个类比："无须卡夫卡告诉我们，我们就知道把人变成蟑螂这种做法减损了人性（dehumanizing）。而把人变得远高于人（more than a human）恐怕也一样。"[1] 蟑螂的生存方式对蟑螂来说或就蟑螂而言是一种"好"，但对人这种生物来说，似乎不好；同样地，如果一种生存方式或状态使得人的生活即便"远高于人"，但如果"过得不像人"，当然也未必是好的。因此，并不是自然赋予的既定属性本身是好的，而是自然赋予的既定属性提供了某种看待"好"和"坏"的根本视角或基本约束：对人类而言的"好"必然某种程度上依赖人类生物学意义上给定的自然属性；对蟑螂而言的"好"也必然某种程度上依赖蟑螂生物学意义上给定的自然属性。保有人性论者和转基因人类论者完全可以接受这同一个一般性理论主张。只不过他们或许对那些自然属性具有道德上的重要性以及重要性的分量存在分歧。例如，在基因改造反对者 Kass 那里，这个列表包括"自然生殖、人类有限性、生老病死（human life cycle）、对性的渴望和追求"[2]，而在基因改进支持者那里，他们或许会认为生老病死并不能视作不可更易的人性，相反，他们可能会认为从人的角度看，或许超越人的固有寿命限度也值得追求，而长生不老也未必是坏事。[3] 在这里，他们双方或许都能同意通过基因改造消除了阑尾的人类还保有着人性（humanity）或依然有着一样的人类本质（human nature）；而对于从"生老病死"到"长生不老"的这种基因改变，他们恐怕会有严重的分歧。如果进一步检视这个分歧，我们会发现，他们的分歧恐怕并非在生物学属性这一经验的层面上，因为所有人都没有阑尾和所有人都极端长寿都是对全体人类某一生理性状的改变。他们的深层次分歧可能是在具体内容上的分歧，是针对"对于人类这种生物而言哪些生理和心理性状在规范性评价上重要"这个问题上的分歧。他们对哪一些生物学性状"关于"或"构成"某种具有规范性意义的"人性"有不同意见。其中一方会主张，人类"生老病死"这种肉

---

[1] Leon Kass, *Ageless Body, Happy Souls: Biotechnology and the Pursuit of Perfection*, The New Atlantis 1 (Spring, 2003), https://www.thenewatlantis.com/publications/ageless-bodies-happy-souls.

[2] Leon Kass, *Ageless Body, Happy Souls: biotechnology and the Pursuit of Perfection*, The New Atlantis 1 (Spring, 2003), https://www.thenewatlantis.com/publications/ageless-bodies-happy-souls.

[3] J. Harris, *Enhancing Evolution: The Ethical Case for Making Better People*, Princeton University Press, 2007, Chap. 4.

体凡胎的生物学属性构成了基本的人类境况(human condition)。在生命短暂和脆弱这一境况下才能令许多我们人类一直珍视和看重的事物变得富有意义和价值。[1] 而另一方则会主张,长生不老并不会取消这些已有的人类价值,也不会改变人的基本境况,只是使已有的属于人或就人而言的价值获得了增进。借助这种带着自然主义色彩的初步"人性"观念,我们会发现Kass的类比推理并不一定成立。从人这种生物的角度看,将人变为蟑螂是泯灭人性;但从人这种生物的角度看,将人变得"远高于人"(more than human)或许并不见得是坏事。毕竟比起我们十几万年前的"人"——我们的智人祖先"高"很多。21世纪的我们在身高上确实远远高于十几万年前的人,也拥有更长的寿命。直觉告诉我们,这种远高于"过去"的人,似乎是好事;同样地,我们也可以对称地主张"未来"的人类远高于现在的我们,似乎同样是好事。

到这里,我们发现,保有人性论者与人类转基因论者在根本的理论层面上似乎并不存在深刻的分歧。尽管他们或许会就"寿命""生育方式"等具体问题有规范性判断上的分歧,但他们都会承认,对于人来说,人的某些生物学性状或特征以某种方式决定了人类价值或对于人而言的"好"。对于蟑螂和人这两种生物来说,我们没有一种独立于生物性状的来自虚无的"上帝式"视角来判断什么是对于蟑螂而言的"好"和对于人而言的"好"。人性这个概念的重要性也正是在此。人性的概念桥接起了人的生物学性状和对于人而言的"好"或人类价值。只有那些决定了人类价值或对于人类而言的"好"的生物学性状和特征才是"人性"。我们对于人性的关切,并非出于形而上学的兴趣[2],而是受到这个深层规范性问题的驱动。这并非道德哲学上的理论建构甚至"理论虚构"。在我们日常的人际道德实践和道德话语中就隐含这样的理解:当我们说一个人是"禽兽"的时候,我们所做的并非在主张形而上学命题——"某个人是禽兽"。我们真正在做的是展开严厉的道德批评或

---

[1] 类似地,我们可以想象,如果人类不会死亡,那么许多冒险活动也将失去意义。Alex Honold徒手攀登酋长岩或Ueli Steck以阿尔卑斯风格横跨珠峰和奴子峰就不再属于英雄式的人类壮举。永生或许也具有可能的效果,因此具体在这点上,笔者会更同意Kass的看法。对人类生命短暂这一境况的深入探讨,See Thomas Nagel, *Mortal Questions*, Cambridge University Press, 2012, p. 11－12。

[2] 例如,在人类进化漫长的历史进程中确定从直立人、早期智人再到晚期智人,到底从哪个阶段开始,或究竟是哪些生物学性状或特征出现之后才能称为真正的"人"。

指责,并且这种批评和指责具有其他道德话语或伦理概念所不具备的深度,意指被批评者过着“非人”的“禽兽式”的生活,完全放弃了人类生活,远远离弃了对于人而言的“好”。[1]

一个并不那么恰当的比喻或许能够有助于我们理解人性在识别并判定人类价值这一过程中的作用:人类价值犹如停靠在茫茫大海上的一艘小船的坐标位置,而“人性”则提供了一个锚点,这个锚点通过锚绳系住船,或许船会前后左右有小幅度的漂移,但总是被限制在某一小片海域内。缺乏“人性”这个锚点,小船就将在“价值”的茫茫大海上随波逐流。[2]

前文对基因改进这个概念的初步厘清已经表明,基因改进中的“改进”显然是要增进对于被改进生物“人类”而言的“好”,且这种“好”不能是社会或文化建构意义上的“好”,而必须是真正的“好”。我们所初步界定的自然意义上的“好”恰好满足这两个条件。

四、表观性状、基因与“人性”概念的进一步界定

为了对“人性”概念作进一步的准确刻画,让我们再次考虑简单版本的保全人性论证:“改变人性在道德上不被允许,而基因改进将会改变人性,因而不允许基因改进。”[3]在前文中,我们对“改变人性在道德上不被允许”这个前提展开了批判性处理。上文的讨论表明,我们有理由去保全特定的具有道德重要性的人类生物学性状或特征——那些锚定了人类价值的性状或特征。这些生物学性状界定了人的基本境况,进而决定基本的人类价值。在法律哲学中,这个问题常常和“自然法”相关主题联系在一起。霍布斯的道德、政治和法律理论似乎就建立在这样一种自然主义倾向的“自然法”之上[4],现代实证主义法哲学的奠基者哈特将其称作“最低限度的自然法”。在哈特看来,正是人的这些生物学的性状或特征以自然必然性(natural necessity)的

[1] 孟子所说的“人之有道也,饱食、暖衣、逸居而无教,则近于禽兽”(《孟子·滕文公上》)可能就传达了类似的看法。饱食、暖衣、逸居尽管对人而言也确实是一种“好”,但这些“好”对于非人的飞禽走兽也一样适用。而对人类而言的诸多“好”的集合肯定不同于对禽兽而言的“好”的集合。如果一个人仅仅追求与禽兽重合的“好”,这就表明这个人已经放弃了身为人的自我修为和提升(无教),离弃了至少一部分对人类而言的“好”。

[2] 当代伦理学上最早表达类似看法的应该是 Anscombe。See G. E. M. Anscombe, *Modern Moral Philosophy*, Philosophy 33, p. 1 – 19(1958).

[3] Matthew Liao, *Selecting Children: The Ethics of Reproductive Genetic Engineering*, Philosophy Compass 35, p. 982(2008).

[4] Thomas Hobbes, *Leviathan*, *ed.* R. Tuck, Cambridge University Press, 1996, p. 60 – 63.

方式要求我们遵守某些固定内容的法律(同时也是道德)要求:“人的脆弱性”是法律规定不得杀人的自然依据:倘若人类作为一种生物天然地覆盖着厚厚的甲壳,那么法律就无需禁止残杀同类;[1] 同样,倘若人类无需外在资源来维持生存,那么财产规则也将不再必要。[2] 不同的理论家对哪些生物学性状归于“人性”、“最低限度自然法”或与“人的基本境况”有关或许有内容上的分歧[3]。但我们可以确定,诸如肤色、身高、有无阑尾这些生物学性状无关人性,我们也没有道德理由或义务去保持这部分人的生物学性状。

接下来,我们将审查这个简单版本的保全人性论证的第二个前提“基因改进将会改变人性”。我们将考虑“基因”和“人性”之间的关系:在许多保全人性论者看来,一旦改变了基因,就改变了人的生物学性状,进而改变了人性。乍看上去这个连续的推论并无多大问题。基因或 DNA 的结构当然是人的生物学“性状”或“特征”的一部分。但因此我们就可以说改造基因就改变了人性吗?笔者相信,对这个问题的回答取决于我们探究的兴趣。

在生物学的意义上,我们或许可以主张,基因的人为改造或许改变了生物分类学意义上的“人性”。然而,这并非我们的探究兴趣,我们关注的点并非自然演化的谱系或生物分类学。我们的兴趣在于:当考虑到基因改造,我们有没有理由保持全部或一部分人类性状?出于这样的兴趣,当我们试图界定人性的时候,侧重的并非人这种生物内隐的基因层面的性状,而是人这种生物的外显性状或表观性状(phenotypic trait)。例如,人类的发色有着复杂的基因决定机制,有 200 多个基因来决定头发的颜色。我们可以设想两个有着相同发色的人,其决定性的基因并不相同。这种基因表达的外部可观测的性状“发色”就是表观性状或表型(phenotype)。遗传生物学家出于追求真理与寻求科学解释的兴趣,会试图弄明白这 200 多个基因发生作用的机制;然而对于我们的这一类兴趣在规范性方面的探究来说,真正重要的是表型的差异。人们或许对于寿命的长度、头发的颜色和有限的记忆力这三者之中究竟人的哪些上述特征属于“人性”相关的特征依然有分歧。但确定的是,和人

---

[1] H. L. A. Hart, *Essays in Jurisprudence and Philosophy*, The Clarendon Press, 1983, p. 79 – 80.

[2] H. L. A. Hart, *The Concept of Law*, The Clarendon Press, 1994, p. 193 – 196.

[3] 比如孟子似乎侧重人的道德心理性状部分,而 Philippa Foo 和 Roslinda Hursthouse 则更多从亚里士多德式的功能论角度着手进行分析。See Phillipa Foot, *Natural Goodness*, The Clarendon Press, 2001; also see Rosalind Hursthouse, *On Virtue Ethics*, Oxford University Press, 1999。

性相关的部分并非基因,而是外显出来的这部分生物性状和特征。[1] 对于受到不同基因调整因而显出相同表观性状的生物 X 来说,我们可以确定,他们具有相同"X 性",而人性也不例外。因此,基因改变并不必然改变人性。在概念上,与自然主义的"人性"概念相关的人的性状与特征是表型,而非基因。

"基因改进将会改变人性"这一前提难以成立的另一个显见困难在于它预设了单线条的"基因决定论"。基因与环境互动的过程是复杂的,表观性状是基因和环境两种因素复杂互动的结果。[2] 而"基因改进将会改变人性"这一主张似乎预设了基因和表型之间直接而充分的决定和被决定的关系。而这显然是对生物基因功能的误解。我们可以设想:人类基因 a 在环境 B 下的表达是表型 1(疾病),基因 a 在环境 C 下的表达是表型 2(健康),基因 b 无论在环境 B 和 C 之下都表达表型 2(健康)。假设科学家运用药物阻断了基因 a 在环境 B 之下的表达,我们似乎并不会说科学家改变了"人性";同样,运用基因改造技术将基因 a 人群改造为了基因 c,从而预防疾病的发生,也并没有改变"人性"。

到这里,我们已经完成了对简单保全人性论证的批判性处理。这部分讨论的目的并非仅仅是出于对简单人性保全论的批评,更重要的目的是通过这部分讨论为我们揭示自然主义"人性"概念的两个重要命题:(1)人性相关的生物学性状并非基因,而是基因与特定环境互动造就的人的生理、心理等最终显现出来的表观性状;(2)并非人的任何生理、心理性状都与人性相关,只有那些构成人的基本境况从而塑造人类价值的生理、心理性状与人性相关。

基于上述两个命题,我们可以进一步推论和拓展,来界定自然主义"人性"概念并进一步阐释其三个特点:

1."人性"是种群概念,适用于整个人类种群[3],表达的是对人(晚期

---

〔1〕 Norman Daniels, *Human Nature*, in Julian Savulescu and Nick Bostrom, eds., Human Enhancement, Oxford University Press, 2009, p. 30.

〔2〕 Norman Daniels, *Human Nature*, in Julian Savulescu and Nick Bostrom, eds., Human Enhancement, Oxford University Press, 2009, p. 30.

〔3〕 Norman Daniels, *Human Nature*, in Julian Savulescu and Nick Bostrom, eds., Human Enhancement, Oxford University Press, 2009, p. 30 – 33.

智人)这一生物学种群的一般判断(general judgment)。[1] 这一概念并非描述或表征某个人类个体生理、心理性状或特征,相反,它是要提供一般性的总体判断,反过来解释和说明某个智人个体的具体生理、心理性状或特征。这个判断是一种概念性的表征(representation),而不是对某个现实个体生物性状的刻画,也不是对现实的某一群个体或全部个体的统计学刻画。[2] 正是因为人性概念的这个特点,在有关人性善恶的论辩中,以个体特征作为反对某种一般人性论的主张并非有效的反驳策略。"有性善,有性不善;是故以尧为君而有象,以瞽瞍为父而有舜;以纣为兄之子且以为君,而有微子启、王子比干。今曰'性善',然则彼皆非与?"[3]无论是主张人性善还是恶,人们总是可以找出个体的反例来。在这一点上,告子似乎是对的,作为一般判断的人性应当容纳整个种群中不同个体的独特性状。

2."人性"还是一个趋向性概念。[4] 人性是对种群的一般判断,并且要为种群中的不同生物学表观性状提供解释,这个判断就必须对生物体在特定环境下发展的趋势进行说明。孟子在这一点上富有极为深刻且准确的洞见:人性概念就是一个趋向性的概念,它并非等同于我们在现实中在具体约束条件或环境下所观察到的人性的某些具体表现。人是一种生物,就如同其他生物一样,人类个体的成长与发展过程也有其稳定的趋向。在这一点上,水和生物体具有相似性,水可以在外界的影响下改变位置,但这无法改变水向下运动的固有趋势或者"本质"。同样,水停留在高处并不违背这种趋向性的"水性"概念。[5] 在孟子看来,人的本性表现在其内在的潜在发展能力,并不

---

[1] Michael Thompson, *Apprehending Human Form*, Royal Institute of Philosophy Supplements 54, p. 48(2004).

[2] 笔者这里同意一部分论者在描述性和规范性"正常状态"概念之间的区分。描述性正常状态是在统计学意义上理解"正常",但不太同意规范性的正常状态包含有文化或社会的标准。在笔者看来,和"人性"规范性那部分相关的"正常状态"概念应该是一个具有真正规范性的用法,取决于是否真的"正常",而非社会或文化意义上的"视作为正常"。参见陈景辉:《有理由支持基因改进吗?》,载《华东政法大学学报》2019 年第 5 期。

[3] 《孟子·告子上》。

[4] Norman Daniels, *Human Nature*, in Julian Savulescu and Nick Bostrom, eds., Human Enhancement, Oxford University Press, 2009, p. 30 – 34.

[5] "人性之善也,犹水之就下也。人无有不善,水无有不下。今夫水,搏而跃之,可使过颡;激而行之,可使在山。"(《孟子·告子上》)

必然等同于一部分人所展现出来的现实性或现实属性。[1] 生物学对基因和表观性状的研究也确证了孟子的“人性发展观”：给定人的基因在多种外在环境与约束条件下不同表观性状表达的可能性，为了对每一个个体的生理和心理性状提供一般的说明和解释，人性也必须是一个趋向性概念。因此，孟子观察到“富岁，子弟多赖；凶岁，子弟多暴，非天之降才尔殊也，其所以陷溺其心者然也。今夫麰麦，播种而耰之，其地同，树之时又同，浡然而生，至于日至之时，皆熟矣。虽有不同，则地有肥硗，雨露之养，人事之不齐也。”所有生命体都有发展的趋势，人和小麦在这点上是一样的。“故凡同类者，举相似也，何独至于人而疑之？”[2]

3.“人性”是一个选择性的概念。[3] 如果我们描述一个生物 X 的本质属性或“X 性”，我们并不会全局性地列举这种生物的所有生物学性状，而只会挑选其中和这种生物“生命形式”（life form）息息相关的生物学性状。[4] 例如，头发颜色似乎就不构成人类生命模式判断的一部分，即便全人类头发的颜色变了，我们似乎仍然是人类，而并没有变成其他生物。然而，如果像哈特所设想的，假设有一天，人类拥有甲壳因而无法互相伤害，或者能够像植物一样从环境摄取营养繁茂而自足地生长，那么似乎我们有理由认为，我们的人性已经发生了实质性的变化。我们可以想象这类生物性状的改变会引起人类基本价值体系的根本变动。对于这样一种人类来说，亲子关系将不再重要，许多禁止性道德规范也将失去意义。这些改变，似乎就是和生命模式有关的种群性状改变，他们改变了我们对智人这种生物的“关键描述”（vital de-

---

〔1〕“牛山之木尝美矣，以其郊于大国也，斧斤伐之，可以为美乎？是其日夜之所息，雨露之所润，非无萌糵之生焉，牛羊又从而牧之，是以若彼濯濯也。人见其濯濯也，以为未尝有材焉，此岂山之性也哉？虽存乎人者，岂无仁义之心哉？其所以放其良心者，亦犹斧斤之于木也，旦旦而伐之，可以为美乎？其日夜之所息，平旦之气，其好恶与人相近也者几希，则其旦昼之所为，有梏亡之矣。梏之反覆，则其夜气不足以存；夜气不足以存，则其违禽兽不远矣。人见其禽兽也，而以为未尝有才焉者，是岂人之情也哉？故苟得其养，无物不长；苟失其养，无物不消。”《孟子·告子上》对孟子人性观点的自然主义阐释和进一步理论建构，参见王凌皞：《孟子人性发展观及其法理意义》，载《法学研究》2013 年第 1 期。

〔2〕《孟子·告子上》。

〔3〕Norman Daniels, *Human Nature*, in Julian Savulescu and Nick Bostrom, eds., Human Enhancement, Oxford University Press, 2009, p. 30 – 34.

〔4〕Michael Thompson, *Apprehending Human Form*, Royal Institute of Philosophy Supplements 54, p. 48 – 50 (2004).

scription)[1]。因此,就如前文所主张的,人类无数的生物学属性中哪些构成人性,是一个理论性的判断。一些论者主张有限的寿命是人生命形式的一部分,另一些论者会反对这个看法,但他们恐怕都承认,有限的寿命确实是人类的生物学性状之一。他们的争议将是一个和规范性判断相关的理论争议而非纯粹生物学上的经验争议,争议点的焦点是,当我们刻画人类的生命形式,"有限的寿命"究竟是不是对人的生命形式的关键描述。

五、对于人而言的"好"和生命形式

在对人性作出进一步的界定之后,我们可以在"人性"的概念和自然意义上的"好"之间建立起逻辑上的关联。

由于人性的概念具有一般性,所以我们可以使用人性的概念来说明和解释某个特定人类个体具有的生物学性状。更重要的是,人性概念的一般性特征使得我们可以对这个特定个体作出评估。人性概念的趋向性特征会在评估中扮演重要角色,我们会对这些趋向性作出一些规范性判断。比如,在正常环境因素中基因正常表达出来的那些性状将是"正常"的,而受到不正常的环境因素影响、基因变异或表达出错时表达出来的那些异于前述性状的性状将是"反常"的。另外,由于人性概念的选择性特征,我们并不会说所有"反常"或与现行人类种群具有的性状相背离的性状是"不好"的。例如,假设有一些人类个体拥有天生蓝色的发色,我们或许可以说这样的性状是"生理反常"的,但我们很难说这样的人类个体是"不好"的人类个体。然而,我们对于先天近视、耳聋或智力障碍的人类个体,我们或许会使用"生理缺陷"这样的概念。从"反常"到"缺陷"意味着从统计学意义上的描述变为规范性判断,更一般地说,这是一种从"是"推出"应当"的推论。但这种推论并非休谟所质疑的那种简单而直白的推论方式。许多时候,甚至统计学意义上所有人类都具有的生理性状也可能是一种缺陷。我们可以找到很多医学上的例子。除了阑尾之外,人类视力中的盲点也是如此。尽管所有的正常人类个体都有盲点,但我们还是可以从"视力"这一人类眼睛视觉功能的角度看,把"盲点"认定为视觉上的缺陷。在这其中扮演重要一环的就是对构成"人"这一生命形式的关键要素的判断。从人类具有的无数生理、心理特征中挑选出来的那些和人类的生存方式密切相关的"关键"性状。肤色、发色并非和人

[1] Michael Thompson, *Apprehending Human Form*, Royal Institute of Philosophy Supplements 54, p. 48 – 50 (2004).

类生命形式密切相关的性状,但视力、听力和理智能力刚好构成了和人类生命形式相关的关键性状。人们或许可以就人的某一些性状是否可以纳入生命形式的关键性状有争议〔1〕,但没有人可以否认自然意义上的"好"和生物生命形式的这种密切联系:"不同形式或种类的生物适用不同的评价性标准"〔2〕,对这某一物种中的某个体"好"和"坏"的规范性判断源于这种物种的生物学性状,而并非凭空凌驾(stand over against)于对该物种的事实性判断之上。〔3〕 事实上,当我们识别出一种生物 X 的生命形式或 X 性,并且将某一个体识别为这种生物并置于该生命形式之下,我们就可以顺理成章地给出评价该类生物某个体好和坏的标准:如果某种 X 生物的个体典型地(characteristically)以 X 的生命形式(或合乎 X 性地)生存,我们会说这是一个好的 X。对于我们人类来说,如果某个人类个体典型地以人的生命形式生存,或合乎人性地生存,我们会说这是一个"好"的人。

到此为止,我们已经给出了一个自然意义上对人类而言的"好"的界定。现在就可以回到本文的主要任务:在概念上界定并辩护一种通过基因改造进行"人类改进"的概念。

在本文开头的阶段,我们对"人类改进"设定了两个概念上必须满足的条件:(1)就改进对象自身而非改进者偏好而言的改进,且(2)这种改进的标准是一种独立于社会文化建构的真正的好(或更好)。我们所界定的自然意义上的"好"满足了这两个条件,为何谓"人类改进"提供了确定的标准:

这种自然主义的"好"是从某种"客观"角度进行的评价,因而提供了一种真正的"好"的标准。这种"好"不但独立于社会性的评价标准,甚至还独立于基因改造对象自身的主观好恶判断。例如,我们可以想象,由于明代社会审美观的影响,三寸金莲的拥有者自身可能也会真诚地认为"三寸金莲"是一种好。但这并不妨碍我们从自然意义上的"好"的角度判断"三寸金莲"

---

〔1〕 Hursthouse 就提供了一种对高级动物生命形式的关键描述。她认为高级动物的关键性状大概包括"1)身体部分、2)运行和反应、3)行为和 4)情感/欲望",而用以评估某一个动物个体"好坏"的标准大概包括:"1)个体生存、2)种群延续和 3)典型的快乐与享受/典型的免于痛苦"。对于社会性动物,则还包括"4)群体的良好运行"。See Rosalind Hursthouse, *On Virtue Ethics*, Oxford University Press, 1999, Chap. 9.

〔2〕 Michael Thompson, *Apprehending Human Form*, Royal Institute of Philosophy Supplements 54, p. 10(2004).

〔3〕 Phillipa Foot, *Natural Goodness*, The Clarendon Press, 2001, p. 24.

这一性状的好坏。免于肉体痛苦和能够运用双脚顺畅地行走和奔跑是人生命形式的关键部分，因此，导致肉体痛苦和行走机能受损在客观上是一种对拥有三寸金莲者的“坏”，而正常发育的双脚才是一种自然意义上的“好”。由此，我们可以得出结论，三寸金莲式的小脚并非一种“人类改进”。

根据这样一种建立在自然主义意义上的“好”基础之上的“人类改进”概念，我们大致可以对哪些基因改造活动属于真正的人类改进进行进一步的界定：

第一，“人性相关性”要求。我们大致上可以确定，和“人性”或人的生命形式关键要素无关的基因改造并非人类“改进”。这里的重点落在“改进”上。对人类皮肤、瞳孔和毛发颜色的基因定制在任何意义上都不是人类“改进”，因为皮肤、瞳孔和毛发颜色并非人的生命形式的关键要素，类似地，身高的改进也并非人类“改进”。相反，人的理性认知能力、身体运动能力、情感能力的提升则满足这个标准，因为人性包含了理性认知、身体运动和情感能力这几种生物性状。如果改进的范围不属于这些关键的性状要素或和这些形状要素无关，则我们很难说这是对于“人”这种生物来说的改进。这个标准可以解释下面这个有关基因改造的强烈直觉：我们似乎倾向于反对改造胚胎以便筛选和改变孩子皮肤、瞳孔、毛发颜色和性别。真正的理由在于这些额外的改造并非真正意义上的“出于孩子自身而言的好”的改进。这种做法并不存在道德上的任何理由来支持，充其量，只不过是父母主观偏好的投射或社会性偏好的反映。

第二，“人性完整性”要求。我们还可以大致确定，那些通过基因改造方式改变了“人性”或对人类生命形式完整性造成较为严重破坏的基因改造，也并非“人类”改进。这里的重点落在“人类”上。因为“人类改进”的概念预设着这种改进的目标是成为“更好”的人，而不是将人类改造为其他物种。[1]因此，如果有一些基因改进将人变得“不像人”，这也并非“就人类而言的改进”。例如，我们或许可以通过基因改造把游隼改造为类似于鸵鸟的鸟类，但成为类似于鸵鸟的鸟类对于游隼这种鸟类来说并非一种真正的“改进”。因为这样的改进彻底改变了游隼的表观性状，从本质上改变了这种生物的生命

---

〔1〕 Nicholas Agar 也提出过近似看法，但并未如此体系化。See Nicholas Agar, *There is a Legitimate Place for Human Genetic Enhancement*, in Arthur L. Caplan and Arp Robert, eds., Contemporary Debates in Bioethics, Wiley - Blackwell, 2013, p. 349 - 350.

形式,改变了这种生物进食、求偶、养育后代的方式。这也解释了我们对于基因改造拥有的另一个强烈直觉:我们拒绝通过基因改造的技术转化为“非人”的物种——尽管从这种非人物种本身看,他们的生物学性状正常、机能完善的话或许是一种“对于这种非人物种而言”的“好”。在许多科幻性质的影视作品中,我们时常看到人们恐惧于自身感染某种生化病毒之后成为“丧尸”,甚至以终结自身生命的方式来拒绝变成“丧尸”[1]。放弃了这种自然意义上的“好”视角之后,这种人类反应变得不可理解:“身为丧尸”并且“像丧尸那样生存”难道不好吗?答案当然是相当明确的否定。我们所真正害怕的,并非成为丧尸之后过的生活不是一个“好丧尸”的生活,而是害怕我们人类变成丧尸之后过的生活不是一个“人类”或“好人类”应该过或值得过的生活。

第三,“全局适应性”要求。通过基因改造方式获得的新性状必须满足跨生存环境的全局适应性(global adaptedness),而不能偏向于某一些特定的生存环境。晚期智人大概是地球上地域分布上最为广泛的哺乳动物。从酷暑的热带到苦寒的极地,再到数千米海拔的高原,我们人类展现出了惊人的环境适应性。有一些生物学性状或许在某些正常的人类生存环境下是一种“好”,但在另一种尽管也同样正常的人类生存环境下却是一种“坏”。比如人类个体的体型和肤色,在光照不足的严寒环境下,较大体型(有助于保暖)和较浅的肤色(吸收更多紫外线)能让人类有较好的环境适应性因而是一种“好”;但在光照强烈的酷暑环境下,较大的体型(不利于散热)和较浅的肤色(容易晒伤)却变成较差的环境适应性因而是一种“坏”。因此,我们不能一般地说,浅肤色和大体型是一种自然意义上的“好”,这种性状的获得当然也就不是改进。真正的人类改进,改进之后的性状必须满足跨自然环境的全局适应性。在笔者看来,这一要求对于社会环境来说也一样适用。我们至少要求改进后的性状在诸多“正常的非极端恶劣”的自然和社会环境中都是一种对被改进者而言的“更好”。

第四,“帕累托改进”要求。类似于前面这个全局适应性要求,我们还会要求通过基因改造实现更好性状的获得或能力的增强不能以其他好性状的

---

[1] 此处的“丧尸”概念是技术性的,仅仅指具备非人生命形式的生物体。从丧尸的“生命形式”看,“丧尸”的生存方式似乎并没有那么坏,就如同从水母的生命形式看,水母随波逐流的生存方式——“不用忧虑下一顿在哪里”——看上去也没有那么坏一样。

丢失或能力的减弱作为代价。不妨借用一个经济学术语来刻画这个要求："帕累托改进要求"。这个约束是出于两方面的考虑：一方面，人性或人的生命形式是一个整体性的概念，由人类的诸多性状或能力构成，如果其中一些能力得到加强，而另一些能力或许因为这些能力的加强而被削弱。一旦这种变化在程度上超过合理的限度，我们会说人性或人的生命形式发生了性质上的变化。例如，假设我们对人类的下一代实施基因改造从而造就"新人"，他们具有远远超过现有人类的同情心水平，但这个情感能力的提升极大地压制了自我利益的心理驱动力。这时候，我们会说人性已经发生了变化，从"自我利益为主并有限利他"的社会性动物变成了"活雷锋"式的真社会性动物(eusocial animal)〔1〕。而根据前面第二项约束，人性性质上的改变或生命形式的改变在概念上就不是"改进"。另一方面，由于不同的能力实现不同的"好"，我们很难在不同能力实现的"好"之间进行折算。这是一个价值不可公度或不可比较的问题。〔2〕比如，假设理性反思能力和感性感受力具有此消彼长的关系，那么理性反思能力增长的"好"是否可以取代或者压倒感性感受力的"好"？答案是否定的。类似地，在体育比赛中，耐力运动能力的增长和力量能力的增长似乎也是此消彼长的，但我们不能说通过基因改造获得的耐力运动能力增长的"好"能压倒力量能力增长的"好"。

前两个要求体现了"人性"概念的约束："人性相关性"要求是说基因改造后性状的改进必须是就"人类价值"而言的真正的改进，而不是在规范性意义上中立的琐碎表型的改进，这就排除了社会、文化性的标准以及针对改造发起者而言的利用性基因改造；"人性完整性"要求对人性相关人类生理、心理表型的改造其造就的生物必须仍然属于对"人"，而不是其他的生物，因为在概念上，假设改造的结果改变了人的基本境况或生命形式，这将不再属于"改进"。

后两个要求体现了"改进"概念的约束："全局适应性"的要求源于自然意义上的"好"所具有环境相对性特征。来自基因改造的"好"许多时候是取决于环境因素的。基因改造后的人在某些特定环境下具有的表型或许是一

〔1〕对人类的社会性心理性状与蚂蚁、蜜蜂等真社会性性状的论述，See Edward O. Wilson, *The Social Conquest of Earth*, Liveright, 2012。

〔2〕对这两个概念的深入探讨，可参见 Ruth Chang (ed.), *Incommensurability, Incomparability, and Practical Reason*, Harvard University Press, 1997。

种“好”或“更好”,但在其他特定环境下,或许是一种“坏”或“更坏”,这就不是真正的改进。“帕累托改进”的要求源于改进所追求的“好”所具有的价值不可公度性或不可比较性特征。并且,“人性”的概念之中也蕴含了某种不同人类能力之间的均衡或和谐的要求,一旦这种均衡或和谐被打破从而改变人的生命形式,那么这就算不上对人而言的改进。

笔者不打算在本文中对何谓人类改进作出完备的定义,也不打算给出一个人类改进相关性状的完整列表。但笔者相信上面这四个要求已经大致捕捉到“人类改进”概念的关键要素和核心内容。本文到此为止的冗长的讨论不仅是在界定一种自然主义的“人类改进”概念,同时也对这样一种“人类改进”概念的规范性辩护。我们对“人性”、人的“基本境况”或“生命形式”以及“人类价值”的分析表明,真正的“人类改进”是一种自然主义式的“就人类而言的自然意义上更好”的理解。笔者相信,对人类改进的上述理解把握到了有关基因改造与人类改进深层次的规范性直觉。这一直觉就是我们有普遍且有力的理由去“成为更好的人”。如果舍弃了这种自然主义的方案,我们无从说明或对为什么我们有真正的理由去进行人类改进辩护。当然,这种至善论(perfectionist)的普遍道德理由并非绝对理由或压倒性理由。这一理由的分量会随着道德设定的变化而随之变化。同时,对“是否应当允许改进”的回答也取决于这一理由与其他理由——比如社会正义、资格平等、自主——之间形成的复杂权衡结构[1]。笔者不打算在本文中从总体上处理这些理由形成的错综复杂的关系,而仅仅选取其中一个较为强的反对理由——出于“自主”价值的考虑——展开规范性层面的讨论。因此,在本文接下来的部分,笔者将针对“自主”这一价值展开讨论,以便初步地呈现“成为更好的人”这种至善主义理由的规范性力量。

六、违反自主价值?

“成为更好的人”是一种普遍的不偏不倚的理由,似乎对任何人都具有规范性力量。也就是说,每个人都有完善自我从而成为更好的人的自我责任

---

〔1〕 这里的复杂权衡结构并非指“利益衡量”式的平面性比较,也涉及理由和理由之间的复杂结构。在法律中,类似的问题出现在公共利益与个人权利的复杂结构权衡上,参见王凌皞:《公共利益对个人权利的双维度限制——从公共利益的平等主义构想切入》,载《华东政法大学学报》2016 年第 3 期。

或要求。[1] 然而,在我们所预设的道德设定下,人类改进的实践主要是指父母在市场中购买私人基因改造服务对双方的胚胎进行改造来造就更好的子女。在这种语境下,基因改造并非只让未来的孩子"成为更好的人",同时更是父母以他们自己的偏好和选择来"造就更好的人"。许多论者因此看到了"成为"与"造就"性质上的差别造成的规范裂隙(normative gap)——对"成为更好的人"的辩护无法当然扩大到"造就更好的人",他们对此提出了基于自主价值的有力反驳。

大致上,基于自主价值的反驳会对通过基因改造的人类改进提出两点批评:

第一点批评可以叫作"开放未来反驳"。这一批评会指出,自主的价值会要求每个人在展开并实践其人生规划时,各种选择的机会要尽可能地向其开放,以便她成为自己人生的作者。而通过基因改造的人类改进似乎剥夺了未来的孩子本该有的机会。[2] 反对人类改进的哈贝马斯提出,"追求特定偏好的性状、性情的优生学实践令人忧虑之处就在于它将基因改造的对象规定到特定的人生蓝图上或对其选择人生的自由上设置了特定的限制"[3]。然而,对于我们的"人类改进"概念来说,这一反驳并不成立。我们的人类改进概念蕴涵着"人性相关性"、"人性完整性"、"全局适应性"和"帕累托改进"四项要求。这四项要求的叠加足以排除那些仅仅是"社会偏好表达"或"父母主观偏好表达"而非自然主义意义上"更好"的那些生理和心理表型。其中,"帕累托改进"的要求更是排除了改善一种性状而损及另一种性状的可能。换句话说,这样的基因改造要么是跨人生计划的通用性改进(general - purpose means)——也就是通用于各种人生选择的改进,[4]要么是对被改造

[1] Thomas Hurka 就提出过这样的一种"人性至善论"(Human Nature Perfectionism)。See Thomas Hurka, *Perfectionism*, Oxford University Press, 1993.

[2] Dena S. Davis, *Genetic Dilemmas and the Child's Right to an Open Future*, Hastings Center Report 27, p. 7 - 8(1997). 需要注意的是,Davis 讨论的对象是基因筛选,但这个反驳对于基因改造一样有效。

[3] Jürgen Habermas, *The Future of Human Nature*, Polity Press, 2003, p. 16.

[4] 许多论者出于对开放未来反驳的回应而提出,仅有的正当人类改进范围就是通用改进。这一论证的结构完全不同于本文。文本的论证是"真正的改进"只能是通用式改进或锦上添花式改进,因此一开始就免于该批评,而非因为有效的反驳而修正并且削弱自己的主张。See Allen Buchanan, Dan W. Brock, Norman Daniels, and Daniel Wikler, *From Chance to Choice: Genetics and Justice*, Cambridge University Press, 2001, p. 174 - 176.

对象选择能力的“锦上添花”式的改进——比未改进前拥有更好的一个或几个性状。无论是具有全局适应性的通用改进还是锦上添花式的改进，都就不可能规定被改造者的人生蓝图或是在其人生选择的自由上设定特定的限制。原来只有一个香蕉和一个桔子可以供你剥了吃，现在多了三个香蕉或多了个搅拌机。我们如何说多出来的香蕉或搅拌机限制了可能选项？因此，这一反驳是无效的。

或许，持这一反驳立场的论者会承认通用性改进是正当的，但针对锦上添花式改进，他们会在修正和弱化己方主张的前提下提出类似于“天才之为责任”或“能力越强责任越大”式的反驳。他们会主张，对于某些能力特别突出的改造个体来说，能力本身就构成了类似于自我责任式的压力，最终影响其人生选择。我们或许可以承认这一反驳能够成立，但这种修正使这个反驳无论是范围还是力度都被严重削弱，甚至弱到近乎可以忽略。对于人生计划来说，我们在能力上的自然禀赋并不构成我们选择的真正理由，更多地属于我们实现人生规划过程中目的手段决策中最优化策略的那部分考虑。

第二点批评并不针对改进的实际或可能结果而言，而是对改进发起者的动机或意图而言，可以称之为“关系异化反驳”。给定我们的自然意义上“好”的人类改进概念，从改进的实际或可能结果角度来说“成为更好的人”当然是一件好事；但从改进的动机或意图的角度看，父母可能是出于“发起者而言的利用性改进”的动机或意图实现了“对象而言的目的性改进”的客观效果。这样一种改进就其实际或可能结果而言实现了让孩子“成为更好的人”的效果，但父母却并不主观上积极或有意地追求这个效果本身，他们的动机只不过是通过“造就更好的人”以便实现自己的自我利益。在结果上，改进是好的，但针对意图而言，我们会说意图不当。更进一步，这样的做法似乎使父母和子女之间的关系发生了性质上的深刻变化：父母能够在子女出生之前就以类似于给计算机编程一样的方式操控或决定子女的性状，从而获得某种之前不具有的权威能力，造就一种不平等的主导和宰制关系。哈贝马斯对于人类改进的进一步忧虑正和这种异化亲子关系的工具性利用或宰制关系有关。[1] 然而，给定我们所界定的自然意义上“好”的人类改进概念。这个反驳依然面临严重的困难。

---

〔1〕 Jürgen Habermas, *The Future of Human Nature*, Polity Press, 2003, p. 63.

对于那些具有内在价值的人类实践而言,由于人类心理的复杂性,总是存在行动者意图背离实践本身的旨趣或内在目的的可能。对于那些不具有内在价值或内在价值为负的人类实践来说,假设意图是邪恶的,我们自然有足够的理由禁止这样的行为。哈贝马斯设想的人类改进是"仅仅出于"父母偏好或社会偏好而非"真正的好"意义上的改进,例如对肤色、性别、身高的选择。对于这样的人类实践,不当的意图就足以构成禁止这类实践的充分理由。然而对于真正具有内在价值的实践来说,事情并没有那么简单,意图的不纯洁性并不足以构成一律禁止这类实践的理由。比如,我们可以想象走入婚姻中的双方有很大概率是采取"工具式"或"利用性"的态度来结婚,但由于婚姻这种人类亲密关系的建立具有内在价值,我们就不得不容忍出于意图不纯洁性的婚姻。没有人会主张,出于"道德洁癖"式的考虑,为了防止婚姻关系的异化,我们应该取消婚姻制度。事实上,哈贝马斯自己也承认那些治疗的基因改造是正当的,而那些额外能力或性状增强的改进则不具有正当性。我们不禁会问:为什么要区别对待治疗和改进?如果说父母"操控"或"影响"胚胎的基因本身就是不对的,为什么治疗可以,而改进却不可以?哈贝马斯有两种可能的回应方式:

第一种可能是哈贝马斯并没有"道德洁癖",只是他认为治疗具有内在的价值——减轻人的病痛,而他所理解的出于父母偏好而进行的"改进"并不具有内在价值。因此,我们当然有理由允许治疗而禁止改进。问题是,改进真的不具有内在价值吗?我们的自然主义"人类改进"概念表明,出于人类自身而言,"改进"是一种真正的"好"。也就是说,对于孩子而言,改进具有内在价值。那么,哈贝马斯似乎就该放弃这个回应方案。如果这个看法是正确的,我们会说或许不当意图或不纯动机确实会腐蚀或异化亲子关系,但这种考虑在分量上并不足以压倒治疗、改进等实践具有的内在的价值。我们仍然应当允许这类实践,只不过需要宽容不纯动机或不当意图的存在。

第二种可能是哈贝马斯确实持有类似于道德洁癖式的苛刻道德要求。那么洁癖式的苛刻道德要求能够支持哈贝马斯提出的区别对待治疗和改进主张吗?答案似乎也是否定的。哈贝马斯试图论证,出于改进的目的的基因改造是"以工具化人性的方式"对待人,而出于医疗目的的基因改造则不会。"和临床治疗不同,他人操控了基因的物质表达以实现自己工具性行动(instrumental action)的目的,就像在客体的领域(the realm of objects)实现自己意欲的目的”[1]。然而,这一假设显然是错的,在治疗的领域,同样会有工具性行动的机会。试考虑以下例子:我们可以想象,父母通过基因改造来治疗孩子也可能是出于“养儿防老”或“恶意控制另一个人的人生”之类不纯洁或甚至邪恶的意图。按照洁癖式考虑,父母的类似动机或意图同样反映了亲子关系的异化,我们也应当禁止基因改造的临床治疗手段。然而,哈贝马斯无法接受这样的推论。

综上所述,由于改进的“更好”和治疗的“更好”都是“更好”,无非一个更像“锦上添花”,而另一个更像“雪中送炭”。就内在价值而言,两者似乎并无性质的差异。[2] 我们并没有足够的理由来区别对待两者,哈贝马斯必须放弃他的“道德洁癖”回应方案。如果这个判断是正确的,那么我们也没有理由禁止基因改进,即便许多父母作出基因改进的动机或意图不纯洁,或存在“操控”和“宰制”之嫌,但出于基因改进这一实践内在价值的考虑,我们没有足够充分的反对理由去反对改进。

限于论文的讨论视野和篇幅,我们仅仅对基于“自主”这一个人道德价值反对人类改进的理由进行初步的处理。这些讨论表明,基于“自主”的考虑——无论是“开放未来反驳”还是“关系异化反驳”,都无法对自然意义上的“人类改进”观念和实践构成有力的批评。自然主义进路的“人类改进”理解不但在概念上站得住脚,其蕴含的“成为更好的人”这一至善主义理由也具有相当有力的规范性力量。

七、基因改造真的特殊吗?

人类改进是指对于人的表观性状的改进,而基因改进只是实现表观性状改进的一种方式或手段。人类生理和心理性状并不完全由基因单方决定,而是基因和环境的复杂互动塑造了人。就社会而言,人类一直在对我们生存的环境进行坚持不懈的改造,让我们获得更为友好的自然、社会甚至政治环境以促成人性的充分发展;就家庭而言,父母也竭力为子女创造支持性的物质和情感环境,以实现孩子的最大潜力,成就蓬勃焕发的人生。父母不但有理由这样做,似乎还可以进一步主张他们有义务这样做。用更具有生物学意味的术语来表达,我们甚至可以说,父母有义务改善孩子成长的环境,以便使孩

---

〔1〕 Jürgen Habermas, *The Future of Human Nature*, Polity Press, 2003, p. 63.

〔2〕 这一点上笔者同意陈景辉对治疗与改进区分的批评,参见陈景辉:《有理由支持基因改进吗?》,载《华东政法大学学报》2019 年第 5 期。

子获得对他们身为人类个体而言更好的生理与心理性状,改善环境只不过是实现改进的手段。如果这个判断能够成立,也即,我们允许甚至要求父母通过某些方式来“造就更好的子女”,那么我们有何种理由去拒绝父母改变孩子的基因同样将其作为手段来实现子女更好的生理与心理性状?本文对“通过基因改造实现人类改进”这一主题冗长而复杂的分析性处理,最终结论将是:除去技术性的风险之外,从规范性的角度看,通过基因改造实现人类改进和我们人类改造自然和社会环境实现人类改进并无差别,都不过是实现“过得更好”或“成为更好的人”的手段。

因此,许多反对基因改进的理由在面对这种自然意义上的至善主义考虑时,恐怕很难具有压倒性的优势。在论文的起始部分,我们预期只能获得一个相对温和且范围极其有限的结论,但本文的实质性讨论最后却表明,对“人类改进”这一概念的分析性处理有助于解决实质的规范性问题。我们对“是否应当允许改进?”这一问题的初步回答将是“允许改进,但改进的范围必须受到极为严格甚至近乎严苛的限制”。真正可称得上“人类改进”的改进必须满足“人性相关性”、“人性完整性”、“全局适应性”以及“帕累托改进”四个要求。这四个来自“人类改进”概念的要求不但有助于深化伦理和道德层面的讨论,也能够为法律与公共政策回应“弗兰肯斯坦式科学家”的挑战提供强有力的概念资源和极富针对性的分析框架。

(王凌皞/文)*

* 王凌皞,浙江大学光华法学院副教授。本文原刊于《华东政法大学学报》2019年第5期。

生命科技与人类命运

——基因编辑的法理反思

基于“CRISPR/Cas9”的基因编辑技术(Genome gene editing)是一种新兴技术,于2013年被发明之后进入公众视野,成为基因研究领域风靡一时的前沿技术,被视为21世纪最具科学前景和革命意义的技术突破。基因科技领域的每一次进步都会把人类对生命之复杂结构和运行原理的理解带到一个新的高度,并为解决人类生命延续和健康维护领域的顽瘴痼疾释放出新的可能。“CRISPR/Cas9”技术与传统分子工具编辑基因手段不同,它依靠一种利用引导性RNA分子将其导向目标DNA的、被称为Cas9的酶,重新编辑DNA序列或插入想要的片段。[1] 借助于“CRISPR/Cas9”技术对人体基因进行编辑,可以实现疾病治疗和遗传病预防的目标。但随着该技术的发展和成熟,通过基因编辑对人体机能进行增强或优化,以及通过对人体胚胎进行编辑而直接干预生殖过程,虽然已在全球范围之内成为必然趋势,但同时也引发了科学、伦理学和法学等各个领域的激烈争论。基因编辑技术的迅猛发展始终伴随着技术突破的惊喜和对伦理界限的冲击。

被应用于人体胚胎的基因编辑技术是否会引发尊严危机?是否会带来严重的伦理挑战?法律应如何应对基因编辑技术在研发、临床适用和市场发展等方面所产生的规制需求,并构建出完善的规范体系?本文从实践伦理学和法理学的视角,对基因编辑技术所引发的伦理问题和与之相关的法律规制的道德基础进行分析。通过对反对人体胚胎基因编辑技术的自然论证、风险论证和尊严论证等立场进行检讨,本文尝试提出一种理解基因编辑技术之科技风险与社会意义的法伦理学框架:基因编辑技术并不会产生独特的尊严危

[1] 单琳琳、夏海滨:《成簇的规律间隔的短回文重复序列(CRISPR)介导的基因组编辑技术研究进展》,载《细胞与分子免疫学杂志》2018年第9期。

机,基因科技的法律规制的道德基础应当是该技术所带来的个体与人类命运的紧密同构性这个伦理基点,进而,我们应在此基础上建构一种开放性的基因编辑技术适用的伦理和法律规制框架。

一、人体胚胎基因编辑的伦理争议

在历史进程中,人类不断尝试解读生命延续和遗传的奥秘,但对基因世界的探索和掌控,直至当代才发生。“基因”这个概念最早由约翰森(W. L. Johosen)在1909年提出,随着生物学研究的发展,人类在基因领域取得了越来越多的成果。1953年,沃森和克里克等科学家提出了DNA的双螺旋模型,成为现代生物学的开端。由于基因承载着人类遗传和人体健康的关键信息,因此,通过基因手段来治疗疾病,已成为生物学和医学研究的内在动力。

在很长一段时间内,人体基因机制的复杂性使得基因诊疗技术难以取得实质性进展。人体细胞有超过30亿个碱基对、两万个基因,它们制造着人体所需的蛋白质,发展出了千差万别的生命状态。在对基因诊疗技术的探索中,技术进展伴随着激进试验所带来的挫折。1990年,美国国家卫生院的安德森医生在患有重症免疫缺陷病的4岁小女孩德西尔瓦身上实施基因治疗,取得了成功。但是,1999年,患有罕见遗传病鸟氨酸氨甲酰基转移酶缺乏症的18岁男孩基辛格在宾夕法尼亚大学参加了一项基因治疗,他在接受病毒注射之后死亡,这给如火如荼的基因治疗热潮泼了一盆冷水。在这之后,基因治疗基本销声匿迹。直到2013年“CRISPR/Cas9”技术的出现,人类才以全新的姿态进入基因编辑时代。

经过反复实验,科学界确证了“CRISPR/Cas9”技术的高效率、成熟度和可普及性。该技术显示出了巨大的理论优势和实践优势:利用CRISPR系统实现对特定基因的破坏、修复、关闭和启动;对Cas9蛋白和向导RNA的不断优化;利用多线程的CRISPR/Cas9;利用CRISPR/Cas9系统尝试治疗疾病;利用CRISPR/Cas9系统研究基础生物学问题。[1] 这种巨大优势也激发了市场的活力和广阔的应用前景,并且,该技术已经开始在临床上被适用。[2] 然而,CRISPR/Cas9技术适用的伦理和法律问题从该技术产生之时就开始出现。在CRISPR/Cas9之前,科学家曾经尝试过通过锌手指核酸酶技术对基

---

〔1〕 王立铭:《上帝的手术刀:基因编辑简史》,浙江人民出版社2017年版,第177页。

〔2〕 《基因编辑人体临床试验将在美国启动》,载新华网,http://www.xinhuanet.com/world/2018-12/04/c_1123805281.htm。

因进行编辑，但这种技术效率低下且成本巨大。尽管如此，仍然有机构试图运用锌手指来破坏艾滋病患者体内的CCR5基因，以避免HIV的入侵。如果CRISPR/Cas9技术足够成熟，那么，在遗传过程中对人体受精卵或胚胎阶段实施基因编辑，形成抵抗严重病毒的抗体或者降低糖尿病和癌症的可能性，就可以极大地改变人类的健康处境。[1] 推而广之，如果通过对人体胚胎进行基因编辑来治疗遗传病和降低重疾发病率是可行的，那么，通过基因编辑来增强人类的身体机能在技术上就是可以实现的。

为了应对基因编辑技术所带来的挑战，科学家群体和国际机构针对基因编辑技术的适用边界形成了一些共识。例如，基因编辑手术从“治疗”跨越到“预防”，违背了基因诊断和治疗应遵循的三项基本原则，这三项基本原则是：被限制于对疾病有单独决定因素的基因突变、疾病对生活带来极度痛苦和社会与医学已形成共识。[2] 然而，基因编辑技术的成熟和急速应用势头正在改变社会对这三种原则的理解，正在改变预防、治疗和增强之间的界限。如果通过基因编辑可以阻断艾滋病毒的侵蚀，并且极大地降低基因改变与环境之间交叉影响的风险，那么，阻止这种修复和改善性的医疗方案的正当理由是什么？在生物伦理学家Julian Savulescu等人看来，针对人体胚胎实施基因治疗和修复，具有优于试管受精的伦理必要性。[3]

科技发展如何取得实质性进步和突破，有赖于科学和技术领域的共同努力，但科技究竟如何适用于人类福祉的提升、疾病治疗和健康促进，却是一个社会伦理和法律问题。也就是说，这是一个如何对基因科技的研发、试验以及对人体健康和生命施加影响的各种活动进行道德上的好坏判断的问题。这个问题可以被区分为两个层次。第一个层次涉及对生命科技进行伦理评价的伦理基点，即我们依据什么做出判断；第二个层次涉及生命科技的伦理判断如何产生其社会效应的问题，即影响政治安排和法律规制的体系建构。到目前为止，反对基因编辑的大多数讨论都指向了关于基因科技的根本性伦理判断，因此，迫切需要建立一个整全性伦理框架来讨论这个问题。整全性

---

[1] 张晓宇等：《CRISPR/Cas9系统应用于早期胚胎编辑和基因治疗》，载《生命科学》2018年第9期。

[2] [美]悉达多·穆克吉：《基因传：众生之源》，马向涛译，中信出版集团2018年版，第497页。

[3] Julian Savulescu et al., *The Moral Imperative to Continue Gene Editing Research on Human Embryos*, Protein Cell(2015).

伦理框架，是指建构一个讨论基点，基于此基点，分析基因科技涉及哪些伦理问题，并在此基础上探究与基因科技的伦理内涵相关的社会和法律议题。如果将既有的围绕基因编辑所提出的各种主张纳入这个整全性框架之中进行检讨，则可以把它们总结为三种论证：反自然论证、风险论证和尊严（危机）论证。这些论证代表了从伦理上反对人体基因编辑的主要立场，它们既围绕某个讨论基点而展开，又提出了相应的社会和法律回应方案。三种论证的基本主张是：

其一，反自然论证：通过基因编辑技术对人类胚胎进行编辑，违背了胚胎发育的基本规律，干预了胚胎成长的自然轨迹，特别是通过改变人的基因这一最为神秘和最为基础性的自然运行机制来"制造"生命，是对自然律和自然逻辑的直接违背和破坏。

其二，风险论证：通过 CRISPR - Cas9 对胚胎进行编辑，具有较高的脱靶风险，会对婴儿以后的成长带来不可知的风险。比如，被编辑之基因与既有基因之间可能会产生冲突。此外，被编辑的婴儿的基因会遗传给后代，这既改变了后代的基因，又会带来基因多样性危机（通过人为方式对基因构造进行更改，可能会导致基因趋同）。

其三，尊严（危机）论证（某种意义上也是滑坡论证）：人为干预人的自然孕育和成长过程，是对人之为人的尊严的严重侵犯，这会改变人对自身的理解，改变人在世界中的独特地位，对人的整体道德处境造成冲击。

二、反自然论证

许多批评者认为，对人类胚胎实施基因编辑是违背自然的。这种反自然论证有不同的表达形式，虽然它们之间在立场上存在实质差异，但共享着"自然"这一判断基点。菲尼斯没有直接针对基因编辑提出批判，而是针对医疗性克隆胚胎提出了基于自然的批判。他认为，被用作医疗的早期胚胎具有自我引导的能力，其已经具备了全部的基因组成，因此，对胚胎的医疗处理和废弃会破坏胚胎自身所具备的可发育成完整之人的自然属性。[1] 哈贝马斯认为，非人为安排的生命开始的自然偶发性为个人自治提供了道德意义上的支持，但出生方面的人为设计会削弱这种支持。[2] 与之类似，桑德尔认为，基

〔1〕 John Finnis, *Intention and Identity: Collected Essays Volume II*, Oxford University Press, 2011, p. 293 - 301.

〔2〕 Jürgen Habermas, *The Future of Human Nature*, Polity Press, 2003, p. 61.

因工程和优生学(通过生物技术改善人的能力)“不仅没有尊重人类力量和成就中的天赋特质,也错失了上天所赋予的能力持续协商的那部分自由”。[1] 福山虽然更多地关注基因工程对政府规制所带来的挑战,但他也认为,生物技术对人类“作为一个物种所共享的那些典型特征”构成了冲击,带来了人性的危机。[2]

在这些主张背后,蕴含着对人的某种自然属性的认可,以及基于此种自然属性而形成的伦理判断。通过基因技术对人的胚胎或者身体进行编辑、改造和促进,是对人的自然结构的改变,违反了人的自然属性。因此,对人的自然属性的改造或者破坏,在伦理上是错误的。人不能“扮演上帝”(playing God),所以,应该对此种技术加以控制或者禁止。反自然论证最能捕捉到社会公众对基因编辑技术的直觉性担忧,但却陷入了严重的哲学困境。[3] 在自然世界中,很多方面是我们无法控制的,比如,万有引力定律和化学原理都是自然性的一种体现。同样,人体的遗传和发育也是我们无法控制的,只有通过受精卵,人才能孕育成生命。但有些方面是我们能够控制的,比如,人们通过运动来减少体重,或者通过养生来延长寿命。所以,我们可以把人的自然性理解为人自身不可控制的特定属性。如果人类刻意地改变这种属性,比如,通过基因编辑破坏 CCR5 基因而形成对艾滋病毒的天然免疫,或者通过对基因改良而提高人的智商,那么,这所表明的并不是人的能力,而只是显示了人的自负。正如桑德尔所讲的,这些行为“代表了意志对天赋、支配对敬畏、塑造对守望的绝对胜利”[4]。

然而,基因科技恰恰在一种革命意义上突破了传统的人对自身身体和遗传机制的支配方式和干预方式。基因科技给饱受病痛(如各种遗传病、癌症、艾滋病等)折磨的人类展现了疾病的机理,同时也提供了改善的机遇。传统上,人类对人体的干预能力极为有限,这特别体现在遗传领域。如果仅仅因为基因领域的突破,就将人对自身改造能力的加强视为违反自然而加以反

---

〔1〕[美]桑德尔:《反对完美》,朱慧玲译,中信出版社 2013 年版,第 80 页。

〔2〕[美]福山:《我们的后人类未来:生物技术革命的后果》,黄立志译,广西师范大学出版社 2017 年版,第 101 页。

〔3〕John Weckert, *Playing God: What is the Problem?*, in Steve Clarke etc. (eds.), The Ethics of Human Enhancement: Understanding the Debate, Oxford University Press, p. 97(2016).

〔4〕[美]桑德尔:《反对完美》,朱慧玲译,中信出版社 2013 年版,第 83 页。

对,那么这个结论为时过早。[1]

基于自然的论证仍然能够从哲学讨论中寻找到支持,这需要诉诸自然在哲学上的内涵。什么是人自然而然的属性?答案显然不是人的生物属性(比如四肢完整),因为很多人生下来就是残疾的。答案只可能是另外一种,即人的道德本性。但是,一旦我们将人的自然属性归结为人的道德属性或者道德基础,那么,反自然论证所面对的负担就会加重。哈贝马斯将人的自然生育与自治这种价值进行概念结合,过重地依赖于人的自然存在对自治的决定性力量,反而会容易忽视自治的社会塑造力量。[2] 菲尼斯将生命视为一种基本善,即对生命的尊重构成了基于生命之善的道德要求,这其实也采取了自然法理论的基本立场。但是,这是否意味着,医疗性克隆(胚胎试验)或者对胚胎进行基因改造有违对生命的尊重这一自然法道德立场?其实,基于生命这种善,对癌症晚期病患进行治疗和对遗传亨廷顿舞蹈症的胚胎进行编辑,同样共享着保护生命这种善的道德要求。同样,福山对基因科技给人作为物种的独特属性所造成的冲击表示担忧,这一立场很容易把人基于存在和自由的哲学本性与人自身生理结构的道德含义相混淆。

反自然论证的真正有力之处在于,它重视人的自然存在之上的伦理实在,但这一论证在哲学上站不住脚。基因编辑的要害之处在于,该技术改变了人干预自身之存在和进入这个世界的独特方式,但不能因生命延续的自然形态被技术改变而在伦理上否定这种技术。诚然,人对自身的改造确实会引发伦理担忧和社会问题,正如福山所指出的,基因工程的盛行会改变人们对自身医疗责任的理解,会引发利益格局的变化和医疗领域的扩张。[3] 然而,这些困局既不是基因科技所独有的困局,也不是因为人的遗传机制被修正就必然会产生的困局。换言之,科技所带来的社会问题不见得是科技本身的问题,而可能是社会反馈机制出了问题。正如 Odzuck 所主张的,我们自身和自然之间的关系是规范性和政治性的,人们对自身之身体状态的改变,实际上

---

[1] Dieter Birnbacher, *Naturalness: Is the "Natural" Preferable to the "Artifcial"?*, University Press of America, 2014, p. 158.

[2] Christopher Gyngell, Thomas Douglas & Julian Savulescu, *The Ethics of Germline Gene Editing*, Journal of Applied Philosophy(2017).

[3] [美]福山:《我们的后人类未来:生物技术革命的后果》,黄立志译,广西师范大学出版社2017年版,第54页。

是对人与自然之规范关系的改变。[1] 反自然论证借助一种类似于伦理学上的自然主义的伦理立场对基因编辑的自然意义进行否定,如果不借助其他的论证,比如风险和尊严,那么其论证就非常薄弱。

三、风险论证

风险论证有两种策略,一种基于科学,另一种借助道德论证。毫无疑问,对人体胚胎进行基因编辑存在风险,比如健康风险、进化风险和遗传风险。[2] 但社会中虽然充满了风险,有些风险却是可以容忍的,比如工业发展所带来的环境风险、食品添加剂和卫生防疫所带来的健康风险。那么,基因科技所带来的风险为何会引发人们的担忧?

基因编辑的反对者认为,基于科学的角度,基因编辑所带来的风险在科学上未经证实。既有科学研究对基因运行机理和遗传原理的掌握仍然有限,"CRISPR/Cas9"技术 2013 年才被发明出来,所以,虽然其适用范围越来越广,但脱靶风险和嵌套性风险仍然存在,如果用之于人体胚胎,则会产生难以预测的损害风险或结果。这种借助道德论证的风险观主要关注基因科技所带来的代际风险。不同于反自然论证对人的自然属性被改变的担忧,代际风险涉及基因科技所带来的基因延续和基因多样性被改变的风险。但代际风险的基点不是被编辑之基因会随着遗传而被传递给下一代,而是人类基因改变的不可逆转性以及在下一代引发基因突变的可能性,也就是说,基因编辑对人类整体存在潜在危害。即使 CCR5 基因通过编辑技术被敲出,从而可以对艾滋病形成免疫,但我们并不清楚对 CCR5 的去除是否会导致人体更容易感染其他类型的病毒。一旦这种基因改变记录被遗传下去,那么,所造成的危害就不是个体性损害,而是会造成更大范围的后代风险。

然而,对于风险论证,至少存在四个主要反对意见,使风险论证不足以成为反对基因科技的有效理由。

1. 有限的成本—收益计算:虽然基因科技带来的风险无法被量化,也难以像功利主义那样采用某一个确切的衡量指标,但我们还是能够对基因科技所带来的益处和潜在的风险进行对比。"CRISPR/Cas9"技术的成熟、生物医

[1] Eva Odzuck, *Is Genome Editing Unnatural? Nature in Bioethics, the Politics of Bioethics, and the Political Dimension of Nature*, in M. Braun etc., eds., Between Moral Hazard and Legal Uncertainty, Springer, 2018, p. 123.

[2] 陶应时:《人类胚胎基因编辑技术的潜在风险述介》,载《自然辩证法研究》2018 年第 6 期。

学的重大突破和合成生命的巨大潜能使基因编辑的脱靶和嵌套性风险是可控的，至少在当前主要针对单一基因病变的情况下是如此，甚至人工智能的迅速发展也可以促进基因编辑技术。[1] 因此，在一个可控和有限的意义上，基因编辑的收益是大于潜在的风险的。[2] 这种计算之所以是有限的，是因为存在其他考量因素，这些因素可以增加支持基因编辑的筹码，比如，具有遗传病之父母的生育自由和改变后代之遗传病症的意愿均是加重基因编辑之收益分量的因素。[3]

2. 风险容忍度的伦理考量：人类承受风险的能力与技术发展水平呈正相关，医学发展使人类抵御瘟疫的能力大大提高，技术发展使人类具备了一定程度的与风险并存的能力。比如，虽然转基因食品是否安全在科学上仍然无法形成定论，并且欧盟基于预防原则对转基因食品加以禁止，但是，在美国，转基因产业的发展和转基因食品已经通过严格监管和风险防范而被认可。[4] 转基因食品当然引发了伦理上的担忧，但这种忧虑被社会共同体所容忍。基因编辑属于尖端生物学研究，并且距离人们的普通生活更为遥远，因此，公众对人体胚胎基因编辑技术的不安心理是可以理解的。但随着基因技术的普及和公众对基因编辑技术风险的知情，公众对其风险的容忍度会大大提高。在这个意义上，讨论的重点就转向为：我们到底是应该把预防原则还是开放性原则作为应对风险的政治道德考量？[5]

3. 风险的社会转化机制：风险所产生的社会意义不仅体现在其对个体健康的潜在危害，也体现在社会以何种方式来应对风险，技术风险尤其如此。社会转化包含两个方面：一是风险分配和预防机制，二是通过社会观念的更新。在这两个意义上，基因编辑所带来的风险与其他技术风险在社会转化上

---

〔1〕 The Wilson Center, *How to Optimize Human Biology*: "*Where Genome Editing and Artificial Intelligence Collide*", https://www.wilsoncenter.org/publication/how-to-optimize-human-biology-where-genome-editing-and-artificial-intelligence-collide, 2019 年 4 月 15 日最后访问。

〔2〕 Christopher Gyngell, Thomas Douglas & Julian Savulescu, *The Ethics of Germline Gene Editing*, Journal of Applied Philosophy (2017).

〔3〕 Giulia Cavaliere, *Genome Editing and Assisted Reproduction: Curing Embryos, Society or Prospective Parents?*, Medicine, Health Care and Philosophy (2018).

〔4〕 胡加祥：《欧盟转基因食品管制机制的历史演进与现实分析——以美国为比较对象》，载《比较法研究》2015 年第 5 期。

〔5〕 陈景辉：《捍卫预防原则：科技风险的法律姿态》，载《华东政法大学学报》2018 年第 1 期。

可能是相同的。与其他临床试验一样,基因编辑手术同样受制于技术操作规范和伦理规范,尤其受制于应对技术失误(比如脱靶)的严格规范。一旦社会公众对基因科技形成了相对客观的认识,反而有助于科学研究者和临床试验者基于风险评估做出更优的决策。当然,技术风险在社会转化中可能出现技术风险被社会所吸收的问题,因此,其风险本质被掩盖。福山所举出的百忧解的例子即是明证。百忧解作为一种神经性抗抑郁症药物,不仅被用来对抗抑郁症,也被用来改变性情和提升自尊感,所以,很多人选择用药物来解决自身的社会问题。[1] 药物的风险和副作用被复杂的社会调控机制所掩盖。然而,这个例子首先反映了单纯依靠风险无法对一项技术进行伦理判断;其次,它也提出了一项不仅仅针对基因编辑技术的新命题:我们这个世界是否能够脱离风险而存在?

4. 建构新的代际伦理:基因编辑的独特风险是代际风险,也就是说,基因编辑技术可能会改变后代的存在方式。具体而言,后代的基因可能会与今天的我们不同,而且,在智力、体能和寿命方面,经过基因优化的后代也会与当下的我们不同,后代甚至可能会面对与今天不同的伦理处境,比如,后代会变得更加不平等,出现具有更高道德地位的后人类(posthuman),而这一切显然没有经过后代的同意。[2] 这是一个看似严重但实际上仍然可以在既有伦理框架中得到回答的问题。(1)如果是为了避免遗传病和使后代处境更好的缘故而实施基因编辑,那么,基于家长主义的逻辑,这并不需要后代的同意。[3] (2)如果基因编辑改变了后代的基因处境,那么其有两层意涵:第一,虽然后代将要面对后人类处境下的新议题,但他们可能会基于后人类处境更加重视权利价值和社会合作问题,即使他们的道德地位发生了变化;[4] 第二,当前的我们需要基于对后代的考量而建构一种新的代际伦理,比如,50年前的人们无需为面对人工智能之挑战的我们而进行代际考量,但今天的我

---

〔1〕[美]福山:《我们的后人类未来:生物技术革命的后果》,黄立志译,广西师范大学出版社2017年版,第44-45页。

〔2〕Edward Lanphier etc., *Don't Edit the Human Germ Line*, Nature (March 12, 2015) https://www.nature.com/news/don-t-edit-the-human-germ-line-1.17111.

〔3〕Christopher Gyngell, Thomas Douglas & Julian Savulescu, *The Ethics of Germline Gene Editing*, Journal of Applied Philosophy, p. 507 (2017).

〔4〕Allen Buchanan, *Moral Status and Human Enhancement*, Philosophy and Public Affairs (2009).

们需要为人工智能和基因科技等新兴技术对后代的挑战而预备,这种代际伦理虽然以我们的伦理处境和基本价值为中心,但提出了面向未来的新的考量因素。

根据这四项理由,面对基因科技带来的风险,我们不应该以此为基点而拒绝这种技术,而应以一种新的伦理姿态来面对它,否则,我们就要以相同的逻辑而拒绝大多数新兴技术。对基因科技之风险的伦理判断,不能基于风险这个概念,而是需要借助其他框架来完成。很多论者基于尊严这个概念确立了理解基因科技之风险的一种伦理框架,并且抱持着反对基因科技的独立论证姿态。

四、尊严(危机)论证

以尊严为依据而反对基因编辑的主张认为,基因编辑在根本上侵犯了人的尊严,触及了人之为人的基本属性和底线,带来了尊严危机。如果借助尊严论证,反自然论证和风险论证会更加有力。尊严论证出现在大量的生物医学宣言之中,也得到了大量的学理辩护。从既有讨论来看,尊严论证是反对基因编辑最有力的理由。

以基因编辑为例,尊严论证的具体内容可以被提炼为如下几个方面:(1)基因编辑改变了人类生命的开始和孕育的基本方式,构成了对人之为人的基本属性或者本性的破坏;(2)基因编辑使人可以对自身加以干预,存在将人工具化和客体化的可能和危险;(3)基因编辑改变了人的道德地位、社会处境和交往方式,使人类共同体的未来面临着危机。[1]

在人的基因这一遗传载体之上所实施的改变人的遗传特性和对基因序列的干预,是否在根本上危及人之为人所具有的道德地位和独特尊严属性?本文认为,上述三个理由在伦理学上难以获得有效的辩护,因此,不足以支撑起尊严论证的有效性。面对基因科技,我们应该具有这样一种伦理姿态:既要维持尊严在生命科技中的基础性价值地位,也要构建一种更加开放的、通过基因科技来促进关于人之尊严理解的新框架。

1. 人类生命起始方式的改变并不必然冲击人的尊严。尊严概念在价值内核上存在的主要争议在于,尊严的价值属性是什么,以及尊严在实践中究

[1] Leon Kass, *Life, Liberty and the Defense of Dignity: The Challenge for Bioethics*, Encounter Books, 2004, p. 128 – 139.

竟会产生何种规范内涵。[1] 毫无疑问,尊严之价值意义的一个体现是人作为一个主体性存在之不可侵犯和否定的地位。因此,一个人不应受到来自他人的攻击和恶意伤害。在孕育期间,对胚胎实施技术改造,构成某种形式的攻击和伤害吗?当然会存在一些伤害的情形,比如,给胚胎施加不利影响而使婴儿生下来就是残疾,然而,对基因的改造虽然面临技术风险,但显然不属于这种情形。无论是基于治疗目的,还是基于改良目的,实施基因编辑都是为了使成形的人能够更好地实现其内在价值。德沃金区分了派生价值和超然价值。派生价值诉诸其他的人类利益,比如遗传病的治疗,但超然价值却是内在于某事物的非寄生性价值。[2] 如果人的生命起始方式具有尊严性,那么只能诉诸超然价值。然而,在解释生命起始的神圣性的理由时,如果不借助宗教理由,则很难让人信服。生育的自然过程并不意味着这个过程不能被修正和优化,否则,人工授精和试管婴儿就不具有正当性。当然,人们可以说,试管婴儿并未改变生育机理,而基因编辑却对生育过程施加了实质性干预。这个理由可以用来反对克隆人,但不足以反对基因改造。基因科技在革命意义上创造了重新理解人之出场的生物学方式及其后续社会影响的可能。[3] 这种可能是复杂的,它可能使一个本来应该受到遗传病折磨的人免于病痛而更好地实现人生价值,也可能使一个人因为手术风险而丧失生命。人的自然出生过程从“机遇”向“选择”的转变并不意味着人的生命实质及其道德含义被赋予了偏离尊严的内涵。[4]

2. 基因科技是否会引发将人工具化和客体化的伦理危机?特别是在基因优化的情形之下,通过技术手段促进人在智力、情感和体能方面的能力,是否会损害人所共有的尊严的基础?这个问题需要从两个方面来看。一方面,尊严包含对人的尊重,人与人之间的责任关系与将人工具化是相排斥的。然而,工具化提供了基因编辑的一个伦理界限,而非拒绝基因编辑的理由。医学发展和基因科技给生命伦理带来了极大的挑战,比如,人对百忧解等神经性药物的依赖、儿童多动症公益组织对治疗多动症的利他林的推崇,但这些

---

〔1〕 George Kateb, *Human Dignity*, Harvard University Press, 2011, p. 1 – 27.

〔2〕 [美]德沃金:《至上的美德》,冯克利译,江苏人民出版社 2003 年版,第 501 页。

〔3〕 John Harris, *Germline Manipulation and Our Future Worlds*, The American Journal of Bioethics (2015).

〔4〕 Allen Buchanan etc., *From Chance to Choice: Genetics and Justice*, Cambridge University Press, 2012, p. 306 – 307.

困境所展现的尊严危机不是由技术所引发,而是人们面对技术的态度。[1]另一方面,技术发展当然会带来异化风险,但异化的本质在于技术自身功能与社会价值之间的不对称,比如,互联网虽然带来了生活的便利,但在某种程度上使人被技术所"奴役"。人工智能对人的尊严、理性和道德责任等概念都会造成冲击,但这不是我们拒绝人工智能的理由。[2] 基因技术最危险的异化在于,人可以随心所欲地对人体进行基因编辑,将人类置于被工具化的危险境地。然而,虽然基因编辑会引发这种异化,但这种情况并非源于基因编辑技术内在的反尊严属性,而是因为基因技术的社会功能被扭曲,伦理边界被挪移。[3] 如果我们能够对尊严所包含的不可侵犯性和内在重要性形成共识,那么,尊严概念对势不可挡的基因科技发展就会构成积极的内在伦理限制,而非否定性因素。

3. 基因科技给人类共同体带来了革命性意义的技术改变,但这并不必然带来共同体的尊严危机。尊严论证的第三个方面关注了尊严的共同体维度,即人类整体的物种尊严。基因科技带来的一个挑战是,人们失去了形成道德共识的基础,成为像德沃金所形容的那种道德上的自由落体。[4] 即使人们对尊严的概念充满分歧,但对尊严的重要性仍有共识。诚然,基因科技改变了这一切,我们可能无法理解后代之人的处境,可能将有经过改善的后人类出现,后人类在未来的存在可能使我们当下对人的理解的客观意义丧失,比如丧失桑德尔所提出的人的"谦卑、责任和团结"的共同体属性,[5]因此,尊严也就失去了意义。然而,不同于其他技术,虽然基因科技带来了人对生物学意义的自身的理解,虽然它也在改变着人的权利和自由的内涵,但这是否

---

〔1〕 Dieter Birnbacher, *Naturalness: Is the "Natural" Preferable to the "Artifcial"?*, University Press of America, 2014, p. 51 - 52, 158.

〔2〕 陈景辉:《人工智能的法律挑战:应该从哪里开始?》,载《比较法研究》2018 年第 5 期。

〔3〕 单凭尊严的概念内涵,无法判断基因科技是否有损尊严。在特定情况下,必须结合其他价值进行分析。比如,基因优化技术的一个问题在于,这种技术加速了不平等。但是,此种不平等是何种意义上的不平等?批评者主要基于道德地位上的不平等,即经过优化的人(postman)享有更高的道德地位或者道德优势,批评基因优化技术造成了人与人之间尊严的不对称。但很多理论家认为,基因优化只是带来了优势上的差异,而非道德地位上的区别。See Nick Bostrom, *In Defense of Posthuman Dignity*, Bioethics, 2005. 甚至有学者主张,基因优化会促进公民德性和政治共同体发挥功能的方式。See William Jefferson etc., *Enhancement and Civic Virtue*, Social Theory and Practice (2014).

〔4〕 [美]德沃金:《至上的美德》,冯克利译,江苏人民出版社 2003 年版,第 521 页。

〔5〕 [美]桑德尔:《反对完美》,朱慧玲译,中信出版社 2013 年版,第 84 页。

构成了人类整体的尊严危机？答案是否定的。人的物种性尊严的概念无助于基因科技的伦理和法律规制体系的构建，比如，基因检测或者基因疗法导致了侵权责任的承担，同时也淡化了尊严概念所包含的个体的内在重要性的价值内涵。对于过去之人、现代之人与未来之人在道德地位和命运上的差异，需要借助人所创造的历史、政治和文化资源来判断。而基因科技所带来的挑战首先是针对现代之人的，所以，伦理判断的起点也应在此。

五、面向基因科技的新伦理框架：个体与人类命运的紧密同构性

（一）新的生命伦理学框架

反自然论证、风险论证或尊严论证不足以构成反对基因编辑技术的开发与临床适用的强大理由，但这并不意味着基因编辑技术就是安全的，也不意味着基因编辑技术在实践之中应该被普遍适用。本文的写作目的在于，为基因科技寻找新的伦理学基点，并建构一种新的可以指导法律规制的整全性伦理框架。若要完成这项理论任务，需要再探讨两个问题。

1. 技术是中立的吗？

在面对技术发展给人类生活所带来的冲击时，很多人主张，技术应该中立。然而，技术只能在一个非常有限的意义上实现中立，比如技术在功能意义上的中立性。人工智能的迅猛发展和基因科技在近十年所取得的巨大成就确实是在科学理论发展基础上的重大突破，因此，只有赋予技术研发足够的空间，才能让科学研发有充足的动力实现技术突破。然而，技术在价值意义上是无法中立的。[1] 科技发展总是会引发技术的功能价值和社会价值之间的冲突，而人类社会所面对的层出不穷的新议题就是应对这种冲突所带来的各种难题，比如冷冻胚胎的归属问题、代孕所引发的抚养权之争、区块链的法律争议以及人工智能的著作权问题。应对技术风险的可靠方案在于，对技术影响社会共同体的基本善的方式进行评估，并基于技术价值与基本善的深层互动而确立可靠的方案。

2. 法律规制应该建立在道德判断的基础上吗？

从价值视角来看，法律针对道德事务所做出的干预需要符合特定的政治道德原则，即进入法律背后的价值世界中。对于内嵌着激烈道德分歧的新兴技术来说，法律的角色更为复杂。如果既有法律框架无法解决技术发展所带

〔1〕 郑玉双：《破解技术中立难题》，载《华东政法大学学报》2018 年第 1 期。

来的新兴问题,那么,就需要进入法律背后的价值世界,寻找能够支撑起法律之规制功能的伦理之点。基因科技对法律规制提出了全新议题,面对基因科技的法律规制体系,需要在关于基因科技的伦理判断的基础上进行建构,以确立能与技术逻辑进行互动的规范原则、行为标准和归责原理。

(二)个体与人类命运的紧密同构性

无论是基因编辑,还是基因科技的衍生技术(修复、治疗、优化,人工合成生命等),都指向了人的生命的内在构造,如里夫金所言,"当人类迈步进入生命技术世纪时,我们关于自然、进化和生命意义的观念正在经历一场根本性的修正"[1]。基因科技相关的伦理判断围绕人的生命的内在构造而展开,基因科技的伦理本质涉及如下问题:人为干预人的自然基因构造会引发人的自我理解和个体责任的重构。基因是人的遗传密码,是人类从未成功触及的一个神秘领域,当人可以运用编辑技术对人的基因进行改造时,人的自然存在意义和人与外在世界的互动方式会发生根本改变。[2] 这种改变体现在三个方面:

1. 人的本性会改变。基因编辑会改变了人的自然属性、遗传特征或基因序列,但这不是关键的问题,真正有意义的改变是人的身份同一性的改变。人的身体是人的身分同一性的载体,"身体是一个时间构形"[3],人的生命历程和成就虽然不同,但共享着一个受自然律支配的身体与生命历程的同一性结构,这是人作为实践主体意义上的"我"的内涵。但基因编辑和优化将每个人所共享的身体与生命历程的同一性结构打破,这实际上导致了人的本性的特定方面的差异。尽管这个变化在实践中不会产生直接的效果,但人的自我理解的框架的变化会渗透到社会实践的各个领域,包括教育资源、医疗资源的分配和个人的生育决定等。

2. 人的责任伦理会改变。基因科技创造了新的可能,并且会被适用于生物学领域和医学领域,具体包括遗传病避免、重症治疗、基因修复、基因优化甚至运用人体基因对植物进行优化。区别于传统的道德和法律责任的判断,

---

[1] [美]里夫金:《生物技术世纪:用基因重塑世界》,付立杰等译,上海科技教育出版社2000年版,第201页。

[2] T. van Willigenburg, *Philosophical Reflection on Bioethics and Limits*, in Marcus Düwell, ed., The Contingent Nature of Life: Bioethics and the Limits of Human Existence, Springer, 2008, p. 154.

[3] [德]施瓦德勒:《论人的尊严》,贺念译,人民出版社2017年版,第127页。

基因科技产生了新的责任认定和归结方式。

3. 基因科技创造了人在基因上的共同利益这个伦理基点。人类在基因上有共同利益，这种利益不是外在的。比如空气和水，因为，人对于空气和水的依赖程度是有差异的，糟糕的空气可能会让一些人致命，也可能对人的健康不会有实质性影响。但人类在基因上的核心利益不是健康，不是人的发展前景，不是人类改造自身的能力，而是人与人类自身命运的紧密同构性。这种同构性的核心要素在于，人的自由和尊严等价值与人类自身命运的独立价值紧密相关，所以，对基因技术的伦理判断必须围绕人类自身命运而展开。基因科技将人类整体性命运放置在一个实质性的价值判断语境之中，对基因科技的法律规制也要建立在这个实质性判断基础之上。

（三）基于个体与人类命运之紧密同构性的基因伦理

本文主张，基因科技对人的伦理实践带来了实质性挑战，因此，我们需要构建一个新的伦理框架。人在基因上的共同利益塑造了个体与人类命运的紧密同构性，而我们能够在伦理上有把握地、积极地迎接基因科技。具体来说，基于个体与人类命运之紧密同构性的基因伦理立场主张：基因科技不会对人的尊严带来实质性危机，基因科技通过创造一种将个体与人类命运进行强化性同构的方式改变了个体嵌入人类命运的方式，由于基因科技的潜在利益，反自然论证和风险论证经不起既有伦理理论的考验，而个体和人类命运的紧密同构却可以在实质上提升个体的伦理处境，因此，我们应当以一种开放的态度面对基因科技。基于这种新的伦理框架及其与基因科技在各个方面的相关性，在一个理想的意义上，我们可以将这种伦理立场具体阐释为以下主张：

1. 个体生命与共同体之整体命运的紧密同构性，是指基因科技带来了个体本性中经验性自我与超越性自我之间的分离，但增加了个体与共同体的紧密连结。人们在基因检测、治疗或者改造上的每个决定都与共同体命运相关。这并非意味着，个体的每个决定都会对人类整体命运造成影响，而是意味着，共同体命运构成了一种“元道德”。[1] 基因科技将人类命运带入一个节点上，如果人们通过实施基因技术而促成了对人类共同体的更深理解，并

〔1〕 Giulia Cavaliere, *A Path Through the (Moral) Morass: Ethical, Legal and Societal Challenges of Human Genome Editing*, in M. Braun etc., eds., Between Moral Hazard and Legal Uncertainty, Springer, 2018, p. 218.

且消除基因科技的潜在威胁，比如，基因多样性受损或者人的自然属性改变对人类共同体命运的影响不是实质性的，那么，个体与人类命运的紧密同构性就不会受到损害。[1] 在这个意义上，对人体胚胎进行基因编辑，在伦理上是可以被接受的。

2. 个体与人类命运之紧密同构性为基因科技对各种伦理价值的冲击提供了缓冲的平台和重构的可能。由于基因科技对人的本性之理解的冲击，自由、权利和尊严等价值的基本内涵在基因问题上陷入了混乱。在基因事务上，个体与人类命运的紧密同构性对价值推理的增益在于，它为各种价值被应用于基因科技之社会问题的分析提供了一个强化性理由。尽管不能确定，从这种紧密同构性中推导出何种具体伦理原则（因为需要借助大量的其他价值），但它可以成为一个实质的推理理由。比如，我们之所以应当禁止生殖性克隆，并不是因为这种行为违背自然（我们可以克隆其他动物），而是因为克隆使人类生命的起点变得任意和随意，且可以被操纵，而这违背了个体进入共同体的自然性和亲缘性的生育方式，构成了对人类命运的实质威胁。[2] 同样，人体基因和其他物种之基因的交叉和混合，也有损于共同体命运，因为，这造成了共同体命运向极为不确定的自然风险和伦理危机开放。

相比之下，基因编辑并没有将人类命运置于一种极不确定的自然风险之中，反而是通过将个体增益与共同体的实质益处关联在一起，从而形成对基因科技进行伦理判断的联合判准。一方面，通过科技对生殖过程进行干预，会使生育从自然意义的代际传承转变为承载公共利益的社会过程，"生育一个健康的后代是基因提供者的延伸生命利益，同时也能减轻社会的负担，体现了公共利益"[3]。另一方面，按照 Bayefsky 的主张，人类基因具有两个方面的公共属性：共同遗产（common heritage）和共同资源（common resource）。[4] 共同遗产体现了人类在基因池上的自然紧密同构性，而共同资

〔1〕 Christopher Gyngell, Thomas Douglas & Julian Savulescu, *The Ethics of Germline Gene Editing*, Journal of Applied Philosophy, p. 506 (2017).

〔2〕 Michael Sandel, *Ethical Implications of Human Cloning*, Perspectives in Biology and Medicine (2005).

〔3〕 朱振：《反对完美？——关于人类基因编辑的道德与法律哲学思考》，载《华东政法大学学报》2018 年第 1 期。

〔4〕 Michelle Bayefsky, *The Human Genome as Public: Justifications and Implications*, Bioethics (2017).

源则体现出人类在基因资源利用和开发上的共同利益。虽然 Bayefsky 所提出的框架强调了基因事务的公共性,但结合个体在基因事务上的自主选择和个人用益,我们可以得出如下结论:个体与人类整体在基因事务上的关系不同于个体与自然环境、经济和文化事务上的关联,而是体现出强烈的同构性。

3. 个体与人类命运的紧密同构性能够为基因科技或生物技术方面的政府规制提供可靠的伦理限制。政府对现代科技发展的规制功能是非常有限的,但政府和法律必须有所作为。然而,在迅猛的基因技术突破、人们对基因技术的迫切健康需求和基因发展所带来的各种潜在社会影响之间,政府规制很难找到一个良性规制的平衡点。过紧或者过宽的法律规制都会影响基因科技发挥作用的方式。[1] 而个体与人类命运的紧密同构性却能够为政府决策提供一个在成本收益分析、风险评估和执法成本考量之外的可靠伦理框架:政府做出的每一个决定都应指向个体福祉和人类整体处境之间的深度契合。政府行动应该是原则导向的,比如正义和平等,但在基因科技规制上,这些价值容易沦为空洞的口号。个体与人类命运的紧密同构性提供了在基因问题上理解这些价值的平台,使得围绕基因科技的价值讨论不再是在自由落体之中进行,而是此基础上形成社会性共识。

必须承认的是,基于个体与人类命运的紧密同构性的基因伦理判断只是一个框架,它只是确立了一个新的伦理基点,以回答如何从伦理价值上评判基因科技的具体应用和对人类社会的影响。我们无法确保在每一件事项上都能做出正确的选择,但可以确定一些尽可能减少争议的基本原则,在此基础上,为理性的政治决策提供依据。

首先,基于疾病预防目的在人体胚胎上实施基因编辑,并不会损及个体与人类命运的紧密同构性,人在基因上的共同利益并未受到威胁。基于"CRISPR/Cas9"技术的研究进展和应用前景,当前应该对在人体胚胎上应用该技术保持谨慎开放。[2] 谨慎性体现为,临床上的安全性目前仍然没有得到充分保障,所以需要更加成熟的技术。[3] 开放性体现为,生命科学研究应

---

〔1〕 Stephan Rixen, *Genome Editing and the Law*, in M. Braun etc. (eds.), Between Moral Hazard and Legal Uncertainty, Springer, 2018, p. 17 – 30.

〔2〕 National Academy of Sciences, *Human Genome Editing: Science, Ethics, and Governance*, The National Academies Press, 2017, p. 115.

〔3〕 王翠平:《人胚胎基因编辑治疗的伦理分析》,载《自然辩证法通讯》2018 年第 11 期。

该更集中于开发更为可靠的针对高外显率基因突变所引发的疾病的技术。在社会共识之下,技术的成熟意味着以一种负责任的方式提高基因技术治疗疾病的能力,并提高社会收益。因此,人体基因编辑的研究和应用应当继续进行。

其次,对基于个体与人类之命运的紧密同构性原理的具体伦理内涵,应该结合基因科技的具体适用而加以检验和具体阐明。在一定意义上,这个伦理框架也应该被用来审视当前关于基因科技的众多宣言和伦理共识。我们既应该突破传统的道义论或者功利主义的传统观念限制,也应该避免在价值评判中援引那些内涵模糊的价值主张。

以基因增强为例,在基因编辑技术被发明之前,关于基因增强的伦理正当性已经被争论了近20年,但受限于技术瓶颈,这个问题主要在学理论争中得以体现。基因编辑技术的突破使得对人体机能和能力进行强化和提高在技术上具备了可行性,一系列社会和伦理难题相应出现:基因增强是否会导致完美的“定制婴儿”或“超强人类”的诞生?是否会加剧财富差距带来的社会不平等?然而,正如布坎南所言,关于基因增强的争论,仍然有许多误解需要澄清,争论双方的主要依据也常常自相矛盾。[1] 以桑德尔和哈贝马斯为代表的反增强论者以增强技术会危及人类对天赋之感激或者胚胎设计会损及个体自由为理由反对人为的基因增强。[2] 然而,批评者认为,感激或者对掌控(mastery)的担忧都难以成立,因为其背后预设着错误的基因决定论或生物伦理学立场。布坎南将支持基因增强的主张称为反—反增强论者(anti – anti – enhancement),其核心立场体现为:基因增强并不必然导致掌控和失控,特定形式的增强在伦理上是可行的;基因增强带来的不平等和不公正等问题可以通过公共政策和民主决策加以解决,这些难题与传统的社会实践难题并无本质差异,因此,它们并不是基因技术所带来的独特困境。[3]

上述两种立场都在一定程度上错失了基因增强对伦理观念和社会实践结构所产生的独特意义。反增强论者依赖一种不可靠的社会心理学,夸大了技术进步对人的道德心理的冲击效应,尽管历次技术革命不断重塑人的自我

---

〔1〕 Allen Buchanan, *Beyond Humanity? The Ethics of Biomedical Enhancement*, Oxford University Press, 2011, p. 243.

〔2〕 [美]桑德尔:《反对完美》,朱慧玲译,中信出版社2013年版,第84页。

〔3〕 Allen Buchanan, *Beyond Humanity? The Ethics of Biomedical Enhancement*, Oxford University Press, 2011, p. 243.

理解和道德地位,但无论技术如何被突破,人类都难以成为自身命运的主宰,反而更加受制于技术。同样地,反—反增强论者过分倚重技术进步对社会价值的自发性修复能力,也忽视了被增强之个体与共同体之道德关联的变化。[1] 基于个体与人类之命运的紧密同构性,解决这个两难困境的关键在于,借助个体决定与共同体之基因关联性的时间厚度,区分修复性增强与增益性增强,并据此形成约束性的社会价值规范。增益性基因增强,比如提高智力和运动天赋,会改变或损及个体与共同体的同构程度,会带来社会平等和正义的挑战;但修复性增强,比如修复免疫力、改变肤色等,并不会实质地影响个体与共同体之间的关系。[2]

六、基于个体与人类命运之紧密同构性的法律规制框架

(一)个体与人类之命运之紧密同构性作为伦理基点

个体与人类之命运的紧密同构性作为一个伦理原则与基因科技的法律规制之间仍然存在较大的论证空间,但当前关于政府规制的大量建议和原则性指导更多基于预防原则。基因科技的法律规制体系需要在一个国家既有的法律框架之内被建构,但由于人们在基因事务上存在共同的核心利益,因此,在将基因科技的伦理框架转化为法律规制框架的过程中,应该体现出以个体与人类命运之紧密同构性为伦理基点的支配性伦理原则的影响,而非受限于预防原则。

上述内容可以被概括为以下几个方面:(1)在基因的共同利益上,形成强烈的国际共识,促进全球性参与;[3] (2)形成强程序性要求,也就是说,在关于基因事务的相关决策上,政府、研发和治疗的相关方案必须符合严格的程序性要求,甚至在适度开放人体胚胎编辑之后,也应该设定更为严格的程序性规定,既包括技术程序,也包括决策程序;(3)形成实质核心利益,也就是说,基因科技的法律规制应该围绕基因上的实质核心利益而展开,这意味

---

〔1〕 Thomas Douglas, *Human Enhancement and Supra - personal Moral Status*, Philosophical Studies(2013).

〔2〕 修复性增强和增益性增强之间的界限是模糊的,并且会随着基因技术的应用范围而发生变化,因此,对于基因增强究竟如何产生不平等或不公正的难题,仍然需要更进一步的分析。但当前关于基因增强的争论的难点在于缺乏一个有效的伦理支点,以应对基因增强的特殊难题。个体和人类之命运的紧密同构性作为一个背景性框架参与到这个争论之中,并检验基因技术之适用的正义标准的有效性。

〔3〕 David Baltimore etc. ,*A Prudent Path Forward for Genomic Engineering and Germline Gene Modification*, Science(2015).

着，应该基于个体与人类命运之紧密同构性确定法律实践中的价值原则；(4)共同面对风险，也就是说，基因科技带来了全新的风险形态，但法律规制对此并非难以应对。基因风险具有不确定性和潜在性，虽然基因科技的研发者和实施者对技术适用承担直接的法律责任，但这是不够的。基因科技所带来的伦理重构需要我们建构新型的法律责任分配模式。基于个体与人类命运的紧密同构性，应该建立一种政府、科研主体、病患与利益群体之间互动和有效反馈的责任分担机制，而且，法律规制应敏感于且促进这种机制。[1]

(二)基于伦理和法律之深层互动的规制体系

根据前述讨论，本文提倡一种基于伦理和法律之深层互动的动态规制体系。这个体系的主要特色在于，就基因科技的发展进程、对基因科技的整全性伦理判断和法律自身之完善，形成一个有机的互动体系。除了那些可以依据传统法律框架加以解决的问题(比如制造可以对人体造成致命损害的基因药物)，其他新兴问题都应该按照这个敏感于个体与人类命运的紧密同构性的互动体系加以规制。由于这个框架涉及科学研究、生物医药、社会参与和法律自身内部规范体系的调整，所以，很难在有限的篇幅之中展现出这个互动体系的全貌，但是，我们可以确立一些基本原则，以应对高速发展的基因科技所带来的法律挑战。

1. 对于基因科技的挑战，需要从伦理和法律的深层互嵌之中加以回应，我们不仅需要一个严密的法律规则体系，而且需要一个体现出基因事务之实质伦理判断的重构性规制体系。这意味着，我们需要基于个体与人类命运的紧密同构性来审视科技发展，形成社会共识，以确立基因技术的适用边界。一方面，基因科技领域的立法应当“在科学与民主、创新与公共利益之间取得平衡，增加立法透明度，强化公众参与”[2]；另一方面，由于针对人体胚胎的基因编辑并不会危及个体和人类命运之紧密同构性，所以，应该以此为伦理基点，确定关于基因科技之适用的具体伦理原则和决策方式。

2. 伦理原则应该成为法律规制体系的内嵌性原则，并据此形成法律面向基因科技的内在德性，比如，通过法律确定具体权利形式，对基因上的具体利

---

[1] Tracey Tomlinson, *A Crispr Future for Gene - Editing Regulation: A Proposal for an Updated Biotechnology Regulatory system in an Era of Human Genomic Editing*, Fordham Law Review (2018).

[2] 郑戈：《迈向生命宪制——法律如何回应基因编辑技术应用中的风险》，载《法商研究》2019 年第 2 期。

益和共同利益加以保障。在具体伦理原则上,应该确立一种基于个体与人类命运之紧密同构性的整全性伦理体系。从目前已有的相关伦理规范来看,比如美国国家科学院的《人类基因编辑》和英国纳菲尔德生物伦理委员会发布的最新报告《基因编辑和人类生殖:社会伦理及法律规制》,[1]这些文件在确立基因科技的伦理原则方面都是模糊的,仅仅突出了一种谨慎的态度。因此,在此基础上形成的伦理判断和法律应对方案可能就会出现不一致的情况。基因技术的伦理判断如果仍然存在争议,就会影响法律体系内部的权利配置和侵权救济,例如基因权作为人格权的法理证成问题。[2] 基因技术的突破会带来更为多元和复杂的基因权利主张,基因编辑技术的广泛运用更会带来基因治疗与预防的界限模糊以及基因自主权与公共属性的更大张力,传统私法视角的人格权体系将难以应对基因技术革新所带来的各种新兴问题,比如人类胚胎植入前的基因诊断(PGD)所带来的一系列难题。[3] 个体与共同体在基因事务上的紧密同构性对基因权的人格权属性构成了内在限制,并强化了基因权的共同体属性。在法律规制框架上应对基因编辑技术广泛应用的挑战,需要在法学学科体系上进行重整,以促进法律与伦理的深层互嵌。

3. 基因事务体现了人类命运的整体性,因此,国际共识非常重要。在寻求深度国际共识的同时,世界各国的国内法律规制体系应当以更为积极的态度回应关于基因科技的国际行动,并在国内行动中促进伦理与法律的互动。这种国内行动进程可以体现为:系统性地整理关于人工辅助生殖和基因科技的相关规范和伦理指导原则,围绕基因科技的新伦理框架,针对科学研究、临床适用和社会共识的塑造,确立一些更为明确的伦理原则和共识形成机制,比如,组建一个由科学、伦理学和法学等学科背景的专业人员组成的基因科技伦理委员会,对当前基因科学的研发动态及在医学上的适用进行全面伦理评估,并形成评估报告。

基因科技给人的尊严带来了挑战,但并非使人类社会陷入尊严危机之中。借助技术进展,我们可以形成关于自由、权利和人之道德地位的新的诠

---

[1] 纳菲尔德生物伦理委员会:《基因编辑和人类生殖:社会伦理及法律规制》,蒋莉译,载《苏州大学学报(法学版)》2018 年第 4 期。

[2] 张莉:《论人类个体基因的人格权属性》,载《政法论坛》2012 年第 6 期。

[3] 王康:《人类基因编辑实验的法律规制》,载《东方法学》2019 年第 1 期。

释方案。但这只是理论上的分析方案,鉴于当前基因科技仍然处于不确定的发展状态、科技与社会未形成良性互动、充分的伦理共识并未建立等因素,当前应该暂停所有应用于胚胎的基因编辑技术的临床适用。但在基因编辑技术方案更加成熟、针对基因科技的伦理共识相对稳固之后,政府资助和法律规制应该向基因编辑和适度的基因优化开放。

当前,大多数国家的法律规制体系的主要问题不在于不完善,而在于无法与基因科技的发展动态和伦理判断形成有效互动。基于个体与人之命运的紧密同构性,应该将基因科技对人类共同体利益的潜在促进意义纳入对以宪法基本原则为中心的法伦理判断之中,形成宪法性共识。[1] 与基因科技相关的传统议题,比如生育自由、基因之人格权、政府基于个体利益对个体进行家长主义式干预等,在传统法律框架之中会衍生出许多争议性话题,但在基因科技的挑战中却面临重构的可能,比如,对基因资源是否可以进行商业利用的问题,又如,政府是否应该调整保险政策以应对基因治疗的巨大成本的问题。目前,对这些问题虽然还没有确定的答案,但一个与基因科技之伦理判断形成深层互动和互补的动态法律规制体系仍然是必要的。

七、结语

法律与科技之间的关系是复杂的,人工智能与基因技术等新兴科技给法律制度带来了前所未有的挑战,我们需要建构一种新的伦理学框架以迎接这种挑战。虽然基因科技的发展充满了坎坷,但基因编辑技术的发展已经为人的生命自身结构的改善创造了新的可能。目前,既有的几种论证会错失基因编辑之伦理思考的论证焦点,也难以为基因科技的伦理边界和法律规制提供有效的指导。针对基因科技的挑战而重新确立伦理思考之基点,是当前的一个迫切难题。基因科技不仅关乎未来和后代,也关乎现代共同体的生命处境。因此,关于基因科技的伦理思考的核心支点不在于代际正义和后代利益的最大化,而在于在基因事务上个体与人类整体命运的紧密同构性。基因科技改变了个体医疗行动与共同利益相互作用的方式,将个体命运以技术性方式内嵌入人类整体命运,这种互动方式的改变为基因科技的伦理学评估提供了新的基点。个体与人类命运的紧密同构性会产生何种具体的规范内涵?如何与其他价值进行关联?如何影响法律规制体系的构建?关于这些问题,

---

〔1〕 韩大元:《当代科技发展的宪法界限》,载《法治现代化研究》2018 年第 5 期。

目前只有框架，而无具体细致的方案。但人类已经进入不可逆转的技术支配时代，所以，在伦理学上确立成熟的讨论框架，并在法律上构建前瞻性的防范方案，是忠实于人类命运的必然选择。

（郑玉双/文）*

---

* 郑玉双，中央财经大学法学院副教授。本文原刊于《法制与社会发展》2019 年第 4 期，系国家社会科学基金重大项目“社会主义核心价值观的司法贯彻机制研究”（17VHJ008）的阶段性成果。

伦理学中的建构主义与道德—法律的客观性

——围绕罗尔斯建构主义方法的考察

一、问题的提出：道德与法律领域的客观性

在人类一般的语言和思维中，无不充满了各种关于客观性(objectivity)的主张。依照布莱恩·莱特(Brian Leiter)的理解，这些客观性论断包含两个向度。一是"形而上学的客观性"，即要求事物自身独立于人们对该事物的认识。二是"认识论上的客观性"，即要求认识过程不带有偏见、不偏不倚，或避免受到有损判断力或使待判断事物无法清晰精确呈现的其他因素的干扰。[1]一般而言，下述三种标准又被进一步视为认识论上的客观性的结构性特征：(1)独立性，即判断的结论独立于判断主体的主观性；(2)依据客观性评价判断的正确性(correctness)或正当性；(3)判断主体之间存在恒定性，即从同一个参照物出发，不同主体会做出大致相同的判断。[2]

作为现代社会最为重要的社会协调机制和社会整合机制，法律通过为人们的行动提供理由而规范并指导人们的行动，其客观性既是法律规范性(normativity)与合法性(legitimacy)的内在要求，也直接影响着法律的安定性与权威性。一般而言，法律的客观性问题可见于两个层面。一是法律认知与识别层面的客观性，涉及对下述问题能否做出客观一致的理解：包括法律是什么(法律的性质是什么)、能否获得某种可由法律人或民众共享的法律的概念(concept)、何种规范可以被识别为一国法律体系内具有法律效力的规范、何种规范可作为司法意义上的法源等。二是司法推理过程中的客观性，涉及对如下问题的理解：法律解释是否具有客观性？不同法官从确定的前提

[1] Brian Leiter(ed.), *Objectivity in Law and Morals*, Cambridge University Press, 2000, p. 1.

[2] Gerald J. Postema, *Objectivity Fit for Law*, in Brian Leiter, ed., Objectivity in Law and Morals, Cambridge University Press, 2000, p. 106 - 109.

能否推出一致的结果,即"法律理由群"(class of legal reasons)能否保证"唯一正确答案"? 如果法律推理必然无法回避价值判断,则该价值判断是主观任意的、完全源于个人偏好,还是可以被控制在相对客观确定的范围之内?

如果我们承认在上述两个层面上,法律理由群都存在包含道德理由群的可能(法律的内容或效力并非必然与道德无关),那么只有当道德规范及道德推理是客观的时候,法律才可能是客观的。因此,法律领域的客观性问题,特别是与实质性道德或价值判断相关的部分,取决于我们对道德客观性的理解,进而不仅涉及各种规范伦理学理论对道德客观性标准及其方法论的理解,也涉及元伦理学层面对道德判断到底存不存在客观性的理解。道德领域的客观性标准一定意义上不同于科学领域的客观性标准,后者在一定限度内存在可以由单纯的观察者或感官经验证明的实在或事实。[1] 而道德领域是否存在此种意义上的客观道德实在或客观价值序列,这在道德认识论上本身就是一个充满争议的问题。就此而言,在元伦理学层面存在认知主义与非认知主义的对撞。前者认为道德事实可以被认知,因而道德陈述或命题有真伪之分;而后者则认为道德事实不具有认知意义(例如,其最典型的代表情感主义将道德视为与理性无关的纯粹的情感表达),因此走上了道德怀疑论的道路。[2]

此外,无论是道德还是法律均属于实践理性维度。不同于纯粹认知维度的理论理性,其追问的首要问题不是"我能够知道什么",而是"我应当如何行动"。因此,实践理性领域的首要任务与其说是认知独立于人之认识或意志的道德事实或价值序列,毋宁说是确立行动规范并以之为依据为人们的行动提供理由。由是观之,在道德(包括法律)领域的客观性问题上,可以说始

[1] 当然,科学领域的事实到底是什么,也不断地被科学自身的发展改写。例如,依照逻辑实证主义者,特别是卡尔纳普(Paul Rudolf Carnap)最初的理解,科学领域的事实就是可以由单纯的观察者或感官经验证明的东西,即作为科学语言的事实的谓词必须是观察术语或可以还原为观察术语。然而,随着物理学的发展,电子、质子、中子、正电子、重电子等虽无法被经验观察却能够被理论证明为存在,因此自 1939 年起,卡尔纳普放宽了其"认知意义标准",认为认知上有意义的语言不但可以包括观察术语,而且可以包含所谓的"理论术语",即不可观察的、通过假设体系引入的各种科学理论的假设术语。参见[美]希拉里·普特南:《事实与价值二分法的崩溃》,应奇译,东方出版社 2006 年版,第 22 – 37 页。

[2] 非认知主义除了情感主义之外,还包括较为温和的规定主义(prescriptism),后者以黑尔(Richard Hare)为代表。黑尔认为,道德判断不能被视为事实判断,也并不是纯粹情感的表达,而是具有规定性这种语言特征。即道德判断表示言说者向理性存在者提出了命令、要求、期待和建议,以便借助命令来引导其行为,而听者则在命令之下作出决断。

终存在所谓"领域特定性"(domain - specificity)问题[1],即是否存在一个适合于伦理学领域且区别于科学领域的独立的客观性概念。

在有关道德客观性的元伦理学争论中,不同版本的"道德实在论"(moral realism)对伦理学上的认知主义、道德的客观性乃至真确性(truth)[2]做出了最强的辩护,但由于其无法避免地会诉诸对理性法则、道德实在或客观价值序列的某种形而上学预设,因而在以价值多元和世俗化为标签的后形而上学时代遭到了非认知主义的猛烈攻击。如何能够一方面免于落入道德实在论预设形而上学道德真理的窠臼,而另一方面又不致走向其道德非认知主义和怀疑主义的对立面、导致无法妥善安置道德客观性?以罗尔斯为代表的伦理学中的建构主义,无疑代表了走向中间道路的某种有益尝试。[3] 下文就将围绕罗尔斯的建构主义理论,考察其道德建构主义与政治建构主义的理论工程及其在何种意义上提供了对实践规范客观性的不同于道德实在论的理解。

二、道德实在论与建构主义

作为一种隐喻,"建构"一词在 20 世纪的哲学著作和其他理论著作中被广泛使用,并包含多种版本。[4] 其中,伦理学中的建构主义是与道德实在论相对立的一种理论。所谓道德实在论,是指运用于道德事务和道德陈述的实在论。其主要理论主张可被概括为:"道德事实或伦理性质(如好与坏、德与

---

[1] Brian Leiter(ed.), *Objectivity in Law and Morals*, Cambridge University Press, 2000, p. 2.

[2] 根据语境的不同,针对 truth 这一概念,本文有时将其译为真理或真理性,有时将其译为真确性。

[3] 但遗憾的是,在研究罗尔斯道德—政治哲学的几部重要著作中,几乎很难找到对罗尔斯建构主义理论的系统而详细的讨论。其原因部分源于自现代道德理论鼻祖西季威克开始,道德理论一直忽视建构主义这一传统;部分也源于罗尔斯在《正义论》一书中将其证立正义观念的方法归结为"契约论",而不是"建构主义"方法。在笔者的阅读范围内,在罗尔斯建构主义方法上着力最多的是奥诺拉·奥尼尔(Onora O'Neill)和佩里·罗伯茨(Perry Roberts)。相关论述包括:Onora O' Neill, *Constructivism in Rawls and Kant*, in Samuel Freeman, ed., The Cambridge Companion to Rawls, Cambridge University Press, 2003, p. 347 - 367; Onora O' Neill, *Towards Justice and Virtue: A Constructive Account of Practical Reasoning*, Cambridge University Press, 1996; Peri Roberts, *Political Constructivism*, Routledge, 2007。关于该主题,亦可参见[英]布莱恩·巴里:《正义诸理论》,孙晓春等译,吉林人民出版社 2004 年版,第三编; Christine M. Korsgaard, *The Constitution of Agency: Essays on Practical Reason and Moral Psychology*, Oxford University Press, 2008, Chapter 10. "Realism and Constructivism in Twentieth - Century Moral Philosophy"。

[4] Onora O' Neill, *Constructivism in Rawls and Kant*, in Samuel Freeman, ed., The Cambridge Companion to Rawls, Cambridge University Press, 2003, p. 347.

恶)不依赖于人们的信念和意志而存在。伦理学应当发现有关道德事实或伦理性质的真理。"[1]与之相对,以罗尔斯为代表的建构主义则主张道德原则是通过某种建构程序建构出来的,而不是由某种作为真理的道德第一原理(first principle)给定的。

罗尔斯将伦理学中建构主义的源头追溯至康德的"道德建构主义"(moral constructivism),其核心是:"给定正义职责和德性职责之内容的特定的定言命令被视为是由一个建构程序(定言命令程序)确定的,其内容和形式既反映了我们的两种实践理性能力,也反映了我们作为自由平等的道德个体的地位。"[2]进而,罗尔斯将康德的定言命令分解为四个步骤的建构程序:(1)在C条件下,为了产生Y,除非Z,我想要做X;(2)在C条件下,为了产生Y,除非Z,每个人都想要做X;(3)在C条件下,为了产生Y,除非Z好像遵守着一条自然法则一样(好像这个规律是通过自然本能根植于我们身上的),每个人都总是做着X;(4)将第(3)步的"好像"自然法则与现行自然法则结合起来,一旦这种新结合到一起的自然法则有了充分时间发挥作用,我们便尽最大努力来揭示自然秩序将是一个什么样的秩序。[3]

道德理论是对实质性道德观念的研究,主要考察如何安排和组织"正当"、"善"和"道德价值"的观点,以便形成不同的道德结构。依罗尔斯的理解:"道德哲学将道德理论的证成以及道德理论是怎样被理解和解决的视为其主要问题。例如,道德理论是如理性直觉主义所理解的那样是一个认识论问题(epistemological problem),还是如康德式建构主义所理解的那样是一个实践问题(practical problem)。"[4]然而,在现代伦理学[5]的发展中,道德建构主义这个传统却被严重忽略了。这种状况在一定意义上可以归根于现代

---

[1] [英]尼古拉斯·布宁、余纪元编著:《西方哲学英汉对照辞典》,人民出版社2001年版,第644页。此处的表述根据其英文版对中译文略作了调整。

[2] John Rawls, *Lectures on the History of Moral Philosophy*, Barbara Herman, ed., Harvard University Press, 2000, p. 237. 罗尔斯对康德的"道德建构主义"的详细讨论,亦可参见John Rawls, *Theme in Kant's Philosophy* (1989), in John Rawls, Collected Papers, Samuel Freeman, ed., Harvard University Press, 1999, p. 497 – 527; John Rawls, *Lectures on the History of Moral Philosophy*, Barbara Herman, ed., Harvard University Press, 2000, p. 235 – 252。

[3] John Rawls, *Lectures on the History of Moral Philosophy*, Barbara Herman, ed., Harvard University Press, 2000, p. 168 – 169.

[4] John Rawls, *Kantian Constructivism in Moral Theory* (1980), in John Rawls, Collected Papers, Samuel Freeman, ed., Harvard University Press, 1999, p. 341.

[5] 本文一定意义上遵循罗尔斯的用法,并不严格区分道德哲学、伦理学、道德理论。

道德理论的鼻祖亨利·西季威克(Henry Sidgwick)在其名著《伦理学方法》中对道德建构主义(质言之,即康德"道德建构主义")的无视。在现代伦理学的这部开山之作中,西季威克指出,道德观念是由三种主要的伦理学方法证成的:"理性利己主义"(rational egoism)、"直觉主义"(intuitionism)和"古典功利主义"(classical utilitarianism)。但康德的"道德建构主义"并未在其中占有一席之地。

在罗尔斯看来,西季威克之所以会无视康德的道德建构主义,主要是出于他对伦理学方法之目标的理解。即伦理学方法是由特定的"第一原理"确定的,凭借这些原理,我们能做出有关人们应当做什么的判断。他将下述观点视为理所当然的,即伦理学方法旨在做出对所有理性心智而言都具有真确性(true)的判断。这种将伦理学方法的目标视为寻求"真理"的做法意味着:西季威克将道德证成视为一个认识论问题;进而将自己关注的重心限于道德观念的第一原理,以及它们是怎样被认知的。然而,在罗尔斯看来,第一原理只是道德观念的一个因素;同样重要的因素还有"个人"观念和"道德的社会作用"(the social role of morality)观念——后两种观念恰恰是"道德建构主义"的重要组成部分。

更为重要的是,在西季威克承认的伦理学方法中,"理性利己主义"最终被证明为不属于一种伦理学方法,[1]而西季威克本人的观点又是直觉主义的。因此,在很长一段时间内,道德建构主义基本上无人问津,而直觉主义却一家独大。在西季威克的影响下,摩尔(George. E. Moore)在《伦理学原理》中关注的也是作为认识论问题的道德证成,及其结论能否支撑道德"真理"。因此,在20世纪前半叶,"建构主义"都因道德理论不将其承认为自己的一种理论传统而受到研究者的忽视,而罗尔斯则可谓在当代复兴道德建构主义的领军人物。

道德建构主义是在对道德实在论的批判和反驳中确立的。罗尔斯认为,"道德实在论"最典型的范例就是由塞缪尔·克拉克(Samuel Clarke)、理查德·普赖斯(Richard Price)、西季威克、摩尔和大卫·罗斯(W. D. Ross)发展

---

[1] John Rawls, *Kantian Constructivism in Moral Theory* (1980), in John Rawls, Collected Papers, Samuel Freeman, ed., Harvard University Press, 1999, p. 342.

起来的"理性直觉主义"(rational intuitionism)。[1] 具体说来,"理性直觉主义"具有如下理论特质。第一,"当道德第一原理和判断为正确(correct)的时候,它们就是有关独立的道德价值序列的真确性陈述。更为重要的是,这个序列既不依赖于任何实际的(人类)心灵活动(其中也包括推理活动),也不是由后者所解释的"[2]。第二,"道德第一原理是通过理论理性而被人们了解",即"道德知识在一定程度上是通过一类认知和直觉而获得的"[3]。这意味着人们依靠认知和直觉就可以认识道德第一原理,并由此而产生根据其行动的欲望或动机。因此,第三,它根本不需要更为复杂的个人观念和社会观念来解释人们据以行动的道德动机,而只需将个人设定为认识主体即可。第四,道德的"真确性"就是与某种独立的道德价值序列相符合。"当道德判断既是关于独立的道德价值序列的,也是接近于独立的道德价值序列之时,它们就具有真确性,否则就是虚假的。"[4]这意味着理性直觉主义所理解的道德客观性其实是由道德规范的真确性确保的。

显而易见,理性直觉主义对于道德本质的理解容易招致如下三方面批评:第一,道德价值序列和道德第一原理是给定的,我们无法证明其如何能独立于人们的意识客观存在,又能直接激发人们的道德动机?第二,对客观道德价值序列的认知,似乎需要一种特殊的知觉能力,仿佛人们看到事物之本性便知道其道德价值。[5] 第三,其将道德问题视为一个理论理性的问题,即纯粹认识层面的问题,而忽视了其实践理论属性,即指导人之行动的属性。

与理性直觉主义相对,作为一种一般形式的道德建构主义怀疑或否认存在独立的、能够被认知或被直觉感知的、且作为道德原则之基础的道德事实或道德性质。根据布莱恩·巴里(Brian Barry)的理解,"直觉主义是一种内视(inward - looking),而建构主义则是一种外视(outward - looking)……这的确改变了我们探求事物的方式。它自身无法确认任何东西。它需要确认

---

〔1〕 当然,除了直觉主义之外,道德实在论的理论传统中还包括自然主义,即主张道德事实就是自然事实,道德判断就是某种自然判断。由于罗尔斯批评的对象主要是直觉主义,故本文也将对道德实在论的考察聚焦于直觉主义而非自然主义。

〔2〕 John Rawls, *Political Liberalism*, Columbia University Press, 1996, p. 91.

〔3〕 John Rawls, *Political Liberalism*, Columbia University Press, 1996, p. 92.

〔4〕 John Rawls, *Political Liberalism*, Columbia University Press, 1996, p. 92.

〔5〕 J. L. Mackie, *Ethics: Inventing Right and Wrong*, Penguin Books, 1990, p. 36 - 42.

别人(在公正的环境所确定的有利条件下)是否同样确信那些东西"[1]。罗尔斯提出了道德建构主义不同于理性直觉主义的三方面特征。前两个特征针对的是理性直觉主义存在的问题,而第三个特征则是为了回应怀疑论对道德客观性的整体质疑。其中第一个特征是建构性,即道德建构主义认为道德原则或道德主张不是源于对独立道德事实的认知或直觉,而是由一个程序建构出来的。结果之所以正确,是因为其来自正确的程序。第二个特征是实践性,即认为具有建构性的道德推理不仅仅是(或不是)一个认识过程,而是一个实践过程。其目的在于确立实践规范,以便为人们的行动提供理由,进而指导人们的行动。第三个特征是客观性,即道德规范有其自身特定的客观基础,这使其建构出来的道德规范在道德上是客观的。对此,奥诺拉·奥尼尔评论说,"道德建构主义一方面区别于放弃整个道德证成工程的理论,如情感主义;另一方面,它也区别于将道德证成限制得过严,从而无法有力地支撑道德客观性的观点,如相对主义、共同体主义和适用于道德信仰的社会建构论(social constructionism)等"[2]。

三、原初状态:契约论还是建构主义?

早在《伦理学的决定程序概要》一文中,罗尔斯就提出了如何通过设定一套程序来建构伦理原则的问题。[3] 实际上,罗尔斯虽未明确使用"建构主义"这个概念,但在"正义论"阶段对原初状态(original position)的理论建构中,他就已经实质地运用了建构主义方法。然而,这一理论却在很大程度上被其本人所使用的"契约论"这一极具误导性的称谓所遮蔽。众所周知,罗尔斯将《正义论》一书中获得正义原则的主导方法论归结为一种"契约论",并将"正义论"的理论目标定位于"概括洛克、卢梭和康德所代表的传统的社会契约理论,使之上升到一种更高的抽象水平"[4]。这也使得从原初状态推出正义原则的过程饱受批判。例如,德沃金尖锐地指出:"罗尔斯的契约是假然契约(hypothetical contract),一个假然契约并不能为强制实施这些条款的

---

[1] Brian Barry, *Theories of Justice*, University of California Press, p. 351.

[2] Onora O' Neill, *Constructivism in Rawls and Kant*, in Samuel Freeman, ed., The Cambridge Companion to Rawls, Cambridge University Press, 2003, p. 348.

[3] John Rawls, *Outline of a Decision Procedure for Ethics* (1951), in John Rawls, Collected Papers, Samuel Freeman, ed., Harvard University Press, 1999, p 1–19.

[4] [美]约翰·罗尔斯:《正义论》(修订版),何怀宏等译,中国社会科学出版社 2009 年版,"初版序言"(何怀宏),第1页。

公平性提供独立的论证。一个假然契约不仅不是实际契约的最弱形式,它根本就不是契约。"[1]另有论者认为原初状态中的立约者具有极大的共性,他们并不像真实契约中的人那样能够讨价还价,而只是相当于由一个人在做出理性选择。所以,在原初状态中根本谈不上什么社会契约。[2] 实际上,罗尔斯本人明确将原初状态中各方订立的契约称为"假然契约",以区别于传统的社会契约论。在他看来,"原初状态"不过是一种"代表设置"(representative device),而其中的立约者则相当于一种角色扮演。

就此而言,将其从原初状态中得出正义原则的过程理解为建构主义方法的实际运用,显然将更为准确,也更符合罗尔斯本人的理论设定。一方面,罗尔斯在《正义论》中明确指出,不同于"直觉主义",他本人的理论提供了"建构标准"(constructive criteria),以确定"相互竞争的正义原则的相对重要性"[3]。依照奥尼尔的理解,罗尔斯此处所说的"建构标准",实际上就是推演出道德原则的建构程序。[4]

另一方面,更为重要的是,罗尔斯实际上也将原初状态视为一个建构程序,据之建构出正义原则并指导人们的行动。这个任务是通过两个步骤达成的。其中第一个步骤是设计原初状态:通过原初状态得出正义原则的过程,也就是通过建构程序建构正义原则的过程。所谓程序,意味着把一定的"原料"投入程序中,然后利用程序得出相应的结果。由于程序本身对其产生的实质结果保持中立,所以原料的属性决定着结果的属性。具体而言,原初状

---

[1] Ronald Dworkin, *The Original Position*, University of Chicago University Law Review 40, p. 501(1973).

[2] Spencer Carr, *Contractarianism, and Our Moral Intuitions*, The Personalist 56, (1975); Marcus Singer, *The Methods of Justice: Reflections of Rawls*, Journal of Value Inquiry 4, (1976). 在《汉语世界》,石元康对罗尔斯"假然契约"作出了最集中的批评,直指罗尔斯通过"假然契约得出的正义原则对真实世界的人们没有约束力,不足以产生道德义务"。(参见石元康:《罗尔斯》,广西师范大学出版社 2004 年版,第二章、第五章。)但这项批判可能误解了两个问题:第一,忽视了原初状态立约者的观点和真实世界人们的观点(也就是"良序社会"的公民的观点)之间存在区别;第二,忽视了正义原则的约束力并不源于原初状态的立约过程,而来自反思平衡过程。归根结底,石元康并未将原初状态理解为一种"代表设置"。当然,之所以会产生这种误解,很大程度上要归因于罗尔斯将自己的证成方式表述为契约论。

[3] John Rawls, *A Theory of Justice*, China Social Sciences Publishing House, 1999, p. 34.

[4] 奥尼尔认为,罗尔斯这项表述的关键在于,其理论因提供了建构标准或者说建构程序而具有实践性,而直觉主义只提供了多元无序的原则,因此缺乏指导行动者解决道德问题的能力。See Onora O' Neill, *Constructivism in Rawls and Kant*, in Samuel Freeman, ed., The Cambridge Companion to Rawls, Cambridge University Press, 2003, p. 350.

态这一程序是如此展开的:“怀有某些目的并以某种方式相互联系着的有理性的个人,将根据他们对环境的知识在各种不同的行动方案之间进行选择。”[1]原初状态的建构又分为两部分:一是对立约者的设定;二是对立约者进行公平选择之条件的设定。这两者可被视为投入原初状态这一建构程序之中的某种原料。其中,立约者被设计为相互冷淡的理性个体——他们既不过分自利,又不过分利他。这是为了保障他们所进行的选择是一种“绝对的”选择,而非“相对的”选择,即他们所做的选择只是相对于自己的最优选择,而不是相对于他人(在与他人进行比较基础上)的最优选择。公平选择的条件则是由无知之幕(veil of ignorance)的设计来实现的。无知之幕掩盖了立约者个人的各种特殊状况,如民族、种族、出身、性别、经济状况、在社会中的阶层或地位、自身所持有的具体的善观念等,这样他们就能在相对公平的起点上进行一种超乎于自身特殊善观念与利益的更为不偏不倚的选择。在此基础上,他们就“社会基本善物”(social basic goods)——即权利与自由、机会与权力、收入与财富——进行选择,而这种选择的结果就是“作为公平的正义”(其内容为著名的正义两原则)。由此可见,两个正义原则的内容其实并不是通过讨价还价的立约过程得出的,也不是立约者实际选择的结果,而是由建构程序的理论设定给定的,亦即由原初状态这个建构程序建构出来的。更为重要的是,对立约者和选择条件的设定意味着遮蔽了个人的主观偏好、将不偏不倚的要求投入程序之中,因此利用程序得出的结果也能够超越第一人称的主观偏好、带有不偏倚性。罗尔斯也据此而认为,如此建构出的正义原则“从最开始就是纯粹程序正义(pure procedural justice)原则”[2]。

当然,我们会进一步追问:既然原初状态是一种人为设定的建构程序,而正义原则也不是真实世界中的人们实际选择的,那么,揭掉无知之幕之后的真实世界中的人们有什么理由接受正义原则并受其约束呢?罗尔斯本人也明确也意识到了此种建构程序可能引发的问题。为此,他又在原初状态这一建构程序之外附加了第二个步骤,即为原初状态所建构出来的正义原则提供来自“反思平衡”(reflective equilibrium)的证成。换言之,原初状态只是建构

---

[1] [美]约翰·罗尔斯:《正义论》(修订版),何怀宏等译,中国社会科学出版社 2009 年版,第92页。

[2] [美]约翰·罗尔斯:《正义论》(修订版),何怀宏等译,中国社会科学出版社 2009 年版,第93页。

正义原则,而对正义原则的最终证成则要通过反思平衡来完成。具体而言,脱离了无知之幕的真实世界的人们能够考察并检验由原初状态建构出来的正义原则是否符合自己“深思熟虑的判断”(considered judgment)、能否对其提供必要的指导。如果“原初状态”的设定符合人们“深思熟虑的判断”,那么人们便接受正义原则;如果不符合,便要么修正“原初状态”,要么修正其“深思熟虑的判断”,直到达到某个恰当的平衡点。整个过程是一种反思性的往复过程,它意味着真实世界中的人们可以出于自身所持有的某些深深服膺的观点和理由、基于个人的特殊视角来决定是否接纳原初状态所建构出来的正义原则。如果没有这个过程,正义原则一方面将变为强加于人们身上,另一方面也无法充分解释为什么人们了解正义原则就会产生根据其行动的心理动机。通过反思平衡的过程,人们最终将达到对原初状态及正义原则的如下设定:“它既表达了合理的条件,又适合我们深思熟虑的并已及时修正和调整了的判断。”(见图1)

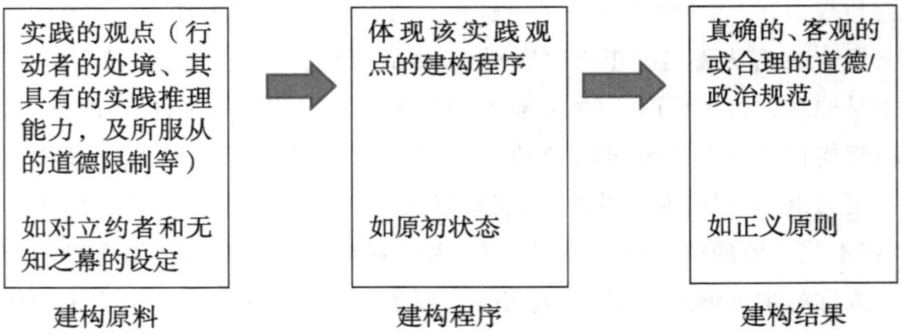

图1　建构主义方法建构实践规范的一般过程

(资料来源:陈肖生:《辩护的政治:罗尔斯公共辩护思想研究》,三联书店2018年版,第136页。)

四、从道德建构主义到政治建构主义

需要指出的是,在正义论阶段,罗尔斯并未在“道德”与“政治”(或者说道德整全学说与政治正义观念)之间做出明确区分,而是对“作为公平的正义”及其建构过程进行了一种康德式的解释:将原初状态这一建构程序比照为定言命令的建构程序、将正义原则比照为定言命令、将接受正义原则的个人行动者视为康德意义上的“自由平等的理性存在物”,从而使其正义观念本身成为一种康德式道德整全学说。[1]

然而，随着种族、民族和性别、宗教等问题愈发凸显为“最基本的问题中最为突出的问题”，罗尔斯逐渐认识到现代社会的“合理多元论事实”（the fact of reasonable pluralism），即公民们因为其所持有的相互冲突却各自合理的多元道德、哲学和宗教整全学说而产生深刻分歧，政治社会也因此而存在濒于分崩离析的危险。由于任何一种整全学说均内在地主张某种人生价值、善好生活方面的真确性，因此其无法成为现代社会政治法律领域公共证成（public justification）的基础。这一基础只能寄望于脱离整全学说，且能够对各种合理整全学说保持不偏不倚、一视同仁态度的政治正义观念（political conceptions of justice）。相应地，在方法论上，罗尔斯也将其道德建构主义改造为“政治建构主义”（political constructivism）。

实际上，在其政治建构主义中，罗尔斯所利用的建构程序依旧是原初状态，建构的过程也依旧是经由原初状态建构正义原则。只不过，为了从根本上保证最终建构出来的是政治正义观念而不是某种道德整全学说，向建构程序中投入的原料只能是来自公民们共享的“公共政治文化”的“个人”与“社会”观念，而不能是康德式的道德主体。因此，该建构过程的第一个步骤就是从现代民主社会的“公共政治文化”（public political culture）中提炼出“社会”观念和“个人”观念。第二个步骤则是设定“原初状态”这个建构程序。该建构程序同时也是一个实践推理过程，即引导人们做出道德判断，并指导人们实施道德行动的思维过程。其关键是将“社会”和“个人”这两个实践理性观念和“合理性”（reasonableness）与“理性”（rationality）这两个实践理性原则纳入“原初状态”这一建构程序（同时也是实践推理过程）中，进而将“理性”的各方代表在“合理”的条件下选择正义原则的过程“模塑”出来。在这个建构过程中，“社会”和“个人”观念是从民主社会的“公共政治文化”中提炼出来的，“原初状态”作为一种建构程序是设计（lay out）出来的，而“政治正义观念”的内容则是建构出来的。

当然，这其中最重要的就是第一步，即从公共政治文化中提炼出社会与个人观念，从而保证正义观念在源头上就是“政治”的而非“整全”的。罗尔斯将民主社会的公共政治文化理解为“一个立宪政体的政治制度、对其进行

[1] 这一过程可参见［美］约翰·罗尔斯：《正义论》（修订版），何怀宏等译，中国社会科学出版社2009年版，第四章第40节“对公平正义的康德式解释”。

的解释(也包括司法解释)的公共传统,以及作为共同知识的历史文本和文献”。作为一种公共政治传统,它既是公民通过政治参与和政治合作共同建构出来的集体政治—历史记忆,也通过教育、学习和传播等手段为公民所认识、理解和认同。换言之,从这种公民共享的政治共识与历史传统中提炼出来的“个人”与“社会观念”,本身就符合公民共享的某种道德与政治直觉。其中,“社会”被理解为一种世代相继的公平合作体系,由公众所承认的“公平合作条款”规范和指导。对于这些条款,每一个社会合作者都可以“合理”地接受,也可以预期他人会“合理”地接受。而“个人”则被理解为平等自由的公民,而非心灵哲学中的“意志自由”(freedom of will)或自我。其平等体现于被平等地看作拥有两种最低限度的“道德能力”以从事终身的社会合作。这两种道德能力被称为“正义感的能力”(the capacity for a sense of justice)和“善观念的能力”(the capacity for a conception of the good)。[1] 而所谓自由则意味着公民有权利自由地改变和修正自己的“善观念”。这种修正虽然会改变公民伦理上的自我理解或其在一个伦理/宗教共同体中的成员身份,但并不会对公民的政治身份有任何影响。在罗尔斯看来,如此界定的“社会”和“个人”观念本身就是实践理性观念,“它们刻画了推理的个人,以及实践理性原则适用于其上的问题的环境”[2]。

而在对原初状态的建构中,罗尔斯也依旧保留了对立约者的设定和对立约者进行公平选择条件的设定。只不过,前者是通过“理性”(rationality)原则体现的,即公民仅知道其自身拥有“善观念”(虽然不知道自己持有的具体善观念究竟是什么),要对公平合作条款进行选择。而后者则是通过“合理性”(reasonableness)原则体现的,即通过无知之幕为各方立约者施加约束性条件,这种约束条件的施加仍旧是为了保证立约者们能够做出超乎自己善观念和特殊利益的不偏不倚的选择。“如果我们是合乎理性的,那么我们就对这一事实持有坚定的信念,即我们占有某种特殊的社会地位,这对我们接受或者期望其他人接受一种有利于占据这种特殊社会地位的人的正义观念,并不是一个好理由……为了模仿这种信念,我们不让当事人知道他们所代表的

---

〔1〕 其中“正义感的能力”是指理解、应用和践行(而不仅仅是服从)政治正义原则的能力;“善观念的能力”则是指拥有、修正和合理地追求善观念的能力,此种善观念是由各种终极目的和目标组成的有序整体,这些终极目的和目标规定了一个人在其人生中被看作最有价值的东西,或者被视为最有意义的东西。

〔2〕 John Rawls, *Political Liberalism*, Columbia University Press, 1996, p. 107.

那些人占有什么样的社会地位。"[1] 由是观之,原初状态的建构程序模塑的实际上就是自由平等的公民为了实现相互之间的社会合作,如何"理性"而"合理"地选择正义原则从而范导其合作的过程。而作为其结果,政治正义观念一方面具有了相对于整全学说的独立性,另一方面由于其源于公民共享的公共政治文化因而能够成为相互冲突的各种整全学说重叠共识的对象。

五、合理性、领域特定性与客观性

如前所述,理性直觉主义将道德陈述的客观性建立于某种道德认识论真理(真确性)之上。然而,建构主义却抛弃了为某种道德实在所支撑的道德第一原理、进而抛弃了其形而上学和认识论上的真确性基础。那么必然产生的一个问题就是:通过此种建构程序建构出来的道德/政治规范是否具有客观性呢?

对此,罗尔斯的回答是:他的建构主义所具有的客观性,并不依赖于某种真确性理念,相反却依赖于合理性(reasonableness)理念。[2] 在这个意义上,他实际上将道德判断的正确性(correctness)标准("观念与原则、判断和判断的根据以及个人和制度"之"正确性"的标准)做出了一个值得我们重视的转换,即从真确性转换为合理性。

认识上的"真理"问题始终处于认识论的核心,而价值真理也是各种版本的伦理上的至善论(perfectionism)的终极追求。然而,罗尔斯却主张,在道德理论中应当暂时"搁置"(bracket)道德"真理"问题,既不否认其存在,也不承认其存在,转而研究人们所持有的或将会持有的实质性道德观念。[3] 其主要理由在于,一方面,道德理论需要依靠"真理"才能建立这种观点,始于源自笛卡尔的某种误识。这种观点认为,在以真理为核心的认识论问题得到解决之前,其他的哲学问题均无法得到令人满意的解答。认识论问题可以被独立地探究,它既不依赖于也不需要哲学其他部分的任何结论。因此,相对于认识论,道德哲学也被视为是第二位的。罗尔斯却明确指出:道德理论可以独立于认识论得到研究和发展,因为其关注的核心问题应当是:人们如何

---

[1] [美]约翰·罗尔斯:《作为公平的正义——正义新论》,姚大志译,上海三联书店 2002 年版,第 29-30 页。

[2] 这一点特别体现于政治建构主义之中。

[3] 需要指出的是,真确性同时也是命题或陈述的逻辑属性,一个命题或陈述为真即意味着其有效合理、推理正确。罗尔斯所谓的悬置"真理"(真确性),悬置的并不是命题的这种真值属性,而是形而上学或认识论上的真理(真确性)。

在“反思平衡”的过程中尽力去发现与自己的“深思熟虑的判断”和一般确信相匹配的原则体系。“反思平衡的过程并不假设存在着一种正确的道德观念。该过程是一种心理学过程,并不预设客观道德真理的存在。”另一方面,悬置真理也是现代民主社会“合理多元论事实”的要求:“一旦我们将合理多元论事实视为自由体制下公共政治文化的一个永久性条件,那么,合理性的理念就比道德真理的理念更适合作为立宪政体公共证成的基础。将一种政治观念视为具有真确性,并由此将其视为公共理性唯一适当的基础,这种做法是排斥性的、狭隘的。”更进一步,如果认为通过某种建构程序建构出来的政治观念应当符合某种道德真理,从而要求所有公民就其达成一致,则必然要借助于具有压迫性的政治权力,这本身有违政治合法性的要求。

那么,作为真确性之替代方案的合理性究竟意味着什么?罗尔斯首先将其设定为一种参与社会合作的个人美德。[1] 质言之,他是在对合理性和理性(the rational/rationality)这两种个人美德的对比中阐明合理性的内涵的。在他看来,被引入建构主义之中的合理性和理性,是“产生实践理性中的正当与正义原则的基础”。具体而言,合理性具有如下三方面特征。第一,从理论渊源上讲,合理性对应着康德的“定言命令”,代表“纯粹实践理性”(pure practical reason)。而“理性”对应着康德的“假言命令”(hypothetical imperative),代表“经验实践理性”(empirical practical reason)。这意味着公民在社会合作中遵从合理性原则是必然的,而非偶然的、有选择的。第二,合理性可以被理解为个人的一种社会合作属性。它具有两方面的意愿:一是提出和尊重公平合作条款的意愿;二是认识“判断的负担”(burdens of judgment)并接受判断的负担所产生之结果的意愿。这两种意愿并不是由个人的“善观念”所驱动的,而是由个人作为社会合作者与他人合作的欲望所驱动的。因此,“合理性”与人们的“正义感”相关。但“理性”只与个人自身的慎思能力和特殊利益相关,与个人的社会属性无关。它仅仅意味着利用个人的判断能力和慎思能力来确定自身的终极目的、根据这个终极目的来平衡协调各种其他的目的,并最终确定目的与手段之间的关系。因此,“理性”与人们的“善观念”

---

〔1〕 罗尔斯所运用的“合理性”理念本身非常复杂,被适用于多种对象和场合。“合理的接受”“合理的观念”“合理的原则”“合理的主张”“合理的个人”“合理的善观念”“合理整全性学说”“合理的一致同意条件”“政治上合理的”等。但罗尔斯实际上终其一生也没有提供一种可以涵括所有条件的“合理性”定义。

相关。第三，在某种程度上，“合理性”是公共的，它关注人与人之间的相互关系。这意味着，通过“合理性”，我们才进入了他人的公共世界，准备向他人提出“公平合作条款”或接受“公平合作条款”。因此，“合理性”也预设了一种公共世界的存在。在这个公共世界中，人们“合理”行动的基础就是相互合作基础上的相互信赖。但“理性”却不是公共的。它仅仅关注个人与其自身的“善观念”之间的关系。它既不要求，也不预设这样一种公共世界的存在。

依据西布里（W. M. Sibley）的理解，当“合理性”指称一种实践行动或原则时，它意味着：“从其他个人的观点来看待事务，以便发现每个人将怎样受到可能的替代性行动的影响。我必须通过所有相关各方都能够诉诸的某种原则来调整我的行为。这种原则也是我们能够共同推理出来的原则……因此，合理性要求不偏不倚、客观。它将自身体现于平等的观念之中。这种要求就是康德的普遍性原则的实质。”[1]“说一个人意欲合理地行动，是指在关涉其他人的情况下，我们可以推论说，他愿意以一种平等原则来支配自己的行动。而这个原则是他和其他人能共同推理出来的。同时，他也将承认自己意欲实施的行动对其他人的福祉具有影响。”[2]由此可见，“合理”的道德或政治规范，是“理性”的行动者能够共同推理得出的原则，或者说能够相互承认的规范。

通过如此界定，罗尔斯实际上将相互性（reciprocity）理念置于其合理性理念的中心。作为一种行动的心理动机，相互性介于“利他主义”（altruism）和“互利”（mutual advantage）之间。利他的行动受实现他人利益（或者说普遍善）的动机驱动。互利的行动则是由个人按其在当前或未来的处境中获利这种动机驱动。与之相对，相互性既不是利他主义的，也不是仅关注自我利益的，其要义在于公民之间的相互对待：我对其他人做出某一行动的动机是我可以合理地相信其他人在同样的条件下也会这样对待我。它在本质上要求公民之间的相互尊重，即将其他公民视为和我一样具有平等道德人格

---

〔1〕 W. M. Sibley, *The Rational Versus the Reasonable*, The Philosophical Review 62, p. 557 – 558 (1953). 罗尔斯明确表示，自己对“合理性”的理解在很大程度上受到了西布里的启发，并与西布里的阐释一致。

〔2〕 W. M. Sibley, *The Rational Versus the Reasonable*, The Philosophical Review 62, p. 560 (1953).

的个体。[1] 为此,查尔斯·拉莫尔(Charles Larmore)将相互性精神视为"民主社会的根基"[2]。慈继伟也指出,"以善意回报善意的行为,本身就是目的,而不是手段。这种行为表明,对我来说,他人的存在是目的,而不是手段。与利害交换关系不同,在以相互善意为特征的相互性关系中,他人不是我们的利益竞争对手,而是和我们一样具有内在价值的人。因此,不论他们能否影响我们的个人利益,我们都会对他们表示尊重"[3]。

综上所述,罗尔斯的建构主义实际上不仅是通过建构程序,也是通过合理性和相互性理念保障其实践规范的客观性的。其为实践领域客观性问题提供的解决方案是:使客观性标准与具有真确性的客观道德价值序列脱钩,进而证明其所建构的道德/政治观念虽然并不建立在客观道德真理之上,但却以自身的方式,即诉诸一套符合"合理性"标准的建构程序满足客观性的要求。在罗尔斯看来,道德规范不同于事实规范,有其自身特定的客观基础,在此意义上,罗尔斯也持有某种"领域特定性"的观点。具体而言,他认为一种一般意义上且得到广泛共识的客观性标准具有以下五个要素,而其建构主义则能够满足这五个要素的要求。第一,对所有类型的探究(道德的、政治的、科学的或常识的探究)而言,"一种客观性观念都必须确立一个公共思维结构(public framework of thought),它足以(使行动者)经过讨论和适当的反思,在推理和证据的基础上进行判断并得出结论"[4]。第二,"一种客观性观念必须确定一个从其自身观点出发而制定的、且受其规范(norm)支配的正确判断的概念"[5]。第三,"一种客观性观念必须确定由其原则和标准给定的理由序列(order of reasons),并将这些理由归于行动者(无论其是个人,还是集体),以作为他们进行权衡的理由和指导他们行动的理由。不管是否受

---

[1] 用罗尔斯自己的话讲,"我们在多大程度上感受到我们的善受他人的影响,我们就在多大程度上产生对它们的依恋。基本的理念是一种相互性理念,一种以善报善的倾向。这种倾向是一个深刻的心理学事实。假如没有这种倾向,我们的本性就会变得非常不同,而富有成果的社会合作也会变得十分脆弱,假如不是变得不可能的话。……假如我们以恨报爱,讨厌那些公正地对待我们的人,或厌恶促进我们的善的活动,一个社会很快就会解体。具有以善报善心态的人要么根本不能存在,要么在进化中很快消失。以善报善而形成的一种正义感的能力,似乎是人的交往的一个条件"。

[2] Charles Larmore, *Public Reason*, *in Samuel Freeman*, ed., The Cambridge Companion to Rawls, Cambridge University Press, 2003, p. 368.

[3] 慈继伟:《正义的两面》,三联书店 2001 年版,第 154 – 155 页。

[4] John Rawls, *Political Liberalism*, Columbia University Press, 1996, p. 110.

[5] John Rawls, *Political Liberalism*, Columbia University Press, 1996, p. 111.

这些理由驱使,他们都将遵从这些理由行动。因此这些被归于他们的理由就可以压倒他们从自己的观点出发而持有的理由(或认为自己持有的理由)"[1]。相应地,第四,一种客观性观念必须区分客观的观点与特殊的行动者在特殊的场合下持有的观点。第五,"一种客观性观念需要对合理的行动者之间的判断的一致性做出一种解释"[2]。

由是观之,理性直觉主义和建构主义之间的差别其实不是主观与客观的差别,而是两种不同的客观性之间的差别。就理性直觉主义而言,其首先将正确的判断、客观的判断视为符合独立道德价值序列的真确性判断。其次,认为理性行动者经过恰当的反思可以认识或凭直觉得出与独立道德价值序列相符合的道德第一原理,从而将道德原则与自身的特殊观点区分开来。最后,它规定理性行动者们的理智能力和道德能力将保证他们能够通过讨论和反思,运用道德第一原理以达成一致的道德判断。

与之不同,罗尔斯的建构主义则将正确的判断、客观的判断视为"合理"的判断、由适当的建构程序推出的共识性实践规范所支持的判断。而此种合理性标准又经由诉诸相互性理念而具有了一种平等尊重他人人格的道德意涵,而并非仅仅是一种偶然的、缺乏规范性基础和道德吸引力的程序性共识。进而,它认为理性行动者经过反思平衡过程可以认可道德或正义原则,从而将这种客观的观点与自己的特殊观点区分开来。最后,它规定理性行动者能够掌握实践理性的各种观念和原则,并能从建构程序中推出政治正义原则,从而依靠正确地运用这些原则达成一致的道德或政治判断。此外,建构主义模式在一定意义上也体现了自主性的内涵:道德或政治原则是主体经过建构程序为自己制定的法则。

当然,我们也必须承认,伦理学中的建构主义因其建构对象的范围或深度不同而有所差异。[3] 罗尔斯运用其建构主义方法(特别是政治建构主义方法)的主要目的是建构出应用于社会基本结构的正义原则。[4] 这决定了他投入到建构程序之中的"原料"本身就是一些规范性的道德观念,即使它们是从公共政治文化中提炼出来的,因而缺乏整全学说的伦理内涵。这些道

---

[1] John Rawls, *Political Liberalism*, Columbia University Press, 1996, p. 111.

[2] John Rawls, *Political Liberalism*, Columbia University Press, 1996, p. 112.

[3] 陈肖生:《辩护的政治:罗尔斯公共辩护思想研究》,三联书店 2018 年版,第 136 – 137 页。

[4] 这一点特别体现于其后期的政治建构主义之中。因为,罗尔斯本人也明确认识到,正义论阶段的原初状态不仅能推出正义原则,也能推出其他的道德原则。

德观念(如自由平等的个人理念、公平合作的社会理念,以及理性和合理性原则)本身并不是建构出来的(至少不是由政治建构主义建构出来的),而是罗尔斯本人的理论设定。这实际上也构成了罗尔斯的建构主义方法在建构更为根本的道德规范上的理论限度。但罗尔斯之后继承并发展建构主义方法的一些道德哲学家,如奥尼尔和科斯嘉(Christine M. Korsgaard)则相信,建构主义的整个工程应当在更深入的层次上展开,即建构道德规范甚至实践理性本身。[1] 在这个意义上,她们的研究也大大拓展了罗尔斯建构主义的哲学深度和道德内涵。

(杨晓畅/文)*

---

〔1〕 Onora O' Neill, *Towards Justice and Virtue: A Constructive Account of Practical Reasoning*, Cambridge University Press, 1996; Christine M. Korsgaard, *The Constitution of Agency: Essays on Practical Reason and Moral Psychology*, Oxford University Press, 2008.

* 杨晓畅,复旦大学法学院副教授,主要研究领域为当代西方法哲学、政治哲学。本文原刊于《中国法律评论》2020 年第 6 期,系复旦大学法学院青年融合创新团队项目"社会多元背景下作为法律整合机制的公共理性研究"的阶段性成果。

数据主权与司法长臂的理论分野与实践冲突

随着数字经济的发展,数据跨境流动成为关系世界贸易和各国利益的核心议题。关于跨境数据的法律规制,全球虽未形成统一规则,相关立法范式过去却一直由美国和欧盟主导。[1] 然而近年来,国际局势的动荡使得美欧之间的矛盾日趋凸显,与此同时,越来越多的新兴国家开始积极参与网络空间的全球治理,跨境数据的传统格局已被打破,全新的秩序体系正在形成。值得注意的是,两种彼此竞争又相互交融的秩序主张构成了当前数据跨境流动规制的国际态势,分别是依托于现代国际公法秩序的"数据主权"论和建立在所谓互联网世界主义理想下的"数据自由"论。前者在实践中表现为"主权内化于私权"的严格限制数据流动模式和"主权直接参与"的强制数据本地化存储模式,[2] 后者多呈现为"超越主权"的数据自由流动模式,并集中表现为对数据(控制者)的长臂管辖。深入梳理两种观念背后的理论渊源,剖析技术化法条背后的隐秘主张,揭示更深层次的利益博弈与秩序张力,对于完善我国数据跨境流动立法和推动构建互联网国际治理体系,都具有重要意义。

一、理论渊源:数据主权与数据自由

跨境数据治理的前提性问题在于数据与主权的关系到底如何?至少从詹姆斯一世时代(1566—1625 年)开始,人们就已经意识到信息技术对国家主权的侵蚀。尽管当时印刷机与出版物的推广削弱了王室与教会的权力,但由于传统信息媒介仍在一国物理空间的可控范围中,所以主权者依然在其领

---

〔1〕 许多奇:《个人数据跨境流动规制的国际格局及中国应对》,载《法学论坛》2018 年第 3 期。

〔2〕 洪延青:《数据主权的必要谦抑:以〈网络安全法〉数据境内留存规定为例》,载黄志雄主编:《网络主权论——法理、政策与实践》,社会科学文献出版社 2017 年版。

土内保持着基本的管辖与支配。[1]然而数个世纪之后，随着现代科技的发展，互联网的出现掀起了对主权理论的全新冲击。超越现实疆域的网络空间不仅给强调地域性的传统主权增添了日趋深远的影响，更给以主权国家为基础的国际公法秩序带来了愈加侵略性的威胁。一方面，具备虚拟性、开放性与无界性等特征的互联网与注重现实性、封闭性和排他性的主权概念形成了一定的理论张力；另一方面，全球化背景下的网络空间治理由于各国软硬实力的悬殊以及通行法律规范和国际司法机构的欠缺，在诸多领域发生着国家间管辖权乃至主权利益的冲突和碰撞。

正是在此背景下，依托于互联网平台的数据流动问题同样引发了对主权的挑战。而近年来形成的两种相互竞争的跨境数据治理秩序也恰恰是在数据与主权的关系问题上有截然不同的主张。“数据主权”论坚持关于数据的治理依然从属于传统主权的范畴，而“数据自由”论则强调数据可以排除主权干预自由地流动。在国际社会中，这两种观念也不是独立存在，而是彼此竞争、相互交融。特别是“棱镜门”事件以来，网络空间主权和治理模式的世界论战更为激烈，其背后不仅包含错综复杂的利益博弈，还有更深层次的地缘政治角力。[2] 必须注意的是，同一个主体（国家）甚至会针对数据跨境的不同领域分别主张两种秩序，呈现出一定程度的混合状态。因此，真正理解“数据主权”和“数据自由”就不能局限于命题表述本身，而是需要追溯其中的理论渊源，梳理它们的发展线索，而这也是进一步分析技术化法条背后隐秘主张的关键基础。

（一）延续传统主权脉络的“数据主权”论

由于数据以网络为重要传播渠道，因此数据与主权的关系在很大程度上和网络与主权的关系密切相连。在既有的理论梳理中，网络主权的概念延续着传统主权的脉络，强调尽管网络具备一系列的新技术特征，但关于网络的治理仍然从属于国家主权，网络主权是传统主权在网络空间的自然延伸，也是现实主权在网络虚拟空间的逻辑映射。[3] 虽然全球化以来学界关于主权

---

〔1〕 Perritt, Henry H. Jr, *The Internet as a Threat to Sovereignty? Thoughts on the Internet's Role in Strengthening National and Global Governance*, Indiana Journal of Global Legal Studies, Vol. 5, Iss. 2, Article 4, p. 425 (1998).

〔2〕 The Guardian, *Prism*, Guardian Glass (June 11, 2013), http://www.guardian.com/world/prism.

〔3〕 支振锋：《网络主权植根于现代法理》，载《光明日报》2015 年 12 月 17 日，第 4 版。

的解释有着越发严重的分歧，但大多数关于主权的定义仍然承袭博丹和格劳秀斯的理论，认可主权对内具有最高性、领土性和排他性三个特征，对外则不受另一主权的控制，强调应在国际法的指引下调整独立平等的主权国家间关系。[1] 据此，网络主权在实践中也呈现内外两个维度。前者表现为一国在其领土范围内对信息通信技术活动（针对网络虚拟角色）、信息通信技术系统（针对平台）及其承载数据（针对网络虚拟资产）具有最高的、排他的管辖权与支配力；[2] 后者反映为在以主权国家为单位构建的国际公法秩序下，各国遵守《联合国宪章》有关国际关系的基本原则，不受他国干涉地治理本国网络空间，以平等参与和协同共治的理念解决争端、推动发展，坚持网络空间和现实空间在国际制度上的一致性。[3]

上述观念在跨境数据治理领域体现为"数据主权"的主张。在延续传统主权概念的基础上，强调关于数据的治理仍然从属于国家主权，各国有权独立自主地规制在其领土范围内收集和产生的数据，跨境数据的法律规制应维系以主权国家为基础的国际公法秩序，以尊重主权差异（sovereignty difference）为原则，以联合国及其下设的国际仲裁机构和国家间司法互助协议为解决争议的主要渠道，通过各国平等参与实现跨境数据的共享共治。[4] 其中，数据主权的范畴不仅包含国家对其境内"数据控制者"（收集、使用或披露个人信息的组织、机构或个人）的管辖，而且更强调国家对网络空间中所承

---

[1] Andrew Keane Woods, *Litigating Data Sovereignty*, Yale Law Journal, Volume 128, Issue 2 (2018); Jack L. Goldsmith, *The Internet and the Abiding Significance of Territorial Sovereignty*, J. Global Legal Studies, No. 5, p. 475 – 476 (1998). 参见［美］乔治・萨拜因：《政治学说史》（下卷），邓正来译，上海人民出版社 2010 年版，第 98 页；［法］让・博丹：《主权论》，李卫海、钱俊文译，北京大学出版社 2008 年版；俞可平：《全球化与国家主权》，社会科学文献出版社 2004 年版。

[2] 方滨兴主编：《论网络空间主权》，科学出版社 2017 年版，第 82 页。

[3] 黄志雄主编：《网络主权论——法理、政策与实践》，社会科学文献出版社 2017 年版，第二章"国家主权在网络空间的适用性"。

[4] Jack Goldsmith, *Sovereign Difference and Sovereign Deference on the Internet*, The Yale Law Journal Forum (2019); Andrew Keane Woods, *Litigating Data Sovereignty*, Yale Law Journal, Volume 128, Issue 2 (2018). 梁坤：《基于数据主权的国家刑事取证管辖模式》，载《法学研究》2019 年第 2 期；齐爱民、盘佳：《数据权、数据主权的确立与大数据保护的基本原则》，载《苏州大学学报（哲学社会科学版）》2015 年第 1 期。

载“数据”本身的治理。[1]

除此之外，“数据主权”论的产生背景同样值得关注。在该理论的发展过程中，尤其与两个世界历史阶段密切相关，一是美苏“冷战”的爆发，二是单极体系的衰落。今天互联网的原型——阿帕网(ARPANET)正是诞生于美国和苏联两个主权国家之间的政治角力与军事斗争。[2] 阿帕网的原初设计理念是美国政府为避免中心化电路交换的战略弊端，即因苏联导弹摧毁数据交换中心导致整个通信系统即刻崩溃的危险，而构建的去中心化式数据包交换网络。[3] 如果抽离这一重要战略背景，人们很容易将互联网的兴起看作哈耶克式自生自发的社会产物。[4] 事实上，网络从产生的那一刻起，就深深嵌入在主权的观念之中。

而随着近年来世界单极霸权的式微，越来越多的新兴国家开始积极参与网络空间的全球治理，网络主权(数据主权)的概念再次成为构建国际治理体系中不可或缺的一环。其中，欧盟联合发展中国家与美国争夺根域名的治理权就是典型一例。[5] 而在国际组织层面，联合国于 2004 年就成立了“从国际安全的角度来看信息和电信领域发展的政府专家组”，并于 2013 年发布报告，明确指出“国家主权和源自主权的国际规范及原则适用于国家实施的信息通信技术活动，也适用于国家在其领土内对信息通信技术基础设施的管

---

〔1〕 Michael N. Schmitt(ed.), *Tallinn Manual on the International Law Applicable to Cyber Warfare*, Cambridge University Press, 2013, p. 15 – 17; Wolff Heintschel von Heinegg, *Legal Implications of Territorial Sovereignty in Cyberspace*, in C. Czosseck, R. Ottis, K. Ziolkowski, eds., 2012 4th International Conference on Cyber Conflict, NATO CCD COE, p. 7.

〔2〕 Paul Edwards, *The Closed World: Computers and the Politics of Discourse in Cold War America*, The MIT Press, 1996, p. 9.

〔3〕 David D. Clark, *The Design Philosophy of the DARPA Internet Protocols*, Computer Communication Review, Vol. 18, No. 4, p. 106 – 114(1988). [英]诺顿：《互联网：从神话到现实》，朱萍等译，江苏人民出版社 2001 年版，第 80 页。

〔4〕 刘晗：《域名系统、网络主权与互联网治理》，载《中外法学》2016 年第 2 期。

〔5〕 过去美国凭借在科技、经济等领域的绝对优势，长期通过受商务部管理的“互联网名称与数字地址分配公司”(ICANN)控制全球网络的根域名系，名为互联网治理的“私有化”，实为美国主导的单边全球主义(unilateral – globalism)。在学者穆勒(Milton Mueller)看来，这近乎是“全球治理的霍布斯式解决方式”。该域名治理体系一直遭受欧盟和大量发展中国家的激烈反对，其核心主张就在于域名治理权应当以主权国家的平等参与和共治为基础。Milton Mueller, *Networks and States: The Global Politics of Internet Governance*, The MIT Press, 2013, p. 61 – 62. 转引自刘晗：《域名系统、网络主权与互联网治理》，载《中外法学》2016 年第 2 期。

辖”。该报告事实上确认了以主权国家为基础的现实国际法秩序适用于虚拟的网络空间,并且明晰了一国的“领网”范围和国家对“领网”的管辖权。[1] 2011 年,俄罗斯、中国等上合组织成员国向第 66 届联合国大会提交《信息安全国际行为准则》,进一步强调了网络主权原则,尤其指出要“防止他国利用自身……优势,削弱其他国家的……自主控制权,或威胁其政治、经济和社会安全”[2]。不难看出的是,在单极体系衰落的背景下,构建以主权国家为基础的互联网全球共治秩序是近年来重要的国际趋势。

(二)基于互联网世界主义的“数据自由”论

互联网世界主义,是指在认可全世界人类同属一个共同体的意识形态下,基于互联网的虚拟性、开放性与无界性等技术特征,将网络空间诠释为一种独立于现实空间的,接近公海、太空的“全球公域”。[3] 在这种也被一些学者称为互联网乌托邦主义的理想下,人们认为网络空间可以排除传统主权的束缚,实行独立于国家的高度自治。而与此一致的“数据自由”论,则进一步强调数据的虚拟性、自由性和非排他性等技术特征能够超越传统的主权范畴,特别是主权理论中强调国家边界(border)的领土原则,主张数据可以不受国家主权管治的自由跨境(transborder)流动,数据治理应主要依靠弱主权化甚至去主权化的方式,也即以私营部门、民间团体和国家政府共同参与的“多利益攸关方模式”解决纠纷,实行自治。[4]

在理论渊源上,这股思潮原先带有 20 世纪 60 年代新左派和反文化运动的反体制与反国家主义冲动,其最重要的信条是网络空间要独立于政府和企

---

〔1〕 方滨兴主编:《论网络空间主权》,科学出版社 2017 年版,第 79 页。

〔2〕 《信息安全国际行为准则》,载中华人民共和国外交部网 2015 年 3 月 5 日,https://www.fmprc.gov.cn/web/ziliao_674904/tytj_674911/zcwj_674915/t858317.shtml。

〔3〕 Department of Defense Washington D. C., *Strategy for Homeland Defense and Civil Support* (June 2005); Hillary Rodham Clinton, *Remarks on Internet Freedom*, V. S Department of State (Jan. 21, 2010), https://2009-2017.state.gov/secretary/20092013clinton/rm/2010/01/135519.htm.

〔4〕 Albright Stonebridge Group, *Data Localization: A Challenge to Global Commerce and the Free Flow of Information ASG* (Sep. 28, 2015), https://www.albrightstonebridge.com/news/data-localization-challenge-global-commerce-and-free-flow-information.

业、摆脱权力与资本的宰制。[1] 正如约翰·巴洛在《网络独立宣言》中指出,“工业世界的政府们,你们这些令人生厌的铁血巨人们,我们来自网络空间——一个崭新的心灵家园。我代表未来,要求过去的你们别管我们。在我们这里,你们不受欢迎。在我们聚集的地方,你们没有主权……网络空间并不处于你们的领地之内……你们不了解我们的文化和我们的伦理,或我们不成文的‘法典’(编码),与你们的任何强制性法律相比,它们能够使我们的社会更加有序”,互联网世界主义者试图在虚拟空间中构建一个全新的、独立的共同体,彻底排除现实空间的干预。[2]

然而在近年来的国际政治中,该理念越来越被一些国家频繁使用于一种名为“自由主义”实为“单边主义”的语境,原先反国家、反资本的互联网世界主义理想反而深深卷入了全球资本霸权统治的逻辑之中。一些学者基于数字经济中的自由与效率价值,认为强硬的法律结构会“不可避免地阻碍商业活动”,指责任何阻碍数据跨境流动的法律政策均是设置贸易壁垒的表现,主张在互联网的“自由市场”中,应当彻底排除国家权力的干预。[3] 更有人进一步批评“网络主权”论是在阻挠互联网的“开放”,试图分裂互联网,并终将导致网络空间的“巴尔干化”。[4]

必须认识到的是,在各国科技与经济实力存在巨大差异的前提下片面地追求数据自由或网络自由,其实是通过排除他国在领土之内的主权管辖而去固化一些国家业已建立的“数据优势”,单边主义地在看似没有边界的虚拟空间担任立法者(rule - maker)。[5] 因为只谈自由而忽视公平的规则无疑是有利强者而有损弱者的,其实质是在维系既有的不平等竞争格局,剥夺新兴

---

〔1〕 David Johnson and David Post, *Law and Borders: The Rise of Law in Cyberspace*, Stanford Law Review, Vol. 48, p. 1367(1996); Timothy S. Wu, *Cyberspace Sovereignty?*, Harvard Journal of Law and Technology, Vol. 10, p. 467(1997). 刘晗:《域名系统、网络主权与互联网治理》,载《中外法学》2016 年第 2 期。

〔2〕 [美]约翰·P. 巴洛:《网络独立宣言》,李旭、李小武译,载《清华法治论衡》第 4 辑,清华大学出版社 2004 年版,第 509 - 511 页。

〔3〕 [英]戴恩·罗兰德、[英]伊丽莎白·麦克唐纳:《信息技术法》,宋连斌等译,武汉大学出版社 2004 年版,第 308 页。

〔4〕 Andrew Keane Woods, *Litigating Data Sovereignty*, Yale Law Journal, Volume 128, Issue 2 (2018).

〔5〕 许多奇:《个人数据跨境流动规制的国际格局及中国应对》,载《法学论坛》2018 年第 3 期;阙道远:《美国“网络自由”战略评析》,载《现代国际关系》2011 年第 8 期;刘天骄:《大西洋立法者之争》,载《开放时代》2016 年第 6 期。

国家在相关领域的发展权,而强调"数据主权"恰恰是防守性地应对"数据自由"背后的扩张性乃至殖民性。因此也有学者指出,"(互联网)世界主义理想其实是一场闹剧,是伪装成全球主义的美帝国主义"[1]。

不难看出,"数据自由"论更看重数字经济背后的自由与效率,而"数据主权"论更关注其中的安全与发展,这也导致了二者在数据与主权的关系问题上有着彼此冲突的立场。事实上,理论的主张都必然与现实的诉求密切相关,各国关于数据治理的法律规制也正是基于不同的利益而选择了对其有利的理论支撑,呈现彼此竞争、相互交融的复杂状态。

二、实践表达:数据主权的双重进路

对于"数据主权"论而言,问题的关键在于当这种主张试图转化为现实法律时,究竟如何具有可行性地治理虚拟空间中无形、无界、自由的数据。换句话说,国家如何通过具体规则实现对其领土内数据的主权能力(sovereign capacity)。由于该理论延续传统主权的脉络,包含最高性、领土性和排他性等基本原则,因此其治理秩序的构建需要紧紧围绕政治主体的疆域和边界展开。因为只有将虚拟空间的数据纳入现实空间的治理,国家才可能在领土之内实现最高且排他权力的构建。聚焦到数据跨境流动领域,究竟是以保护私权作为出发点,还是国家直接强制介入,构成了"数据主权"论下的两条实践表达进路,分别是以欧盟为代表的"主权内化于私权"模式和越来越多新兴国家采取的"主权直接参与"模式。[2]

(一)主权内化于私权:严格限制数据跨境流动

以欧盟为代表的"主权内化于私权"模式,强调从私权保护的历史传统出发,将数据权视作一种基本人权,通过主权者创建严格限制数据跨境流动的规则,以不直接介入具体跨境场景的方式间接保护数据主体的数据权利。[3]

2016年4月,欧盟作为数据主权主体颁布了规制个人数据的《通用数据保护条例》(General Data Protection Regulation,GDPR),于2018年5月25日

---

[1] Evgeny Morozov, *Who's the True Enemy of Internet Freedom—China, Russia, or the US?*, Guardian Glass (Jan. 3, 2015), https://www.guardian.com/commentisfree/2015/jan/04/internet-freedom-china-russia-us-google-microsoft-digital-sovereignty.

[2] 洪延青:《数据主权的必要谦抑:以〈网络安全法〉数据境内留存规定为例》,载黄志雄主编:《网络主权论——法理、政策与实践》,社会科学文献出版社2017年版。

[3] 许多奇:《个人数据跨境流动规制的国际格局及中国应对》,载《法学论坛》2018年第3期。

正式生效。由于 GDPR 要求欧盟境外的数据接收方在达到与其相同的数据保护水平时数据才可跨境,该条例也被称为史上最严格、保护水平最高的数据保护规则。根据 GDPR 第 5 章“个人数据向第三国或国际组织的传输”,其数据跨境流动的具体方式包含两类,一是欧盟委员会认定第三国的立法、数据保护制度能够达到与 GDPR 相同的数据保护水平,二是当欧盟委员会尚未做出上述认定,但欧盟境外的数据接收方能够主动采取适当的保护措施,例如有约束力的公司内部规则(Binding Corporate Rules),确保在境外提供与 GDPR 相同的数据保护水平。只有满足上述条件之一,欧盟数据才可跨境。[1]

不难看出的是,在这两种情况中,作为数据主权主体的欧盟均不直接介入具体场景中的数据跨境,而是通过判断数据接收方的数据保护水平是否达到标准来间接严格限制数据的流动。与此同时,正如 GDPR 在第 1 章第 1 条中指出,该条例的主旨与目标在于“保护自然人的基本权利和自由,尤其是自然人的个人数据保护权”[2],因此至少在字面意义上,GDPR 是以保护私权为目的,以数据主权主体间接参与为手段,规制数据的跨境流动。

在这种模式中,公权力主体(国家)淡出数据跨境的背景而不直接介入,数据主权的意志通过明示数据流动基本原则、界定行为主体权利和义务等方式,使位于前台的数据主体(普通个人)、数据控制者(收集、使用或披露个人信息的组织、机构或个人)及其他相关方自主达成具体场景中的数据跨境流动安排。由于数据主权意志已有体现,公权力往往只需在事中或事后出场,根据既定的数据流动基本原则对私人主体自主达成的数据跨境流动安排给予核验即可,因此该进路也被称为“主权内化于私权”模式。[3]

(二)主权直接参与:强制数据本地化存储

“主权直接参与”模式通常体现为数据主权主体以公权力直接介入的方式,与数据主体、数据控制者及其他相关方共同作为具体场景中的数据跨境流动安排的行为主体。作为数据主权主体的国家,往往在事前需要根据具体场景中的数据跨境流动给予审批或评估,作出个案裁量,深度参与最终达成

---

[1] General Data Protection Regulation, Article 44 – 50.

[2] General Data Protection Regulation, Article 1.

[3] 洪延青:《数据主权的必要谦抑:以〈网络安全法〉数据境内留存规定为例》,载黄志雄主编:《网络主权论——法理、政策与实践》,社会科学文献出版社 2017 年版。

的跨境流动安排。[1] 在这种模式中，又以国家对数据存储提出本地化的强制要求为数据主权最鲜明的表现形式，其目的是将自由流动的虚拟数据限制在明确的领土范围之内，从而依属地管辖将其纳入现实疆域的国家治理。

我国的《网络安全法》第37条明确指出，“关键信息基础设施的运营者在中华人民共和国境内运营中收集和产生的个人信息和重要数据应当在境内存储。因业务需要，确需向境外提供的，应当按照国家网信部门会同国务院有关部门制定的办法进行安全评估”，第66条更是进一步规定了违反第37条所需承担的法律责任[2]。俄罗斯2015年9月生效的第242－FZ号《联邦法律》要求对俄罗斯“公民个人数据的收集、记录、整理、积累、存储、更新、修改和检索均应使用俄联邦境内的服务器”[3]。澳大利亚2012年生效的《个人控制电子健康记录法案》更是在第77条规定涉及个人信息的健康记录只能留存于澳大利亚境内，不得携带出境，否则将予以处罚。[4]

据统计，目前全球有超过60个国家作出了数据本地化存储的要求。在全球范围内，既有中国、俄罗斯、尼日利亚、印度等发展中国家，也包括加拿大、澳大利亚等发达国家和地区。其中，区域颜色越深表示该地区数据本地化存储的要求越严格。不难看出，相较于发达国家，新兴发展中国家的规制更为严格。

除此之外，各国通过立法要求数据本地化存储，所存储本地化数据数量

---

[1] 洪延青：《数据主权的必要谦抑：以〈网络安全法〉数据境内留存规定为例》，载黄志雄主编：《网络主权论——法理、政策与实践》，社会科学文献出版社2017年版。

[2] 《网络安全法》第66条：“关键信息基础设施的运营者违反本法第三十七条规定，在境外存储网络数据，或者向境外提供网络数据的，由有关主管部门责令改正，给予警告，没收违法所得，处五万元以上五十万元以下罚款，并可以责令暂停相关业务、停业整顿、关闭网站、吊销相关业务许可证或者吊销营业执照；对直接负责的主管人员和其他直接责任人员处一万元以上十万元以下罚款。”

[3] Federal Law No. 242 – FZ of July 21, 2014 on Amending Some Legislative Acts of the Russian Federation in as Much as It Concerns Updating the Procedure for Personal Data Processing in Information – Telecommunication Networks (with Amendments and Additions), (Jul. 9, 2014), https://pd. rkn. gov. ru/authority/p146/p191/.

[4] *Personally Controlled Electronic Health Records Act 2012*, Federal Register of Legislation (Feb. 29, 2012), https://www. legislation. gov. au/Details/C2012A00063.

在2001年(含)以后呈现显著上升的趋势(见图1)。[1]

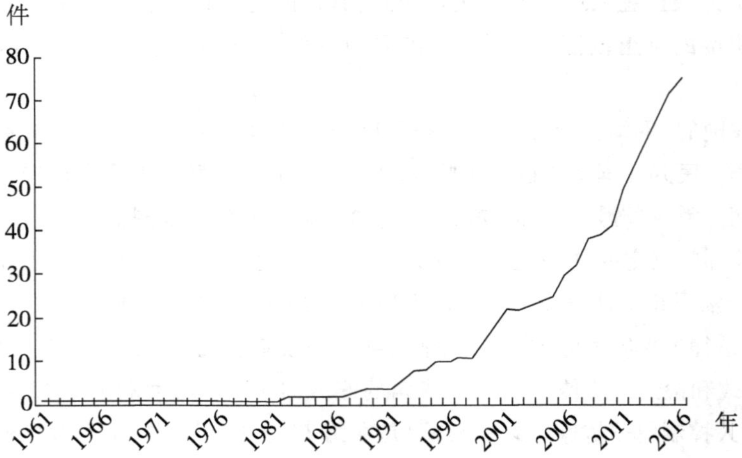

图1　数据本地化措施的发展趋势

值得注意的是,在“主权直接参与”的进路中,除保护数据主体的数据私权维度之外,维护国家数据主权的公权维度居于相关立法主旨中的重要地位。例如,我国《网络安全法》第1章第1条指出“为了保障网络安全,维护网络空间主权和国家安全、社会公共利益,保护公民、法人和其他组织的合法权益,促进经济社会信息化健康发展,制定本法”。俄罗斯第242－FZ号《联邦法律》也是对第149－FZ号《信息、信息技术与信息保护》法律的修订,在第三部分基本原则中就包含“保障俄罗斯联邦建立信息系统、运作信息系统及

〔1〕 Matthias Bauer, Martina F. Ferracane and Erik van der Marel, *Tracing the Economic Impact of Regulations on the Free Flow of Data and Data Localization*, Global Commission on Internet Governance Paper Series, No. 30, p. 2(May 10, 2016), https://www.cigionline.org/sites/default/files/gcig_no30web_2.; Martina Francesca Ferracane, *Data Localization Trends, European Centre for International Political Economy*, Presentation in Beijing, 19 July 2016. 转引自洪延青:《数据主权的必要谦抑:以〈网络安全法〉数据境内留存规定为例》,载黄志雄主编:《网络主权论——法理、政策与实践》,社会科学文献出版社2017年版。

其所载信息安全"[1]的内容。必须认识到,数据权既有关权利义务的分配,更有关安全与保护,因此有学者主张,数据权应当包含私权、公权与主权三个维度。[2]

不论是"主权内化于私权"还是"主权直接参与",虽然在两种进路中国家介入的深度和维度不同,公权力拥有的裁量空间也不同,但数据主权的意志均通过具体法律得到了表达,并且二者都将虚拟空间的数据纳入了现实疆域的管辖之中,成功通过严格限制数据跨境或强制数据本地化存储,实现了基于领土范围内最高且排他权力的构建。

三、实践异化:数据自由与司法长臂

与"数据主权"论下实践表达不同的是,依托"数据自由"论的跨境数据法律规制则呈现出与其理论初衷相悖的现象。如前所述,"数据自由"原本是基于互联网世界主义理想所构建,试图在所谓"全球公域"中塑造普遍主义的规则去规制数据的收集、使用和披露,其核心主张是网络空间要摆脱现实空间中权力与资本的宰制,实现"超越主权"的高度自治。然而,法律本身就是主权者意志的体现,立法权也是国家主权权力中最为重要的组成部分。因此除非"数据自由"的主张者能够彻底通过去主权化或去国家化的方式制定跨境数据规则,并使这些规则在全球范围内生效,否则只要有主权国家的出场,也即通过正式的立法权制定规则,均是对"数据自由"理论基础的背离。

在现实中,"数据自由"恰恰是通过与主权国家立法的紧密结合,完成了从理论到实践的异化。以"数据自由"为名的主权国家正是通过行使立法权,实现了对他国主权的超越,也就是将一国的管辖权"自由跨境"地延伸到域外,构建出挑战他国主权的长臂管辖。也正是在此过程中,"数据自由"论深深卷入了全球霸权统治的逻辑之中。

---

[1] Federal Law No. 149 – FZ of July 27, 2006 on Information, *Informational Technologies and The Protection of Information*, https://www.wipo.int/edocs/lexdocs/laws/en/ru/ru126en.pdf. Federal Law No. 242 – FZ of July 21, 2014 on Amending Some Legislative Acts of the Russian Federation in as Much as It Concerns Updating the Procedure for Personal Data Processing in Information – Telecommunication Networks (with Amendments and Additions), (Jul. 9, 2014), https://pd.rkn.gov.ru/authority/p146/p191/.

[2] 王锡锌:《数据治理中的私权、公权与主权》,载中南财经政法大学法学院,http://law.zuel.edu.cn/2019/0930/c3733a224260/page.htm。

长臂管辖原先是美国民事诉讼中的概念,是指当非法院地居民与法院地之间存在某种最低限度的联系,同时原告提起的诉讼又产生于这种联系时,法院可以对被告主张管辖权,并对其作出有约束力的判决。换句话说,地方法院在满足特定条件时可以超越"属地管辖"将管辖权延伸至域外。[1] 而当长臂管辖置于国际语境中时,其理论基础则是管辖中的"效果原则",即只要某个在国外发生的行为在本国境内产生了"效果"(最低限度联系),无论行为人是否具有本国国籍或者住所,也无论该行为是否符合当地法律,只要此种效果使一国法院行使管辖权并非完全不合理,该国法院便可对因为此种效果而产生的诉因行使管辖权。[2]

不难看出的是,一国在国际领域适用长臂管辖极易与行为人所在国的"属地管辖"或"属人管辖"发生冲突,因此在国际法中通行的规则是对长臂管辖进行制约,即除非在某些公认的例外情况下,一国不应在另一国的领土之上行使国家管辖权,否则不仅是对他国主权的侵犯,也是对主权平等、互不侵犯等国际公法基本原则的破坏。[3]

然而,互联网的到来导致以领土范围为标准的传统管辖界限逐渐模糊,与此同时,随着跨国网络犯罪的增加,跨境调取数据的情形在实际案例中也屡见不鲜。按照公认的国际法秩序,跨境取证一般都是通过国家间的双边司法互助协议机制完成。但不可否认的是,这种传统方式存在效率低下、适用困难等弊端,与数字经济时代的高效价值发生了背离。因此在实践中,基于"数据主权"论的立法模式(严格限制数据流动和强制数据本地化存储)均出现了不同程度的松动。[4]

也正是以此为契机,2018 年夹在美国《综合拨款提案》中的《澄清域外合法使用数据法》(以下简称《云法案》),成为以"数据自由"为名,以追求"高

---

[1] Sher v. Johnson,911 F. 2d 1357,1361(1990). 郭玉军、向在胜:《网络案件中美国法院的长臂管辖权》,载《中国法学》2002 年第 6 期。

[2] 李庆名:《论美国域外管辖:概念、实践及中国因应》,载《国际法研究》2019 年第 3 期。

[3] 杜涛:《美国联邦法院司法管辖权的收缩及其启示》,载《国际法研究》2014 年第 2 期。

[4] 比如一国地方侦查机关若要搜查谷歌公司存储于美国境内的邮件内容数据,按常规程序需首先将请求逐级上报该国中央主管机关,然后由后者将协助请求按美方要求的形式发送给美国司法部国际事务办公室。该办公室审查后将该协助请求交由检察官处理,然后再由后者向对数据有管辖权的法院申请搜查令状。之后警务人员方可持令状要求谷歌公司提供相应数据。统计数据表明,整个协助程序通常需耗费 10 个月甚至更长时间。参见梁坤:《基于数据主权的国家刑事取证管辖模式》,载《法学研究》2019 年第 2 期。

效”为目的,以构建司法长臂为实的典型一例。[1] 作为对1986年《存储通信法案》的修正,《云法案》彻底抛弃了过去管辖权限于“数据存储地”的这一国际通行标准,转而主张“数据自由”规则,明确授权美国政府可以要求数据服务商保存、备份或披露受其拥有、监管或控制的数据,而不论这些数据存储于美国境内还是境外。换句话说,该模式通过管辖数据控制者及其遍布世界的云服务网络,将本限于一国领土之内的管辖权延伸到了全球。与此同时,《云法案》也允许所谓“适格外国政府”(qualifying foreign governments)在满足一定要求的条件下调取存储于美国境内的数据。值得注意的是,判断外国政府是否“适格”的权力掌握在美国司法机构的手中。[2]

很显然,以“数据自由”为基础的《云法案》通过赋予美国政府长臂管辖权,大大增加了美国滥用数据权力侵犯他国合法利益,特别是侵犯所谓非“适格外国政府”公民和企业数据权利的可能性,严重危及他国公民隐私、网络主权和国家安全。如果说2013年“棱镜门事件”中美国通过互联网监控欧洲公民还因触犯相关法律而饱受谴责,那么随着《云法案》的出台,美国则可以“合法地”以打击犯罪或维护国家安全为由“自由”地获取他国数据,原先的非法行为在该法案通过的一瞬间获得了“合法性”。

更为重要的是,该法案不仅扩大了美国执法机构单方调取域外数据的权力,还为在“适格外国政府”之间构建跨境执法合作区提供了框架,巧妙地建构了一个以美国为核心来掌控全球数据的法律帝国,为其在世界构建数据霸权体系提供了制度依据。[3] 如前所述,在跨境合作协议谈判过程中以“数据自由”为核心价值,无疑最有利于在网络技术和互联网企业等领域占据绝对优势的国家。正如在经济发展中一味强调自由竞争有利强者而有损弱者一样,数据调取能力具备显著优势的美国可以轻而易举地在“数据自由”规则下维持和巩固对他国的宰制,从而实现其本国的国家意志。而美国在数据领域中的权力运作,也正是其全球治理模式的延续。相较于殖民帝国通过占领他国领土、直接暴力掠夺的方式,这种通过技术、权力与资本的间接统治则要

---

[1] 美国司法部白皮书:《推动全球公共安全、隐私和法治:云法案的目的和影响》,洪延青等译,载《中国信息安全》2018年第4期。英文原文参见 https://www.justice.gov/dag/cloudact。

[2] 《澄清域外合法使用数据法》,张露予译,载《网络信息法学研究》2018年第1期。英文全文参见 https://www.justice.gov/dag/cloudact。

[3] 强世功:《帝国的司法长臂——美国经济霸权的法律支撑》,载《文化纵横》2019年第4期。

隐秘得多,甚至表面上合法得多,其实质依然是在维系既有的不平等竞争格局,剥夺新兴国家的发展权利。如前所述,正是在"数据自由"论与主权国家紧密结合的实践过程中,跨境数据治理的法律规制深深卷入了全球霸权统治的逻辑之中,所谓互联网世界主义理想其实是伪装成全球主义的美帝国主义。[1]

四、冲突与应对:网络空间革命下的秩序构建

不可否认的是,网络空间已经成为各国立法博弈的新领地。由于在数据与主权的关系问题上有截然不同的主张,跨境数据治理秩序在国际社会中呈现彼此冲突又相互交融的复杂样貌。一方面,"数据主权"论延续传统主权的脉络,在坚持数据治理从属于国家主权的基础上维系以独立平等主权国家间关系为核心的现代国际公法秩序,而"数据自由"论虽然在原初阶段强调网络空间要排除现实权力与资本的干预,却在实践中异化成全球霸权体系的一部分;另一方面,以上两种主张并不是分别孤立地存在于不同的数据主权主体,在很多情况下,同一国家(或联盟)会针对数据跨境的不同领域同时主张两种秩序,呈现一定程度的混合状态。

在现实中,体现两种秩序直接碰撞的案例屡见不鲜。在催生 2018 年《云法案》通过的 *United States v. Microsoft Corp* 中,主张数据主权的爱尔兰与实践长臂管辖的美国就发生了跨境数据治理的冲突。[2] 2017 年的 *Google Inc. v. Equustek Solutions Inc.* ,加拿大法院要求谷歌公司删除在全球范围内

---

[1] Evgeny Morozov, *Who's the True Enemy of Internet Freedom—China, Russia, or the US?*, Guardian Glass(Jan. 3, 2015), https://www.guardian.com/commentisfree/2015/jan/04/internet - freedom - china - russia - us - google - microsoft - digital - sovereignty.

[2] 2013 年 12 月,美国联邦调查局在查办一起贩毒案件时,在取得法院签发令状的基础上,要求微软公司披露某邮件用户的数据。微软公司拒绝披露邮件的内容,理由是这些数据存储于爱尔兰的数据中心,《存储通信法案》并未明确授权美国政府可以收集存储在境外的数据。然而联邦调查局坚持要求微软公司直接披露相应数据,并否认本案的侦查权出现了域外适用。微软公司无奈之下提起诉讼,经过一审败诉、二审胜诉的几番波折,案件最后由检察机关上诉到联邦最高法院。在案件审理的过程中,《云法案》在美国议会得到了迅速通过。该法案赋予了执法部门跨境收集数据的权力,联邦调查局据此取得了新的搜查令状,微软公司也表示了支持。2018 年 4 月,联邦最高法院终审裁决,由于本案争议的法律问题不复存在,故将案件予以驳回。值得注意的是,爱尔兰政府在案件中作为法庭之友(amicus curiae)向美国法院递交了意见书,申明其对数据的主权管辖,主张只有通过美国与爱尔兰之间的双边刑事司法协助机制才能调取相关数据,但法院对此未予采纳。参见 United States v. Microsoft Corp. ,138 S. Ct. 1186(2018)。

的引擎搜索结果，而谷歌公司认为加方的主张是在监督外国主权国家（美国）执法活动的长臂管辖。[1] 同年，法国最高行政法院向欧洲法院提交了一份关于谷歌公司在全球范围内适用“被遗忘权”制度的案件，上述类似的争议也发生在法国法院和谷歌之间。[2]

同一数据主权主体针对数据跨境的不同领域同时主张两种秩序的混合状态在国际社会中也时有发生。比如前文提到的“主权内化于私权”模式的欧盟，就在 GDPR 这份条例中同时规定了长臂管辖的内容。GDPR 第 1 章第 3 条明确指出，该条例不仅“适用于设立在欧盟内的（数据）控制者或处理者对个人数据的处理，无论其处理行为是否发生在欧盟内”，“适用于对欧盟内数据主体的个人数据处理，即使控制者和处理者没有设立在欧盟内，但只要其处理行为”满足一定的条件，还“适用于设立在欧盟之外，但控制者所在地依据国际公法适用欧盟各成员方法律的控制者进行的个人数据处理”[3]。

可以看出，欧盟通过 GDPR 既塑造了“数据主权”论下的严格限制数据跨境流动规则，强有力地保护了欧盟各成员方数据主体的数据权利，与此同时，又隐秘地承认了“数据自由”论下对他国主权的超越，从而构建出对欧盟域外他国数据控制者的长臂管辖。有意思的是，在应对美国的长臂管辖时，欧盟又通过启动“阻断法令”（Blocking Statute）明确反对其他国家的国内法在欧盟的域外效力。即当他国制裁可能损害欧盟利益或影响贸易与资本流动的情况下，该法令可以禁止欧洲企业遵从制裁，从而保护受到波及的欧洲

---

〔1〕 Jennifer Daskal, *Google Inc. v. Equustek Solutions Inc.*, American Journal of International Law, Volume 112, Issue 4, p. 727 – 733 (2018).

〔2〕 Andrew Keane Woods, *Litigating Data Sovereignty*, Yale Law Journal, Volume 128, Issue 2 (2018); Kent Walker, *A Principle that Should Not Be Forgotten*, https://www.blog.google/topics/google – europe/a – principle – that – should – not – be – forgotten.

〔3〕 GDPR 第 2 款适用的具体条件：（a）发生在向欧盟内的数据主体提供商品或服务的过程中，无论此项商品或服务是否需要数据主体支付对价；或（b）是对数据主体发生在欧盟内的行为进行监控。

企业。[1]

在这样的背景下,中国跨境数据治理的立法就格外重要。因为其不仅攸关中国的网络主权和国家安全,涉及中国公民、企业和其他组织的数据权利,还关乎互联网全球治理体系的构建。

16世纪地理大发现带来的空间革命,曾引发"海洋自由"论对传统陆地秩序的挑战。经过数个世纪大陆征战形成的主权国家秩序,在迈向没有边界的海洋时,异化成全新空间下基于强力的自由博弈。[2] 而与此相似的是,互联网时代引发的网络空间革命,再次出现了"数据自由"论对当前国际公法秩序的冲击。在科学技术、互联网跨国公司和全球法律团队等领域占据绝对优势的美国和欧洲,通过"数据自由"与主权国家立法的结合,构建出了超越他国主权的长臂管辖。相较于过去赤裸裸的殖民暴力,这一次的帝国入侵显然更为隐秘。[3]

因此中国的应对必然、也必须是基于"数据主权"的秩序塑造,同时还要注意对"数据自由"下司法长臂的阻断。因为只有在独立平等的主权国家间关系的基础上,才可能对内保障中国独立自主地规制数据,对外平等地参与全球互联网的治理,从而维护作为网络新兴国家的发展权,打破名为"自由"实为"不公"的竞争格局,应对"数据自由"背后的扩张性乃至殖民性,让网络空间秩序朝着更加公平、公正的方向发展。

需要补充的是,互联网时代的数据天然地跨境流动,在很大程度上,数据恰恰是因为流动而产生巨大的经济价值。因此如果过度僵化地强调"数据主权",而不积极优化数据跨境的法律程序,在兼顾网络安全的前提下提高数据流动的效率,反而会在数字经济的市场中形成诸多的贸易壁垒,大大增加数

---

〔1〕 欧盟"阻断法案"的措施具体包括:(1)要求各成员方企业在法案生效30天内就其经济和金融利益是否直接或间接地受到美国制裁影响通知委员会;(2)禁止欧盟企业依照该法所列出的美国制裁的域外影响来行动,否则企业将面临罚款;(3)允许受影响企业通过欧盟法院向由于制裁而对其造成损害的个人追偿损失;(4)基于制裁的任何外国法院判决或行政决定在欧盟境内无效。徐飞彪:《美长臂管辖的缘起、扩张及应对》,载《中国外汇》2019年第14期,以及澎湃研究所:《面对美国司法长臂管辖,欧盟"阻断法令"能走多远》,载澎湃新闻2018年12月17日,https://m.thepaper.cn/yidian_promDetail.jsp?contid=2746181&from=yidian。

〔2〕 [德]卡尔·施密特:《陆地与海洋》,林国基等译,华东师范大学出版社2006年版,第81-100页。

〔3〕 [法]阿里·拉伊迪:《隐秘战争:美国长臂管辖如何成为经济战的新武器》,法意团队译,中信出版集团2019年版,第211-216页。

据交易的成本,破坏互联网全球互联互通的基本特性。故而中国需要在兼顾安全与发展的基础上,完善数据跨境流动的立法和推动互联网国际治理体系的构建。

（刘天骄/文）*

---

* 刘天骄,复旦大学法学院博士后研究人员。本文原刊于《环球法学评论》2020 年第 2 期。

代孕的伦理困境

一、代孕问题的正确打开方式

梅丽莎·斯特恩(Melissa Sterne)是一个平平无奇的美国人,现已年过30,过着操心柴米油盐的平常日子。不过,她的出生曾引发过一起颇受关注的案件。梅丽莎是通过商业代孕产下的,但生下她后,代孕母亲玛丽发现自己舍不得交出梅丽莎,由此引出了一场官司。官司打了两轮,法官们也各执一词,有诉诸契约神圣性的,也有认为代孕等于贩卖婴儿的。

代孕(surrogacy)是指代孕母亲将他人的受精卵植入自己的子宫,替人生育,并在完成这一过程后与新生儿不存在亲子关系的行为。这一技术自出现以来就饱受争议,尤其是商业代孕,绝大多数国家都立法禁止,在美国则由各州作出具体规定。代孕面临的争议主要在伦理层面,而不在技术或法律层面。技术层面自不必说,我国现行法律法规也已明确了代孕的非法地位,因此无须讨论“实际法律作了何种规定”这一法条层面的问题。需要讨论的是应然法,即审视“未来立法应如何规制代孕现象”这一具有伦理学色彩的问题。

在具体讨论代孕的伦理困境之前,我们要先处理一种常见观点。北京大学医学人文研究院王一方教授清晰陈述了这一观点的基本立场:“伦理不应该成为代孕技术的负担,而应成为促进技术有序发展的工具。”[1]这种观点相信科技进步必然是正面的、可欲的,伦理不应事先划定科技发展的界限,而应被动适应科技的发展。科技终将会把我们带往一个现有伦理观点无法理解,但又必然是更加美好的未来。

在见识了科技的巨大力量后,在伦理道德往往被认为是过时的废话或假话的时代氛围中,这种观点的支持者不在少数。不过也因此,这只是一种朴

---

〔1〕《不孕不育成难题,代孕是否可放开》,载《人民日报》2017年2月9日。

素的伦理学观点。[1] 要反驳这种观点，最好的做法不是空洞地谈论伦理与技术的关系，而是进行更为实质的伦理观念辨析，在辨析过程中展现伦理观念对我们的深刻影响。

二、自由与功利：为代孕辩护的两个策略及其限度

美国社会比中国更早遭遇代孕问题，相关讨论也远为成熟。以阐发公共讨论中的道德分歧见长的学术明星桑德尔就曾在其风靡全球的通识读物《正义》(*Justice：What's the Right Thing to Do?*)中分析过代孕现象引发的伦理问题。桑德尔的分析凝练晓畅，可以引导我们发现各方立场背后的系统理据。

一般所说的代孕都指商业代孕，而商业代孕是一种市场(契约)行为，因此，为代孕辩护的观点往往是从为市场辩护的理论中引申出来的。桑德尔认为，为市场辩护的策略大致有两种，一种诉诸自由，另一种诉诸功利。

自由至上主义者挺市场，标榜的是自由。他们说，放任人民参与自愿交易，就是尊重人民自由；干预市场对个人自由是一种侵犯。功利主义者挺市场，标榜的则是福祉。他们说，自由市场促进整体福祉；两人进行买卖，双方各取所需。只要没妨碍别人，交易又对双方有利，整体福祉当然有增无减。[2]

在相关公共讨论中，正反双方虽然立场不同，但大多同属功利主义阵营，他们关注的都是放开代孕可能带来的社会效益。支持者多从宏观政策层面分析，认为放开代孕有助于提升生育率、改善人口年龄结构、缓解老龄化趋势带来的各种压力。也有论者着眼于代孕契约双方，认为代孕双方通过这一市场行为各取所需，最终的结果在双方眼里都比原本的局面更好，同时不损及他人，因此对整个社会来说也是利大于弊。

多数反对者并不质疑功利主义这一思路本身，而是对利弊的计算抱有不同看法。例如，不少女权主义者担心，代孕的放开可能会使本就弱势的贫困

---

[1] 在学界，道德常常被窄化为与后果考量相对的义务论律令，倾向后果主义立场的外行人更喜欢标榜自己持一种不被道德偏见束缚的、理性科学的立场。他们并不直接反对道德，而仅仅认为自己的论述领域与道德无关。对理工科的社会价值抱有巨大认同的学者也常常陷入类似的误区：他们关于科技的“价值”、我们“应该”如何对待科技进展的论述都属于宽泛意义上的伦理学、道德哲学论述（并且往往是一种空洞朴素的后果主义论述），但他们基本都认为自己的观点是与伦理学这类不靠谱的文科无关的科学观点，错误地认为自己是在以中立、自然、理性、科学的立场谈论与道德无关的问题。认识到这一点可以使我们更明确地探讨伦理道德问题，而不是用科学修辞等混淆问题、逃避规范性论证。

[2] [美]迈可·桑德尔：《正义》，乐为良译，雅言文化出版股份有限公司2011年版，第89页。

女性沦为家庭的牟利工具,从而恶化女性的处境。这种担忧不无道理。代孕的放开等于是为贫困且重男轻女的家庭提供了一条便捷的致富路,而家庭内部的隐秘压迫又很难通过法律来有效规范。一旦代孕合法化,代孕市场将迅速扩大,而有市场就有买卖,有买卖就有伤害,代孕市场的利益诱惑将加剧拐卖妇女等犯罪行为,引发强迫代孕等一系列新的犯罪行为。不仅如此,代孕契约的违约现象将造成严重的社会负担和人伦悲剧。如果出现因产下的婴儿有严重疾病或残疾而导致违约的情况,国家该如何处理?强制执行契约很难改善婴儿的处境,只是将他推向了一个仅仅因为法律强制而不得不抚养他的家庭,可想而知他会面对怎样的家庭环境。如果将抚养义务转嫁给社会,则会带来不小的财政负担。

不过,基于功利主义思路的正反双方在讨论放开代孕可能带来的利弊时,多少有些"空对空"。双方都只根据自己的有限阅历,对这一尚未发生的现象的可能后果作出粗略的推测,而难以更为切实地论证自己的观点。具体而完备的功利主义辩护离不开政策科学的支持。

在自由、权利观念深入人心的今天,诉诸自由的辩护策略也颇具吸引力。不过,完美的契约自由是不存在的,现实中的人来自不同的家庭背景、生存处境,因此很难分辨代孕者是真的出于自愿,还是因为经济困境或其他不幸处境而不得不出卖自己的子宫。如果是后者,那么表面的形式自由并不能解决由贫富差距所导致的实质公正问题。

跨国代孕——富国人找穷国妇女代孕的出现还在贫富差距上加了一层跨国剥削问题。据桑德尔介绍,美国国内代孕价格高昂,印度则看准机会,在2002年将商业代孕合法化,希望以低价吸引外国客户。如今,印度已经成了全球代孕服务的最大提供者,创造了一个价值数十亿美元的庞大产业。对此现象,美国德克萨斯州大学奥斯丁分校南亚研究所教授莎米拉·鲁德拉帕的著作《打折的生命:印度全球代孕的代价》[1]有详细分析。鲁德拉帕此书以民族志的写法,对印度跨国代孕链条中的各方参与者作了细致的访谈,分析了他们的动机与策略,并对整个代孕市场的运作机制作了说明。

除了贫富差距,还有一个原因也会使契约自由的说服力大打折扣。代孕母亲在签约当时很难理解母子之情的强度,因此可能会出现"梅丽莎案"中

---

[1] Sharmila Rudrappa, *Discounted Life: The Price of Global Surrogacy in India*, Lanham, Lexington Books, 2014.

的情形，即代孕母亲在生下孩子后不愿将孩子交给客户。面对这种情况，我们也许会认为这位代孕母亲违背了自己签订的契约，但也有论者认为这一契约本就存在瑕疵，因此是无效的。只有在订约者充分了解契约相关信息，进而表达自己真实的内心意思时，契约才算有效。只有在孩子出生后，代孕母亲才能真正判断自己是否愿意交易自己生下的孩子，在此之前她无法充分感受母子之情的强度，无力作出可靠的选择。

还有论者基于权利思路论证说，代孕维护了那些无法生育者拥有孩子的权利，而后者是所谓的基本人权。权利、人权这些概念像是万能的筐筐，什么主张都能往里放，放进去后似乎就成了不言自明的真理。我们且将这里笼统所谓的权利理解为生育权，将生育权理解为拥有孩子的权利，这显然是对生育权作了不恰当的扩展。生育权意味着公民享有决定是否生育、何时生育以及如何生育子女的权利，但这一权利不是绝对的，例如在我国，这一权利长期以来受到计划生育义务的限制。生育权强调的是他人不能干涉公民特别是妇女的生育决定，生育权和拥有孩子的权利是两个概念，法律只保障前者。如果能从生育权推出拥有孩子的权利，那么大概也能从公民的婚姻自主权推出拥有配偶的权利，这自然是荒谬的。

三、市场、科技与德性

以上是自由至上主义和功利主义在代孕问题上见招拆招的基本路数，桑德尔对此驾轻就熟、信手拈来。不过，桑德尔本人更关心另一种思路，这一思路关注市场的限度，强调有些事物不能用金钱买卖。这个道理并不新鲜，连网络歌手都知道“爱情不是你想买，想买就能买”，不过要把它讲清、讲透并不容易。

桑德尔引用了密歇根大学道德哲学教授伊丽莎白·安德森（Elizabeth Anderson）的观点。安德森认为：“代孕契约把儿童与妊娠当作商品，对妇孺是一种辱格。……商业代孕对女性也是辱格，把女体变成工厂，付钱请她不许与亲生孩子母子连心。”[1]这种反驳思路在诸如卖淫合法化等公共议题中经常出现，其要旨在于，我们虽然是自由的个体，但自由并不意味着可以随意支配一切。将怀孕与婴儿作为商品，亵渎了妇女和婴儿人格，是对人的物化。这一观点同时反驳了基于自由和基于功利的辩护策略，因为这两个辩护策略

---

〔1〕［美］迈可·桑德尔：《正义》，乐为良译，雅言文化出版股份有限公司2011年版，第111页。

都不否认可以将市场思维引入代孕领域，可以将怀孕与婴儿商品化。

市场是现代社会最重要的运作机制，市场思维是当下最具统治性的思考方式，但市场有其限度，存在无法用金钱买卖的东西。在《金钱不能买什么：金钱与公正的正面交锋》一书中，桑德尔阐释了中国黄牛买卖医院门诊号、收集明星签名后进行贩卖、花钱去非洲射杀濒危动物等现象背后的伦理问题，从公平、功利等角度论证了市场的局限。他尤其强调，某些事物因其内在品质是无法用金钱买卖的。这不是说事实上无法用金钱买到这些东西，而是说，某些事物一旦商品化，其内在价值就被贬损了，因此，我们无法在用金钱买卖的同时使其内在品质完好如初。例如，通过捐钱可以获得某些顶尖大学的荣誉学位。表面上，这似乎证明可以用金钱买到学位，但学位是对学术水平的认可，通过捐钱获得的荣誉学位显然只是徒有其表。不唯如是，如果放任这种行为的泛滥，则学位本身的内在价值也会慢慢贬损，相应地，通过正常途径获得学位者也难免觉得自己的身份被亵渎了。

此外，代孕还对传统人伦关系构成了挑战：亲子关系的确立以 DNA 还是以孕育过程为根据？这表面上是个技术性问题，但暴露出来的实质问题是代孕对正常亲子关系建立过程的破坏。一方面，代孕使清晰的亲子关系变得混乱：代孕母亲和卵子提供者谁才是真正的母亲？抑或谁都称不上是真正的母亲？另一方面，十月怀胎、一朝分娩是亲子关系的重要内容，是母爱的展现和子女感恩母亲的重要根据。代孕以市场交易代替了自然的生育过程，这会使亲子关系变得单薄和不完整，使亲子双方无法产生厚实的伦理关系，无法在这一伦理关系中造就自己的德性、完成生命中的一个重要阶段。

不过，这一论点颇有些“站着说话不腰疼”：因无法生育而选择代孕的父母难道不愿自然生育吗？代孕为无法生育者本已残缺的生命提供了补救的机会，使他们有机会拥有自己的孩子，将自己的生命纳入相对完整的伦理关系之中。因此这一批判至多只能针对具有健全生育能力而因其他原因选择代孕的父母，以及靠商业代孕牟利的代孕母亲。

近年来，桑德尔主要关注生命科技对伦理的影响。在《反对完美：科技与人性的正义之战》一书中，他进一步讨论了父母通过基因技术定制孩子的先天特质、运动员借助生物科技提升竞技表现等新鲜话题。这些话题与代孕有着内在关联：代孕也是一种借助科技手段克服欠然命运的尝试。那么，桑德尔为什么要反对借助科技追求完美呢？风险倒是其次，桑德尔着重关注的是这种做法对卓越品性的破坏。

我们珍视的种种价值、意义都无法在这种自由到可以随意改变自己的世界中存在。人是被生出来的,而不是被造出来的;是长大的,不是造好的。事实上,人的被抛性、人生的偶然性是如此根本地植根于我们对人、对人生的理解,因此通过基因技术改造胚胎、整容等行为都在不同程度上破坏着种种意义框架。例如,借助生物技术提升竞技水平的运动员并不让人崇敬,相反,我们会认为这种做法破坏了运动的内在价值,与服用兴奋剂没有本质区别。类似地,如果可以通过植入芯片变得像爱因斯坦一样聪明,那聪明也不会再是什么吸引人的品质了;如果普通如你我都可以借助生物技术跑得比博尔特还快,那么短跑就不是一个挑战人类速度极限的项目了,而成了测试生物技术进展的舞台。总之,人的美德、卓越品格恰恰体现在一个自然成长起来的人如何克服无法选择的命运这一过程之中。科技带来的完美使人生、命运这些传统概念失效了,人也将因此丧失深度,沦为一个存在于幕后的、可以随意改变自己属性的、无比单薄、毫无内涵的主体,由此,德性也将无处附着。[1]

---

〔1〕 这一讨论主要与基因编辑技术有关。基因改造分为治疗性改造和提升性改造。所谓提升性改造,即通过基因改造,强化人的体力、智力等特质。治疗性改造一般不会引发什么争议,提升性改造则否。反对提升性改造主要有如下理由:这么做存在巨大风险;鉴于提升性改造费用高昂,允许提升性改造还会把人与人之间的经济不平等强化为生物学层面的不平等;最后,这么做还会破坏人的本质。

前面两个反对理由很好理解,最强有力也最含糊的是最后一个理由,我们可以把它称为"人性论证"。之所以治疗性改造不会引发争议,提升性改造则引人反感,很大程度上是因为前一种改造只是把残缺之人复原到正常水平,后者则破坏了人的本质、人的概念,有违人性。但是,什么是正常的人呢?如果我们接受以现代自然科学为主干的世界观(我看不出有任何严肃的理据可以驳斥这一世界观),那么我们自然知道,如今"正常的人"本就是从其他生物形态进化而来的,人的形象、禀赋并非一成不变。如果以自然科学的方式进行解释,那么所谓人性、人的本质,无非就是一堆生物学属性。

生物学意义上的人性、人的本质自然没有规范性力量,而只是单纯的事实,但我们还是常常会说诸如"你还是个人吗?""你简直不是人!"之类的话,在此,"人"显然是一个规范性概念:我们应该活得像个人。这种意义上的人性显然不是生物学意义上的人性,而内在地包含对人应该如何生活、如何行为的一系列设定。

诉诸人性依然是一种强有力的辩护,这很大程度上是因为我们的道德话语中还有太多的目的论世界观残留物——我们可以说,今日的道德语言处于无序状态,来自传统与现代的道德话语碎片混乱地堆叠在了一起。

在目的论世界观下,我们确实可以理直气壮诉诸人性。但在现代世界观内,面对规范性难题,我们不能再轻易诉诸人性本身。即便我们保留规范性意义上的人性概念,它也不再是规范性力量的最终来源、规范性辩护的终极起点,而只能是一个根据更为深刻的规范性根据得到解释的概念,一个在不够深刻系统的辩护中姑且拿来一用的含糊根据。

不过，桑德尔在该书中所举的例子多属于人类提升（human enhancement）的范畴，即借助生命科技使一个本就正常的人趋于完美。相比之下，因生理残缺选择代孕者并没有这样贪婪的欲求，他们只想借助科技克服无常命运所带来的悲剧，因此更接近治疗残缺，而非追求完美。对于科技的这种有限利用不会对我们既有的意义框架造成破坏。

功利、自由、德性，这三个概念主导的理论脉络基本穷尽了现代伦理学的主要方向。借助这一分析框架，桑德尔澄清了公共讨论中的模糊观点，并将这些观点接入伦理学、政治哲学的既有传统，因此桑德尔说，“不审视过罗尔斯、康德、亚里士多德等人的道德观和正义论，就没办法决定哪些事物可以通过市场交易”[1]。

在完成对代孕问题的分析后，桑德尔并没有给出非黑即白的答案。面对伦理疑难，哲学家往往无法直接告诉我们应该怎么做，哲学只能帮助我们澄清自己的思考，使那些模糊的感受条分缕析，并引导我们去和历史上的伟大灵魂一起面对自己当下的伦理困境。

四、代孕讨论在中国

在我国，随着二胎政策的放开、不孕不育问题的加剧，代孕成为舆论焦点是可以预料的事情。《人民日报》发表于2017年2月3日的文章《生不出二孩真烦恼》试探性地讨论了“代孕是否可放开”，直接引发了一场代孕问题大讨论。同年2月8日，国家卫生健康委员会定调说：“代孕是涉及法律、伦理和社会的一个比较复杂的问题，根据国际上的一些情况看，绝大多数国家和地区也都是禁止实施任何形式的代孕，对参与代孕的机构和人员进行经济的

在提升性基因改造问题上，人性、“正常的人”之类的概念依然可以发挥不小的作用，虽然它们不再是最根本的理由。我们考虑这样一种桑德尔式的反对提升性改造的方案。

任何有关意义、价值的实践都依赖于这样一个叙事框架，即一个被生下来的人，他有一些天赋或残缺，然后这样一个人在特定的生活环境中成长，他的禀赋和后天经历相互作用，慢慢交汇熔铸成他的个性、品格。他在特定历史文化传统中构造出了自己的人生理想，在实现理想的过程中，他会受到运气的影响。他可能成功实现自己的理想，也可能失败。他失败的原因可能是运气不好，也可能是自己缺乏天赋、不够努力。只有在这样一个叙事模式中，美德、意义、价值等概念才有意义，而“正常的人”是这一叙事模式的主角，如果人的面貌被根本改变，那么我们珍视的大部分价值实践都将崩溃。

这个辩护是非常有力的，虽然还有许多更深的问题可供进一步探讨。本文满足于说明，在现代世界观下，人性这个概念只能借助某些更为根本的规范性理由才能发挥作用。

[1] [美]迈可·桑德尔：《正义》，乐为良译，雅言文化出版股份有限公司2011年版，第113页。

处罚和刑罚。2001年,我国出台《人类辅助生殖技术管理办法》,禁止以任何形式买卖配子、合子、胚胎,禁止医疗机构和医务人员实施任何形式的代孕技术。"[1]

国家卫生健康委员会的表态暂时为眼下这场讨论画上了句号。不过,明确当下的政策立场并不足以化解萦绕在代孕现象上的复杂问题,而这意味着下一次争论迟早还会出现。因此,在代孕问题已然浮现于中国社会面前的今天,有必要对争论各方的观点及其背后的理据进行梳理,并借鉴国外的既有研究,提升公共讨论的针对性与明晰性。

(钱一栋/文)*

[1] 《国家计生委:我国将继续严厉打击代孕违法违规行为》,载新华网,http://www.xinhuanet.com/health/2017-02/09/c_1120434247.htm。

* 钱一栋,上海师范大学法律系讲师。本文原刊于《上海书评》,载澎湃新闻2017年2月16日,https://www.thepaper.cn/newsDetail_forward_1617075。相比《上海书评》原文,本文作了一些增补。

图书在版编目(CIP)数据

数字化时代的科际法学 / 孙笑侠，杨晓畅主编. --
北京 : 法律出版社，2021
ISBN 978-7-5197-5617-8

Ⅰ. ①数… Ⅱ. ①孙… ②杨… Ⅲ. ①法学 Ⅳ.
①D90

中国版本图书馆 CIP 数据核字(2021)第 092375 号

数字化时代的科际法学
SHUZIHUA SHIDAI DE KEJI FAXUE

孙笑侠　杨晓畅　主编

责任编辑　郑怡萍
装帧设计　凌点工作室

出版发行 法律出版社
编辑统筹 法律教育出版分社
责任校对 周合芝
责任印制 胡晓雅
经　　销 新华书店

开本 710 毫米×1000 毫米　1/16
印张 25　　**字数** 388 千
版本 2021 年 8 月第 1 版
印次 2021 年 8 月第 1 次印刷
印刷 北京建宏印刷有限公司

地址:北京市丰台区莲花池西里 7 号(100073)
网址:www. lawpress. com. cn
投稿邮箱:info@ lawpress. com. cn
举报盗版邮箱:jbwq@ lawpress. com. cn
销售电话:010-83938349
客服电话:010-83938350
咨询电话:010-63939796

书号:ISBN 978-7-5197-5617-8
定价:68.00 元

凡购买本社图书,如有印装错误,我社负责退换。电话:010-83938349